# Perspektiven der Ethik

herausgegeben von

Reiner Anselm, Thomas Gutmann
und Corinna Mieth

21

# Glaube und (De-)Motivation

Beiträge zur theologischen Ethik

Herausgegeben von

Hartmut von Sass

Mohr Siebeck

HARTMUT VON SASS, geb. 1980, ist Titularprofessor für Systematische Theologie und Religionsphilosophie in Zürich, Inhaber einer Heisenberg-Stelle an der Humboldt-Universität zu Berlin und gegenwärtig Gastprofessor an der New School for Social Research in New York.
orcid.org/0000-0001-8410-6758

ISBN 978-3-16-162326-4 / eISBN 978-3-16-162537-4
DOI 10.1628/978-3-16-162537-4

ISSN 2198-3933 / eISSN 2568-7344 (Perspektiven der Ethik)

Die Deutsche Nationalbibliothek verzeichnet diese Publikation in der Deutschen Nationalbibliographie; detaillierte bibliographische Daten sind über *https://dnb.de* abrufbar.

© 2024 Mohr Siebeck Tübingen. www.mohrsiebeck.com

Das Buch wurde von Gulde-Druck aus der Times gesetzt, in Tübingen auf alterungsbeständiges Werkdruckpapier gedruckt und gebunden.

Printed in Germany.

# Vorwort

Der vorliegende Band geht auf eine Tagung zurück, die an der Theologischen Fakultät der Humboldt-Universität zu Berlin im Oktober 2021 stattgefunden hat. Wir haben uns also in dem kleinen Zeitfenster getroffen, das trotz der Pandemie eine Veranstaltung in leibhaftiger Präsenz zugelassen hat. Die hier versammelten Beiträge sind die im Lichte der gemeinsamen Diskussionen überarbeiteten Texte, die in einer ersten Version damals in Berlin vorgetragen wurden. Nur die Aufsätze von Johannes Fischer und von mir sind hinzugekommen. Ich danke auch an dieser Stelle allen Kolleg:innen für die lehrreichen Gespräche, von denen die nun publizierten Texte nicht nur als einzelne, sondern auch als eine zusammengehörige Kollektion haben profitieren können.

Die damalige Tagung ist von Florian Höhne und mir organisiert worden. Obwohl mitten im Endspurt seiner Habilitation, hat sich Florian Höhne für diese Tagung engagiert, wofür ich ihm sehr danke. Die Herausgabe des Bandes habe ich dann allein übernommen, sodass die Arbeit an einer neuen Verantwortungsethik etwas ungestörter hat ablaufen können – wir sind jedenfalls gespannt! Ein ebenso großer Dank geht an Bettina Schön, Benedikt Heymann und Markus Sachse, die sich je auf ihre Weise um die Tagung und den Band verdient gemacht haben.

Finanziert worden ist beides durch Gelder des Lehrstuhls für Systematische Theologie (Ethik und Hermeneutik) an unserer Fakultät sowie durch einen namhaften Beitrag der Deutschen Forschungsgemeinschaft. Auch dafür sei an dieser Stelle gedankt. Und nun freut es mich, dass dieser Band an genau diesem Ort erscheinen kann. Den Herausgeber:innen der Reihe *Perspektiven der Ethik* sei für die Aufnahme des Bandes gedankt sowie Dr. Katharina Gutekunst, Tobias Stäbler und den Mitarbeiter:innen bei Mohr Siebeck für die Begleitung des Bandes, sodass er nun schließlich vor Ihnen liegt.

New York, im Frühjahr 2023          Hartmut von Sass

# Inhaltsverzeichnis

Vorwort . . . . . . . . . . . . . . . . . . . . . . . . . .   V

HARTMUT VON SASS
Glaube und (De-)Motivation. Einleitende Überlegungen . . . . . . . . .   1

## Teil 1: Grundlegung

JOHANNES FISCHER
Bemerkungen zum Verhältnis von Glauben und Handeln . . . . . . . . .   31

CHRISTOPH SEIBERT
Was bewegt mich? Ein Beitrag zur Hermeneutik des Handelns . . . . . .   41

TORSTEN MEIREIS
„Whan Adam dalf, and Eve span, who was thanne a gentilman?"
Plädoyer für eine entsprechungsethische Rekonstruktion moralischer
Motivation in christlicher Perspektive . . . . . . . . . . . . . . . . . .   63

MARKUS MÜHLING
„Keine bleibende Stadt haben, sondern die zukünftige suchen wir."
Das Changieren von Glaube und Hoffnung zwischen Selbstzweck und
Weltgestaltung . . . . . . . . . . . . . . . . . . . . . . . . . . . .   75

## Teil 2: Kontexte

JOCHEN SCHMIDT
Gelassener Stolz. Überlegungen zu moralischer Selbstaffirmation,
Überheblichkeit und Glaube im Anschluss an David Hume und
Immanuel Kant . . . . . . . . . . . . . . . . . . . . . . . . . . .   91

PHILIPP STOELLGER
Glaube als Begehren. Oder: Von der Rechtfertigung des Begehrens . . .   115

Rebekka A. Klein
Das Mitleid der Religion – anthropologische Erfolgsformel oder
pathologisch-exzessive Leidenschaft der Weltverbesserung? . . . . . . . 139

Hartmut von Sass
Glaube, Hoffnung, (De-)Motivation.
Eine metaethische Skizze ihrer Beziehung . . . . . . . . . . . . . . . 173

Sarah Jäger
„Was ihr getan habt einem von diesen meinen geringsten Brüdern …"
Zu Motivationslagen in der Diakonie . . . . . . . . . . . . . . . . . . 209


Angaben zu den Autor:innen . . . . . . . . . . . . . . . . . . . . . . 221
Namenregister . . . . . . . . . . . . . . . . . . . . . . . . . . . . . 223
Sachregister . . . . . . . . . . . . . . . . . . . . . . . . . . . . . . 227

# Glaube und (De-)Motivation

## Einleitende Überlegungen

*Hartmut von Sass*

> *„Die Erleichterung, das Egoistische daran, untergrub das
> ganze Gutsein, das er an den Tag gelegt hatte, und warf ein
> unvorteilhaftes Licht auf sein Gefühl, belohnt worden zu sein.
> Sollten gute Werke nicht um ihrer selbst willen getan werden?
> Er fragte sich, ob eine Tat um als wahrhaft gut zu gelten, nicht
> nur frei vom Makel des Eigennutzes sein musste, sondern ei-
> nem auch keinerlei Vergnügen bereiten durfte.“*
>
> Jonathan Franzen, *Crossroads*[1]

## Intro: ein literarischer Auftakt

Der amerikanische Autor Jonathan Franzen verspricht in seinem neuen Roman,
den „Schlüssel zu allen Mythologien" zu bieten. Dabei wird *Crossroads*, 2021
zeitgleich in den USA und in Deutschland erschienen, als „book 1" deklariert,
sodass der Plural – „Mythologien" – erst künftig mit zwei weiteren Büchern und
also triologisch eingelöst werden wird. Oder auch nicht; denn offenbar handelt es
sich um ein Unternehmen, das entweder hoffnungslos hybrid erscheinen muss
oder sich selbst ironisch dementiert. Auf George Eliots *Middlemarch* anspielend,
ist dieser „Schlüsseldienst" zum Scheitern verurteilt, weil gar nicht klar ist, wo
die gesuchten Schlösser jener *keys* zu finden wären und über welche Mythen wir
eigentlich sprechen, wenn wir sie „alle" verhandeln. Franzen, uns verschmitzt
zulächelnd, weiß das natürlich genau.

Soviel ist aber nach der faszinierenden Lektüre klar: Einer dieser Mythen handelt im protestantischen Milieu und von der dort besonders brisanten Kollision
zwischen „guten Werken" und oft latentem, nicht selten aber ganz offenem Eigennutz, zwischen einer christlichen Lebensweise und den eigentlichen Absich-

---

[1] FRANZEN, JONATHAN, Crossroads. Roman. Aus dem Amerikanischen von Bettina Abarba-
nell, Hamburg: Rowohlt [2]2021, 359.

ten, die kaum mehr eindeutig dem Gemeinsinn oder der Gemeinheit zuzuordnen sind. All dies nun spielt in einem Vorort von Chicago, wobei die Hildebrandts, eine mennonitische Pfarrersfamilie, im Mittelpunkt stehen. Franzen entfaltet dabei ein ähnlich dichtes Familienpanorama vor der geduldigen Leserschaft, wie es schon in *Corrections* von 2001 der Fall gewesen war. Hatte ihn dort jedoch der Blick auf die Generationen beschäftigt, wird nun der diachrone Fokus vom Blick für die Spannungen zwischen den Protagonisten abgelöst. Die überall spürbare Lieblosigkeit untereinander – in der Familie selbst, aber auch im Umfeld der Kirchengemeinde – breitet sich immer weiter aus, verästelt sich in Rückblenden und der Wiederholung einer gleichen Szene, die plötzlich aus der Perspektive einer anderen Person ein etwas verändertes Kolorit annimmt. Vermeintliche Eindeutigkeiten im Handeln der Hauptfiguren werden sogleich mit biographischen Ambivalenzen konfrontiert – und nicht selten verständlich gemacht oder bis an den Rand der Alternativlosigkeit entschuldigt. Dabei nehmen sich Russ, der zweite Pfarrer jener Gemeinde, seine Frau Marion und vor allem die drei älteren Kinder des unglücklich-freudlosen Ehepaars nichts; sie beglaubigen vielmehr in ihren prekären Existenzen gegenseitig die Gründe und Abgründe, wie das Handeln des einen die Verkehrungen des anderen erklärt, ja fast begründet.

Auch auf die sehr unterschiedlichen Kinder, deren junge Biographien Franzen in kleinen Romanen im Roman geschickt skizziert, überträgt sich also jener Widerspruch zwischen sonntäglicher Predigt und alltäglichem Handeln. Das subtile Ausnutzen und Manipulieren der anderen wird besonders bei Perry greifbar, dem mit 15 Jahren zweitjüngsten der Kinder, wobei jene Spannung dadurch verstärkt ist, dass der kiffende Perry als der intelligenteste Hildebrandt vorgestellt wird. Seine Intelligenz vertieft jedoch den Eigennutz – und zugleich das Sensorium für die Möglichkeit, dass die Güte einer Tat durch ihren instrumentellen Wert untergraben werden könnte.

Womit wir beim obigen Motto angelangt sind; denn an dem sensiblen und gerade darum gefährdeten Perry wird besonders greifbar, wie die Prägung eines protestantischen Pfarrersohnes auf Motive und Handlungen trifft, die mit jenem Milieu in Konflikt geraten: im Verführen der anderen, mit kleinen Lügen und Un(auf)richtigkeiten, ohne „reine" Absichten, weil stets ein Film im Rücken der jeweils anderen abläuft, der sich eines noch unbekannten Drehbuchs verdankt – und all dies dann doch wieder durchkreuzt von Nähe, Verständnis, Anflügen von Wärme, vielleicht gar Liebe. In der Provinzialität jener Vorortgemeinde amplifiziert sich daher lediglich, was sich auch *extra ecclesiam* als Frage aufdrängt: Muss der Glaube sich nicht in „guten Werken" artikulieren? Um diesem urprotestantischen Topos die Abstraktheit zu nehmen, bebildert ihn Franzen mit der ins Ungute abdriftenden Dynamik von Gemeindeversammlungen, mit der Schilderung von Hilfsaktionen in der Kirche, die die Ressentiments zwischen Schwarz und Weiß kaum überbrücken können, und in der Beschreibung von Freizeiten mit der *Crossroads*-Jugend, die das Versprechen des Abenteuers mit den Verfehlungen des überforderten Russ' enttäuschen, ja kaputt gehen lassen.

All dies aber verbleibt noch auf der einfachsten, wenn auch schmerzhaften Ebene des Scheiterns. Was in der oben zitierten Passage vom drogenaffinen Perry berichtet wird, ist weit subtiler als die gute oder auch nur gut gemeinte Tat, die an den personalen oder sachlichen Umständen zerschellt. Nachdem er einen Freund und seine Schwester für seine dubiosen Zwecke eingespannt hat, aber selbst dabei auch wohlwollende Absichten verfolgt, stellt sich jenes Problem des guten Handelns erneut: Kann es als gut gelten, wenn es nicht „frei vom Makel des Eigennutzes" geblieben ist? Und das Rad wird nochmals weitergedreht, wenn mit der protestantischen Emphase auf die humane Sündhaftigkeit sowie im „Wink" auf den kantischen Moralismus jener „Makel" bereits darin erkannt wird, dass die gute Tat auch „Vergnügen bereiten" könnte.

Die „Mythologie", zu der Franzen den „Schlüssel" sucht, mag folglich darin bestehen, dass es einen belastbaren Zusammenhang zwischen Glauben und Handeln gäbe, dass also die menschlichen Taten trotz der Erlösungsbedürftigkeit ihrer Täter verbunden sind mit einer Artikulation dieses Glaubens, der durch das Praktisch-Werden die Trennung von Innerlichkeit und Sichtbarkeit aufhebt, wobei nach Franzen gilt:

> Jeder nach Erlösung strebende Mensch hat eine charakteristische Schwäche, die ihn an seine Nichtigkeit vor dem Herrn erinnert und die Gemeinschaft mit ihm erschwert. (334)

Die gute Tat ginge auf eine gute, ja durch Christus gereinigte Gesinnung zurück, während die ‚makellosen Taten' Ausweis grundguter Absichten seien, die sich von sich und innen heraus im Sein für und mit anderen dokumentierten.

Es leuchtet daher unmittelbar ein, dass Franzen seine kaum einlinige, sondern verschlungene, so ironische wie liebevolle Entmythologisierung in dem gebrochenen Kosmos eines Pastorenhauses ansiedelt. Obgleich die Geschichte in den 1970er Jahren – *keywords*: Vietnam, Studentenrevolte, Frauenbewegung, Kampf gegen Rassismus – angesiedelt ist, sind die Bögen zum hiesigen Milieu des Protestantismus trotz aller Amerikanismen in der narrativen Ausgestaltung nicht schwer zu ziehen.[2]

Damit ist die im vorliegenden Band teils direkt adressierte, teils indirekt umspielte Frage nach dem Zusammenhang von Glaube und Motivation vorbereitet: *Von welcher Art ist die meist implizit bleibende Relation, die der Glaube an Gott*

---

[2] Zu Franzens *Crossroads*, auch mit einem feinen Blick für die theologischen und moralischen Verwerfungen, siehe Schulz, Kathryn, The Church of Jonathan Franzen, in: The New Yorker vom 27.9.2021, online: https://www.newyorker.com/magazine/2021/10/04/the-church-of-jonathan-franzen.

*zur Motivation unterhält, die diesen Glauben aktivieren und in ein wirkliches Engagement münden soll?* Diese noch recht ungeschützte Frage ist sogleich einzugrenzen und zu präzisieren. Zum einen scheint hier bereits ausgemacht, dass es eine derartige Affinität zur guten Tat gebe, während das Bild unvollständig bliebe, wenn das Warten und die Geduld des Glaubens – seine zunächst ganz passive Empfänglichkeit – übergangen werden würde (Röm 8,24 f.; 12,12; 1 Thess 1,3).[3] Zum anderen kommt neben der *rechtfertigungstheologischen* Einklammerung hinzu, dass dieser Glaube zunächst ganz bei sich bleiben und *kontemplativ* sein mag, ohne expressiv und aktiv zu werden – ein Glaube in Nachdenklichkeit, Besonnenheit, in Demut (1 Kor 13,7).[4] Sodann geht es um Motivationen, die sich dieses Glaubens verdanken, nicht sonstigen Umständen *extra fidem*; weder sollte, wie bei Perry, menschlicher Eigennutz, noch soziologisch beschreibbare Motivationen mit den Motiven des Glaubens interferieren – es sollte demnach nicht nur gehandelt, sondern aus den ,richtigen', das heißt hier: *theologisch signifikanten* Gründen gehandelt werden. Häufig wird dabei schon vorausgesetzt, dass der religiöse Glaube seinerseits der Grund zur Handlung sei: Aus dem gerechtfertigten Glauben würden demnach die „guten Werke" fließen, sodass sich gleichsam ein ,Automatismus' begründeten Handelns abzeichnete; handlungstheoretisch hätten wir es mit einer *internalistischen* Position zu tun, die eine innere Verbindung zwischen einem motivierenden Glauben und einer ihm folgenden Handlung behauptet.[5] Das ist offenbar eine nicht unproblematische These, gerade auf theologischem Terrain. Und schließlich gilt es, die *terminologischen* Hintergründe aufzuklären, die jenen Zusammenhang von Glauben und Handeln begrifflich einfangen: ,Gründe', ,Ursachen', ,Anlässe', ,Motive' und ,Motivationen'. Hinzu tritt der für die christliche Tradition entscheidende Umstand, dass der Glaube meist nicht exklusiv zu einem Handeln drängt, sondern dies im Verbund mit ihn beglei-

---

[3] Vgl. KIERKEGAARD, SÖREN, ,Seine Seele erwerben in Geduld' (Lk 21,19), in: ders., Erbauliche Reden 1843/44, hg. von Emanuel Hirsch, Düsseldorf/Köln: Diederichs 1950, 57–74; dazu ferner PATTISON, GEORGE, The Art of Upbuilding, in: International Kierkegaard Commentary, Vol. 5: Eighteen Upbuilding Discourses, hg. von Robert L. Perkins, Macon, GA: Mercer 2003, 77–89; auch Karl Barth, der diese Spannung wie folgt festhält: „Der Mensch *handelt*, indem er glaubt, aber daß er *glaubt*, indem er handelt, das ist *Gottes* Handeln. Der *Mensch* ist Subjekt des Glaubens. Nicht Gott, sondern der Mensch glaubt. Aber gerade dieses Subjektsein des Menschen im Glauben ist eingeklammert als Prädikat des Subjektes *Gott* [...]." (BARTH, KARL, Die Kirchliche Dogmatik. Die Lehre vom Wort Gottes. Prolegomena zur Kirchlichen Dogmatik I,1 §§ 1–7 [1932], Zürich: TVZ 1986, 258).

[4] Siehe BALTASAR, HANS URS VON, Zu einer christlichen Theologie der Hoffnung, in: Münchner Theologische Zeitschrift 32:2 (1981), 81–102, bes. 85.

[5] Zu dieser Figur und ihren Ambivalenzen siehe schon BULTMANN, RUDOLF, Exegetica. Aufsätze zur Erforschung des Neuen Testaments, hg. von Erich Dinkler, Tübingen: Mohr Siebeck 1967, 39.

tenden Haltungen und Einstellungen tut, sodass Vertrauen, Mitleid, Hoffnung, Liebe, Dank ebenso zu betrachten sind, um die Kontexte, in denen der Glaube ohne „Makel" zur uneigennützigen Tat schreitet, einfangen zu können. Diese Aspekte einer theologischen Motivationslehre seien nun etwas näher betrachtet.

## 1. Glauben und Handeln

Von einem aktiven Glauben auszugehen, ist biblisch so ambivalent, wie es dogmatisch prekär ist. Es bedürfte einer eingehenden Exegese einschlägiger Texte, um jene Zweideutigkeit in beiden Testamenten zu dokumentieren. Wenn Abraham in Gen 22 geprüft wird, um schließlich in „Furcht und Zittern" auf dem Berg im Land Morija zu ziehen und seine Bereitschaft zu dokumentieren, in Entsprechung zum vertrauenden Glauben an JHWH zu handeln, kann das als ein Handeln verstanden werden, das sich diesem Glauben selbst verdankt.[6] Auch für die Situation expliziter Prüfung gilt, dass dem Glauben ihm entsprechende Taten zu folgen haben, während sich dieser Glauben gerade in einem Gott wohlgefälligen Handeln bewährt. Zugleich ist deutlich, dass der Glaube nicht sogleich auf menschliche Aktivitäten abonniert ist, sondern im Modus der Geduld und des Wartens einzig auf Gottes Tätigkeit hofft, vertraut und an sie glaubt. Insbesondere die Psalmen legen davon Zeugnis ab (etwa Ps 28,7; 33,20; 42,5; Klgd 3,21.24). Auch im Neuen Testament bekundet sich diese Doppeldeutigkeit, die zunächst festzuhalten ist und nicht sofort aufgelöst werden darf. Dass dem Glauben „Früchte" folgen sollten, ist demnach eine ebenso vertraute Wendung (etwa Mt 7,16; auch Jak 2,14–26), wie der Glaube Trost spenden soll, vor allem dann, wenn man nicht mehr handeln kann und es allein Gott überlassen ist, etwas zu unternehmen (2 Kor 1,7).[7] Hinzu tritt die Möglichkeit des Zweifels, ja der Klage Gott gegenüber, sodass die Aktivität des Glaubens gerade darin besteht, empfänglich zu bleiben – im Hoffen, gar der Erwartung, Gott werde endlich zur Tat schreiten. Dann geht es nicht um eine simple Entgegensetzung vom Handeln aus Glauben oder den Grenzen menschlichen Handelns vor Gott, sondern um eine

---

[6] Klassisch KIERKEGAARD, SÖREN, Furcht und Zittern. Dialektische Lyrik von Johannes de Silentio (1843), Gütersloh. Gütersloher Verlagshaus ³1993, 64 und 77, wobei deutlich wird, dass dieser Glaube seinen inneren Bereich verlässt, wenn er nicht ‚bei sich stehen bliebe'; so summiert Kierkegaard gegen Ende: „Aber wer zum Glauben gekommen ist (er sei nun hochbegabt oder einfältig, das tut nichts zur Sache), bleibt nicht stehen beim Glauben, ja, er würde sich empören, wenn einer das zu ihm sagte, gleich wie der Liebende sich kränken würde, wenn man sagen wollte, er bleibe stehen bei der Liebe; denn, würde er sagen, ich bleibe keineswegs stehen, ich habe mein Leben darin. Allerdings, er kommt auch nicht weiter, kommt nicht zu etwas andrem; denn wenn ihm dergleichen begegnet, so hat er dafür eine andere Deutung." (141).

[7] Zur Figur des Wartens (und des Wanderns) MARKUS MÜHLING in diesem Band.

„Mittelbestimmung" zwischen Glaube und Anfechtung, die diesen Glauben darin dokumentiert, dass er – nicht-handelnd – bei Gott bleibt und mit ihm ringt, kämpft oder, wie es die Metaphorik will, fechtet.[8]

Dogmatisch spiegelt sich diese Ambivalenz insbesondere in der protestantischen Tradition, die (pro-)grammatisch jede *cooperatio* zwischen Gott und Mensch ausschließt und allen humanen Aktionen ein *mere passive* vorschaltet.[9] Weil dies kein Plädoyer für einen durch den Glauben sanktionierten „Quietismus" darstellen darf,[10] werden Werke zugunsten eines heilbringenden Glaubens exkludiert, nicht aber Werke aufgrund dieses Heils im Modus des Glaubens. Dieser Glaube kann zuweilen selbst als dieses Werk bezeichnet werden, wodurch sich Fragen nach Gründen und Motivationen nur noch dringlicher stellen.[11]

Was sich hier folglich – biblisch sowie dogmatisch – abzeichnet, ist der Primat des Glaubens vor dem Handeln; und dies lässt einen Blick auf die Struktur des Glaubens notwendig werden, der sich jenes Handelns in seiner Begründung beziehungsweise Motivation verdanken könnte. Diese strukturellen Fragen seien daher in einer fünfteiligen Skizze zumindest angedeutet:

(i)　　Zunächst wäre die klassische, meist Augustinus zugeschriebene Unterscheidung zu bedenken, die den Glauben bekanntlich als Vollzug (*fides qua creditur*) und als eine auf bestimmte Inhalte bezogene Einstellung (*fides quae creditur*) versteht. Dadurch wird die Frage virulent, wie Vollzug und Inhalt

---

[8]　Zur Klage und zum Zweifel siehe WELZ, CLAUDIA, Vertrauen und Versuchung (RPT 51), Tübingen: Mohr Siebeck 2010, Kap. I bzw. V; zur Anfechtung vgl. BÜHLER, PIERRE, u. a. (Hg.), Anfechtung. Versuch der Entmarginalisierung eines Klassikers (HUTh 71), Tübingen: Mohr Siebeck 2016; darin vor allem die Beiträge von Christoph Schwöbel (35–62) und Heiko Schulz (227–251); ferner RATSCHOW, LEONIE/SASS, HARTMUT VON (Hg.), Die Anfechtung Gottes. Exegetische und systematisch-theologische Beiträge zur Theologie des Hiobbuches (ABG 54), Leipzig: Evangelische Verlagsanstalt 2016; darin vor allem die Beiträge von Philipp Stoellger (163–192) und Simon Podmore (233–261).

[9]　Das darin mitgesetzte Problem kommt in der folgenden Passage bei Karl Barth gut zum Ausdruck: „Denn wenn Gott wirklich für uns da ist, dann sind wir auch für ihn da, dann bedeutet jenes unbegreifliche Ereignis nicht mehr und nicht weniger als dies: daß wir in das Geschehen seiner Offenbarung mit hineingenommen sind, nicht als Mitwirkende, sondern als die Empfangenden, nicht neben Gott, sondern durch Gott in Gott – aber wirklich hineingenommen sind." (BARTH, KARL, Die Kirchliche Dogmatik. Die Lehre vom Wort Gottes. Prolegomena zur Kirchlichen Dogmatik I,2 §§ 16–18 [1938], Zürich: TVZ 1993, 259).

[10]　BULTMANN, RUDOLF, Welchen Sinn hat es, von Gott zu reden? (1925), in: ders., Glauben und Verstehen I, Tübingen: Mohr Siebeck [4]1964, 26–37, bes. 34.

[11]　Dazu DALFERTH, INGOLF U., Mere Passive. Die Passivität der Gabe bei Luther, in: Word – Gift – Being. Justification – Economy – Ontology, hg. von Bo Kristian Holm und Peter Widmann, Tübingen: Mohr Siebeck 2009, 43–71, bes. 68 f.; auch HOLM, BO KRISTIAN, Der fröhliche Verkehr. Rechtfertigungslehre als Gabe-Theologie, in: Veronika Hoffmann (Hg.), Die Gabe. Ein „Urwort" der Theologie, Frankfurt a. M.: Lembeck 2009, 33–53.

zueinander stehen, wobei unterschiedliche Theologie-Programme und deren ethische Implikationen danach eingeteilt werden können, ob sie eher vollzugsorientiert oder propositional ausgerichtet sind.[12]

(ii) Werden Inhalte – und mit Bultmann: die „Orthodoxie"[13] – in den Vordergrund gestellt, ergeben sich wiederum unterschiedliche theologische Optionen: entweder solche, die den Glauben als ein Für-wahr-Halten charakterisieren, wobei dessen Aussagen auf gegenwärtige Sachverhalte Bezug nehmen – mit entsprechenden Auswirkungen auf einen tätigen Glauben; oder es handelt sich um dogmatische Programme, die das Proleptisch-Antizipierende des Glaubens in den Blick nehmen: indem sich Glaubensaussagen erst noch verifizieren[14] oder indem im handelnden Glauben dessen Wahrheit schon jetzt entsprochen werden soll.[15]

(iii) Wird hingegen der Vollzug des Glaubens – mit Bultmann: die ‚liberale' Gegenseite[16] – betont, ergibt sich für Gründe und Motivationen ein anderer Kontext; dann geht es entweder um den Modus, in dem sich dieser Glaube konkretisiert;[17] oder es wird im Kontext einer „Theologie der Gefühle" die emotionale Gestimmtheit des Glaubens unterstrichen;[18] oder der Glaube

---

[12] Vgl. dazu immer noch BULTMANN, RUDOLF, Theologische Enzyklopädie, hg. von Eberhard Jüngel und Klaus W. Müller, Tübingen: Mohr Siebeck 1984, vor allem Kap. 1, § 3 („Die Bestimmung der Theologie von ihrem Gegenstand her") und Kap. 2, § 4 („Die Frage der fides quae creditur").

[13] Vgl. BULTMANN, Theologische Enzyklopädie, 83; siehe dazu auch JÜNGEL, EBERHARD, Glauben und Verstehen. Zum Theologiebegriff Rudolf Bultmanns, in: ders., Wertlose Wahrheit. Zur Identität und Relevanz des christlichen Glaubens. Theologische Erörterungen III, Tübingen: Mohr Siebeck ²2003, 16–77, bes. 37–41.

[14] Hierher gehören geschichtsphilosophische Entwürfe; etwa der von PANNENBERG, WOLFHART, Einführung, in: Offenbarung als Geschichte. In Verbindung mit R. Rendtorff, U. Wilckens, T. Rendtorf hg. von Wolfhart Pannenberg (Beiheft 1 zu *Kerygma und Dogma*), Göttingen: Vandenhoeck & Ruprecht 1961, 7–20; DERS., Dogmatische Thesen zur Lehre von der Offenbarung, in: ebd., 91–114, 91 und 98.

[15] Die Spannung zwischen Jetzt und Dann im Blick auf Motive und Motivationen des Glaubens wird bes. deutlich bei MOLTMANN, JÜRGEN, Theologie der Hoffnung. Untersuchung zur Begründung und zu den Konsequenzen einer christlichen Eschatologie, München: Chr. Kaiser (1964) ¹⁰1977, etwa 13 und 29.

[16] Vgl. BULTMANN, Theologische Enzyklopädie, Kap. 2, § 6 („Liberalismus und Orthodoxie").

[17] Die Hermeneutische Theologie könnte als Exemplar für diese Position dienen, in der der Modus als Vollzug eines bestimmten Verstehens verstanden wird; siehe DALFERTH, INGOLF U./ BÜHLER, PIERRE/HUNZIKER, ANDREAS (Hg.), Hermeneutische Theologie heute? (HUTh 60), Tübingen: Mohr Siebeck 2013.

[18] Dies sind nicht selten Programme, die sich in die Tradition von Schleiermacher und Rudolf Otto stellen; dazu SLENCZKA, NOTGER, Rudolf Ottos Theorie religiöser Gefühle und die aktuelle Debatte zum Gefühlsbegriff, in: Rudolf Otto. Theologie – Religionsphilosophie – Re-

wird subjektivistisch verstanden, indem alle dogmatischen Näherbestimmungen Module der Reflexion des Selbst bilden.[19] Je nachdem, wie hier optiert wird – Kreuzungen dieser Programme sind nicht nur denkbar, sondern längst realisiert – werden Modi des Glaubensvollzugs, ihn begleitende Emotionen oder eine zwischen Absolutem und Bedingtem vermittelnde Struktur des Bewusstseins Konsequenzen für einen Begriff des (de-)motivierten Glaubens mit sich führen.

(iv)  In diese sehr unterschiedlichen theologischen Architekturen lassen sich die klassischen Näherbestimmungen des Glaubens einzeichnen: Liebe, Vertrauen, Hoffnung, Barmherzigkeit, Dank, Demut, Ehrfurcht, und andere.[20] Es ergibt sich dadurch ein Netzwerk konkreter Einstellungen und Haltungen, gegebenenfalls. Tugenden, die nicht allein die *fides* zwischen *notitia*, *assensus* und *fiducia* qualifizieren,[21] sondern Auswirkungen darauf haben, wie sich dieser Glaube in durch ihn motivierten Handlungen artikulieren kann. Dies mündet in die Frage, ob die *fides* unmittelbar zum Handeln drängt oder inwiefern sie als durch jene Näherbestimmungen charakterisiert gleichsam indirekt den Glaubenden aktiviert.

(v)   Will man den Vollzug und die Inhalte nicht gegeneinander ausspielen, ist ihr Verhältnis genauer zu klären.[22] Sehr unterschiedliche Versionen dieser Relation bieten sich an, wobei vor allem zwei von ihnen Schule gemacht haben und hier zumindest genannt seien: die Als-ob-Beibehaltung von Inhalten in der Konzentration auf die praktische Stellvertretung Gottes im menschli-

---

ligionsgeschichte, hg. von Jörg Lauster, Peter Schüz, Roderich Barth und Christian Danz, Berlin/Boston: De Gruyter 2014, 277–293.

[19]  Für die subjektivitätstheoretischen Ansätze verweise ich nur auf: BARTH, ULRICH, Was ist Religion. Sinndeutung zwischen Erfahrung und Letztbegründung, in: ders., Religion in der Moderne, Tübingen: Mohr Siebeck 2003, 3–27 (für die an Schleiermacher orientierte Linie); sowie DANZ, CHRISTIAN, Selbstexplikation an der Stelle des Andersseins. Anmerkungen zu Falk Wagners Wiener Christologie-Vorlesung und deren Weiterführung im Spätwerk, in: Spekulative Theologie und gelebte Religion. Falk Wagner und die Diskurse der Moderne, hg. von Christian Danz und Michael Murrmann-Kahl (DoMo 13), Tübingen: Mohr Siebeck 2015, 133–147 (für die an Schelling und Tillich orientierte Linie).

[20]  Dazu BARTH, ULRICH, Symbole des Christentums. Berliner Dogmatikvorlesung, hg. von Friedemann Steck, Tübingen: Mohr Siebeck 2021, 205–212.

[21]  Zu dieser altprotestantischen Dreiteilung vgl. SCHÄUFELE, WOLF-FRIEDRICH, *Fiducia* bei Martin Luther, in: Ingolf U. Dalferth und Simon Peng-Keller (Hg.), Gottvertrauen. Die ökumenische Diskussion um die Fiducia, Freiburg im Br./Basel/Wien: Herder 2012, 163–181, bes. 166–171.

[22]  Klassisch zu diesen Alternativen und ihrem Bezug siehe HERRMANN, WILHELM, Grund und Inhalt des Glaubens, in: Gesammelte Aufsätze, hg. von F. W. Schmidt, Tübingen: Mohr Siebeck 1923, 275–294.

chen, hier vor allem (gegen-)politischen Handeln;[23] und die Verabschiedung dogmatischer Aussagen in fast ausschließlicher Konzentration auf eine christlich zu nennende Lebensweise: Inhalte werden dann – nochmals Bultmann – vom Vollzug ‚verschlungen‘.[24] Mit beiden Varianten kommt die Theologie offenbar an ihre *a*-theistischen Grenzen – noch *vor* der Verneinung des Sinns von Glaube und Religion.

Die Einteilung theologischer Programme anhand der Differenz zwischen Inhalten und Vollzügen hat offenbar ihre Limitierungen, sodass sie hier lediglich einem heuristischen Anliegen dient. Erweiterungen und Präzisierungen wären mehr als angebracht. Und doch mag diese Skizze zeigen, wie Verschiebungen in der Struktur des Glaubensbegriffs mit veränderten Vorstellungen darüber einhergehen, wie dieser Glaube – theistisch, eschatologisch, hermeneutisch, subjektivitäts- oder emotionstheoretisch, atheistisch verstanden – in ein ihm gemäßes Handeln münden könnte.[25]

## 2. Motivationen: einige begriffliche Klärungen

Es ist nicht nur umstritten, ob der religiöse Glaube ein motivationales Element enthält – von Formen der Verinnerlichung, die dies abweisen, bis hin zu Versionen politischer und öffentlicher Theologie, die dazu ein programmatisch affirmatives Verhältnis haben; es ist ebenso umstritten, wie diese Affinität zur Handlung konkret zu denken sei; und ob es dabei dem Glauben eigentümliche, nur ihm zukommende Formen der Motivation gibt. Auch diese beiden Fragen seien hier etwas genauer erörtert.

Zunächst sind ‚Motivationen‘ von benachbarten Begriffen und ohne Bezug zum Glauben zu klären: im Kontrast zum ‚Grund‘, ‚Anlass‘, ‚Erwartung‘, ‚Motiv‘, ‚Ursache‘ beziehungsweise ‚Verursachung‘. Dabei wird grundsätzlich zwi-

---

[23] Dazu Sölle, Dorothee, Stellvertretung. Ein Kapitel Theologie nach dem „Tode Gottes", Stuttgart: Kreuz Verlag 1967, bes. 152.

[24] Zu diesem Komplex siehe Wittekind, Folkart, Theologie religiöser Rede. Ein systematischer Grundriss, Tübingen: Mohr Siebeck 2018, 8, 88, 230, 310.

[25] Das Gott und dem Glauben an ihn gemäße Handeln meint auch, dass in einer theologischen ‚Tugend‘-Lehre der Weg zwischen den Lastern der Hochmut und der Trägheit gefunden und eingeübt werden müsste. Ein Glaube, der sich für das Geglaubte nicht engagiert, stünde dann in der Gefahr, auf die Seite der *inertia* zu wechseln; dazu im Anschluss an Karl Barth (Barth, Karl, Kirchliche Dogmatik IV/1, 458–460 und IV/2, 452–454) Krötke, Wolf, ‚Mit dem Anfang anfangen‘: Der Mensch und die Religion nach Karl Barth, in: ders., Barmen – Barth – Bonhoeffer. Beiträge zu einer zeitgemäßen christozentrischen Theologie, Bielefeld: Lutherverlag 2009, 65–108, bes. 87 f.

schen *kausalen* und *intentionalen* Verhältnissen unterschieden: Während Ursachen bestimmten Wirkungen zugeordnet sind, geht es bei Intentionen um Handlungen von Personen, die diese Handlungen als *ihre* Taten ausweisen (indem sie
*Gründe* für dieses Handeln angeben) oder denen von außen Handlungsgründe
zugeordnet werden (mithin: *Motive* zum Handeln zugesprochen werden).[26] Denken wir noch einmal an Franzens *Crossroads*, wird dieser Unterschied nicht nur
wesentlich; vielmehr besteht eines der dort verhandelten Grundprobleme gerade
darin, dass die aus der Innenperspektive angegebenen Gründe (seien es Begründungen oder Rechtfertigungen)[27] nicht denen entsprechen, die den Protagonisten
von außen – durch den Autor oder durch die Leserschaft – zugeordnet werden
können. Diese Divergenz zwischen Gründen und Motiven wird gerade dort interessant, wo die handelnden Personen sich darüber bewusst sind oder es latent
erahnen und damit kämpfen.

Nimmt man den Glauben als Grund oder als Motiv in den Blick, haben wir es
wiederum mit zwei unterschiedlichen Möglichkeiten zu tun: *Internalistische* Positionen gehen davon aus, dass es der Glaube selbst und gleichsam direkt sei,
dem sich entsprechende Handlungen verdanken.[28] Nimmt man die obige Differenz zwischen Inhalten und Vollzügen hinzu, müsste demnach gelten: Bestimmte
Überzeugungen (*glauben, dass x*) oder konkrete Vollzüge (*im Glauben existieren*) würden unmittelbar zu Handlungen führen, die auf diesen doppelt bestimmten Glauben zurückgehen. Wenn die Reformatoren etwa meinten, der Glaube als
Geschenk Gottes könne für sein Heil nichts tun, aber jenseits aller Werkgerechtigkeit würde der *sola fide* gerechtfertigte Glaube gleichsam ‚automatisch' auf
Werke drängen, legte das die These nahe, dass jene Theologen Vertreter eines
dogmatischen Internalismus seien.[29]

---

[26] Zu diesen Unterscheidungen FISCHER, JOHANNES, Theologische Ethik. Grundwissen und
Orientierung, Stuttgart/Berlin/Köln: Kohlhammer 2002, 100; DERS., Verstehen statt Begründen.
Warum es in der Ethik um mehr als nur um Handlungen geht, Stuttgart: Kohlhammer 2012,
107.

[27] Dazu FISCHER, JOHANNES, Über moralische und andere Gründe: Protestantische Einwürfe
zu einer philosophischen Debatte, in: Zeitschrift für Theologie und Kirche 95:1 (1998), 118–
157, bes. 124–126.

[28] Zur Auseinandersetzung zwischen In- und Externalismus siehe WALLACE, R. JAY, How to
Argue about Practical Reason, in: Mind 99:395 (1990), 355–385.

[29] Interessant dazu ANSCOMBE, GERTRUDE E. M., Modern Moral Philosophy, in: Philosophy
33:1 (1958), 1–19; reprint in: The Collected Philosophical Papers of G.E.M. Anscombe. Vol.
Three: "Ethics, Religion and Politics", Minneapolis: University of Minnesota Press 1981, 26–
42; Anscombe verhandelt diesen Punkt, indem sie die Konsequenzen für eine 'säkulare' Ethik
andeutet, die post-theistisch sein müsste, d.h. welche die Idee eines Gottes als "law-giver" –
und all seiner modernen Derivate – verabschiedet hat.

*Externalistische* Alternativen zeichnen ein vorsichtigeres Bild vom Zusammenhang zwischen Glauben und Handeln. Offenbar spricht viel gegen die Einlinigkeit zwischen einem Glauben und einem ihm folgenden Handeln, weil gilt, dass ähnliche Glaubensinhalte (oder -vollzüge) nicht notwendigerweise mit ähnlichen Handlungen einhergehen; und umgekehrt sich sehr unterschiedliche Handlungen ähnlichen Konfigurationen des (religiösen) Glaubens verdanken können. Diese Relation erscheint folglich weit komplexer, als internalistische Reduktionen es vorgeben, sodass weitere Parameter – Kontexte, Emotionen, parallele (propositionale) Einstellungen, Stimmungen – hinzugezogen werden müssten, wodurch der Glaube, insbesondere in seiner Vollzugsform, nochmals ins Spiel kommt. Dabei ist aus theologischer Sicht das Problem von einiger Brisanz, dass das Handeln aus Glauben nie sauber zu trennen ist von allen anderen Gründen und Hintergründen. Gerade der Externalismus könnte daher implizieren, dass es die ‚Reinheit' eines „allein aus Glauben" Handelnden nicht geben kann. Oder wiederum ins Vokabular der reformatorischen Theologie gewendet: Es gebe dann nicht nur eine *communicatio idiomatum* zwischen den beiden Naturen Jesu Christi, sondern auch Austausch zwischen glaubensabhängigen, glaubenskonformen und gar mit dem Glauben inkompatiblen Gründen und Motiven. Das *simul iustus et peccator* ließe sich dann nicht nur auf unterschiedliche Foren der Rechtfertigung – vor der Welt, vor Gott[30] – beziehen, sondern auch auf die Mixtur und inneren Widersprüche im Handeln aus Glauben, das zugleich ein Handeln gegen ihn wäre.

Als eine interessante Variante der externalistischen Lesart kann das gelten, was Jochen Schmidt als *apotropäische* Potenz des Glaubens bezeichnet hat.[31] Dabei geht es nicht mehr um die Alternative zwischen direkter und indirekter Motivation durch Glauben oder bestimmte Überzeugungen. Vielmehr geht es um eine konservierende, gegebenenfalls korrigierende Funktion – in diesem Fall des religiösen Glaubens $G$ – hinsichtlich eines motivierenden Elements $M$ – in diesem Fall der ambivalent bleibende Stolz. Die apotropäische Potenz kommt zur Geltung genau dann, wenn $G$ den Motivator $M$ vor seiner eigenen Pervertierung bewahren kann. Entsprechend motiviert der Glaube nicht selbst, auch nicht durch anderes; es handelt sich auch nicht um eine Meta-Motivation beziehungsweise eine Motivation zweiten Grades; vielmehr haben wir es mit einem Konservator eigentlicher (und dann direkt oder indirekt wirkender) Motivationen zu tun.

Dies führt zur weiter oben bereits erwähnten Frage nach den eigentümlichen Gründen und Motiven des Glaubens; mit anderen Worten: *Gibt es genuin religi-*

---

[30] Zu den drei *coram*-Relationen gläubiger Existenz siehe EBELING, GERHARD, Dogmatik des christlichen Glaubens. Band 1: Prolegomena. Erster Teil: Der Glaube an Gott den Schöpfer der Welt, Tübingen: Mohr Siebeck (1979) ³1987, 351–355.

[31] Siehe SCHMIDT, JOCHEN, Gelassener Stolz, in diesem Band.

*öse Motivationen*? Verfügt der Glaube an Gott über ein ihm eigenes Spektrum an Motivationen, die aus einem bei sich bleibenden, gegebenenfalls kontemplativen Glauben einen aktiv-engagierten werden lassen? Im Blick auf die obige Heuristik zu theologischen Programmen (i–v) wäre konkreter zu fragen, ob es dem Glauben eigentümliche Inhalte sowie Vollzüge gibt, die Gründe und Motive für ein entsprechendes Handeln bereitstellen; dazu zählen – hinsichtlich der drei Zeitmodi – konkrete Propositionen, Hoffnungen und Erwartungen, auch Befürchtungen und Erinnerungen. Daraus ergeben sich innerhalb der christlichen und jüdischen Tradition nicht nur unterschiedliche Schwerpunktsetzungen entlang der Orientierung am Präsens, am Kommenden oder an der Vergangenheit, sondern offenbar auch unterschiedliche Quellen eines präsentischen Glaubens, eines Ausseins auf noch Ausstehendes beziehungsweise einer Rückversicherung durch bereits Geschehenes und dadurch Beglaubigtes (vgl. Jer 2,2; Hos 13,5).[32]

Sollte es derartige, gleichsam eigenständige Motivationen des Glaubens geben, drängen sich Folgefragen auf: Wie stehen sie zu nicht-religiösen Parallelen? Gibt es mehrfache Motivationen beziehungsweise in diesem Sinn ‚Übermotivationen‘ als potenzieller Konflikt zwischen differenten Motivationen? Und: Sind Motivationen, die auf den Glauben zurückgehen, im „Diskurs der Moderne" verständlich und einsehbar zu machen oder – ‚quasi-fideistisch‘ – nur aus der Binnenperspektive verstehbar, die die Teilnehmer der entsprechenden Praxis selbst einnehmen? Oder: Enthält der Glaube an Gott ein eigenes – dann zu übersetzendes?[33] – Reservoir an Motivationen samt seines narrativ-biblischen Sprach- und

---

[32] Grundsätzlich dazu Assmann, Jan, Das kulturelle Gedächtnis. Schrift, Erinnerung und politische Identität in frühen Hochkulturen, München: C. H. Beck (1992) 82018, Kap. 5: „Israel und die Erfindung der Religion"; aus theologischer Perspektive auch Dalferth, Ingolf U., Glaube als Gedächtnisstiftung, in: Zeitschrift für Theologie und Kirche 104:1 (2007), 59–83, bes. 71–83; und Askani, Hans-Christoph, Zwielicht und Vergessen. Bernhard Waldenfels: *Ordnung im Zwielicht*; Paul Ricoeur, *Gedächtnis, Geschichte, Vergessen*, in: Burkhard Liebsch (Hg.), Bezeugte Vergangenheit oder versöhnendes Vergessen. Geschichtetheorie nach Paul Ricœur, Berlin: Akademie Verlag 2010, 91–109, bes. 102 und 105; ferner Augé, Marc, Die Formen des Vergessens. Aus dem Französischen von Till Bardoux, Berlin: Matthes & Seitz 2013, bes. 62–69 und 97.

[33] Man denke an die Erwartung, die Habermas mehrfach vorgetragen hat, dass die religiösen „Sinnressourcen" in solche Form übersetzt werden sollten (von den religiösen Partizipanten selbst oder in einem von potenziell allen zu tragendem Projekt), die allgemein verständlich seien, um in den politischen und gesellschaftlichen Diskurs eingehen zu dürfen; dazu vgl. nur Jürgen Habermas' letzten Satz in seinem philosophiegeschichtlichen *opus magnum*: „Solange sich die religiösen Erfahrungen noch auf diese Praxis der Vergegenwärtigung einer starken Transzendenz stützen können, bleibt sie ein Pfahl im Fleisch einer Moderne, die dem Sog zu einem transzendenzlosen Sein nachgibt – und so lange hält sie auch für die säkulare Vernunft die Frage offen, ob es unabgegoltene semantische Gehalte gibt, die noch einer Übersetzung ‚ins Profane‘ harren." (Habermas, Jürgen, Auch eine Geschichte der Philosophie. Band 2: Ver-

Bildhaushaltes, seines Verständnisses des ‚Nächsten' und der ‚Schöpfung', seiner Erwartung einer ‚anderen' oder ‚kommenden' Welt?

Diese weitreichenden und für die Verortung der Religion in ihrer Zeit wesentlichen Problemstellungen sind kaum sinnvoll zu adressieren, wenn eine weitere Unterscheidung unberücksichtigt bleibt. Bislang gingen wir jenseits aller Differenzen in den skizzierten Programmen und ihren Motivationen davon aus, dass Gründe und Motive isolierbar, benennbar und objektivierbar seien; dies geht bei aller Emphase des zunächst rein passiven Glaubens davon aus, dass der gerechtfertigte Glaubende sich zu einem entsprechenden Lebensvollzug autonom *bestimmen* könnte. Demgegenüber mag die Wirklichkeit, mit der der Glaubende rechnet, eine sein, von der der Glaubende sich auch noch im eigenen Handeln *bestimmen lässt*; dann aber ist das Verhältnis zwischen Glauben und Handeln nicht eines der Verobjektivierbarkeit eigener Gründe, sondern eines Loziertseins innerhalb einer Wirklichkeit, in der man lebt und deren Teil man bleibt. Nicht das Ideal der Distanzierung regierte dann, sondern das Anerkennen, an einer den Menschen involvierenden, ja immersiven Praxis teilzuhaben.

Alle herkömmlichen ethischen Begründungen (Deontologie, Utilitarismus, Konsequentialismus) leben von der ersten Version, während marginalere Formen der Ethik (etwa tugendethische Ansätze, die sogenannte Situationsethik, Gewissensethiken[34] und das, was wiederum Johannes Fischer „geist-orientierte Ethik" nennt)[35] Zugänge sind, die jene moralische Immersion produktiv zu verarbeiten suchen. Gerade für die theologische Ethik ist jene Alternative zentral.

---

nünftige Freiheit. Spuren des Diskurses über Glauben und Wissen, Berlin: Suhrkamp 2019, 807; DERS., Religion in der Öffentlichkeit. Kognitive Voraussetzungen für den ‚öffentlichen Vernunftgebrauch' religiöser und säkularer Bürger, in: ders., Zwischen Naturalismus und Religion. Philosophische Aufsätze, Frankfurt a. M.: Suhrkamp 2005, 119–154, bes. 133–141).

34 Dazu aus theologischer Sicht BULTMANN, RUDOLF, Theologische Enzyklopädie, 57 f.; SLENCZKA, NOTGER, Gewissen und Gott. Überlegungen zur Phänomenologie der Gewissenserfahrung und ihrer Darstellung in der Rede vom Jüngsten Gericht, in: Stephan Schaede u. a. (Hg.), Das Gewissen, Tübingen: Mohr Siebeck 2015, 235–283, bes. 239.

35 Vgl. dazu FISCHER, JOHANNES, Leben aus dem Geist. Zur Grundlegung christlicher Ethik, Zürich: TVZ 1994, vor allem Teil IV: „Christliche Ethik als Ethik des Lebens aus dem Geist"; für eine andere Auffassung vgl. HERMS, EILERT, Die Bedeutung der Weltanschauungen für die ethische Urteilsbildung, in: Friederike Nüssel (Hg.), Theologische Ethik der Gegenwart. Ein Überblick über zentrale Ansätze und Themen, Tübingen: Mohr Siebeck 2009, 49–71; ferner WILLIAMS, BERNARD, Der Begriff der Moral. Eine Einführung in die Ethik (1972). Aus dem Englischen von Eberhard Bubser, Stuttgart: Reclam 2003, Kap. 8: „Gott, die Moral und der Gesichtspunkt der Klugheit", bes. 75 und 77.

## 3. Konjunkturen religiöser Motivation

Motivationen haben ihre Kontexte, und ein Blick auf synchrone und diachrone Vergleiche zwischen diesen Kontexten kann das Verhältnis von Glauben und Motiviert-Sein zu klären helfen. Unterschiedliche christliche Konfessionen und Denominationen werden verschiedene Verhältnisse zu einem aus dem Glauben kommenden Engagement unterhalten. Milieu-spezifische, auch lokale Unterschiede treten hinzu. Und ebenso werden verschiedene Epochen eben diese Verbindung nachhaltig beeinflussen. So meinte Max Weber bekanntlich, der „Geist des Kapitalismus" habe den Protestantismus und dessen Ethik effektiv werden lassen, indem sich eine bestimmte Auffassung von Arbeit und Beruf mit einer dualen Erwählungslehre verbunden hat, die zwar deterministisch war, aber dazu antrieb, die Zeichen der Erlösung schon jetzt übermittelt zu bekommen.[36] Entsprechend ist der „Geist" unserer heutigen Zeit zwischen religiöser Pluralisierung, anhaltender Säkularisierung und der ‚Wiederkehr der Götter' zu bedenken,[37] um erneut zu fragen: Was bedeutet es für das ‚post-säkulare' oder ‚nachmetaphysische' Fortbestehen religiöser Traditionen und ihr Engagement, relativiert, pluralisiert, eingehegt, bestritten zu werden oder gar nicht akzeptiert zu sein? Kann der Glaube gerade in der Zeit seiner Bestreitung auch jene, die ihn herausfordern, motivieren? Oder bleibt der Glaube auch in seinen Motivationen ganz bei sich?

Diese Fragen haben wir bislang nur von einer *(meta-)ethischen* Seite betrachtet, sodass nun ergänzende Perspektiven zur Sprache kommen können:

– Zum einen ist der *religionssoziologische* Zugang zu nennen, der Fragen von Glaube und Motivation in ihre gesellschaftlichen Kontexte einordnet; die bereits erwähnte Weber-(Troeltsch-)These ist dafür nur ein, wenn auch wohl widerlegtes Exemplar. Dadurch können konfessionelle (zwischen Protestantismus und Katholizismus) wie auch denominative Unterschiede (zwischen religiösen Gruppen und Verbänden) lebensweltlicher Orientierungen zur Geltung kommen.[38]

---

[36] Dazu WEBER, MAX, Die protestantische Ethik und der Geist des Kapitalismus (1905), in: Die protestantische Ethik I. Eine Aufsatzsammlung, hg. von Johannes Winckelmann, Gütersloh: Gütersloher Verlagshaus [7]1984, 27–277, vor allem 127 und 179; instruktiv dazu McKINNON, ANDREW M., Elective Affinities of the Protestant Ethic: Weber and the Chemistry of Capitalism, in: Sociological Theory 28:1 (2010), 108–126.

[37] Vgl. KÖRTNER, ULRICH H. J., Wiederkehr der Religion? Das Christentum zwischen neuer Spiritualität und Gottvergessenheit, Gütersloh: Gütersloher Verlagshaus 2006, bes. Kap. IV und VII.

[38] Vgl. STARK, RODNEY/BAINBRIDGE, WILLIAM S., Of Churches, Sects, and Cults: Prelimi-

– Zum anderen treten *religionswissenschaftliche* Ansätze hinzu, die entweder ‚von oben' oder ‚von unten' vorgehen, das heißt: Entweder wird versucht, aus einem Begriff der Religion – inhaltlich kodiert oder funktional bestimmt – zu entwickeln, welche Module innerhalb einer Religion (de-)motivierende Effekte besitzen; oder es wird exemplarisch, gegebenenfalls komparativ verfahren, um genau diesen Effekten anhand einer konkreten „positiven" Religion, gegebenenfalls im Religionsvergleich nachzugehen.[39]

– Neben diesen zumeist synchronen Zugängen gibt es solche, die *historisch-diachron* vorgehen, um den Zusammenhang von Glaube und (De-)Motivation in seinem geschichtlichen Wandel zu betrachten (dazu unten gleich mehr, wenn die kirchengeschichtliche Dimension einbezogen wird). Offenbar können diese unterschiedlichen Formen der Kontextualisierung der hier weithin abstrakt behandelten Probleme in Kombination auftreten.

Selbst wenn der vorliegende Band sich auf genuin theologische, (meta-)ethische und religionsphilosophische Beiträge konzentriert, sind die erwähnten Perspektiven der Religionssoziologie, -wissenschaft und -historie mitzubedenken und, wo nötig und hilfreich, zu integrieren.

Dabei lässt sich der hier gewählte Fokus nochmals in drei Momente aufspalten; auch sie seien knapp vorgestellt:

– Genannt sei zunächst der *orthopraktische* Aspekt, der zu differenzieren hilft in Praktiken einer religiösen Tradition, die kontemplativen oder rituellen Charakter haben (etwa Meditation, Gesang, Gebet), und solchen, die handlungsaffiner sind (wie etwa charitatives oder gar missionarisches Engagement). Zu dieser praktischen Hinsicht gehören auch Fragen nach der „Eigenzeit" der Religion, wodurch das Kirchenjahr und dessen Strukturierung in den Blick kommen. So könnte zum Beispiel die Passionszeit ein anderes Verhältnis zu einem sichtbar werdenden Glauben unterhalten, als dies Pfingsten tut. Nochmals ein kleiner Seitenblick auf *Crossroads*: Es ist auffällig, dass der Roman genau mit diesen Facetten spielt, indem die Gesamtstruktur des Buches am kirchlichen Kalender orientiert ist. Teil eins: „Advent" als Vorbereitung; Teil zwei „Ostern", wo die Dinge ihren – nicht ganz „orthopraktischen" – Lauf nehmen.

---

nary Concepts for a Theory of Religious Movements, in: Journal for the Scientific Study of Religion 18:2 (1979), 117–133.

[39] Dazu KRECH, VOLKHARD, Wie lassen sich religiöse Sachverhalte miteinander vergleichen? Ein religionssoziologischer Vorschlag, in: Andreas Mauz und Hartmut von Sass (Hg.), Hermeneutik des Vergleichs. Strukturen, Anwendungen und Grenzen komparativer Verfahren (Interpretation interdisziplinär 8), Würzburg: Königshausen & Neumann 2011, 149–176.

– Zu dieser rechten Praxis gehört auch die Frage, wer das handelnde Subjekt ist, von dessen Motivation und deren Verunmöglichung, Dementierung oder temporären Arretierung die Rede ist. Vor allem liberale, subjektivitätstheoretische und zuweilen auch hermeneutische Theologien führen einen latenten, nicht selten expliziten Fokus auf das religiöse Individuum samt dessen Deuten, Erleben oder Verstehen mit sich.[40] Demgegenüber stehen dogmatische Programme, die insofern ‚kommunitaristisch' genannt werden können, als sie den Einzelnen nur im Verbund mit der Gemeinschaft denken und dieser den (theo-)logischen Primat geben. Fragen eines motivierten, zum Handeln drängenden Glaubens hätten dann ihren dogmatischen Ort in der *Ekklesiologie*.[41] Der kollektive und stärker noch: kollektivierende Aspekt des Glaubens wäre dann gerade nichts Sekundäres, das zum Leben der Gemeinde und sichtbaren Kirche hinzutreten würden, sondern die *ecclesia* konstituierte sich womöglich erst dadurch, dass sie sich in der Nachfolge Jesu auf ein gemeinschaftliches Handeln hin entwirft.[42]

– Beide genannten Aspekte – der orthopraktische und der ekklesiologische – haben zudem einen zeitlichen, mithin *kirchengeschichtlichen* Vektor. Das Verhältnis von Glaube und (De-)Motivation mag in reformatorischer Zeit eine andere Dringlichkeit gehabt haben als für die Periode der altprotestantischen Orthodoxie oder die spätere „Verinnerlichung" des bürgerlichen Christentums, um für Teile des Pietismus und seiner *praxis pietatis*, wiederum später für die Erweckungsbewegungen samt eines dezidiert sozial engagierten Christentums erneut an Relevanz zu gewinnen. So wechseln sich handlungsaffine und -averse Stränge in der christlichen Tradition ab, um diese Einlinigkeit schon dadurch zu durchkreuzen, dass beides parallele, miteinander häufig konkurrierende Dynamiken bilden können.

---

[40] Siehe DIERKEN, JÖRG, Individuum und Religion. Immanente Transzendenz in der Moderne, in: ders., Selbstbewußtsein individueller Freiheit. Religionstheoretische Erkundungen in protestantischer Perspektive, Tübingen: Mohr Siebeck 2005, 39–47; dazu kritisch DABROCK, PETER, Öffentlichkeit und Religion. Aktualisierungen der Gemeinwohl-Tradition in sozialethischer Perspektive, in: Marburger Jahrbuch Theologie 26 (2014), 77–124, bes. 93 und 100 f.; auch GRAF, FRIEDRICH WILHELM, Kirchendämmerung. Wie die Kirchen unser Vertrauen verspielen, München: C. H. Beck (2011) ³2013, bes. 119.

[41] Dieser Zug tritt in politischen, öffentlichen und hoffnungsorientierten Theologien besonders in den Vordergrund – oder sie werden von ihren Kritikern genau daran erinnert; siehe dazu einerseits HUBER, WOLFGANG, Kirche in der Zeitenwende. Gesellschaftlicher Wandel und Erneuerung der Kirche, Gütersloh: Bertelsmann (1998) ³1999, vor allem Teil III.a: „Kirche in der Öffentlichkeit"; andererseits SCHNÄDELBACH, HERBERT, Religion in der modernen Welt, Frankfurt a. M.: S. Fischer 2009, bes. 100–120 und 175 f.

[42] Zum Problem der Nachfolge vgl. BULTMANN, RUDOLF, Die Christologie des Neuen Testaments, in: Glauben und Verstehen I, 245–267, 250.

Nimmt man sich die Relation zwischen Motivation und Glaube samt dessen demotivierenden Effekten vor, wären folglich zwei Dinge einzubeziehen: deren Einbettung in religionssoziologische, -wissenschaftliche und -historische Debatten; und deren Konkretionen durch die Verzweigungen religiöser Praxis, durch die vielfältigen Spannungen zwischen religiösem Subjekt und seiner Gemeinschaft sowie nicht zuletzt durch die (kirchen-)geschichtlichen Dynamiken, in denen die *ecclesia* sichtbar wird und sich bewahrheiten könnte.[43]

## 4. Voll motiviert – nur wozu?

Der ‚unruhige‘, auf etwas geradezu drängende Glaube ist ein klassisches Motiv christlicher Dogmatik. Wenn es Motivationen des Glaubens – ein bewusst doppelter Genetiv – gibt, wie verhalten sich diese dann zu konkreten Inhalten? Führt der Glaube von sich aus ein – moralisches, sozial-gesellschaftliches, politisches – Engagement bereits mit sich? Oder umgekehrt: Ergibt sich aus bestimmten Inhalten schon die Motivation, diese zu verwirklichen? Abonniert ein Glaube zwischen Inhalten und Vollzügen bereits auf ein konkretes Handeln beziehungsweise begibt sich dieser Glaube in einen Widerspruch zu sich selbst, wenn er dies nicht täte?

Wir haben bereits gesehen, wie kontrovers diese Fragen behandelt werden und wie sehr deren Beantwortung von theologischen Hintergrundannahmen abhängt.[44] Diese Ambivalenz spiegelt sich auch in der (kirchen-)politischen Kommentierung eines Handelns aus Glauben, sobald es um ganz konkrete Inhalte geht; denn einerseits besteht in der Tat die Erwartung, der Einzelne müsse sich engagieren, wenn der Glaube nicht prätentiös werden solle; Ähnliches gilt für die Kirchen, die immer wieder mit der Kritik konfrontiert werden, im Blick auf Integration und Immigration, soziale Verwerfungen und Ungerechtigkeit, Gewalt und drohende Kriege oder gesamtgesellschaftliche Kontroversen wie jene um den Umgang mit der Pandemie nicht die richtigen Worte zu finden, wenn überhaupt welche.[45]

---

[43] Es ist auffällig, dass die *ecclesia* nach CA VII bekanntlich allein dadurch definiert ist, dass in ihr das Wort Gottes ‚recht‘ verkündigt und die Sakramente ebenso verwaltet werden; zu den notwendigen Eigenschaften der *vera ecclesia* gehört es demnach nicht, dass sie sich selbst als handelnde versteht.

[44] Siehe dazu HAUERWAS, STANLEY, War and the American Difference. Theological Reflections on Violence and National Identity, Grand Rapids, MI: Eerdmans 2011, bes. Part III: „The Ecclesial Difference“.

[45] Vgl. dazu das Sonderheft „Verunsicherung und Gottvertrauen in Zeiten der Corona-Pandemie“ der *Theologischen Rundschau* (2021, Heft 3+4); darin bes. ROSER, TRAUGOTT, Sozialraum und kirchliche Seelsorge, 440–452.

Andererseits wird teils zurückhaltender, teils aber auch polemisch die Tendenz der Kirchen bewertet, ihre sozialen, diakonischen oder gar politischen Interventionen auf alles ausdehnen zu wollen. Dieser „autosuggestiv erzeugte Zwang, sich einzumischen" münde lediglich in das „Wächteramt prophetischer Allzuständigkeit", wie Friedrich Wilhelm Graf befürchtet.[46] Hier scheint nun gerade das Engagement des Glaubens längst festzustehen, um für dessen intern begründete oder gar von außen geforderte Limitierung zu plädieren; denn der Omnipotenzanspruch der Kirchen erweise sich letztlich als ruinös und führe notwendig, so Graf weiter, in einen kaum reversiblen Verschleiß religiöser Sprache, sollte der „inflationäre[n] Entwertung von Religionssemantiken" nicht entgegengearbeitet werden – entweder durch Medien- und Sprachwechsel, um die „religionskitschige Distanzlosigkeit"[47] zu umgehen, oder in Konzentration auf Kernaufgaben religiösen Engagements des Einzelnen und der Kirchen.

Hier wird demnach das zweideutig bleibende Engagement aus Glauben als ein Problem verhandelt, das insbesondere die Kirchen und deren Leitungen zu verarbeiten hätten. Die Frage eines sich einbringenden Glaubens teilt sich dann in drei zusammenhängende Richtungen:

- die *Motivation zum Handeln*, das heißt die spezifischen Gründe, aktiv zu werden, oder es nicht zu tun beziehungsweise bewusst zu unterlassen (*ob-Frage*);
- das inhaltliche Problem, das heißt die *materiale Konkretion* im Blick auf bestimmte Vorhaben (*wozu-Frage*);
- die *mediale Herausforderung*, das heißt die Schwierigkeit – insbesondere im digitalen Zeitalter – geeignete Mittel zu finden, um konkrete Anliegen vorzutragen (*wodurch-Frage*).

Diese drei *M*s – Motivation, Material, Medium – bilden einen komplexen Zusammenhang, der sofort aus seiner Abstraktion entnommen wird, wenn er in spezifischen Kontexten verortet werden kann. Dazu ist es nötig, den handelnden und zum Handeln aufgeforderten Glauben dort aufzusuchen, wo er sich zu bewähren hat: im Konflikt.[48] So verschiedene, hier nur erwähnte Programme wie *black theologies*, *(post-)colonial theologies*, Ansätze, die religiösen Pluralismus, diverse Formen der Säkularität, auch die grassierende religiöse Indifferenz zu verarbeiten suchen, schließlich solche, die sich anderen Lebensmodellen jenseits der

---

[46] GRAF, FRIEDRICH WILHELM, Die Wiederkehr der Götter. Religion in der modernen Kultur, München: C. H. Beck (2004) ³2007, 256 f.

[47] So ebd., 257 und 258.

[48] Dazu SCHULZ, HEIKO, Sind Religionen konfliktfähig? Vorüberlegungen zum themenspezifisch relevanten Begriffsfeld, in: Ingolf U. Dalferth und Heiko Schulz (Hg.), Religion und Konflikt. Grundlagen und Fallanalysen (RCR 8), Göttingen: Vandenhoeck & Ruprecht 2011, 23–46.

traditionellen Ehe, der normierten Sexualität und althergebrachter Geschlechter-rollen widmen,[49] endlich auch schon länger zirkulierende umwelttheologische Ansätze deuten zumindest an, um welches Engagement es jeweils gehen könnte; und was ein Schweigen im – oder gar: aus – Glauben mit sich bringen würde.[50]

Vor diesem Hintergrund kann die Ausgangsfrage dieses Abschnitts etwas kon-kreter gestellt werden: Wozu ist der Glaube motiviert, wenn er sich konkreten Kontexten aussetzt und von diesen längst umgeben ist? Wenn Glaube die – eschatologische – Umkodierung von allem ist, sodass das Selbst,- Fremd- und Weltverhältnis nun seinerseits anders und neu verstanden werden muss, wird dies Auswirkungen auf das Verhältnis von Handeln und Glauben und die Frage haben, ob sich Inhalte aus diesem Glauben bereits ergeben könnten: im Umgang mit einem selbst als *gerechtfertigte Sünderin* – was kann das heißen, wenn man als schwarze trans Person auf eine kirchliche oder unkirchliche Umwelt trifft, der dafür das Sensorium, vielleicht gar die Sprache fehlt?; im Umgang mit dem *Mit-menschen als Nächster* – was bedeutet das, wenn dieser eine Sicht auf Impfung, Demokratie oder Rechtstaatlichkeit vertritt, die man nicht nur nicht unterschrei-ben kann, sondern einem fremd bleibt oder kaum zu tolerieren ist?; und im Um-gang mit der *Welt als guter Schöpfung* – was wäre hier angesagt, wenn es um Fragen des konsumerischen Verzichts, des Wohlergehens der Tiere und Pflanzen oder der politischen Koalition der Glaubenden mit (anderen?) umweltpolitischen Gruppierungen ginge?

„Voll motiviert – nur wozu?": Ist das eine Frage, die sich in Absehung konkre-ter Kontexte sinnvoll beantworten ließe? Oder sind es genau diese Kontexte, auf die ein sensibler Glaube trifft, um in einem geschärften Blick – oder gut altpro-testantisch: mit einem *oculus fidei*[51] – zu erkennen, was jeweils zu tun sei?

## 5. Zwischen Entlastung und Aktion: Glaube und (De-)Motivation

Doch der Glaube muss nicht motivieren. Tut er es, muss das nicht *per se* gut sein; und wenn er tatsächlich nicht motiviert, kann das zweierlei heißen: nicht hand-

---

[49] Dazu HAUERWAS, STANLEY, Resisting Capitalism. On Marriage and Homosexuality, in: ders., A Better Hope. Resources for a Church Confronting Capitalism, Democracy, and Post modernity, Grand Rapids, MI: Eerdmans 2000, 47–51.

[50] Vgl. dazu u. a. GRAHAM, ELAINE, Between a Rock and a Hard Place. Public Theology in a Post-Secular Age, London: SCM Press 2013, "introduction" und dort bes. xix; TONNSTAD, LINN MARIE, (Un-)wise Theologians: Systematic Theology in the University, in: International Journal of Systematic Theology 22:4 (2020), 494–511, bes. 504; ferner CARLSSON, THOMAS, Theopolitical Activism: Performing Society and Religion (unveröffentlicht).

[51] Zu dieser Wendung siehe BARTH, KARL, Die Kirchliche Dogmatik. Die Lehre vom Wort Gottes. Prolegomena zur Kirchlichen Dogmatik I,2 §§ 13–15 (1938), Zürich: TVZ 1989, 64.

lungsaffin zu sein oder explizit zu demotivieren. Haben wir es im ersten Fall mit einer neutralen Bestimmung zu tun, die mit einem aktiven Glauben kompatibel bleibt, weil nur behauptet wird, dass dieser Glauben selbst nicht motivierend sei, haben wir es im zweiten Fall mit einer stärkeren These zu tun, die Handlungen im Namen des Glaubens dezidiert ausschließt oder zumindest erschwert. Die Gründe für diese Nicht- beziehungsweise Demotivation liegen entweder in der Konfiguration des Glaubens selbst oder an dem, woran er glaubt – sozusagen eine negativistische Entsprechung des oben besprochenen *fides qua & quae creditur*. Gehen wir nun beide Varianten kurz durch:

Die erste Variante betont die *Empfänglichkeit des Glaubens* vor allen aktiven Artikulationen oder im vollständigen Verzicht auf sie. Diese Variante kann nun ihrerseits in zwei Lesarten unterteilt werden. Zum einen handelt es sich um die *rechtfertigungstheologische* Version: Die vollständige Passivität des Glaubens im Blick auf das Heil des Menschen schließt jeden humanen Anteil daran kategorisch aus. Erst ein derart von sich selbst absehender und sich als Gabe Gottes verstehender Glaube sei theologisch ansprechbar auf diesem Glauben gemäße Handlungen – jenseits des Gesetzes und im Modus des Evangeliums.[52] Wendungen wie jene von einer ‚kreativen‘ oder ‚produktiv‘ werdenden Passivität versuchen, diese Doppeldeutigkeit theologisch einzufangen, indem sie diese nicht auflösen, sondern umspielen.[53]

---

[52] Zum Dual von Gesetz und Evangelium – oder, mit Karl Barth, umgekehrt – als Modi des Wortes Gottes zwischen Forderung und Zusage vgl. EBELING, GERHARD, Lutherstudien. Band II: Disputatio de homine. Dritter Teil: Die theologische Definition des Menschen. Kommentar zu These 20–40, Tübingen: Mohr Siebeck 1989, 387–401. – Und selbst wenn die Passivität des Glaubens auch im Blick auf das menschliche Handeln Berücksichtigung findet, könnte gesagt werden: „Wo Gutes geschieht, sind es nicht die Menschen, die das tun, sondern Gottes Liebe, die es durch ihr Tun bewirkt." (so DALFERTH, INGOLF U., God first. Die reformatorische Revolution der christlichen Denkungsart, Leipzig: Evangelische Verlagsanstalt 2018, 62).

[53] Dazu STOELLGER, PHILIPP, Passivität aus Passion. Zur Problemgeschichte einer ‚categoria non grata‘ (HUTh 56), Tübingen: Mohr Siebeck 2010, bes. Teil V: „Passivität aus Passion" (214–308); dahinter steht die anthropologische Dreiteilung von *ethos*, *pathos* und *logos* – mit der kritischen Entnahme des Glaubens (und der Theologie?) aus seiner herkömmlichen Moralisierung und Epistemologisierung zugunsten der Passion(-en) des Glaubens; die auf Fremdheit und Responsivität ausgerichtete Phänomenologie im Gefolge von Bernhard Waldenfels ist für diesen Zugang entscheidend; vgl. etwa WALDENFELS, BERNHARD, Hyperphänomene. Modi hyperbolischer Erfahrung, Berlin: Suhrkamp 2012; dort heißt es: „Das Pathos als das, *wovon* wir getroffen werden, verwandelt sich in etwas, *worauf* wir antworten. Die Umwandlung geschieht im Antworten selbst, und zwar in Form eines Bedeutens, das etwas *als etwas* meint, und in Form eines Begehrens, das etwas *in etwas* erstrebt." (363; vgl. auch 411); DERS., Phänomenologie der Erfahrung und das Dilemma einer Religionsphänomenologie, in: Wolf-Eckart Failing, Hans-Günter Heimbrock und Thomas A. Lotz (Hg.), Religion als Phänomen. Sozialwissenschaftliche, theologische und philosophische Erkundungen in der Lebenswelt, Berlin/New York: De Gruyter 2001, 63–84, bes. 77–84.

Zum anderen haben wir es mit einer Version zu tun, die nicht aus Heilsgründen den Glauben als *actio* ausschließt, sondern die dies wegen seiner inneren Beschaffenheit tut: Während im ersten Fall das Handeln-Wollen möglich ist und gerade dadurch zum Problem der Sünde wird, liegt es im zweiten Fall an der Struktur des Glaubens selbst, zunächst nicht mit einem Handlungsimpuls verbunden zu sein. Eben dies ist Schleiermachers frühe Position in den *Reden.*[54] Wenn Religion von Metaphysik und Moral abgegrenzt wird, schimmern die seit der Antike immer wieder neu modulierten Dreiteilungen in der Lehre vom Menschen und seinen Seelenvermögen durch. Bei Schleiermacher tritt die ‚praxeologische' Vorstellung hinzu, dass jenen „Provinzen" im menschlichen Gemüt definitorische Tätigkeiten zukommen: Nicht Handeln (in der Moral), auch nicht Denken (als metaphysisches Geschäft), sondern bekanntlich Anschauung, Ahn(d)ung und Gefühl[55] seien im Blick auf das Ganze und das Universum das, worum es in der Religion samt der ihr eigenen Emotionen gehe. Eine auf Handlungen gerichtete und daher über ‚Innerlichkeit' und ‚Frömmigkeit' hinausgehende Religion gliche dann einem *mixtum compositum* mit ethischen Bestimmungen.

Neben diesen Varianten der Nicht- oder Demotivation, die auf die Empfänglichkeit des Glaubens abzielen, gibt es eine andere Version, die das *eschatologische* Element des Glaubens stark macht. Auch hier teilt sich diese Version nochmals in zwei Subkategorien, die der traditionellen Trennung in präsentischer und futurischer Lehre von den (vor-)letzten Dingen folgen. Beide Lesarten erscheinen überaus krude, weil sie von ontologischen Annahmen leben, die man gerade nicht annehmen sollte – aber in der christlichen Tradition immer wieder vertreten wurden. Während die präsentische Eschatologie zuweilen die Tendenz hatte, den Glauben zu ‚entweltlichen', indem sich dieser von seiner Umwelt abkoppelt oder

---

[54] Siehe SCHLEIERMACHER, FRIEDRICH D. E., Über die Religion. Reden an die Gebildeten unter ihren Verächtern (1799), hg. und mit einem Nachwort von Carl Heinz Ratschow, Stuttgart: Reclam 1997, vor allem die zweite Rede „Über das Wesen der Religion" (27–89, dort bes. 29); dazu kritisch EBELING, GERHARD, Luther und Schleiermacher (1984), in: ders., Lutherstudien. Band III: Begriffsuntersuchungen – Textinterpretationen – Wirkungsgeschichtliches, Tübingen: Mohr Siebeck 1985, 405–427, bes. 409–416; TRACY, DAVID, Trinitarian Speculation and the Form of Divine Disclosure, in: The Trinity. An Interdisciplinary Symposium on the Trinity, hg. von Stephen T. Davis, Daniel Kendall, Gerald O'Collins, Oxford: Oxford UP 1999, 273–293, bes. 273 f.

[55] Dazu MOXTER, MICHAEL, Gefühl und Ausdruck. Nicht nur ein Problem der Schleiermacherinterpretation, in: Theologie der Gefühle, hg. von Roderich Barth und Christopher Zarnow, Berlin/Boston: De Gruyter 2015, 125–141; dort auch instruktiv zu den Umbauarbeiten, die Schleiermacher dann im Vergleich zu den *Reden* in der *Glaubenslehre* vorgenommen hat, die nur noch *ein* Gefühl, das der absoluten Abhängigkeit, kennt, nicht mehr eine Liste ‚religiöser' Emotionen, nämlich Liebe, Zuneigung, Ehrfurcht, Mitleid, Dankbarkeit, Demut und Reue (so in Über die Religion, 74 f.; dazu MOXTER, MICHAEL, Gefühl und Ausdruck, bes. 130).

gar von einer eigentlich und exklusiv relevanten ‚Hinterwelt' ausgeht, kann das
futurische Pendant dadurch vertrösten, dass die Gegenwart zugunsten der allein
relevanten Zukunft entwertet wird; das Neue löst das Alte nicht nur ab, sondern
die Antizipation der Zukunft lässt die Gegenwart unerheblich erscheinen. Dua-
listische Kosmologien zwischen Welt und Überwelt, irdischer Ordnung und dem
Reich der Ideen sind Beispiele für die erste Gruppe; geschichtsphilosophische
Konzepte, die apokalyptisch, auch messianisch oder chiliastisch ausgerichtet
sind beziehungsweise das Reich Gottes als rigorose Terminierung seiner weltlichen Vorbereitung verstehen, bebildern die zweite Gruppe (vgl. Mk 13, 24–27; 1
Thess 4,16 f.; 1 Kor 15,51 f.; 2 Kor 5,10).[56]

Daraus ergeben sich folglich verschiedene Ambivalenzen im Verhältnis zwischen Glaube und (De-)Motivation: zwischen primärer Passivität und der Erwartung, eines glaubens- und Gott-gemäßem Handeln (*rechtfertigungstheologischer
Vorbehalt*); zwischen einem Glauben als eigener Tätigkeit und deren Bestreitung
im Gefühl, auch der Mystik und Meditation (*kontemplativer Vorbehalt*); zwischen dem Leben im Hier und Jetzt und der eigentlichen Welt ‚dort' (*kosmologi-
scher Vorbehalt*); zwischen der zu gestaltenden Gegenwart und einer verheißenen, noch ausstehenden Zukunft, die Schluss macht mit dem, was jetzt gilt (*futurischer Vorbehalt*).

Alle vier Dimensionen dieser Doppeldeutigkeit sind ihrerseits einer dreifa-
chen Ambivalenz ausgesetzt: Sie können in der Tat zur Demotivation des Glaubens beitragen, diese gegebenenfalls gar begründen – aber sie können auch helfen, genauer zu verstehen, wo das Handeln aus Glauben zu lozieren wäre und wo
und wann es angesagt ist, um die „Provinzen" im menschlichen Gemüt nicht nur
zu trennen, sondern in ihrer Verbindung zueinander zu bedenken; sie können
durchaus die Passivität und reine Empfänglichkeit des Glaubens fundieren – aber
auch entlastend wirken, indem der Mensch jenen ‚kapitalistischen' Spiralen der
Selbstermächtigung, aber auch dem Zwang zur „Dauerreflexion" und Aktion in
Permanenz als Ausweis christlicher Freiheit entnommen wird; sie können in der

---

[56] Ein guter Überblick zu unterschiedlichen Programmen der Eschatologie, die jene Differenz zu be- und verarbeiten versuchen, findet sich bei MARSCH, WOLF-DIETER, Zukunft (Themen der Theologie 2), Berlin/Stuttgart: Kreuz Verlag 1969, Teil III; Marsch konzentriert sich
dabei auf theologische Vorstellungen der „Zukunft" bei Bultmann („Zukunft der Existenz"),
Barth („Zukunft der Gemeinde"; dazu bes. BARTH, KARL, Kirchliche Dogmatik IV/3, 1051,
1053, 1078) sowie Moltmann und der Politischen Theologie („Geschichte der Welt"); eine
entschiedene Kritik an der Tendenz, den Glauben und sein Engagement zu ‚entweltlichen' – so
gegen Bultmann und Gogarten gerichtet –, findet sich bei RENDTORFF, TRUTZ, Säkularisierung
als theologisches Problem, in: Neue Zeitschrift für Systematische Theologie und Religionsphilosophie 4:4 (1962), 319–339. 330–335; ferner KOPP-OBERSTEBRINK, HERBERT/SASS, HARTMUT
VON (Hg.), Depeche Mode. Jacob Taubes between Politics, Philosophy, and Religion (suppl.
series, The Journal of Jewish Thought and Philosophy. Vol. 32), Leiden: Brill 2022.

Tat zum Handeln im Namen bezeugter Vergangenheit, gelebter Gegenwart und erhoffter Zukunft antreiben – aber auch und immer wieder – mit den Worten von Franzens *Crossroads* – fragen lassen, „ob eine Tat um als wahrhaft gut zu gelten, nicht nur frei vom Makel des Eigennutzes sein musste, sondern einem auch keinerlei Vergnügen bereiten durfte."

## 6. Die Beiträge in diesem Band

Johannes Fischer geht von der gewöhnlich getroffenen Annahme aus, der Glaube werde als eine Überzeugung oder Einstellung aufgefasst; dem entspreche die Vorstellung, dass das Handeln des Glaubenden durch dessen Glauben motiviert sei. Der Beitrag gilt der Korrektur dieser Vorstellung. Dazu sei zentral, die Differenz zwischen der Welt der Tatsachen und der Lebenswelt zu treffen. Nur in ersterer gebe es Urteile, während Gründe für Handlungen in die Lebenswelt beziehungsweise die Welt der „Präsenz" gehörten. Diese Relozierung der Gründe und des Handelns hat weitreichende Auswirkungen für eine theologische Ethik; denn der Fokus auf das Handeln in der Lebenswelt geht einher mit einer Zurückweisung der traditionellen Vorstellung, wir handelten aus Gründen, die sich in Urteilen fänden, welche wiederum (moralische) Tatsachen der Außenwelt spiegelten. Vielmehr bestehe der handelnde Glaube in der Teilhabe des Menschen an seiner Lebenswelt beziehungsweise in seinem Lokalisiertsein in dieser präsentischen Lebenswelt.

Im Anschluss an John Deweys Pragmatismus entwirft Christoph Seibert ein holistisches Verständnis von Handlungen. Demnach sei ein Stimulus zu einem bestimmten Verhalten keine eigenständige Entität, die dann in kausal von ihm bewirkte Effekte aufginge. Vielmehr seien Gründe, Motive, auch Triebe als Exemplare dieses Stimulus eingebettet in einen komplexen, nur teilweise aufzuhellenden, nie ganz bewussten und das heißt vorpropositionalen, unthematisch bleibenden Motivationshintergrund. In ihn gehe unser Involviertsein in Handlungen und deren Hintergründe, auch unsere Interessen, Präferenzen, Wertungen ein. All dies gehe folglich Handlungen nicht voraus, sondern ist Teil von Handlungssequenzen. Erst in der Reflexion auf sie könnten aus diesen oft vagen Hintergründen konkretere Motive als Vereindeutigungen und Rationalisierungen entnommen werden. Dieses pragmatistische Bild ist schließlich auf den Glauben, auch den religiösen, anzuwenden. In ihm versammeln sich kognitiv-propositionale wie passional-emotive Elemente. Seibert distanziert sich von einem Bild, nach welchem der Glaube allein und abgekoppelt von anderen Elementen des Motivationshintergrunds Handlungen anstoßen könnte. Aber dieser Glaube mag in jenen Hintergrund eingehen und diesen abwandeln – mit entsprechenden Konsequenzen für unser Handeln. Ob es sich, so schon Kant, wirklich um genuin religiöse Motivationen handelt, bleibt strukturell offen und müsste sich seinerseits einer immer zu spät kommenden Reflexion auf diesen Glauben verdanken.

Torsten Meireis geht dem Status religiöser Bilder und ihrer Wirkungsgeschichte in politischen Bewegungen (etwa der *black power*) und künstlerischen Rezeptionen nach. Bilder der guten Schöpfung, der Erlösung und Verheißung wirken motivierend, gerade indem sie als projektiv nicht nur im Möglichen verbleiben, sondern auf Realisierung aus sind. Dies wird in drei Thesen entfaltet. Zum einen beziehen sich Menschen auf jene Bilder des guten Lebens, um ihre Motivationen zur Artikulation zu bringen. Zum anderen bilden sie nicht bloße Idealisierungen angesichts einer kritischen Lage, sondern sind auf ihre „theotopische" Verwirklichung ausgerichtet. Schließlich wird die Motivation des Glaubens als multifaktoriell beschrieben, wobei die Bilder der Verheißung als ein unverfügbares Gut theologisch zu rekonstruieren seien. Eine theologische Ethik wird sich darüber im Klaren sein müssen, dass die Auslegung und Wirkung jener Bilder den Kontingenzen, Ambivalenzen und Gefahren eines handelnden Glaubens ausgesetzt bleiben.

Markus Mühling unterscheidet in seinem Beitrag zunächst drei theologische Programme, aus denen sich unterschiedliche Antworten auf die Frage nach einem motivierten Glauben ergeben. Am Beispiel von Moltmanns *Theologie der Hoffnung* und einigen ihrer Ableger – etwa der *black theology* bei James H. Cone – wird deutlich, dass ein auf die *promissio* gerichteter Glaube auf etwas aus ist, das die „Normativität des Faktischen" überschreitet. Aus dem Widerspruch zur Gegenwart ergibt sich ein Engagement, das aber inhaltlich erst noch gefüllt werden müsste. Ebenso vertraut ist die Gegenreaktion, die auf das Warten und die Geduld des Glaubens setzt, um diesen vor seiner Instrumentalisierung zu bewahren. Jüngels These von der „Überflüssigkeit" des Glaubens und der Hypernotwendigkeit Gottes ist ein Beispiel für diese Position. Beide Argumentationsstränge lassen unterschiedliche Mischungen zu, wobei dieser Kompromiss – etwa schon von Schleiermacher nahegelegt – den theologischen *mainstream* bilde. Dagegen bietet Mühling einen „Paradigmenwechsel" an, der den Glauben als Wahrnehmung von Werten begreife und als solch ein Widerfahrnis gar nicht anders könne, als darauf zu respondieren. Dabei seien zwei Modelle zu unterscheiden: das des ‚Transports', das zielorientiert auf Erfüllung aus sei; und jenes, das Mühling vorschlägt und *wayfaring* nennt. Hier handele es sich um eine „attentionale", nur narrativ beschreibbare Respons, bei der das Werden selbst im Werden bleibe und kein Endziel kenne, obgleich unser Werden und Tun stets eine Mischung aus *transport* und *wayfaring* bilde.

Jochen Schmidt stellt in Auseinandersetzung mit den Ambivalenzen des Stolzes eine Sicht auf Motivationen vor, die sich der Alternative von direkter oder indirekter Wirkung auf Handlungen entzieht. Die Fragestellung lautet dann, wie der Glaube den Stolz als Element moralischer Motivation bewahren kann, indem vor deformiertem Stolz geschützt wird, und zwar nicht in Umgehung des Stolzes, sondern durch dessen Korrektur. Für diese Lesart führt Schmidt den Begriff des Apotropäischen ein. Dadurch gerät das Konfliktträchtige innerhalb moralisch signifikanter Konstellationen in den Blick, wobei im Gespräch mit der Zwiespältigkeit des Stolzes bei David Hume sowie der Vorstellung des Tugendstolzes bei Kant die Möglichkeit erwogen wird, wie der Glaube hilft, der Beschädigung der Moralität entgegenzuwirken. Für den besonders interessanten Fall des Stolzes heißt dies zu zeigen, wie der (religiöse) Glaube die motivationale Potenz des Stolzes dadurch wahrt, dass die Tendenz des Stolzes, in Arroganz und Überheblichkeit zu zerfallen, reduziert, gehemmt oder gar vermieden wird. Im Blick auf das lutherische Dual von Gesetz und Evangelium wird gegen Ende vorgeschlagen, dass der Widerpart zum Stolz gerade nicht die christliche Tugend der Demut sei, sondern die Berechtigung des Stolzes christlich dadurch gewährt werde, dass diese – wie der Titel des Aufsatzes ankündigt – „gelassen" bleibe.

Philipp Stoellger widmet sich Glaube und Motivation, indem deren Verhältnis näher beleuchtet wird. Nicht dass oder wozu motiviert wird, sondern auf welche Weise dies geschieht, steht damit im Zentrum. Ausgehend von der Trias von Logos, Ethos und Pathos wird der klassische Fokus auf Vernunft, Wissen und Bewusstsein ersetzt, um dem Begehren als Horizont der Motivation nachzugehen. Dazu ist jedoch Arbeit am Begriff und den Metaphern nötig, sofern der Glaube nicht mehr primär logisch oder ethisch verstanden werden soll, sondern aus und als Pathos. Zugleich ist das Begehren seiner klassischen, aber voreiligen Identifizierung mit der Sünde zu entnehmen, um Formen des Begehrens theologisch überhaupt wertschätzen zu können, ohne die drohenden Ambivalenzen leugnen zu müssen. Im Gegensatz zum Bedürfnis, das auf endliche Befriedigung setze, begehre das Begehren Unendliches – und drohe nun doch dem Verdikt der Sünde zu verfallen. Weitere Qualifizierungen sind daher erforderlich: Nicht das Objekt des Begehrens reinigte das Begehren (‚Gott begehren'); vielmehr könnte metaphorisch erwogen werden, dass das Begehren, das Gott zukomme und von Jesus verkörpert werde, auf das des Menschen übertragen wird. Die gesuchte Relation zwischen Glaube und Motivation liegt dann in einem Begehren, das nicht einfach Gott begehrt oder als Sünde begehrte, Gott zu sein – sondern das *wie Gott* begehrt; nicht was begehrt wird, ist dann signifikant, sondern der *Geist*, *in dem* begehrt wird.

Rebekka A. Klein widmet sich dem „Mitleid der Religion", indem sie sich auf den *genitivus subiectivus* konzentriert. Entsprechend geht es um das Mitleid, das sich dem religiösen Vollzug verdankt, wobei Korrekturen am herkömmlichen Verständnis von religiösem Glauben und Mitleid vorgenommen werden. Im kritischen Gespräch mit gegenwärtigen Stimmen aus der evangelischen und katholischen Theologie wird daran erinnert, dass das Mitleid als pathisches Betroffenwerden immer wieder rationalistisch, subjektivistisch, orientierungsphilosophisch, tugendethisch, vermögenstheoretisch oder mit einer Als-ob-Haltung der kontrafaktischen Einfühlung überformt worden ist. Gegenüber diesen Immunisierungen des Mitleids gelte es, die bleibende Fremdheit des leidenden Anderen zur Geltung zu bringen, die in der eigenen Erfahrung nicht aufgeht, sondern dass diese offen und geöffnet wird für das, was sie unterbricht und stört. Erst dann könne das Mitleid wirklichkeitserschließend wirken und als christlich gelten, wenn alles im Blick auf die Fremdheit Gottes betrachtet werde.

Hartmut von Sass geht einem doppelten Problem nach: Zum einen geht es um das Verhältnis von Glauben und Hoffen; zum anderen darum, wie dieses Verhältnis zu klären hilft, auf welche Weise die Hoffnung den Glauben zu einem ihn gemäßen Handeln motiviert. Die Konstellation verkompliziert sich, wenn berücksichtigt wird, dass wir es mit einem zweifachen Begriff des Glaubens und einem parallel strukturierten Hoffnungskonzept zu tun haben. Einerseits gibt es den propositional ausgerichteten Begriff des Glaubens und des Hoffens (.... dass *x*); andererseits gibt es einen modal qualifizierten Begriff, der grammatisch als Adverb fungiert (im Glauben beziehungsweise hoffnungsvoll leben). Dadurch ergeben sich drei Präzisierungen das Ausgangsproblems: zunächst mit Blick auf die Frage, wie die propositionale Hoffnung auf den Glauben motivierend wirkt, hier insbesondere konativ, das heißt über den in der Hoffnung enthaltenen Wunsch, dass *x* realisiert werde; dann mit Blick auf die Frage, wie die modale Hoffnung motiviert, hier vor allem dadurch, dass das Hoffen zum Element des Selbstverständnisses wird; und schließlich über die Klärung, wie sich die Hoffnung, die auf etwas gerichtet ist, und jene, die die Existenz bestimmt, zueinander verhalten – mit der These, dass dem Modus die Priorität gegenüber den Inhalten der Hoffnung zukomme. Das hat weitreichende Auswirkungen darauf, wie man den hoffnungsvollen Glauben zu seinen Verheißungen ins Verhältnis setzt, wie das Eschatische des Glaubens neu gedacht werden könnte und wie die Motivation des Glaubens verstanden werden kann, ohne die Empfänglichkeit des Glaubens übergehen zu müssen.

In sechs Schritten geht Sarah Jäger den Motivationslagen im Bereich der Diakonie nach. Dabei geht es sowohl um die Motivationen im Individuellen, als auch um die Motivation der Diakonie als Institution. Für beides gelte: In der Diakonie zeigen sich die Spannungen in der Frage nach religiösen Motivationen noch klarer, sowohl auf persönlicher wie auch der institutionellen Ebene. Jedoch seien die (religiösen) Motivbestände oft überhöht worden, wobei sie unter den (post-)säkularen und pluralen Konditionen der Gegenwart von Diskursen beerbt werden, in denen die Loyalität zum Unternehmen im Vordergrund stehe. Eine der am engagiertesten geführten Debatten ist in diesem Zusammenhang die Frage, inwiefern Mitarbeiter:innen der Diakonie Mitglieder der Kirche sein müssen. Das Bestehen auf eine konfessionelle Bindung steht seit Langem unter Druck. Das Konzept und die Praxis der Loyalität könnten einen Weg ebnen, um die sich hier abzeichnenden Probleme zu umgehen, ohne Selbstwidersprüche der Diakonie als einer kirchlichen Handlungsdimension zu verursachen. Dazu ist zu klären, was loyal gegenüber der Diakonie und ihrem Anliegen zu sein, konkret heißen kann; und welche Formen die diakonische Unternehmenskultur annimmt, wenn sie von ihren Mitarbeiter:innen Loyalität einfordern darf.

Teil 1

# Grundlegung

# Bemerkungen zum Verhältnis
## von Glauben und Handeln

*Johannes Fischer*

Dass der christliche Glaube Implikationen für das Handeln hat, gilt als unstrittig. Zwar hat es in der Geschichte der Kirche auch Ausprägungen des Glaubens gegeben, bei denen der Handlungsbezug in den Hintergrund tritt. Ein Beispiel ist die Mystik. In der Gegenwart mag man an ein Verständnis des Glaubens denken, das diesen mit der Suche nach spirituellen Erfahrungen gleichsetzt. Doch begreift man den christlichen Glauben von seiner biblischen Fundierung her, dann äußert er sich in einem ihm entsprechenden Handeln. Das Doppelgebot der Liebe gehört zum Kernbestand des christlichen Glaubens.

Weniger klar ist, in welcher Weise Glaube und Handeln aufeinander bezogen sind. Gewöhnlich wird der Glaube als eine Überzeugung oder Einstellung aufgefasst. Dem entspricht die Vorstellung, dass das Handeln des Glaubenden durch seinen Glauben motiviert ist. Die folgenden Bemerkungen setzen sich kritisch mit dieser Vorstellung auseinander. Sie möchten den Blick für eine andere Sicht der Beziehung zwischen Glauben und Handeln öffnen, welche an der Perspektive des Glaubenden beziehungsweise Handelnden orientiert ist. Nach dieser Sicht ist der Glaube nicht Motivation für das Handeln, sondern er stellt Gründe für Handlungen bereit. Hieraus ergeben sich weitreichende Implikationen für das Verständnis sowohl des Handelns als auch des Glaubens. Die Bemerkungen gliedern sich in drei Teile, nämlich erstens zum Verständnis des Handelns, zweitens zur Beziehung zwischen Glauben und Handeln und drittens zum Verhältnis zwischen christlichem Glauben und Moral.

## 1. Handeln

Wodurch sind Handlungen veranlasst? Je nach Perspektive gibt es auf diese Frage unterschiedliche Antworten. In einer handlungstheoretischen Perspektive sind es subjektive Faktoren auf Seiten des Handelnden, auf die Handlungen zurück-

zuführen sind.[1] Von dieser Art ist zum Beispiel die *belief-desire*-Erklärung von
Handlungen. Hiernach sind es Überzeugungen in Verbindung mit Wünschen,
woraus Handlungen resultieren. Nach dieser Sicht nimmt jemand beim Verlassen
des Hauses einen Regenschirm mit, weil er überzeugt ist, dass es draußen regnet,
und weil er den Wunsch hat, nicht nass zu werden.

Charakteristisch für diese Art der Betrachtung ist, dass sie sich in der Form des
*Urteils* vollzieht. Das entspricht dem wissenschaftlichen Anspruch der Handlungstheorie. Wissenschaftliches Denken vollzieht sich in der sprachlichen Form
des Urteils. Urteile sind Aussagen – zum Beispiel: ‚Handlungen sind durch Überzeugungen in Verbindung mit Wünschen veranlasst‘ –, für die ein Anspruch auf
Wahrheit erhoben wird. Sie sind wahr, wenn das, was sie beinhalten, eine Tatsache ist. Hieraus resultiert ein bestimmtes Bild von der Wirklichkeit, wonach diese aus Tatsachen besteht. Dieses Bild liegt der *motivationalen Erklärung* von
Handlungen zugrunde. Diese erklärt die Tatsache einer Handlung aus der Tatsache subjektiver Faktoren, die den Handelnden zu seiner Handlung veranlassen.

Eine gänzlich andere Antwort erhält man, wenn man einen Handelnden fragt,
wodurch seine Handlung veranlasst ist. Seine Antwort nennt den *Grund* für seine
Handlung. Handlungsgründe stehen in einer anderen Beziehung zu Handlungen
als subjektive Einstellungen, Überzeugungen oder Wünsche. Sie erklären Handlungen nicht, sondern sie lassen Handlungen verstehen. Der Unterschied wird
sofort deutlich, wenn man die Antworten betrachtet, die Handelnde auf die Frage
nach dem Grund für ihr Handeln geben. Haben diese Antworten doch nicht die
Form von Urteilen, sondern von *Narrativen*, das heißt von Artikulationen von
erlebter Wirklichkeitspräsenz. Wenn jemand beim Verlassen des Hauses einen
Regenschirm mitnimmt und auf die Frage, warum er dies tut, zur Antwort gibt:
„Draußen gießt es in Strömen.", dann handelt es sich bei dieser Antwort um eine
Schilderung dessen, was draußen geschieht, und nicht um ein Urteil, für das ein
Anspruch auf Wahrheit erhoben wird. Diese Schilderung ruft Vorstellungen davon hervor, wie es draußen zugeht, und sie versetzt damit imaginativ in die Situation dessen, der sich auf den Weg nach draußen macht, und lässt solchermaßen
verstehen, warum dieser einen Schirm mitnimmt. In dieser Situation würde man
dasselbe tun wie er.

Das Gesagte bedeutet, dass zwischen zwei Arten von Wirklichkeit unterschieden werden muss, nämlich zwischen der *erlebten* Wirklichkeit, die *narrativ* artikuliert wird, einerseits und der im *urteilenden Denken* sichergestellten Wirklichkeit, die Tatsachencharakter hat, andererseits. Im Blick auf die erste soll im Fol-

---

[1] FISCHER, JOHANNES, Gründe und Lebenswelt. Bemerkungen zu einem Text von Julian
Nida-Rümelin, https://profjohannesfischer.de/wp-content/uploads/2022/06/Gr%C3%BCnde-
und-Lebenswelt-6.pdf

genden von ‚Lebenswelt' und von ‚Wirklichkeitspräsenz' gesprochen werden, im Blick auf die zweite von ‚Tatsachenwelt'. Wenn wir über Erklärungen für Handlungen in Gestalt von subjektiven Faktoren wie handlungsleitenden Überzeugungen und Motiven sprechen, dann sprechen wir über die Tatsachenwelt. Wenn wir hingegen über Gründe für Handlungen sprechen, dann sprechen wir über die Lebenswelt. Denn es ist die erlebte und erlittene Wirklichkeit, im Beispiel: die Präsenz des Regens vor der Haustür, die Grund gibt zum Handeln. Tatsachen sind demgegenüber keine Handlungsgründe. Die Feststellung ‚Es ist eine Tatsache, dass es regnet', beantwortet nicht die Frage nach dem Grund dessen, der im Hinausgehen einen Schirm mitnimmt. Das tut vielmehr das Narrativ ‚Es regnet', das die Präsenz des Regens sprachlich artikuliert, die den Betreffenden zum Mitnehmen des Schirms veranlasst. Handlungsgründe gibt es nur innerhalb von Wirklichkeitspräsenz.

Oben war von der Handlungstheorie die Rede, die aufgrund ihres wissenschaftlichen Anspruchs der sprachlichen Form des Urteils verpflichtet ist und dabei Handlungen als etwas begreift, das der Tatsachenwelt zugehört und dementsprechend motivational zu erklären ist. Ihr wurde die lebensweltliche Perspektive derer gegenübergestellt, die handeln und die durch Gründe zu ihrer Handlung veranlasst sind. Nun geschah allerdings auch Letzteres mit wissenschaftlichem Anspruch, das heißt in der Form des Urteils. Die Feststellung, dass es sich bei der Antwort „Draußen gießt es in Strömen." um ein Narrativ handelt, ist ein Urteil, für das ein Anspruch auf Wahrheit erhoben wird und das im Falle seiner Wahrheit eine Tatsache konstatiert. Dasselbe gilt für die Feststellung, dass es Handlungsgründe nur innerhalb von Wirklichkeitspräsenz gibt.

Es rückt hier ein Problem ins Blickfeld, das weit über das Verständnis des Handelns hinaus von Bedeutung ist. Der Umstand, dass wissenschaftliche Erkenntnis sich in der Form von Urteilen vollzieht, mit denen Tatsachen konstatiert werden, kann zu dem irrigen Glauben verleiten, dass die Wirklichkeit als solche aus Tatsachen besteht, also mit der Tatsachenwelt identisch ist. Die Wissenschaft repräsentiert dann nicht bloß eine bestimmte Perspektive auf die Wirklichkeit, sondern sie repräsentiert die Wirklichkeit selbst, indem sie diese erfasst, wie sie ist, eben als Tatsache. Das aber bedeutet, dass die Lebenswelt aus dem Bereich des Wirklichen verschwindet. Sie muss in die Subjektivität projiziert werden. Die Äußerung „Draußen gießt es in Strömen." artikuliert dann das subjektive Erleben des Sprechers, und dieses Erleben ist eine Tatsache in der Tatsachenwelt. Aber es gibt die Lebenswelt nicht als eine Realität jenseits des subjektiven Erlebens. Sie wird vielmehr zur subjektiv erlebten Welt. Das bedeutet, dass es auch keine Handlungsgründe gibt. Dasjenige, was zu einer Handlung veranlasst, ist vielmehr die Subjektivität des Handelnden in Gestalt von Überzeugungen, Wünschen, Gefühlen und so weiter. Wenn wir glauben, dass der Regen vor der Haustür ein Grund ist, einen Schirm mitzunehmen, erliegen wir nach dieser Sicht einer Täuschung. In Wahrheit ist der Regen eine wertneutrale Tatsache, auf die wir lediglich unsere subjektive Einstellung projizieren, wodurch der Anschein entsteht, dass es der Regen ist, der Grund gibt, einen Schirm mitzunehmen.

Die Gleichsetzung der Wirklichkeit mit der Tatsachenwelt beruht auf der erkenntnistheoretischen Prämisse, dass wirklich nur das ist, was sich in der Form des Urteils feststellen lässt. Diese Prämisse bestimmt das wissenschaftliche Denken bis hinein in die Moralphilosophie. Man sieht dies an der metaethischen Debatte über den moralischen Realismus. Geht es nach dieser Prämisse, dann ist das moralisch Gute nur dann wirklich, wenn es sich in der Form des Urteils konstatieren lässt, und das heißt: wenn es eine Tatsache ist. Damit aber hat man das Problem, dass es moralische Tatsachen geben muss. Wie soll man sich diese vorstellen? Um dieses Problem dreht sich die Kontroverse zwischen moralischen Realisten und Antirealisten. Sie würde sich erledigen, wenn man das moralisch Gute als eine Realität nicht innerhalb der Tatsachenwelt, sondern innerhalb der Lebenswelt begreifen würde. Ist es nicht in der Tat so, dass das Gute eines Verhaltens im Erleben dieses Verhaltens erlebt wird und auf keine andere Weise erkannt werden kann, weshalb wir es einem anderen nur so zur Erkenntnis bringen können, dass wir ihm von dem Verhalten erzählen, so dass er es in der Imagination nacherleben kann?

Recht begriffen muss eine wissenschaftliche Betrachtung keineswegs auf eine derartige Engführung der Wirklichkeit auf die Tatsachenwelt hinauslaufen. Wie die bisherigen Überlegungen gezeigt haben, können wir uns vielmehr wissenschaftlich über die Lebenswelt verständigen. So können wir in der Form des *Urteils* als einer *Tatsache* konstatieren, dass es die erlebte *Präsenz* des Regens ist, die einen Handelnden dazu veranlasst, einen Regenschirm mitzunehmen. Um uns der Wahrheit eines derartigen Urteils vergewissern zu können, müssen wir freilich den Standpunkt des urteilenden Denkens verlassen und uns in der inneren Vorstellung in die Handlungssituation in ihrer Präsenz versetzen. Wie gesagt, unterscheidet dies das *Verstehen* von Handlungen aus Gründen von der *Erklärung* von Handlungen aus Motiven. Damit tut sich die Perspektive auf eine andere Art von wissenschaftlicher Handlungstheorie auf, die Handlungen als Teil der Lebenswelt begreift und aus diesem Kontext zu verstehen sucht.

## 2. Glauben und Handeln

Orientiert man sich an der etablierten Handlungstheorie, der zufolge Handlungen durch die Subjektivität des Handelnden motiviert sind, dann hat das Folgen auch für das Verständnis der Beziehung zwischen Glauben und Handeln. Bedeutet es doch, dass der Glaube nur dann für das Handeln wirksam werden kann, wenn er eine subjektive Einstellung ist, die zu Handlungen veranlasst, sei es in Gestalt einer kognitiven Überzeugung, sei es in Gestalt einer emotionalen Disposition. Ist es in biblischer Perspektive *der Nächste*, dessen Situation *Grund* gibt zum Handeln (Lk 10,30 ff.), so tritt mit dieser Subjektivierung an die Stelle des Nächsten die *Nächstenliebe* oder auch das *Mitleid* als eine Emotion, die zu Handlungen motiviert und in der zugleich die Erklärung für deren Vollzug liegt.

Wie man sich an der Ersetzung des Nächsten durch die Nächstenliebe als Emotion verdeutlichen kann, sind Emotionen nichts anderes als Projektionen der Dynamik der Lebenswelt in die Subjektivität, die dadurch veranlasst sind, dass die Lebenswelt aus dem Bereich des Wirklichen verbannt ist. Der nötigende Anspruch an das Handeln, der vom Leiden des Nächsten ausgeht, wird zur inneren Nötigung durch die Nächstenliebe oder das Mitleid. Im Grunde soll der Begriff der Emotion etwas Unmögliches leisten, weshalb er auch so schwer zu fassen ist. Mit ihm wird die Orientierung innerhalb von Wirklichkeitspräsenz im Koordinatensystem der Tatsachenwelt verortet, was bedeutet, dass diese Orientierung selbst zu einer Tatsache namens ‚Emotion' wird, bei gleichzeitiger Ausblendung der Wirklichkeitspräsenz, innerhalb deren sie sich orientiert. Letztlich handelt es sich um einen bloßen *modus loquendi*: Da menschliches Leben und Handeln sich innerhalb des Präsenzzusammenhangs einer Lebenswelt vollzieht und nur von dieser Einbettung her zu verstehen ist, braucht es innerhalb der Tatsachenwelt etwas, das für die Orientierung innerhalb von Wirklichkeitspräsenz steht, und eben dies wird ‚Emotion' genannt.

Anders stellt sich die Beziehung zwischen Glauben und Handeln dar, wenn man Handlungen als Teil der Lebenswelt begreift, in der sie durch Gründe veranlasst sind. Eine Wirkung auf das Handeln kann hier der Glaube nur dann ausüben, wenn er selbst Inbegriff einer Lebenswelt ist, die Grund für ein entsprechendes Handeln gibt. Die Antwort auf die Frage, warum Christen so handeln, wie sie als Christen handeln, ist dann in dem Präsenzzusammenhang der spezifischen Lebenswelt zu suchen, innerhalb deren sie sich *als Christen* orientieren und von der her sie die Gründe für ihr Handeln beziehen. Ihr Handeln ist dann durch diese Lebenswelt veranlasst und nicht durch ihren Glauben im Sinne einer subjektiven Einstellung. Ihr Glaube besteht vielmehr in ihrer Teilhabe an dieser Lebenswelt beziehungsweise in ihrem Lokalisiertsein in dieser Lebenswelt.

Man muss sich hierzu vergegenwärtigen, dass es in Mythos und Religion Wirklichkeit nur und ausschließlich im Modus der Präsenz, der Anwesenheit und der Gegenwart gibt. Dabei gibt es eine Schichtung zwischen dem sinnenfällig Präsenten und dem darin Anwesenden beziehungsweise Gegenwärtigen. So wird im Wachsen und Gedeihen der Natur die Gegenwart von Gottes *Ruach* erlebt (Ps 104). Während das urteilende Denken Tatsachen kausal aus anderen Tatsachen erklärt, sucht das mythische und das religiöse Denken das sinnenfällig Präsente aus etwas zu verstehen, das darin anwesend beziehungsweise gegenwärtig ist. Der Schöpfungsglaube ist so begriffen kein propositionaler Glaube an eine kausale Verursachung der Welt durch ein höheres Wesen, sondern vielmehr die Wahrnehmung der geistlichen Gegenwart des Schöpfers in der sinnenfälligen Präsenz der Welt (vgl. EKG 503). Ebenso wenig ist der Glaube an die Menschwerdung Gottes im Menschen Jesus Christus ein propositionaler Tatsachenglaube, sondern vielmehr die Wahrnehmung der geistlichen Gegenwart dessen, was die biblischen Texte von Jesus Christus erzählen, in der sinnenfälligen Präsenz der Welt (zum Beispiel 2 Kor 4,10; Mt 25,35 ff.).

Die Schichtung zwischen dem, was unmittelbar sinnenfällig präsent ist, und dem, was in dem sinnenfällig Präsenten verborgen gegenwärtig ist, ist auch für das Verständnis der Beziehung zwischen Glauben und Handeln von Bedeutung. *Der Nächste* ist nirgendwo in Raum und Zeit sinnenfällig präsent, sondern vielmehr in der leiblichen Präsenz eines anderen Menschen *gegenwärtig* (Lk 10,29 ff.), und er nimmt durch diese seine Gegenwart das Handeln in Anspruch. Dasselbe gilt für *den Bruder*, in dessen Gegenwart in einem anderen Menschen nach Mt 25,35 ff. Jesus selbst gegenwärtig ist. Handlungsleitend ist also das, was man die Tiefenschicht von Wirklichkeitspräsenz nennen kann, das heißt dasjenige, was darin unsichtbar gegenwärtig ist. Das gilt nicht nur im Blick auf die Wirklichkeit, auf die das Handeln gerichtet ist. Es gilt auch im Blick auf das Handeln selbst. Kann doch auch die sinnenfällige Präsenz einer Handlung eine geistliche Tiefendimension haben in Gestalt der Gegenwart von etwas, das sich über diese Handlung vermittelt: „Liebe, Freude, Friede, Geduld, Freundlichkeit, Güte, Treue …" (Gal 5,22). Für die Präsenzorientierung des Glaubens sind all das nicht subjektive Einstellungen, Gefühle oder Emotionen, die zum Handeln motivieren, sondern vielmehr Manifestationen von Geistesgegenwart. Auch diese können zu Gründen werden für ein entsprechendes Handeln, zum Beispiel für ein diakonisches Handeln, das intentional darauf gerichtet ist, Liebe und Barmherzigkeit zu üben; oder für ein Frieden stiftendes Handeln, das intentional darauf gerichtet ist, den Geist des Friedens in die Welt hinein zu tragen, indem es in der Form des Gewaltverzichts diesen Geist an sich selbst vergegenwärtigt und bezeugt.

Zur Tiefendimension der Lebenswelt des Glaubens gehören auch die Gebote. Auf den ersten Blick mag das überraschen, weil man mit dem Begriff des Gebots eher präskriptive Sätze verbindet. Das Befremden schwindet jedoch, wenn man sich vergegenwärtigt, dass die Ausdrücke ‚gebieten', ‚verbieten' oder ‚erlauben' Sprechakte bezeichnen, mit deren Vollzug das getan wird, was sie besagen. Mit der Äußerung „Ich verbiete Dir, das Haus zu betreten!" wird genau das getan, was gesagt wird, nämlich verboten, das Haus zu betreten. Getan wird es, indem dieser Satz geäußert, also präsent gemacht wird im Gegenüber zu demjenigen, dem verboten wird. Der Präsenz kommt also konstitutive Bedeutung für das Verbot zu. Man sieht das auch an einer Äußerung wie „Er hat es verboten!", mit der begründet wird, dass eine bestimmte Handlung unterlassen werden soll. Als Begründung verstanden ist dieser Satz keine Tatsachenfeststellung, sondern ein Narrativ, das den Sprechakt des Verbietens in seiner gewesenen Präsenz in Erinnerung ruft, damit aber zugleich die Präsenz des Verbotes im Sinne eines „Es ist verboten!" herbeizitiert. So begriffen ist die Geltung des Verbotes diese seine bleibende und als Nötigung erlebte Präsenz innerhalb der Lebenswelt, die erst endet, wenn das Verbot durch einen erneuten Sprechakt zurückgenommen wird. In dieser lebensweltlichen Präsenz liegt der Grund, die betreffende Handlung zu unterlassen. Der Präsenzcharakter von Geboten und Verboten zeigt sich besonders bei moralischen Dilemmata, bei denen das Handeln unter den Ansprüchen mehrerer moralischer Gebote steht, denen nicht gleichzeitig entsprochen werden kann. Sie werden als Konflikte real erlebt und bestehen nicht lediglich in einer gedanklichen Beziehung zwischen präskriptiven Sätzen.

Nur weil Gebote und Verbote zum Präsenzzusammenhang der Lebenswelt gehören, können sie zu Gründen des Handelns werden. Das gilt auch für Gottes Gebot. Als Begründung verstanden dafür, dass eine bestimmte Handlung vollzogen werden soll, ist auch eine Äußerung wie „Gott hat es geboten." ein Narrativ, das Gottes Gebieten ins Bewusstsein ruft und damit die Präsenz des Gebots im Sinne eines „Es ist geboten!" in den Raum stellt. Dieser Präsenzcharakter des Gebots hat auf Seiten des Menschen seine Entsprechung in der Einstellung des „Hörens".

## 3. Glaube und Moral

In einer theologischen Perspektive ist es naheliegend, das Handeln von Christen mit ihrem Glauben in Verbindung zu bringen. Doch sind Christen nicht nur durch ihren Glauben bestimmt. Unter nachaufklärerischen Bedingungen haben sie auch an der säkularen Weltauffassung teil. Das bedeutet, dass sie in zwei Lebenswelten leben, der Lebenswelt ihres Glaubens und der säkularen Lebenswelt, die aus der Aufklärung hervorgegangen ist. Hat doch die Umstellung des Denkens von der Präsenzorientierung des Glaubens auf die Tatsachenorientierung des urteilenden Denkens das Verschwinden Gottes aus dem Bereich des Wirklichen zur Konsequenz, da Gott nur innerhalb von Wirklichkeitspräsenz gegenwärtig ist. Das menschliche Leben jedoch vollzieht sich weiterhin unter den Bedingungen von Wirklichkeitspräsenz und so zieht das Verschwinden Gottes im Denken die Entstehung einer diesem Denken entsprechenden säkularen Lebenswelt als eine natürliche Folge nach sich. In dieser aber ist es die Moral, die das Zusammenleben der Menschen maßgeblich bestimmt. Aufgrund ihrer Teilhabe an der säkularen Welt sind Christen daher in ihrem Handeln sowohl durch ihren Glauben als auch durch die säkulare Moral bestimmt, die sie mit Andersdenkenden und Andersglaubenden verbindet und beides kann sich wechselseitig beeinflussen und überlagern.

Im Blick auf die Moral gelten ähnliche Überlegungen, wie sie oben in Bezug auf den Glauben dargelegt worden sind. Geht es nach der etablierten Handlungstheorie, der zufolge Handlungen durch die Subjektivität des Handelnden veranlasst sind, dann ist die Moral eine subjektive Einstellung, sei es in Gestalt von kognitiven Überzeugungen oder von Gefühlen beziehungsweise Emotionen. Klassisch hat David Hume diese Alternative formuliert in Gestalt der Frage, ob „Moral aus Vernunft abgeleitet sei oder vom Gefühl …“[2] Hume plädierte für das Zweite. Doch ganz unabhängig davon, welche Antwort man bevorzugt, hat die Moral hiernach auf jeden Fall ihren Sitz in der Subjektivität und nicht in der lebensweltlichen Realität.

Anders verhält es sich, wenn Handlungen als Phänomene der Lebenswelt begriffen werden. Dann sind Handlungen nicht durch subjektive Einstellungen, sondern durch Gründe veranlasst. Maßgebend für die Bewertung einer Handlung als moralisch gut sind dann die Gründe, aus denen heraus sie erfolgt. Diese aber liegen in der Wirklichkeit, wie sie in ihrer Präsenz erlebt wird, zum Beispiel in Gestalt der Not eines anderen Menschen. Auch dabei geht es um eine Schichtung, nämlich in Gestalt von sinnenfällig gegebener leiblicher Präsenz, in der sich die Anwesenheit einer Person manifestiert, in welcher ein Mensch gegenwärtig ist. Die Moral hat es innerhalb dieser Schichtung nicht mit dem Einzelnen, mit der Person zu tun, sondern mit dem Menschen in der Person des anderen. Wenn Klaus in eine Notlage geraten ist und Peter ihm aus moralischen Gründen hilft, dann hilft Peter ihm nicht deshalb, weil es sich um Klaus handelt, sondern deshalb, weil es sich bei Klaus um einen Menschen handelt, der in eine Notlage geraten ist. So begriffen erhält sich in der säkularen Moral der Moderne die Präsenzorientierung der religiösen Überlieferung bis hinein in deren Schichtung, nur dass an die Stelle des Nächsten in der Person des anderen der Mensch in der Person des anderen tritt. Hierin haben die Menschenwürde und die Menschenrechte ihre Grundlage. Auf all das sei hier nur thetisch hingewiesen. Ich habe dies an anderer Stelle genauer ausgeführt.[3]

Was das Verhältnis von Glauben und Moral betrifft, so würde es zu weit führen, der Frage nachzugehen, wie stark der Einfluss der Moral auf das Denken und

---

[2] HUME, DAVID, Eine Untersuchung der Grundlagen der Moral, hg. von Karl Hepfer, Göttingen: Vandenhoeck & Ruprecht 2002, 4.

[3] Vgl. FISCHER, JOHANNES, Die Zukunft der Ethik. Ein Essay (Zur Sache. Der Essay 1), Tübingen: Mohr Siebeck 2022.

Fühlen innerhalb der Kirche der Gegenwart ist. Ein Indiz für diesen Einfluss ist die Tatsache, dass der Universalismus des Gedankens der Menschenwürde und der Menschenrechte heute zu einem festen Bestandteil kirchlicher Verlautbarungen zu ethischen Fragen geworden ist. Das deutet darauf hin, dass maßgebend für die kirchliche Orientierung im Handeln jedenfalls nicht allein der christliche Glaube ist. Wo gibt es diesen Glauben noch in seiner idealtypischen Reinheit? Unter nachaufklärerischen Bedingungen sind Religion und Säkularität nicht auf verschiedene Menschengruppen verteilt. Sie finden sich vielmehr bei religiösen Menschen in ein und derselben Person. Daher gibt es unter diesen Bedingungen keine ungebrochene religiöse Bindung und Identität mehr. Aufgrund ihrer Teilhabe an der säkularen Lebenswelt tragen religiöse Menschen immer auch die Distanz zu ihrem Glauben in sich. Darin liegt die ständige Herausforderung für sie, ihre religiöse Orientierung mit ihrer moralischen Orientierung abzugleichen, und umgekehrt.

# Was bewegt mich?

## Ein Beitrag zur Hermeneutik des Handelns

*Christoph Seibert*

Wenn wir von Motivationen und Motiven sprechen, haben wir es mit dem zu tun, was uns bewegt. Begriffsgeschichtlich betrachtet, ist das nicht überraschend, denn das deutsche Wort „Motiv" geht auf das lateinische Wort *motivus* (beweglich) zurück.[1] Wir bewegen uns also buchstäblich im Wortfeld der Bewegung, wenn wir uns mit Motiven und Motivationen beschäftigen, und Bewegung ist bekanntlich ein Begriff, der seit der Antike im Zentrum von Naturphilosophie und Physik steht. So gesehen verweist „Motiv" letztlich auf die Untersuchung der Bewegung (κίνησις) in der aristotelischen Physik.[2] Doch das sei nur am Rande erwähnt, da meine Themenstellung es erfordert, dem Begriff eine über den naturphilosophischen Entstehungskontext hinausgehende handlungstheoretische und vielleicht sogar ethische Bestimmung zu geben. Dass es dabei nicht eindeutig, sondern durchaus vieldeutig zugeht, möchte ich einleitend kurz in Erinnerung rufen, einmal mit Blick auf Versuche, das Gegenstandsfeld zu sortieren, ein andermal mit Blick auf das vermeintliche Subjekt der Bewegung.[3]

Auf die Titelfrage „Was bewegt mich?" kann eine spontane Antwort lauten: „Nicht eines, sondern vieles". Diese Antwort trifft die Sache, um die es geht. Denn wer kann schon von sich behaupten, dass er oder sie immer nur von dem Einem und Selben bewegt werde. Schon in den biblischen Überlieferungen ist dieser Umstand psychologisch feinsinnig reflektiert, man denke nur an ausgewählte Klage- oder Bußpsalmen oder an die anthropologischen Reflexionen des

---

[1] Vgl. KLUGE, FRIEDRICH, Etymologisches Wörterbuch der deutschen Sprache, Berlin/New York: De Gruyter ²⁴2002, 634.

[2] Vgl. RICKEN, FRIEDO, Art. Motiv, in: HWPh 6 (1984), 211–214. Aristoteles' *Physik* gestaltet sich im Kern als Analyse der Bewegung und Veränderung, wobei unterschieden wird zwischen dem, was bewegt und dem, was bewegt wird. Diese Überlegungen kulminieren schließlich im Traktat von der Seele als desjenigen Lebensprinzips, das die verschiedenen Formen und Funktionen des pflanzlichen, tierischen und menschlichen Lebens in ihren Eigentümlichkeiten konstituiert und bewegt.

[3] Ich danke Simon Jungnickel und Michel Steinfeld für Kritik und wertvolle Hinweise.

Paulus, in welchen die menschliche Existenz als Konflikt zwischen gegenläufigen Antriebskräften verstanden wird. Allein schon dieser Befund kann verdeutlichen, wie schwer es ist, die Vielheit der Bewegungsfaktoren auf einen gemeinsamen Nenner bringen. Jeder Versuch in diese Richtung muss sich daher den Einwand gefallen lassen, eine zwanghafte Uniformierung der Erfahrung vorzunehmen. Damit ist allerdings nicht gesagt, dass „Vielheit" einem bloß Chaotischen gleichkäme, da sie selbst schon eine Art Ordnungsbegriff ist. Reden wir nämlich von Vielheit oder Vielfalt, bleibt das, was wir meinen, nicht ganz unbestimmt, erscheint nicht als undifferenzierte impressionale Masse, sondern wird als etwas aufgefasst, das zumindest Andeutungen von Konturen aufweist, die Unterscheidungen nach innen und außen möglich machen. Angesichts dessen hat sich das Denken immer schon darum bemüht, die Mannigfaltigkeit dessen, was uns bewegt, in eine oder mehrere Ordnungen zu bringen. Folgt man dieser Spur und orientiert sich an einer klassischen, formbildenden Architektonik, kann man versuchen, jene Vielheit anhand von drei Grundkategorien näher zu strukturieren, wobei ich die elementaren vegetativen Vorgänge von Ernährung, Stoffwechsel und Wachstum als vierte Kategorie hier ausblende.[4] Unter ihrem Vorzeichen lässt sich das, was uns bewegt, anhand von verschiedenen Modalitäten organisieren, in denen Verhältnisse zum Angenehmen, Nützlichen und Guten oder zu ihrem Gegenteil, zum Unangenehmen, Schädlichen und Bösen als Antriebsgründe fungieren.[5] Es sind somit die Beziehungen zum empirisch Lustbringenden, zum pragmatisch Nützlichen und zum moralisch Guten sowie zu ihrem jeweiligen Gegenteil, die hier den Ausschlag geben. Stellt man sich vor, dass jede Verhältnisart unter sich wiederum unübersichtlich viele Varianten umfassen kann, und bedenkt man mögliche Mischungsverhältnisse zwischen ihnen, gewinnt man zwar ein grobes Einteilungsmuster, hat sich der Herausforderungen des Verstehens allerdings noch längst nicht entledigt. Ich komme daher zum zweiten Punkt, der Frage nach dem sogenannten Subjekt der Bewegung.

Es ist unvermeidlich, dass wir die Metaphorik der Bewegung in unterschiedlichen Kontexten und in verschiedenen Weisen verwenden, wodurch ihr jeweils eigene Bedeutungen zuwachsen. Wenn eine trainierte Läuferin beispielsweise nach einer längeren Phase sitzender Tätigkeiten nach ihren Sportschuhen greift und sagt, dass sie sich jetzt bewegen müsse, ist das nicht zu verwechseln mit der Inszenierung eines bekannten Bühnenstückes, von der alle, die sie sahen, im Anschluss sagen, dass sie tief bewegt wurden. Während im ersten Fall eine intentionale Bewegung im Raum gemeint ist, handelt es sich im zweiten um mehr

---

[4] Vgl. ARISTOTELES, Über die Seele, in: ders., Philosophische Schriften in sechs Bänden, Bd. 6, Hamburg: Meiner 1995, 39 f. (Über die Seele, II, 4 ,416af.).

[5] Vgl. ARISTOTELES, Nikomachische Ethik, in: ders., a.a.O., Bd. 3, 30 (NE, II, 2, 1104b 28–30).

oder weniger intensive Empfindungs- oder Gefühlsregungen. Und während man meint, im ersten Fall ein klares Subjekt identifizieren zu können, welches die Absicht zum Ausdruck bringt, sich bewegen zu wollen, scheint eine solche Willenskomponente im zweiten Fall nicht im Vordergrund zu stehen, sondern eher ein affektives Geschehen gemeint zu sein. Ist beides aber wirklich so eindeutig voneinander zu unterscheiden? Das kommt darauf an, inwieweit man die Bezugskontexte jener Ereignisse miterfasst. Versteht man die Willensbekundung „Jetzt werde ich mich bewegen." vor dem Hintergrund der vorausgegangenen Phase des Sitzens auf dem Bürostuhl, so dürfte die auf den ersten Blick so selbstentschlossen wirkende Läuferin ihrerseits durch somatische Gewohnheiten und psychische Affektionen zum Griff nach den Turnschuhen bewegt worden sein. Etwas drängt sie buchstäblich in die sportliche Tätigkeit hinein und sie fühlt sich nicht wohl, wenn sie dem, was da drängt, nicht nachgibt. Achtet man umgekehrt darauf, dass viele derjenigen, die angesichts der beeindruckenden Inszenierung emotional bewegt sind, sich im Vorfeld erwartungsvoll um die Tickets bemüht haben – von den biographisch sorgsam eingeübten Seh- und Hörkulturen ganz zu schweigen – so dürfte der willentlich unternommene Umgang mit der Situation ein wichtiger Faktor zu sein. Der scheinbar so eindeutige sprachliche Unterschied zwischen dem sogenannten Willentlichen und Unwillentlichen[6] kann somit den Blick auf Binnenverhältnisse des Gemeinten lenken, die näher ineinander liegen, als es *prima vista* der Fall ist. Kaum von der Hand zu weisen ist das etwa beim Tanzen, der Bewegungen von Körpern zum Rhythmus irgendwelcher Beatfolgen. Wer bewegt hier wen? Zweifelsohne vollzieht der Tänzer irgendwelche Körperbewegungen, er würde diese Situation aber auch so beschreiben, dass er von den Beats bewegt wird.

Zusammengenommen lassen sich beide einleitenden Bemerkungen mit Fragen verbinden, die direkt die Mitte des Themas berühren, etwa mit der Frage danach, ob alles, was uns bewegt, als Motiv oder als Motivation des Handelns zu bezeichnen ist. Ein Impuls oder ein Reiz sind zweifellos Antriebsfaktoren, sind sie deshalb aber schon Motive? Je nachdem wie die Antwort ausfällt, erhält auch eine andere Frage ihre spezifischen Klärungsmöglichkeiten, nämlich die Frage danach, ob der religiöse Glaube selbst als ein Motiv für das Handeln zu verstehen ist. Dass er handlungsorientierend wirkt, ist evident, ist er aber deshalb schon als ein Handlungsmotiv zu fassen? So unterschiedlich beide Fragen auch ausgerichtet sein mögen, sie kommen darin überein, dass die Begriffe Motivation und Motiv einer Klärung bedürfen. Mein Vorschlag dazu baut sich schrittweise auf.

---

[6] Vgl. Ricœur, Paul, *Das Willentliche und das Unwillentliche*, Paderborn: Fink 2016. Ich schließe mich im Folgenden dieser Terminologie an, ohne damit den Anspruch erheben zu wollen, dass ich Ricœurs Theorie im Ganzen folge.

Ausgehend von einer spezifischen Zugangsweise zum Handlungsbegriff werde ich nacheinander nach dem Zusammenhang von Handlung, Motivation, Motiv, Grund und Glauben fragen.

## 1. Elemente der Handlung

Die theoretische Klärung der Begriffe „Motiv" und „Motivation" lässt sich nicht auf eine einzige Fachwissenschaft einschränken, sondern erfolgt in ganz verschiedenen Forschungszusammenhängen, wobei neben psychologischen Ansätzen zur Zeit vor allem handlungstheoretische Debatten eine Rolle spielen. Prominent geworden sind die in der analytischen Handlungstheorie in den letzten Jahrzehnten feingliedrig entwickelten Differenzierungen zwischen Handlungsursachen, -motiven und -gründen sowie die damit einhergehenden Diskussionen über den moralischen Internalismus oder Externalismus[7] und über kausale oder teleologische Handlungskonzeptionen.[8] Ich werde im Folgenden auf diese Debattenkontexte nur am Rande eingehen, tue das aber nicht deshalb, weil ich sie für irrelevant erachte, sondern weil ich mich auf einem anderen, eher hermeneutisch ausgerichteten Weg mit dem Thema auseinandersetzen werde. Durchweg vorausgesetzt ist dabei, dass die Bestimmung des Motivs- und Motivationsbegriffs nicht unabhängig von einer Bestimmung des Handlungsbegriffs erfolgen kann, sie ist vielmehr Bestandteil einer solchen.

Die Diskussion der Differenz zwischen Verhalten und Handeln lasse ich hier auf sich beruhen und gehe davon aus, dass Handeln eine Art des Verhaltens ist, die Übergänge zwischen beiden sind fließend, eine eindeutige kategoriale Formdifferenz fällt schwer, auszumachen. Allgemein gehalten, lässt sich sagen, dass wir uns als Lebewesen zwar unentwegt verhalten, uns dabei aber nicht immer als handelnde Subjekte begreifen. Um mich dem, was wir tun, wenn wir uns als handelnd verstehen, anzunähern, gehe ich zunächst analytisch vor und unterscheide sehr grob einzelne Elemente, von denen gesagt werden kann, dass sie bei der Bestimmung von Handlungen eine Rolle spielen. Dabei tendiere ich eher zu einer schwach teleologischen Handlungserklärung als zu einer kausalen. Was damit aber im Einzelnen gemeint ist, muss der Gedankengang zeigen. Dies vorausgeschickt, sind es mindestens vier Elemente, von denen gesagt werden kann,

---

[7] Vgl. SCARANO, NICO, Motivation, in: Marcus Düwell/Christoph Hübenthal/Micha H. Werner (Hg.), Handbuch Ethik, Stuttgart/Weimar: Metzler ³2011, 448–453, bes. 450–452; BIRNBACHER, DIETER, Analytische Einführung in die Ethik, Berlin/Boston: De Gruyter ³2013, 289–294.

[8] Vgl. HORN, CHRISTOPH/LÖHRER, GUIDO (Hg.), Gründe und Zwecke. Texte zur aktuellen Handlungstheorie, Berlin: Suhrkamp 2010.

dass sie eine Rolle spielen, wenn wir uns als handelnde Subjekte zu verstehen suchen:

(a) Von außen betrachtet ist eine Handlung eine in soziale Umwelten eingebettete *Körperbewegung*. Da es nun viele Bewegungen des Körpers gibt, die wir nicht als Handlungen bezeichnen würden – vom bloßen Reflex bis hin zur mechanischen Routine – und da es Handlungen gibt, die sich äußerlich nicht eindeutig als Körperbewegungen erkennen lassen – zum Beispiel Denken oder Schweigen – genügt dieses allgemeine Kennzeichen allerdings noch nicht, sondern bedarf einer Spezifikation. Diese betrifft die Thematisierungsperspektive.

(b) Um eine Körperbewegung als Handlungsvollzug zu identifizieren, müssen wir von ihr eine Beschreibung liefern können, unter der auch das Subjekt des Handelns sein Tun begreifen kann. Damit eine derartige *Integration der Ersten-Person-Perspektive* möglich ist, sollte die geforderte Beschreibung mindestens zwei Aspekte umfassen:

(c) Für meine Zwecke wichtig ist dabei weniger der retrospektive Aufweis einer Kausalgeschichte des Handelns, sondern vor allem die prospektiv orientierte Dynamik des Handlungsverlaufs, die man mit Harry Frankfurt als absichtsvolle Lenkung oder Steuerung bezeichnen kann.[9] Ihm zufolge kann eine Körperbewegung dann als Handlung verstanden werden, wenn sie in irgendeiner Weise der „*Lenkung des Betreffenden unterlieg[t]*"[10]. Was genau unter Lenkung oder Steuerung zu verstehen ist, muss hier nicht im Detail geklärt werden, es genügt zu beachten, dass mit diesen Begriffen das teleologische Moment einer „um-zu"-Perspektive in den Verlauf der Bewegung eingetragen wird. Die Dinge so zu sehen, hat den Charme, dass die Zweckgerichtetheit des Handelns als etwas begriffen werden kann, das im Handlungsprozess selbst entwickelt wird und zwar unter Einschluss von nötigen sozialen Anpassungsleistungen und Korrekturen. Dadurch wird es möglich, einzelne Phasen des Handlungsverlaufs einerseits als distinkte Teilhandlungen voneinander zu unterscheiden und andererseits als konstitutive Elemente dessen auszumachen, was die „um-zu"-Perspektive im Ganzen kennzeichnet, wie es sich etwa beim Steuern eines Schiffes oder beim Bau eines Hauses verhält.

(d) Damit ist schon angedeutet, dass sich die Lenkung nicht blind vollzieht, sondern an etwas orientiert ist und darüber hinaus auch sehr komplex strukturiert sein kann, ohne die einzelnen Struktureinheiten auseinanderfallen zu lassen. Beides lässt darauf schließen, dass Handlungen mehr oder weniger komplexe *sinnhafte Muster* realisieren, wobei ich „Sinn" als Relationsbegriff verstehe, der Be-

---

[9] Vgl. FRANKFURT, HARRY, Das Problem des Handelns, in: Horn/Löhrer (Hg.), Gründe und Zwecke, 70–84.

[10] Ebd., 74.

ziehungen zwischen Teil, Kontext und Ganzem meint. Demzufolge bildet sich
Sinn heraus, wenn etwas in den Zusammenhang mit anderem gesetzt werden
kann, dabei Handlungsanschlüsse für mich und andere entstehen und es in letzter
Konsequenz auf ein wie auch immer gegebenes Ganzes bezogen werden kann.
Von einem Handlungssinn zu reden, würde deshalb bedeuten, die einzelnen Teilaspekte des Handlungsverlaufs über die Funktion der Lenkung so miteinander
zu verknüpfen, dass ein kontinuierlicher Zusammenhang zwischen ihnen erfahrbar wird. So gesehen stellt die „um-zu"-Perspektive denjenigen Gesichtspunkt,
vermöge dessen es möglich wird, die Fülle der Aspekte nicht auseinanderdriften
zu lassen, sondern zumindest annäherungsweise in den Gesamtverlauf integrieren zu können. Frankfurt nennt das Beispiel eines Pianisten, der beim Klavier-
spiel sehr komplexe Tonfolgen spielt und dabei einem Muster folgt, das es sowohl für ihn als auch für die Zuhörer:innen möglich macht, alle einzelnen Schrit-
te als Teile einer Gesamtkomposition zu verstehen. Wenn wir das Klavierspielen
als die Handlung bezeichnen, um die es im Kern geht, lässt sich diese wiederum
in ganz verschiedene Teilaspekte ausdifferenzieren, die intern im Zuge des Spie-
lens miteinander verknüpft werden.[11] Die sinnhafte Struktur der Handlung baut
sich also im Verhältnis von Teil-Ganzem und Kontext auf.

So viel sei in aller Kürze zu einigen Elementen der Bestimmung des Handlungsbegriffs gesagt. Zusammengenommen lassen sie erkennbar werden, dass
Handlungen offenbar nicht als „separate, atomare, punkt- oder augenblicksartige
Einheiten"[12] zu verstehen sind, sondern eine sich *zeitlich* erstreckende, *syntheti-
sche Struktur* ausbilden. Dabei sind wichtige Fragen natürlich noch längst nicht
geklärt: Offen ist nicht nur, was wir unter dem Motiviertsein des Handelns und
unter einem Motiv verstehen können; offen ist außerdem, in welchen Weisen
die genannten Elemente zusammenspielen. Der nächste Schritt besteht deshalb
darin, dieses Zusammenspiel in einer bestimmten Hinsicht etwas näher zu betrachten.

## 2. Kreislauf der Handlung

Einen geeigneten Ausgangspunkt dafür liefert der holistische Ansatz John Deweys, dessen grundlegende Pointe in einem einflussreichen Essay von 1896 auf-
scheint. Er wurde 1942 zum bedeutendsten Beitrag der *Psychological Review* in
den Jahren seit ihrer Gründung gekürt. In diesem Text unterzieht Dewey die

---

[11] Vgl. ebd., 75.
[12] THOMPSON, MICHAEL, Naive Handlungstheorie, in: Horn/Löhrer (Hg.), Gründe und Zwecke, 294–337, 301.

Theorie des Reflexbogens – dem damaligen Standardmodell für die Erklärung des menschlichen Verhaltens – einer grundlegenden Kritik.[13] Ohne auf die Einzelheiten des Argumentes und dessen historischen Sitz im Leben näher einzugehen, genügt es, seine Stoßrichtung anhand der Inszenierung des Kontrastes nachzuzeichnen, um den es im Kern geht. Dieser Kontrast lässt sich gut an der Wahl der Metaphern ausweisen, die Dewey vorschlägt. An die Stelle der dem Reflexbogenmodell eignenden Metapher des *Bogens* („arc") tritt bei ihm das Bild von einem *Kreislauf* oder *Schaltkreis* („circuit"). Die *Bogenmetapher* suggeriert, es gäbe eine geordnete zeitliche Abfolge, die ihren Auslöser bei einem sinnlichen Input habe, auf den sodann eine motorische Reaktion als Output erfolge und zwar vermittelt über eine unter dem Eindruck des Reizes gebildete mentale Vorstellung. Es wird hier also ein zeitlicher Spannungsbogen beschrieben, bei dem Reiz, mentale Vorstellung und Reaktion als drei distinkte Einheiten fungieren, wobei für Dewey die Frage nach dem Verhältnis zwischen ihnen letztlich offen bleiben muss. Ihre begriffliche Synthese bleibe uneingelöst: „As a result, the reflex arc is not a comprehensive, or organic unity, but a patchwork of disjointed parts, a mechanical conjunction of unallied processes."[14] Im Unterschied dazu soll die *Kreislaufmetapher* unser Handeln nicht als eine logische und zeitliche Abfolge von drei distinkten Wirksamkeitsfaktoren akzentuieren, sondern als einen Prozess der wechselseitigen Koordination und Bestimmung dessen, was überhaupt erst als Wirksamkeitsfaktor fungieren kann. Die Pointe besteht also darin, dass das, was als Reiz oder was als Reaktion zu verstehen ist, erst im Lenkungszusammenhang der gesamten Interaktion aufgewiesen werden kann.

Um es an dem Beispiel zu illustrieren, das Dewey erwähnt: Ein Kind streckt seine Hand nach einer brennenden Kerze aus, greift in die Flamme, verbrennt sich und zieht die Hand zurück. Nach dem Reiz-Reaktions-Modell würde das Beispiel wie folgt interpretiert: Ein anfänglicher Sinnesreiz (Lichtempfindung) bewirkt beim Kind eine Reaktion (Ausstrecken der Hand); ein neuer Reiz (Schmerz) provoziert eine weitere Reaktion (Zurückziehen der Hand). Nach Deweys holistischem Modell kommt es zu einer anderen Deutung des Beispiels: Am Anfang steht nicht ein gesetzter Reiz, der die Handlung des Kindes auslöst. Es ist keine primäre Empfindungsqualität gegeben, sondern vielmehr eine sinnhafte Koordination von Körperbewegungen, die im Akt des Hinsehens, in „the act of seeing",[15] zusammengefasst werden. Die Empfindungsqualität ist somit nicht das Erste, der ursprüngliche Auslöser, sondern ist ihrerseits eingebunden in

---

[13] Vgl. DEWEY, JOHN, The Reflex Arc Concept in Psychology, in: ders., The Essential Dewey 2, hg. von Larry A. Hickman und Thomas M. Alexander, Bloomington/Indianapolis: Indiana University Press 1998, 3–10.

[14] Ebd., 3.

[15] Ebd., 4.

den vorausliegenden Prozess der Organismus-Umwelt-Interaktion, als dessen Eigenschaft sie fungiert. Deshalb kommt zum Akt des Hinsehens-auf das Ausstrecken der Hand auch nicht additiv hinzu, beide Verhaltensweisen bestimmen und steuern sich vielmehr wechselseitig, mit dem Effekt, dass das Sehen des Lichtes in der „um-zu"-Perspektive seinerseits als ein intentionaler Akt konzipiert werden kann: „it is now seeing-for-reaching-purposes".[16]

Bleibt man im Bild des Kreislaufes, kommt es schließlich auch zu einer anderen Deutung des abrupten Zurückziehens der Hand im Zusammenhang der erlittenen Schmerzempfindung. In der Logik des Reiz-Reaktion-Modells würde die Reaktion auf den Schmerz das Hinsehen-auf und Ausstrecken-nach ersetzen, mithin ein neues Erlebnis begründen, welches an die Stelle des Anfangs tritt. Folgt man hingegen dem der Kreislaufmetapher inhärenten Koordinationsschema, muss sich eine solche Deutung als abwegig erweisen, da in ihr die Kontinuitätsmomente der sich entwickelnden Gesamterfahrung übersehen werden. Wenn nämlich das Hinsehen auf das Licht bereits in einer spezifischen Weise als „seeing-for-reaching-purposes" motiviert ist, sind Schmerzempfindung und Zurückziehen der Hand streng genommen keine distinkten Erlebniseinheiten mehr, sondern bilden verschiedene Phasen in der Genese des Sinns einer einheitlichen Handlungserfahrung. Deshalb kann Dewey auch sagen, dass das Sich-Verbrennen als eine Interpretation des ursprünglichen Sehens fungiert, sich die Bedeutung jenes Sehens somit erst im Zuge einer Integration aller Teilmomente der koordinierten Verhaltenslenkung einstellt:

The burn is the original seeing, the original optical-ocular experience enlarged and transformed in its value. It is no longer mere seeing, it is seeing-of-a-light-that-means-pain-when-contact-occurs [...]. The seeing [...] remains to control the reaching, and is, in turn, interpreted by the burning.[17]

Was es bedeutet, die Kerze in einer bestimmten Weise gesehen zu haben, wird also erst im Verlauf der Gesamterfahrung deutlich. Darin zeigt sich exemplarisch, wie das Zusammenspiel von verschiedenen Elementen der Handlung organisiert werden kann, wobei freilich gilt, dass die erreichte Synthese der Erfahrung im Kreislaufmodell niemals absolut sein kann. Damit sind die Konturen des handlungstheoretischen Referenzrahmens skizziert, innerhalb dessen ich meine weiteren Überlegungen orientieren werde.

---

[16] Ebd.
[17] Ebd.

### 3. Handlung und Motivation

Bislang standen weder der Motivations- noch der Motivbegriff im Zentrum. Ausgehend von der im Anschluss an Dewey gezeichneten Skizze lassen sich aber drei thematisch weiterführende Punkte markieren: *Erstens* ist es wichtig, darauf zu achten, dass der sogenannte Verhaltensstimulus nichts ist, von dem man sagen könnte, er sei als eine eigenständige Entität oder unabhängige Variable dem Verhalten vorgegeben und löse es erst aus. Im Unterschied zu dieser Sichtweise zeigt die Deutung des Beispiels, dass ein Umweltereignis erst dann zu einem solchen Wirksamkeitsfaktor werden kann, wenn es innerhalb einer in sich bereits ansatzweise koordinierten Interaktion mit der Umwelt auftritt und eine entsprechende Resonanz findet.[18] Bereits elementare Wahrnehmungsvollzüge, so die Pointe, lassen sich somit als explorative und produktive Verhaltensprozesse konzipieren. Sie liefern keine Kopien von vermeintlich natürlichen Fakten, sie lassen vielmehr Aspekte der Situation überhaupt erst *als* Reize und Reaktionen *entstehen* und eröffnen damit die Möglichkeit, sie im Zuge von Interpretationspraktiken weiter zu *bestimmen*. Anders ausgedrückt, bildet sich die genaue Unterscheidung zwischen Reiz und Reaktion erst im Zuge von *Selbstauslegungsakten* seitens derjenigen Akteure heraus, für die ausgewählte Aspekte der Situation als relevant erscheinen. Die teilnehmende Perspektive fungiert also als konstitutives Medium in der Bestimmung der Situation. Ich komme darauf zurück, wenn es um den Begriff des Motivs geht.

Denkt man diesen Gedanken weiter, führt er zum *zweiten* Punkt, der direkt mit der Motivationsthematik zusammenhängt. Es lässt sich nämlich fragen, wovon es abhängt, dass bestimmte Aspekte der Situation bei Akteuren eine Resonanz hervorrufen, mithin als relevant erscheinen und damit als sogenannte Stimuli und so weiter interpretiert werden können. Es lassen sich hier sicherlich viele Dinge nennen, ich rufe hier nur den allseits bekannten Sachverhalt in Erinnerung, dass unser Verhalten von hintergründigen Motivationen und Motivationsgeschichten geprägt ist, wobei ich diese Begriffe in einem möglichst weiten Sinn verstehe. Sie sollen den Umstand bezeichnen, dass wir nicht als „white paper" existieren, das in Kontakt mit den Dingen erst noch beschrieben werden müsste, wir sind vielmehr bereits *auf etwas aus*, in sozialen Situationen *engagiert*, an einzelnen Facetten *interessiert*, auf manches aufmerksam, anderem gegenüber indifferent oder abgeneigt, ohne dass es dabei um anspruchsvolle propositionale Einstellungen gehen müsste. Aus-sein-auf, Engagiert-sein-in, Interessiert-sein-an sind drei Prädikate, die ich existenzphilosophischen und phänomenologischen Diskursen entnehme und mit dem Begriff des Motivationshintergrundes zusammenfasse.

---

[18] Vgl. dazu Jung, Matthias, Gewöhnliche Erfahrung, Tübingen: Mohr Siebeck 2014, 65.

Sie sind zwar nicht identisch, heben an jenem Begriff aber verschiedene gleichur-
sprüngliche Aspekte hervor: Während „Aus-sein auf" eine grundlegende Ent-
wurfsperspektive meint, in deren Licht uns ein jeweils eigener praktischer Zugang zur Welt eröffnet ist, hält „Engagiert-sein in" fest, dass diese Perspektive als
Teil von sozial bestimmten Situationen wirklich ist; „Interessiert-sein an" lenkt
den Blick schließlich darauf, dass die Partizipation an jenen Situationen akzentuiert ist, indem Sachverhalte in besonderen Resonanzbezügen hervortreten. Die
Rede vom Hintergrund soll insgesamt markieren, dass es – analog zum Konzept
eines „tacit knowledge"[19] – hier eher um stillschweigend wirksame, unausdrück-
lich bleibende, mithin vorpropositionale Bewegungsfaktoren geht. Dabei kommt
es mir darauf an, diese Faktoren nicht zu eng zu fassen. Denn im hintergründigen
Motiviertsein des Handelns gehen unter anderem. somatische Vital- und Trieb-
kräfte, psychische Prädispositionen, Affektkonfigurationen, kulturelle Vorprägungen und Imaginationen mit einem „dumb sense of what life honestley and
deeply means"[20] eine nur schwer entwirrbare performative Synthese ein.

So gesehen zielt der Begriff des Motivationshintergrundes auf ein organisch
eingebettetes Verhältnis zum unterstellten Ganzen des Weltbezugs ab, wobei seine Bedeutung eigentümlich vage bleibt, sich weder präzise auf eine einzelne
Handlung noch auf einzelne Bezugsobjekte im Raum möglicher Bezugsobjekte
einschränken lässt, gemeint ist eher eine Art *inclinatio fundamentalis*, die das
Koordinatensystem unseres Umgangs mit dem einstellt, was im Einzelnen der
Fall ist. In dieser Weite verstanden ist unsere welthafte Existenz folglich in sich
selbst bereits elementares Motiviertsein, auch wenn es bisweilen schwierig ist,
im Detail präzise anzugeben, was mich genau in welchem Moment motiviert.
Fest steht allenfalls, dass eine Handlung ihre *motivationale Vorgeschichte* hat,
die mit ihr auch dann verflochten bleibt, wenn wir sie begrifflich nicht hinreichend aufklären können. Um nochmals auf Deweys Beispiel zurückzukommen,
stelle man sich vor, dass das Kind schon irgendwelche Erfahrungen mit hellem
Licht gemacht hat, vielleicht sogar positive Erfahrungen, etwa dann, wenn das
Vorstellungsbild des Kerzenscheins beim Abendbrottisch mit der Erfahrung eines gemeinsamen Essens verknüpft ist. Derartige Erfahrungen bilden jedenfalls
implizite Elemente seines Motivationshintergrundes, ohne dass sie im aktuellen
Vollzug des Verhaltens dabei als solche ausgemacht, geschweige denn gewusst
werden müssten. Und selbst wenn das Kind noch keine entsprechenden Erfahrungen gemacht haben sollte, ließe sich bereits die bloße Neugier an dem, was
innerhalb der Verhaltenskoordination plötzlich an Hellem aufleuchtet, als Moda-

---

[19] Vgl. POLANYI, MICHAEL, The Tacit Dimension, Chicago/London: University of Chicago
Press 1966, 3–25.

[20] JAMES, WILLIAM, Pragmatism. A New Name for Some Old Ways of Thinking, Cambridge/
London: Harvard University Press 1975, 9.

lität jenes elementaren Motiviertseins des Weltbezugs deuten; auch Furcht oder Scheu vor diesem Licht würden darunterfallen, wenngleich unter negativem Vorzeichen.

Der *dritte* Punkt schließt direkt an das Gesagte an. Eine interessante Einsicht von Deweys Analyse besteht nämlich darin, dass je nach der im Hintergrund stehenden Motivationsgeschichte im ersten Akt des Sehens noch keine in sich vollständig bestimmte Situation erschlossen ist, sondern eine eher vage Szenerie, deren funktionaler Wert für das Verhalten noch unterbestimmt und daher zutiefst mehrdeutig ist. Das Licht kann als bedrohlich oder als wohltuend erlebt werden, mit dem bereits angeklungenen Effekt, dass der potentielle Stimulus noch gar nicht in irgendeiner praktisch relevanten Weise definiert ist, also eher als problematischer Aspekt der Situation begegnet, dessen Art und Weise, als Bezugsmoment von Aktivität zu fungieren, eben so oder so ausfallen kann.[21] Bestimmungsoffenheit, Mehrdeutigkeit, Vielheit und Handlungslenkung schließen sich also gerade nicht aus, das eine stellt gewissermaßen den Kontext für das andere. Wenn das der Fall ist, heißt das aber auch, dass die auf Bestimmtheit zielende Koordination des Handelns gleichsam Potentiale ihrer eigenen Irritation, Hemmung oder sogar Auflösung in sich trägt. Denn diejenigen Motivationen, von denen sie zehrt, können auch Quelle ihrer Umlenkung, Störung oder Auflösung sein, – ein durchaus paradox wirkendes Moment in der Verlaufsstruktur der Handlung.

Was aber, so kann man fragen, hat dies alles zur Klärung des Motivbegriffs beigetragen? Der Gedankengang scheint allenfalls zur Vermutung geführt zu haben, dass Motivationshintergrund und Motiv wohl nicht identisch sind. Um diese Vermutung zu einer These zu erhärten, muss der Begriff des Motivs im Verhältnis zu Motivationen und Gründen näher umrissen werden.

## 4. Motivation, Motiv und Grund

Wenn man die Linie der bisherigen Überlegungen weiter ausziehen möchte, lässt sich mit Blick auf die Frage, welchen Weg man zur Bestimmung des Motivbegriffs einschlagen könnte, ein erster Ertrag festhalten: Hinter das Faktum vorgefundener, gesuchter oder erreichter Handlungskoordination kommen wir nicht zurück. Insofern wäre es irreführend, im Motiv einen Bewegungsfaktor zu erkennen, welcher der Handlung vorgängig sein soll, und von dem man deshalb auch annehmen könnte, ihn unabhängig vom Kreislauf der Handlungskoordination zu bestimmen. Diesen Punkt hat Dewey immer wieder hervorgehoben, etwa

---

[21] Vgl. DEWEY, JOHN, The Reflex Arc Concept, 8 f.

in seinen Prolegomena zur Sozialpsychologie: „[…] it is false that a man requires a motive to make him do something";[22] oder zehn Jahre später in seiner Ethik: „A motive is not then a drive *to* action, or something which moves *to* doing something. It *is* the movement of the self as a whole".[23] Die vielleicht etwas gewagt klingende Formulierung, derzufolge ein Motiv „the movement of the self as a whole" sei, deutet auf den Punkt hin, auf den es ankommt, allerdings sollte man das Selbst, von dem hier die Rede ist, nicht als eine vom Verhalten unterschiedene, eigenständige Entität auffassen, es bietet sich eher an, das Selbst an die sich entwickelnde Entwurfs- und Lenkungsperspektive des Handelns zu koppeln. Es geht somit um eine prozessuale, in den Kreislauf des Tuns eingelassene Größe. Dies eingestanden, führt der Weg der Analyse somit nicht vom Motiv zur Handlung, sondern umgekehrt von der Analyse des praktischen Entwurfs zu den dabei wirksamen Motiven. Interessanterweise kommt an diesem Punkt Deweys Pragmatismus trotz aller Differenzen mit Jean-Paul Sartres Existenzphilosophie[24] und Paul Ricœurs früher Willensphänomenologie überein,[25] die beide in je unterschiedlichen Hinsichten betonen, dass sich Motive nicht isoliert, sondern immer nur in größeren sinnhaften Zusammenhängen verstehen lassen, im Kontext von „Antrieb und Zweck"[26] oder im Kontext des „Entwurfs"[27] der Entscheidung. Unter Voraussetzung dieses Konsenses werde ich nun drei Richtungsentscheidungen markieren, die sich angesichts des Gesagten nahelegen:

Es ist *erstens* abwegig, Umweltreize oder Triebe als Motive zu bezeichnen. Was Reize angeht, so dürfte das evidenter sein als im Fall von Trieben, zumal der Triebbegriff ganz unterschiedliche Auslegungen in unserer Denkgeschichte erfahren hat, die zwischen mehr biologischen und mehr bewusstseinstheoretischen oder ontologischen Fassungen hin und her changieren.[28] Ich muss diese Komplexität hier drastisch reduzieren und verstehe unter einem Trieb generell eine somatisch-psychische Antriebskraft, wobei man ihn im Anschluss an Freud als „Grenzbegriff"[29] zwischen körperlichen und seelischen Prozessen erachten kann. Das hat den interessanten Effekt, dass wir Trieben niemals direkt, sondern immer

---

[22] DEWEY, JOHN, Human Nature and Conduct. An Introduction to Social Psychology, New York: Holt and Co. 1922, 118.

[23] DEWEY, JOHN, The Moral Self, in: ders., The Essential Dewey 2, 34–354. 344.

[24] Vgl. SARTRE, JEAN-PAUL, Das Sein und das Nichts. Versuch einer phänomenologischen Ontologie, Reinbek: Rowohlt 1997, 759–779.

[25] Vgl. RICŒUR, PAUL, Das Willentliche und das Unwillentliche, 95.110–112.

[26] SARTRE, JEAN-PAUL, Das Sein und das Nichts, 779.

[27] RICŒUR, PAUL, Das Willentliche und das Unwillentliche, 66.94 f.

[28] Vgl. WETZ, FRANZ JOSEF/MERTENS, WOLFGANG, Art. Trieb, in: HWPh 10 (1998), 1483–1492.

[29] Vgl. FREUD, SIGMUND, Triebe und Triebschicksale, in: ders., Gesammelte Werke X, Frankfurt a. M.: Fischer 1999, 210–232, 214.

nur vermittelt über ihre Repräsentationen in drängenden Affekten und Vorstellungen ansichtig werden. Für Triebe ist jedenfalls der „Charakter des Drängenden"[30] wesentlich. So gesehen gehört der Triebbegriff zweifellos zu dem mit *motivum* umrissenen Bedeutungsfeld hinzu und man muss Triebformationen in das hintergründige Motivationsfeld des Handelns einordnen. Auch wenn absolute Abgrenzungen im Detail immer schwierig sein mögen, wäre es vor dem Hintergrund des gewählten handlungstheoretischen Einstiegs allerdings widersinnig, Motiv und Trieb gleichzusetzen.

Den entscheidenden Hinweis dazu liefert mir an dieser Stelle Ricœur,[31] der in seiner schon erwähnten Untersuchung über das Verhältnis des Willentlichen und Unwillentlichen ein Unterscheidungskriterium liefert, von dem man zwar nicht sagen kann, dass es stets eindeutig und trennscharf anwendbar wäre, für eine Erstidentifikation reicht es aber aus. Es kommt, so seine These, auf die Gewichtung des voluntativen Moments an, wobei im Willentlichen auch die Möglichkeiten gesucht werden müssen, das, was uns umtreibt, sowohl für uns als auch für andere zu bestimmen, darzustellen und zu diskursivieren. So verstanden, lässt sich die dem Handeln eignende Lenkungsperspektive konzeptionell hier ungebrochen einzeichnen. Im Unterschied zum konstanten Drängen des Triebes sieht Ricœur Motive also nicht in einem bloß äußerlichen und kontingenten Verhältnis zum Willentlichen stehen; es ist für Motive vielmehr konstitutiv, dass das voluntative Moment ihnen selbst inhärent ist. Ein Motiv „bestimmt den Willen", jedoch nur „insoweit, als er *sich* bestimmt [lenkt, steuert, C. S.]".[32] Beides, Motiv und Wille, gehören zusammen, kein Begriff ist sinnvoll ohne den anderen, so dass, im Unterschied zum bloßen Trieb, Motive in einem inneren Bezug zum Gesamtverlauf eines sich selbstlenkenden Handelns stehen: „Mein Hunger, mein Durst, meine Leidensangst, mein Bedürfnis nach Musik, meine Sympathie verweisen auf mein Wollen in Form von Motiven".[33] Nach dieser Abgrenzung komme ich zum zweiten Punkt, bei dem es mehr auf den Zusammenhang des Unterschiedenen ankommt.

Es ist *zweitens* danach zu fragen, in welchem Verhältnis Motivationshintergrund und Motiv zueinanderstehen. „Motivationshintergrund" habe ich als Sammelbegriff für elementare Weisen des Aus-seins-auf, Engagiert-seins-in, Interessiert-seins-an eingeführt, wobei es nicht vorrangig um propositionale Ein-

---

[30] Ebd.

[31] Allerdings ebnet Ricœur die Unterscheidung zwischen Motiven und Gründen ein. Das wird daran deutlich, dass für ihn Motive zwar nicht „verursachen", wohl aber „gründen, legitimieren, rechtfertigen" (Ders., Das Willentliche und das Unwillentliche, 96). Das sind alles Leistungen, die von Gründen erbracht werden.

[32] Ebd., 95.

[33] Ebd., 114.

stellungen geht, sondern primär um Weisen eines organisch eingebundenen, vor-propositionalen Weltbezugs. Dass es dabei um noch nicht diskursivierte Antriebsfaktoren geht, heißt natürlich nicht, dass sie nicht versprachlicht und mitgeteilt werden können. Folgt man sprachanthropologischen, aber auch tiefenpsychologischen Einsichten, gewinnen sie ihre spezifische Bedeutung vielmehr erst im Zuge von Ausdrucksakten, wobei dem sprachlichen Ausdruck ein besonderes Gewicht zukommt.[34] Diese konstitutive Mitteilungsfähigkeit wird von mir nicht zufällig unterstellt, sie wurzelt in dem bekannten Umstand, dass die vielfältigen Lenkungsperspektiven des Handelns ihrerseits in soziale Resonanzverhältnisse eingebunden sind, mithin *responsorischen* Charakter haben.[35] Wir können nicht nur auf das, was wir tun, angesprochen und nach unseren Beweggründen gefragt werden, darüber hinaus sind wir in der Lage, in die Lenkungsperspektive des Handelns mögliche Reaktionen und Gegenreaktionen antizipierend zu integrieren und unsere Orientierung bereits im Vorfeld über die Ausbildung von sogenannten Erwartungserwartungen entsprechend zu organisieren. Dass dies nicht in allen Fällen des Handelns bewusst geschieht, ist kein Argument gegen diesen Sachverhalt, der den Blick darauf lenkt, dass wir spätestens dann, wenn das Tun reflexiv wird, in einem ausdrücklichen Dialog mit uns und anderen verstrickt sind. An dieser kommunikativen Stelle wird nun die Funktion des Motivbegriffs relevant,[36] und zwar deshalb, weil es nicht weiterführend sein dürfte, hier nur auf die bloße Vieldeutigkeit der hintergründig wirksamen Motivationskomplexe zu verweisen.

Demgegenüber scheint der Motivbegriff für eine Eingrenzung des Vieldeutigen zu stehen und sogar Eindeutigkeit hinsichtlich der Beweggründe des Handelns erzeugen zu können. Seine Funktion wird deshalb auch gerne darin gesehen, dass vermittels der Bildung von Motiven ein Handeln im Rekurs auf bekannte Antriebsfaktoren näher *erklärt* wird. Wenn wir Motive benennen, treten wir aus dem bloßen Vollzug heraus, können uns gewissermaßen selbst beobachten und stellen so die Perspektive der ersten Person in den Raum anderer Kommunikationsperspektiven. Motiven komme somit eine vorrangig „*explanatorische*"[37] Funktion zu. Ich halte das für weiterführend, weise aber noch einmal darauf hin, dass es hier nicht um kausale Faktoren geht, sondern um praktische Richtungswerte, die der Handlungskoordination inhärieren. So gesehen bilden

---

[34] Zu dieser Thematik vgl. insgesamt JUNG, MATTHIAS, Der bewusste Ausdruck. Anthropologie der Artikulation, Berlin/New York: De Gruyter 2009.

[35] Vgl. NIEBUHR, H. RICHARD, The Responsible Self. An Essay in Christian Moral Philosophy, Louisville: Westminster John Knox Press 1999, 47–68.

[36] Vgl. dazu FISCHER, JOHANNES, Theologische Ethik. Grundwissen und Orientierung, Stuttgart u. a.: Kohlhammer 2002, 111–115.

[37] Ebd., 111.

etwa Hunger, Durst, Liebe, Eifersucht, Neid oder Güte keine unabhängigen Eigenschaften, die eine Handlung erst in Gang setzen würden, sie bilden vielmehr praktische *Tendenzen*,[38] mit deren Hilfe einzelne Handlungsvollzüge orientiert und verständlich gemacht werden können. Als Tendenzen eignet ihnen eine gewisse Plastizität, sie sind deshalb irritierbar, können umgelenkt und gehemmt werden. Vom Hunger kann man sich bis zu einem gewissen Maß ablenken, Liebe kann in Eifersucht umschlagen und so weiter. Wir sind bei der Angabe von Motiven also weit entfernt von notwendigen Mustern oder Prinzipien. Entsprechendes muss deshalb auch für den Prozess gelten, in dem sich Motive herausbilden. Denn was bei einer diskursiven Handlungserklärung als relevantes Motiv fungiert, ist weder *a priori* vorgegeben noch notwendig gesetzt. Es hat eine Genese, die viele Facetten umfasst und deren Ursprung kontingent ist, in letzter Konsequenz vielleicht sogar an dem Unvordenklichen der Existenz selbst rührt. Motivbildung gestaltet sich deshalb auch als reflexive Arbeit am Motivationshintergrund, und zwar vermittels einer Auswahl des jeweils für relevant erachteten motivationalen Stoffes und seiner diskursfähigen Ausdrucksformen. Auf diesem Weg werden ausgewählte Aspekte jenes Hintergrundes zu Willensbestimmungen *vereindeutigt*, *rationalisiert* und *mitteilungsfähig gemacht*. In ihr gewinnt somit ein Ausschnitt aus jenem vielschichtigen, bisweilen auch diffus wirkenden Motivationskomplex diejenige Prägnanz, die erfordert ist, um möglichst genau auf diejenigen Fragen zu reagieren zu können, die an uns gestellt werden. Damit gerät der nächste Punkt in den Blick. Es ist nämlich noch offen, wie sich Motive zu Gründen verhalten.

Wie die Suche und Nennung von Motiven hat *drittens* auch die Angabe von Gründen ihren Sitz im Leben im Angesprochenwerden durch andere. Und so wie es im Rahmen des skizzierten Modells keine scharfen kategoriale Differenzen zwischen Verhalten und Handeln, Motivationshintergrund und Motiv geben kann, so auch keine zwischen Motiven und Gründen. Es handelt sich um Funktionsunterschiede, die im Kontinuum unserer Selbstauslegungspraxis verschiedene diskursive Strategien zum Ausdruck bringen, darin aber wechselseitig aufeinander bezogen bleiben. Angesichts dessen dürften auch die gängigen Zuordnungen von Motiven zum Erklären und von Gründen zum Verstehen ihre genaue Trennschärfe verlieren, selbst wenn man der Unterscheidung zwischen Erklären und Verstehen einen methodisch orientierenden Sinn beimessen möchte. Motive

---

[38] Ich übernehme den Tendenzbegriff an dieser Stelle wieder von Deweys Überlegungen zur Handlung und ihrer ethischen Bewertung: „We cannot get beyond tendencies, and must perforce content ourselves with judgments of tendency […]. The word ‚tendency' is an attempt to combine two facts, one that habits have a certain causal efficacy, the other that their outworking in any particular case is subject to contingencies, to circumstances which are unforeseeable and which carry an act one side of its usual effect" (Human Nature and Conduct, 48 f.).

und Gründe sind vor allem deshalb aufeinander verwiesen, weil wir uns beim
Geben von Gründen in besonderer Weise zu dem verhalten, was wir zu unseren
Motiven zählen. So gesehen lassen sich auch Gründe nur im Kontext der Len-
kungsperspektive des Handelns thematisieren, stehen also wie Motive in einem
Verhältnis zum Willentlichen, allerdings ist dieses Verhältnis anders qualifiziert.
Denn Gründe, so möchte ich in Aufnahme einer Formulierung Volker Gerhardts
sagen, lassen sich als „*anerkannte*[] Motive", das heißt als „*angeeignete*, in den
*Selbstanspruch* der Person aufgenommene Motive"[39] begreifen.

Folgt man dieser Idee, wird in der Suche nach Gründen die reflexive Genese
der Motivbildung nochmals reflexiv, und zwar an sich selbst und für sich selbst.
Es handelt sich um eine Reflexion zweiter Ordnung. Vermittels ihrer bezieht sich
eine Person nicht nur kritisch auf das, was sie bewegt – das ist auch bei der Arbeit
am Motiv der Fall – sie bezieht zudem das, wovon sie sich bereits ein Bild gemacht hat, auf ihr *praktisches Selbstkonzept*. Darunter verstehe ich den Inbegriff
dessen, was für eine Person sowohl in technischen (im Sinne von τέχνη) als auch
in ethischen Orientierungshinsichten von Belang ist,[40] wobei hier keine substantiell anspruchsvolle Theorie des Selbst vorausgesetzt ist. Es geht mir vorrangig
um den Umstand, dass im Geben von Gründen Wertgesichtspunkte eine Rolle
spielen, die ihrerseits auf das verweisen, was einer Person in ihren verschiedenen
Lebensbezügen und den daran gekoppelten Rollen für die Orientierung maßgebend ist. Wenn man sich vor diesem Hintergrund der These anschließt, dass
Gründe „anerkannte" und „angeeignete" Motive sind, so läuft das darauf hinaus,
dass bei der Arbeit an den Gründen eine Person nicht nur feststellen zu können
glaubt, was sie in einer bestimmten Situation faktisch bewegt, sondern dass sie
das dabei Erkannte als etwas erachtet, das für sie berechtigterweise zutrifft, in
dem und mit dem sie sich selbst verstehen will, wovon sie überzeugt ist. Dieser
Aspekt sollte jedenfalls nicht weggedacht werden, wenn wir von Gründen sprechen: „In den *Gründen* […] akzeptiert sich ein Selbst in Verbindung mit einem
eigenen Bewegungsimpuls […]. Es nimmt sie auf, um sich in einer konkreten
Lage selbst daraus zu begreifen […]. Und – was das Wichtigste ist – erst in den
Gründen kommt die praktische Erwartung einer *inneren Konsequenz der Handlung* zum Ausdruck. Anlaß, Motiv, Ausführung und (der stets erhoffte) Erfolg
werden als prozessuale *Einheit* gedacht, in der sich das Selbst als Einheit durch-
hält".[41] Im Ganzen gesehen bilden Motive und Gründe somit fluide, diskursive
Funktionsstellen in der unentwegt andauernden Koordination des Handelns.

---

[39] GERHARDT, VOLKER, Selbstbestimmung. Das Prinzip der Individualität, Stuttgart: Reclam
1999, 294.298.

[40] Zu dieser Unterscheidung vgl. HERMS, EILERT, Vorwort, in: ders., Gesellschaft gestalten.
Beiträge zur evangelischen Sozialethik, Tübingen: Mohr Siebeck 1991, XXI–XIII.

[41] GERHARDT, Selbstbestimmung, 295.

Zum Abschluss soll in dieses Modell nun der Glaube eingezeichnet werden. In gewisser Weise gerät dadurch eine Innendimension des Gesagten in den Blick.

## 5. Glaube im Zusammenhang der Handlung

In den vorausliegenden Abschnitten habe ich an der synthetischen Struktur der Lenkungsperspektive des Handelns vor allem drei Aspekte hervorgehoben: ihren motivationalen Hintergrund, den darauf bezogenen Motivbildungsprozess und schließlich den sich auf Motive beziehenden Vorgang des Findens und Gebens von Gründen. Wenn es jetzt darum gehen soll, den Glauben als einen Bewegungsfaktor zu verstehen, könnte man versucht sein, ihn entsprechend der Logik des entwickelten Modells als einen vermeintlich eigenständigen vierten Aspekt hinzuzufügen. Neben Motivation, Motiv und Grund stünde dann der Glaube als vierte Größe. Die Dinge so anzuordnen, mag vielleicht theoriearchitektonisch nahe liegen, ist allerdings nur unter der Prämisse eines sektoralen Verständnisses von Glauben plausibel, also eines Verständnisses, welches das, was mit „Glauben" gemeint ist, auf einen ganz bestimmten Bereich des Lebens eingrenzt. Ich halte das für abwegig, und zwar nicht nur, weil derartige Bereichseinteilungen immer willkürlich erscheinen, sondern auch deshalb, weil sie dem holistischen Charakter des Glaubens nicht gerecht werden.

Deweys handlungstheoretischer Ansatz wurde bereits als holistisch bezeichnet. Damit war gemeint, dass man Handeln nur begreifen kann, wenn man alle Elemente, die dabei eine Rolle spielen, in ihrem Zusammenwirken beachtet. Ähnlich verhält es sich auch mit dem Glauben, wobei ich in diesem Fall an einen Gedanken Paul Tillichs anschließe. In *Dynamics of Faith* bestimmt er das, was den Glauben *formal* ausmacht, als „Akt der ganzen Personalität",[42] was besagt, dass er „keine Bewegung eines besonderen Bereichs oder einer besonderen Funktion innerhalb des menschlichen Gesamtseins [ist]. Im Akt des Glaubens sind diese Funktionen alle vereint".[43] Diese These lässt sich in unterschiedlichen Hinsichten entfalten, für meine Zwecke reicht es aus, wenn zwei Punkte hervorgehoben werden: Zunächst wird Glaube als „Akt" bezeichnet, das heißt als ein Verhalten, welches ein spezifisches Verhältnis zur Situation zum Ausdruck bringt. Dieses Verhältnis wird sodann als etwas bestimmt, in welchem die „ganze[] Personalität" wirksam ist. Es umfasst also alle für den personalen Situationsbezug konstitutiven Funktionen, wobei Tillich sich unter anderem dem klassi-

---

[42] TILLICH, PAUL, Dynamik des Glaubens (Dynamics of Faith), Berlin/Boston: De Gruyter 2020, 16.
[43] Ebd.

schen Ordnungsschema anschließt und diese in kognitive, voluntative und passional-emotive Funktionen unterteilt.[44] Im Umkehrschluss betrachtet, handelt es
sich daher immer dann um eine Reduktion der Aspektfülle des Glaubens, wenn
dieser entweder als eine rein kognitive, voluntative oder passional-emotive Größe definiert wird.[45] Ein derartiger Zugang hat aber noch eine weitere Pointe, die
vor allem methodischer Art ist. Aus der These, dass im Akt des Glaubens alle
Funktionen „vereint" seien, folgt nämlich nicht, dass dies auch bei dessen Untersuchung in gleichem Maß der Fall sein müsse. Hier sind Gewichtungen fast unvermeidlich, allerdings sollten sie nicht von der Art sein, dass bei der Konzentration auf eine Funktion die anderen in der Untersuchungsperspektive komplett
ausfallen. Eher gewinnen sie als Aspekte der im Vordergrund stehenden Funktion
eine Ausprägung, die tendenziell anders bestimmt ist als in denjenigen Fällen, in
welchen eine andere Funktion des Glaubens den Hauptgesichtspunkt bildet. Sowohl die kognitive, voluntative als auch passional-emotive Seite des Glaubens
bilden jeweils ihre eigenen kognitiven, voluntativen oder passionalen Facetten
aus. Die Funktionstrias bleibt somit immer erhalten, wird aber intern nach Ge-
wichtungsverhältnissen variiert. Für meine Überlegungen, die sich vom handlungstheoretischen Schwerpunkt her gesehen überwiegend im Radius des Willentlichen bewegen, bedeutet das zum einen, dass im Spektrum der voluntativen
Auszeichnung des Glaubens, sowohl kognitive als auch passional-emotive Prozesse wirksam sind, und zum anderen, dass diese am Willentlichen in einer jeweils eigenen Spezifizität ausgemacht werden können. Insofern spielt der Glaube nicht nur im Aufbau des motivationalen Feldes eine Rolle, er begegnet ebenfalls in den diskursiven Funktionen der Motive und Gründe, die bei der
Verständigung über das, was wir tun, bekanntlich unverzichtbar sind. Unter diesem Vorzeichen seien zum Abschluss drei Punkte kurz hervorgehoben.

Um Glauben ins motivationale Feld des Handelns einzuzeichnen, bietet es
sich *erstens* an, ihn zunächst nicht allein unter einem propositionalen Gesichtspunkt zu fassen, sondern in einem sehr allgemeinen Sinn als praktisch wirksames
*Vertrauen* in die mehr oder weniger regelhafte Entwicklung der Möglichkeiten
weiterführender Verhaltenskoordination. In dieser Perspektive erscheint er als
Zutrauen in die Bedingungen und Verlaufsformen der Handlungslenkung, und
zwar angesichts des permanenten Risikos, dabei auch scheitern zu können. Was
damit gemeint ist, lässt sich natürlich ganz unterschiedlich beschreiben, beispielsweise mit Hume als Gewissheit von Regelmäßigkeiten,[46] mit Polanyi als

---

[44] Vgl. ebd., 17 f.

[45] Vgl. ebd., 33–39.

[46] Vgl. HUME, DAVID, An Enquiry Concerning Human Understanding, in: ders., Enquiries
Concerning Human Understanding and Concerning the Principles of Morals, hg. von Lewis
Amherst Selby-Bigge, Oxford: Clarendon Press ³1975, Section V, 40–55.

Sich-Verlassen auf die Bewegungen des Körpers und seiner eigentümlichen „skills"[47] oder mit Luhmann als Umgang mit sozialer Komplexität.[48] Dabei geht es natürlich nicht um den Glauben in einem ausgewiesenen religiösen Sinn, vielmehr gerät eine *conditio sine qua non* unserer praktischen Weltverhältnisse in den Blick, die wir normalerweise nicht eigens thematisieren, sondern als selbstverständlich voraussetzen.[49] Und wenn es stimmt, dass ein Vertrauensverhältnis an dem partizipiert, auf was es vertraut, lässt es sich als Medium erachten, vermittels dessen sich die Partizipation an den Sinnstrukturen des Handelns realisiert. Das dürfte daran liegen, dass wir bei den komplexen Anforderungen der Handlungslenkung gar nicht umhinkönnen, als uns auf die polymorphen Sinnunterstellungen einzulassen, die sowohl Fundamente als auch Verheißungen der Praxis sind. Ohne dass es mir in diesem Beitrag darauf ankommt, zwischen jenem allgemeinen Vertrauen und einem religiös bestimmten Vertrauen kriteriologisch scharf zu unterscheiden, bietet sich der markierte Verheißungsaspekt an dieser Stelle doch als eine Scharnierstelle an, um eine Differenzierungsoption zumindest anzudeuten. Es dürfte nämlich einen Unterschied machen, ob wir uns allein angesichts der vielfältigen Verheißungsfacetten verstehen, die der Praxis jeweils immanent sind, oder ob wir uns in diesen Prozessen, ihrem Gelingen und Scheitern, auch auf eine Sinndimension einlassen können, die nicht in jenen partikularen Sinnunterstellungen aufgeht, sondern an ihnen zugleich den Verheißungscharakter der Existenz im Ganzen anzeigt, uns also ihren Transzendenzbezug erahnen oder miterfassen lässt. Und da sich sinnhafte Muster generell im Verhältnis von Teil-Ganzem herausbilden, ist das auch hier der Fall, nur sind Teil und Ganzes im Kontext religiöser Selbstauslegungsakte anders qualifiziert.

Dass dieses Vertrauen *zweitens* auch als Movens zu verstehen ist, zeigt sich in seiner Wirksamkeit als Verhaltens*impuls*. Wenn wir beispielsweise Pläne entwerfen, auf Dinge zugehen, neue Handlungsanschlüsse suchen und Risiken ausblenden oder eingehen, liegt das immer auch daran, dass Vertrauen als impliziter Antriebsfaktor wirkt, mithin als etwas fungiert, durch das wir *zu etwas hin bewegt werden*.[50] Es ist eben kein Akt distanznehmender Beobachtung oder theoretischer Betrachtung, mittels dessen wir uns die Dinge kontrolliert vom Leib halten könnten, zutreffender ist es, wenn man es als eine Art Passion des Willentli-

---

[47] „In all our waking moments we are *relying* on our awareness of contacts of our body with things outside for *attending* to these things. Our own body is the only thing in the world which we normally never experience as an object [...]." (POLANYI, The Tacit Dimension, 15 f.).

[48] LUHMANN, NIKLAS, Vertrauen. Ein Mechanismus der Reduktion sozialer Komplexität, Konstanz/München: UVK Verlagsgesellschaft ⁵2014.

[49] Wie ich das verstehe, wird deutlicher in: SEIBERT, CHRISTOPH, Der Glaube – Voraussetzung des Wissens, in: NZSTh 52:1 (2010), 113–131.

[50] Ähnliches dürfte auch vom Misstrauen etc. gelten, wenn auch in umgekehrter Richtung.

chen versteht, vermöge derer wir immer schon in einen bestimmten Umgang mit den Dingen verstrickt sind. So gesehen *qualifiziert* es das grundlegende Bewegt-seins menschlicher Existenz, ihr Aus-seins-auf, Engagiert-sein-in und Interes-siert-seins-an. In diesem weiten Sinn verstanden wäre Glaube, vermittelt über die vielfältigen Situations- und Umweltbezüge, immer schon in der Welt und würde deshalb auch an den somatischen Strukturen und Vitalkräften, Triebkonfi-gurationen, psychischen Prädispositionen oder kulturellen Vorprägungen teilha-ben, die den motivationalen Hintergrund des Handelns formieren. Das gilt natür-lich auch für den religiösen Glauben.

Die Dinge so zu sehen, hat *drittens* eine durchaus pikante Pointe. Aus dem Bisherigen ergibt sich nämlich, dass die Suche nach einer reinen Gestalt des re-ligiösen Glaubens, das heißt nach einer Gestalt, die von besagten Strukturen, Kräften, Prädispositionen und Vorprägungen „unbefleckt" wäre, ins Leere laufen muss. Sie kann nämlich nicht das finden, was sie sucht. Was sie wohl zunächst und zumeist findet, ist nicht die *eine* Quelle der Motivationen, sondern sie be-merkt das Viele, das heißt ein Knäul oder Knoten von Motivationen, deren inter-ne Verflechtungen man aus dem Stand heraus wohl epistemisch nur schwer ent-flechten kann. Unser Zutrauen im Umgang mit den Dingen, auch mit „heiligen Dingen", dürfte somit nicht von einem, sondern von vielem motiviert sein, es trägt das Gepräge einer berauschenden, beunruhigenden und kontingenten Viel-heit an hintergründigen Bewegungsfaktoren. Vor diesem Hintergrund kommen wir angesichts der responsorischen Verfassung der Existenz deshalb auch nicht umhin, die *kognitive* und *diskursive* Valenz des Glaubens in der Ausbildung von Motiven und Gründen zu bestimmen. Das kaum merkliche Sich-Einlassen auf die Sinnunterstellungen der Praxis würde dann kritisch *als* Glaube *an* diejenigen Ideale, Werte und Normen zur Sprache gebracht werden können, welche bei der Lenkung des Handelns jeweils eine Rolle spielen beziehungsweise spielen soll-ten und das praktische Selbstkonzept einer Person formen. „Nächstenliebe", „Barmherzigkeit" oder „Gottesbeziehung" können dann als Motive angegeben werden, im Lichte derer wir unser Tun verstehen. Doch auch hier dürfte gelten, dass die auf Eindeutigkeit zielende Handlungskoordination sich jener Vielstim-migkeit und der damit einhergehenden Unruhe nicht prinzipiell entledigen kann. Im kommunikativen Aufweis von religiös qualifizierten Motiven oder Gründen kann es daher letztlich nur darum gehen, möglichst orientierungskräftige und verlässliche Annäherungen an Eindeutigkeit zu schaffen. Denn solche scheinen benötigt zu werden, um überhaupt handlungsfähig und institutionsfähig zu blei-ben. Umgekehrt heißt das aber auch, dass die Antwort auf die Frage: „Bist Du wahrhaftig religiös motiviert?" mit Bedacht gewählt sein will. Zwar lässt sich darauf eine rein affirmative Antwort geben, und sie wird bekanntlich oft genug gegeben. Doch ist sie auch plausibel? Sie ist es nur dann, wenn es möglich wäre, dass wir uns vollständig durchblicken könnten, wenn wir also den letzten Sinn unseres Tuns hinreichend aufklären könnten und auch wüssten, wann wir diesen Punkt erreicht hätten. In Abgrenzung zu einer solchen Auffassung plädiere ich für einen *epistemischen Vorbehalt im Selbstverhältnis*, mit dem Effekt, dass wir es nicht mit Sicherheit sagen können, ob wir *allein* aus einem religiösen Verhältnis heraus zu einem Tun motiviert sind. Dieser Gedanke ist alles andere als originell. Nicht nur Kant wusste um diesen Vorbehalt in moralischer Hinsicht, die Einsicht ist sehr viel älter: „Erforsche mich, Gott, und erkenne mein Herz; prüfe mich und erkenne, wie ich's meine" (Ps 139, 23).

# „Whan Adam dalf, and Eve span, who was thanne a gentilman?"

## Plädoyer für eine entsprechungsethische Rekonstruktion moralischer Motivation in christlicher Perspektive

*Torsten Meireis*

## 1. Verheißungsbilder des guten Lebens

„Whan Adam dalf, and Eve span, who was thanne a gentilman?" So gibt Thomas Walsingham, englischer Mönch des ausgehenden 14. Jahrhunderts und Historiker in seiner *Historica Anglicana* die catch-phrase des renitenten Priesters John Ball wieder, und er fährt fort, dieser habe gepredigt,

a initio omnes pares creatos a natura, servitutem per iniustam oppressionem nequam hominum introductam, contra Dei voluntatem; quia, si Deo placuisset servos creasse, utique in principio mundi constituisset quis servus, quisve dominus, futurus fuisset.[1]

Das Bild ist ziemlich eindeutig: Alle nehmen Anteil an der nötigen Arbeit, einen privilegierten Kommandeur und Nutznießer gibt es nicht – die Verheißung ursprünglicher Ebenbürtigkeit im zweiten Schöpfungsbericht strahlt noch auf die Situation nach dem Sündenfall aus. Ganz offensichtlich haben viele Menschen diese Vorstellung in einer durch die Nachwirkungen der Pestepidemie, hohe Steuerbelastungen aufgrund des hundertjährigen Krieges mit Frankreich und die erheblichen Härten des Feudalsystems gekennzeichneten Bedrückungssituation motivierend gefunden, sodass sie zum Wahlspruch des englischen Bauernaufstands von 1381 werden und auch fortan noch Wirkung entfalten konnte – und das, obgleich der Aufstand von Richard II. blutig niedergeschlagen und Schlüsselfiguren wie Wat Tyler und der besagte John Ball hingerichtet wurden.

Es ist nicht schwer, moderne Parallelen zu finden: In Reaktion auf die koloniale ‚white supremacy' fragt sich der afroamerikanische Theologe James Hal Cone 1969: „What are the implications of God's love for the black man in Amer-

---

[1] Walsingham, Thomas, Historia Anglicana Vol. II., hg. von Henry Thomas Riley, London: Longman 1864, 32 f.

ica?"[2] und antwortet 1970: "It is the bible that tells us that God became human in Jesus Christ so that the kingdom of God would make freedom a reality for all human beings."[3] Hier ist es das Reich Gottes, das eine Freiheitsverheißung bietet. Cone entwickelt daraus eine enorm wirksame Befreiungstheologie, die von der ‚black experience' ausgeht, deren Nichtnachvollziehbarkeit aber nicht an essentialistischen oder kulturalistischen Kriterien festgemacht wird, sondern an der historischen wie kontemporären Erfahrung fortdauernder Dehumanisierung, Unterdrückung, Gewalteinwirkung und Exklusion, die anderen erspart geblieben ist und bleibt.[4] Und angesichts der überbordenden Unterdrückung und Gewalt gegen schwarze Menschen, die ihre Entsprechung in der Ignoranz dieser Situation durch die machthabende Mehrheit, aber auch die akademische Theologie findet, endet er mit der verzweifelten Frage:

> Where is your being? Does it lie with the oppressed blacks or the white oppressors? Let us hope that there are enough to answer this question correctly so that America will not be compelled to acknowledge a common humanity only by seeing that blood is always one color.[5]

Gerade in dieser Hoffnung hat Cones Theologie auf Generationen von Christ:innen in den USA stimulierend, ermutigend und motivierend gewirkt.[6]

Aber natürlich muss es nicht immer gleich um Unterdrückung und Aufstand gehen, wenn in christlicher Perspektive von Motivation die Rede ist. Scheinbar sehr viel stärker im Einklang mit den akzeptierten Herrschafts- und Verteilungsverhältnissen argumentiert ein sächsischer Ministerialer gut 430 Jahre nach Ball und rund 250 Jahre vor Cone:

> Zwar ists nicht ohne/ daß die Weißheit des Allmächtigen Schöpffers dem Erd=Boden von Anfang her, unter andern auch von sich selbsten Herfürwachs allerhand Bäume/ und drunter zugleich die vielerhand Arten des Wald=Holtzes eingenaturet/ welcher auch noch bis hieher

---

[2] CONE, JAMES H., Black Theology and Black Power (1969). 50th Anniversary Edition, Maryknoll: Orbis 2018, 56.

[3] CONE, JAMES H., A Black Theology of Liberation (1970). 40th Anniversary Edition, Maryknoll: Orbis 2010, 42.

[4] CONE, Liberation, 37. Hinsichtlich der Gewalt argumentiert Cone in der Regel mit ihrer überwältigenden Präsenz in der afroamerikanischen Geschichte, die eine abstrakte Ermahnung der Unterdrücker zur Gewaltlosigkeit angesichts von Dehumanisierung und Entpersonalisierung zynisch erscheinen lässt (Cone, Black Theology, 45.155–162; Liberation, 35–38), gleichzeitig warnt er vor einer Explosion der Gewalt (Black Theology, 171). Theologisch orientiert er sich dabei einerseits an Bonhoeffers Argumentation des historischen Abstands zum irdischen Jesus (ebd., 158) sowie der schuldbehafteten Wahl zwischen zwei Übeln (ebd., 61), ethisch an Argumentationen des gerechten Krieges (ebd., 157).

[5] CONE, Black Theology, 171.

[6] Vgl. stellvertretend für viele JOSEPH, CELUCIEN L., The Meaning of James H. Cone and the Significance of Black Theology: Some Reflections on His Legacy, in: Black Theology 18:2 (2020), 112–143.

solche Seegens=Kraft behalten und seine Selbst=Besaam= und Fort=Stammung durch alle Zeiten hindurch/ Gottlob! bewiesen hat/ und noch beweiset. Man hat sich aber hierunter allzusehr auf die Natur in diesen letzten Zeiten verlassen, in fester Meynung / als ob diese immerzu einen Überfluß des Holtzes von sich selbsten/ und ohne Zuthuung des Menschen industrie und Arbeit fournieren und darreichen würde.[7]

Mit diesen Worten mahnt Hans Carl von Carlowitz, sächsischer Bergbauminister, in seiner forstwirtschaftlichen Anleitung zu Nachhaltigkeit, Genügsamkeit und Effizienz in der Holzwirtschaft.[8] Der Garten Eden, das Paradies aus der Genesis, bildet dabei einen zentralen Referenzpunkt:

Die erste Wohnung/ in welche GOtt/ die von ihm erschaffenen Menschen eingesetzet hat/ war ja der glückseligste und lustigste Paradieß=Garten/ in welchen der allmächtige Schöpffer hat lassen aus der Erden aufwachsen/ wie die Schrifft selber redet/ Gen. II,9 allerley Bäume/ lustig anzusehen/ und gut zu essen, da denn ohne Zweifel die wilden Bäume ihren Antheil hiebey haben/.[9]

Allerdings liegen die Dinge nach dem Sündenfall anders:

Denn der Mensch findet sich nicht mehr in dem Garten Eden/ da er die schönsten Baume und Früchte umsonst gesehen und genossen/ zuvor aber keine Arbeit/ Mühe/ Fleiß und Sorge zu deren Anwachs beytragen dürffen.[10]

Insofern ist das angesprochene, bloße Sich-Verlassen auf die Natur problematisch – die Arbeit aber steht unter der Verheißung der Naturverbesserung,[11] sodass Carlowitz in seiner Vorrede loben kann,

indem hin und wieder so viel kostbare/ mit schönen Gebäuden gezierte/ lustige und plaisirliche Gärten/ von denen delicatesten Baum= und andern Früchten/ durch die Natur/ Fleiß und kunst erbauet und angefüllet anzutreffen/ daß man solche wohl mit Recht Irrdische Paradieße zu nennen hat/.[12]

Diese nachhaltige Naturbewahrung und -verbesserung führt Carlowitz dann direkt auf den biblischen Bebauungs- und Bewahrungsauftrag Gen. 2,5.15 zurück[13] und schärft ein, dass dazu auch die Schonung des Holzes gehöre,[14] gilt ihm doch die natürliche Ausstattung der Welt wie der an den Menschen ergehende Auftrag zum Bebauen und Bewahren als Teil der göttlichen Vorsehung nach dem Sün-

---

[7] CARLOWITZ, HANS CARL VON, Sylvicultura oeconomica oder Hausswirthliche Nachricht und naturmäßige Anweisung zur wilden Baum-Zucht, Leipzig 1713, 14.
[8] Ebd., 45–47.94.105–106.113.
[9] Ebd., 12 f.
[10] Ebd., 43.
[11] Ebd., 25.
[12] Ebd.
[13] Ebd., 104.
[14] Ebd., 79.

denfall.[15] Das Bild des Gartens Eden, des Paradieses, darf schon im 1713 erschienen Werk des sächsischen Berghauptmanns als Verheißungs- und Hoffnungsbild gelten, dass auch den ganz irdischen und rationalen Umgang mit der außermenschlichen Umwelt motiviert. Dabei bewährt sich, was die moderne Exegese über die Schöpfungserzählung im zweiten Kapitel der Genesis herausgearbeitet hat: Bereits die antiken Verfasser und Redaktoren der Tora waren sich der Tatsache sehr genau bewusst, dass die Welt als Einheit von Natur und Kultur keinen idyllischen Ort darstellt, sondern einen durch Gewalt gekennzeichneten, erlösungsbedürftigen Zusammenhang, den sie in mythischer Sprache charakterisieren: die Auflehnung der Menschen gegen Gott (Gen 3,1–13), der Totschlag Abels durch Kain, in dessen Kontext zum ersten Mal der Begriff der Sünde auftaucht (Gen 4,3–10) und die Gewalt in der Welt (Gen 6,11–13), die zum Auslöser der Sintflut wird, markiert dies. Im Garten Eden ist des Menschen Bebauen und Bewahren unproblematisch, aber genau dort sind wir ja bekanntlich nicht mehr. Erst durch Gottes versöhnendes Handeln hindurch aber wird die Welt überhaupt als Schöpfung anschaulich, erst im Ausblick auf die Erlösung kommen die Ursprungs- und Vollendungsbilder vom Garten (Gen 2,4 ff.) und der Stadt (Apk 21) überhaupt in den Blick. Genau genommen ist die Welt als Schöpfung allein im Modus der Verheißung sichtbar. Jürgen Ebach hat für diesen Sachverhalt den Ausdruck der ‚utopischen Erinnerung‘ geprägt, um zu verdeutlichen, dass schon den Menschen zur Zeit der Abfassung dieser Schriften der Garten ein in die mythischen Ursprünge projizierter Sehnsuchtsort war.[16]

Selbstverständlich sind es nicht nur die Bilder des Garten Eden und Bewohner:innen, die als motivierend wahrgenommen werden, sondern auch Vorstellungen, die um das verheißene Gottesreich kreisen, wobei dieses oft genug als Amalgam von menschlich zu erstrebendem himmlischem Jerusalem und wiedererlangtem Paradies beschrieben wird, wie es in vielen sozialistischen Konzepten, aber etwa auch der säkularisierten Vorstellung in Kleists Aufsatz über das Marionettentheater der Fall ist: „Doch das Paradies ist verriegelt und der Cherub hinter uns; wir müssen die Reise um die Welt machen, und sehen, ob es vielleicht von hinten irgendwo wieder offen ist.“[17] An Beispielen ist kein Mangel: sei es in der Fassung erhoffter idealer Gemeinschaften wie des Täuferreichs zu Münster, sei es in der modernen Version eines Fortschrittsgedankens, wie er sich in den

---

[15] Ebd., 7.104.

[16] EBACH, JÜRGEN, Arbeit und Ruhe. Eine utopische Erinnerung, in: ders., Ursprung und Ziel. Erinnerte Zukunft und Erhoffte Vergangenheit. Biblische Exegesen, Reflexionen, Geschichten, Neukirchen-Vluyn: Neukirchner Verlag 1986, 90–110.

[17] KLEIST, HEINRICH VON, Über das Marionettentheater (1810). Studienausgabe, hg. von Gabriele Kapp, Stuttgart: Reclam 2013.

Sozialutopien von St. Simon über Fourier bis Weitling,[18] in der bei Lessing[19] und Kant zu findenden Vorstellung einer Gemeinschaft selbstzwecklich verfolgter Tugend[20] oder sozialistischen Vollendungsvorstellungen von Marx bis Bloch findet, deren theologisches Pendant sich in den religiös-sozialen Ausprägungen etwa eines Leo Tolstoi, Christian Blumhardt, Hermann Kutter oder Leonhard Ragaz ausmachen lässt. Letzterer beschreibt in seinem Aufsatz „Der soziale Kampf der Gegenwart“ 1906 eine ethisch-prophetische Religion, von der er ausführt: „Sie kann nicht anders als glauben, daß diese Verheißungen wahr werden müssen. Ihr sind die irdischen Verhältnisse keine unabänderlichen Ordnungen. Gott ist noch am Werke und wir sollen mit ihm arbeiten, daß die Welt seiner Herrlichkeit voll werde.“[21] Dabei haben wir von Karl Barth, der das Reich Gottes als Paradigma des Staates versteht, das in der Differenz dessen Gleichnisfähigkeit und -bedürftigkeit begründet,[22] oder Jürgen Moltmann, der die gesamte Theologie im Licht der Verheißung zu begründen sucht,[23] noch gar nicht gesprochen. Und selbstverständlich bleiben Verheißungsbilder auch dort wirksam, wo ihre Verwirklichung aussteht.

Die vielen popkulturellen Verweise der Aufnahme dieser Vorstellungen erwähne ich nur am Rande: Von Joni Mitchells *„Woodstock“* über Iron Butterflys *„In-A-Gadda-Da-Vida“* bis hin zu John Camerons *„Avatar“* oder Genesis' *„Supper's Ready“* bis hin zu bitteren Referenzen wie Fernado Meirelles und Katia Lunds Film *„Cidade de Deus“.*[24]

Die hier recht willkürlich ausgewählten Beispiele – so war etwa vom biblischen Befund ja nur en passant die Rede – zeigen nicht nur, dass den entsprechenden Bildern und Vorstellungen prägende und eben auch handlungsmotivierende Kraft attestiert wird, sondern auch, wie unterschiedlich diese ausfallen kann: die jeweiligen Vorstellungen können als direktes normatives Argument

---

[18] Weitling, Wilhelm, Das Evangelium eines armen Sünders, Bern: Jenni 1845.

[19] Lessing, Gotthold Ephraim, Die Erziehung des Menschengeschlechts, Berlin 1780, in: Deutsches Textarchiv, https://www.deutschestextarchiv.de/lessing_menschengeschlecht_1780, abgerufen am 12.01.2022.

[20] Vgl. Kant, Immanuel, Die Religion innerhalb der Grenzen der bloßen Vernunft (²1794), in: ders., Theorie Werkausgabe Immanuel Kant Band VIII, Werke in zwölf Bänden, hg. von Wilhelm Weischedel, Frankfurt a. M.: Suhrkamp ⁴1982, 649–879 (BA III–B 314).

[21] Ragaz, Leonhard, Das Evangelium und der soziale Kampf der Gegenwart, Basel: C. F. Lendorff 1906, 23.

[22] Barth, Karl, Christengemeinde und Bürgergemeinde (1946), in: ders., Rechtfertigung und Recht, Christengemeinde und Bürgergemeinde, Evangelium und Gesetz, Zürich: TVZ 1998, 47–80.

[23] Moltmann, Jürgen, Theologie der Hoffnung. Untersuchung zur Begründung und zu den Konsequenzen einer christlichen Eschatologie, München: Chr. Kaiser 1964.

[24] Cameron, James, Avatar, 20th Century Fox, 2009.

verwendet werden (so bei John Ball oder James H. Cone), sie können als plausibilisierender Hintergrund der Argumentation dienen (so bei Carl von Carlowitz), sie können als zu erstrebendes Ideal verstanden werden (in unterschiedlicher Weise etwa bei Kant oder Weitling) oder als handlungsmotivierende kritische Folie dienen (so etwa bei Barth oder Moltmann, in gewisser Weise auch bei Cameron oder Meirelles und Lund). Und natürlich können nicht nur christliche und auch nicht nur religiöse Verheißungsvorstellungen motivierend wirken, und diese Motivation muss auch keineswegs zu gedeihlichen Handlungen führen.

Die hier vorgestellten Beispiele sollen natürlich auch keine Genealogie christlicher Utopien bieten oder gar die segensreiche Wirkung solcher Vorstellungen behaupten – tatsächlich sind sie in ihren Auswirkungen ja hoch ambivalent –, sondern lediglich die erste These illustrieren.

Sie lautet: *1. Menschen beziehen sich auf religiöse Verheißungsbilder des guten Lebens um ihre handlungsleitenden Motivationen in Bezug auf Antrieb und Gestalt zu artikulieren.*

Um die zweite These soll es im folgenden Abschnitt gehen. Er ist betitelt:

## 2. But is it real?
### Zur motivierenden Wirkung von Verheißungsbildern

Die zugehörige These lautet: *2. Verheißungsbilder des guten Lebens lassen sich als idealisierende Extrapolationen und kritische Projektionen sozialkonstruktiv wahrgenommener Gegebenheiten verstehen, ihre handlungsmotivierende Kraft stammt jedoch nicht nur aus der Idealisierung, sondern aus dem Verheißungscharakter, der ihnen beigelegt wird und der – theologisch – als Aussicht auf theotopische Realisierung gefasst werden kann. Im Handlungsstrom können solche Verheißungsbilder des guten Lebens als orientierende Anregungen zum Versuch der Lösung konkreter Probleme wirken – und tun dies auch.*

Als Beispiel lassen sich epochenübergreifend Bilder zitieren, etwa das des himmlischen Jerusalem aus Jan van Eycks Genter Altar (1432) oder des Paradieses von Peter Wenzel (1831) anführen. Sie sind gekennzeichnet durch eine epochenspezifische Artikulation der Harmonie von Gott, natürlicher Welt und Mensch; durch die Abwesenheit von Gewalt. Sie sind durch menschliche Erfahrung vermittelt und beschreiben eine immer schon kulturell überformte Natur. Sie sind zwar durch menschliche Kraft nicht zu erreichen, aber gleichwohl als Ziele der Sehnsucht und Hoffnung gegeben, transzendent, aber nicht wirkungslos.

Die Bilder zeigen deutliche Spuren der epochen- und kontextspezifischen sozialen Konstruktion derjenigen Wirklichkeit, die sie zu überschreiten suchen. Das haben sie selbstverständlich mit den biblischen Verheißungsbildern gemein:

In das Bild des Garten Eden fließen Vorstellungen von altorientalischen Königs- und Tempelgärten ein, die angesichts karger Wasserressourcen und steiniger Böden geeignet waren, eine ersehnte oder vermisste göttliche Realität darzustellen; das Gemälde von Peter Wenzel bietet die idyllisierende und leicht kitschige Naturdarstellung des 19. Jahrhunderts, die im 20. und 21. Jahrhundert zum kritischen Kommentar moderner Umweltzerstörung werden kann.

Das himmlische Jerusalem der Johannesoffenbarung trägt unter anderem deutliche Züge des als gewaltsam und unterdrückend erlebten Rom und lässt sich so als überbietende Kritik verstehen, die Darstellung von Jan van Eyck portraitiert Jerusalem als ideale mittelalterliche Stadt, die durch die Harmonie der Bewohner gekennzeichnet ist. Somit fließen jeweils Vorstellungen eines aus der Perspektive der Zeitgenossinnen erhofften oder ersehnten Guten in die Darstellungen ein, die ihrerseits schon durch tradierte Vorstellungen des Guten geprägt sind und immer auch eine überbietende Kritik erlebter Verhältnisse enthalten. Gleichzeitig scheint es mir aber nicht nur die Projektion von Bedürfnissen oder Wünschen zu sein, die als motivierend erlebt wird, sondern die Aussicht auf Realisierung: sonst müsste etwa auch das Bild des Schlaraffenlandes oder des Jungbrunnens ähnlich umfassende motivierende Wirkung zeigen. In der Moderne tritt dabei die Aussicht auf zukünftige Realisierung zur theotopischen Realisierungsaussicht hinzu, wird aber – wie zahlreiche Dystopien zeigen – auch wieder strittig. Die Transzendenz der benannten Verheißungsbilder spricht dabei nicht gegen die konkrete handlungsorientierende Wirkung, in Ernst Troeltschs Worten: „Das Jenseits ist die Kraft des Diesseits."[25]

Folgt man der pragmatistisch inspirierten Konzeption Hans Joas', dann können normative Orientierungen in der Balance von Erfahrung, Artikulation und kulturellem Deutungsvorrat angesichts konkreter Problemzusammenhänge im Handlungsstrom Richtung gewinnen.[26] Angesichts konkreter Problemlagen, die eine Reaktion herausfordern, wird auf normative Konzepte und Vorstellungen zugegriffen, die als soziale Imaginäre[27] bereitstehen, um neue Lösungen zu generieren. Dabei ist die Motivationswirkung freilich immer multifaktoriell zu verstehen: Es geht jeweils um das Zusammenspiel von erlebtem und gedeutetem Problemzusammenhang – etwa Mangel und Unfreiheit der nichtadligen Bevölkerung im England John Balls, die fortgesetzte Unterdrückungs- und Gewalterfahrung der Afroamerikaner in den USA des 20. Jahrhunderts, die Holzknappheit im Sachsen Carlowitz', Entrechtung und Ausbeutung der Arbeiter in der Schweiz Ragaz' –, von wahrgenommenen Handlungsoptionen und zugänglichen Praxis-

---

[25] TROELTSCH, ERNST, Die Soziallehren der christlichen Kirchen und Gruppen, Gesammelte Schriften. Band 1, Tübingen: Mohr Siebeck ³1923, 979.

[26] JOAS, HANS, Die Entstehung der Werte, Frankfurt a. M.: Suhrkamp 1999, 257.

[27] TAYLOR, CHARLES, Modern Social Imaginaries, Durham/London: Duke UP 2004.

formen, aber eben auch kreativen Anschlüssen an kollektive Vorstellungen des Guten. Und selbstverständlich sind die Deutungen stets umstritten und ermöglichen unterschiedliche Handlungsanschlüsse: Die Vorstellung des Reiches Gottes ließ sich etwa im frühen 20. Jahrhundert auch im Sinne quietistischer Weltflucht auffassen.[28]

Die pragmatistische Beschreibung der Handlungskonstitution erlaubt es dann – im Verbund mit Hegemonie- und Diskurstheorie – etwa zu verstehen, wie die Notwendigkeit zur Entwicklung einer gemeinsamen politischen Sprache verbunden mit dem Publikwerden der Grausamkeiten industrieller Tierhaltung zum Anliegen der Artikulation der Intuition eines intrinsischen Werts der nichtmenschlichen Tierwelt führt, das dann durch die Verwendung der religiösen Semantik des ‚Tiers als Mitgeschöpf' aufgenommen wird. Damit wird dann erklärlich, wie eine religiöse Semantik in das Tierschutzgesetz eines säkularen Staates aufgenommen werden kann, wie eine jüngst angefertigte Masterarbeit in der Untersuchung der zentralen Schlussdebatten des Gesetzgebungsprozesses, der zum aktuellen TierSchG führte, gezeigt hat.[29] Zentral ist im gesamten Zusammenhang, dass intrinsische und extrinsische Motivationsquellen[30] hier immer schon auf sozial konstruierte Auffassungen verweisen, die ihrerseits auf – auch: religiöse – soziale Imaginäre zurückgehend verstanden werden.

## 3. Zur theologischen Konzeptualisierung: Unverfügbares, intendiertes und realisiertes Gutes[31]

Natürlich lässt sich abschließend fragen, wie mit solchen Verheißungsbildern, die als soziale Imaginäre motivierend und orientierend wirken können und oft ambivalent sind, theologisch und ethisch umzugehen sei. In der Sprache der Tagungsankündigung, die den Anlass dieses Beitrags bildet: Gibt es genuin religi-

---

[28] So hat bekanntlich Ernst Troeltsch die Erlösungsvorstellung des Reiches Gottes als Motiv quietistischer Hinnahme gegebener Verhältnisse verstanden, DERS., Politische Ethik und Christentum, Göttingen: Vandenhoeck & Ruprecht 1904.

[29] Vgl. hierzu LANGEN, JAKOB, Mitgeschöpflichkeit. Religiöse Semantik im politischen Kontext, Masterarbeit zur Erlangung des akademischen Grades des Master of Arts im Fach Religion und Kultur, Berlin 2021, unveröfftl. Manuskript.

[30] Vgl. hierzu etwa BARBUTO, JOHN E., Motivation and transactional, charismatic, and transformational leadership: a test of antecedents, in: Journal of Leadership and Organizational Studies 11:4 (2005), 26–40.

[31] Der letzte Teil dieses Aufsatzes nimmt Gedanken auf, die ausführlicher dargestellt wurden in: MEIREIS, TORSTEN, Verheißung und Entsprechung. Ethik als öffentliche Theologie in praktischer Absicht, in: Michael Roth/Marcus Held (Hg.), Was ist theologische Ethik? Grundbestimmungen und Grundvorstellungen, Berlin: De Gruyter 2018, 131–151.

öse Motivationen und wozu wird hier eigentlich motiviert? Meine Antwort auf die erste Frage dürfte im letzten Abschnitt bereits deutlich geworden sein: Motivationswirkungen halte ich für stets multifaktoriell zusammengesetzt und viel zu komplex, als dass man sie monokausal einem bestimmten Motivzusammenhang zuordnen könnte, selbst wenn klar wäre, wie genau das Konzept des ‚Religiösen' eigentlich zu füllen sein sollte.[32] Die Frage, wozu durch die benannten Verheißungsbilder motiviert wird, erscheint da schon plausibler – aber auch hier gibt es keine eindeutige Antwort, weil die Deutung der Verheißungsbilder stets kreative Anschlüsse und konfligierende Perspektiven einschließt. Daher heißt die letzte These:

3. *In christlicher Perspektive lassen sich solche Verheißungbilder des guten Lebens als unverfügbares Gutes rekonstruieren, das plurale Vorstellungen des intendierten Guten motiviert, die sowohl aus Gründen menschlicher Irrtumsfähigkeit hinsichtlich des göttlichen Ursprungs als auch der Folgeträchtigkeit an realisiertem Gutem kritisch zu überprüfen sind, wobei diese Überprüfung die kontextuelle Situiertheit der Akteure wie die Möglichkeit blinder Flecke stets einbeziehen muss.*

Weil wir theologisch voraussetzen – oder doch zumindest nicht ausschließen –, dass sich in diesen Verheißungsbildern des guten Lebens Offenbarung, Wort Gottes ereignen kann, aber uns genau darüber kein verlässliches Urteil möglich ist, kommt das Wort Gottes in seiner glaubenserzeugenden Wirkung vor allem als *unverfügbares Gutes* in den Blick. ‚Unverfügbarkeit' wird dabei geltungstheoretisch verstanden, denn die verfügbare Artikulation auch des unverfügbaren Guten ist ja hier gerade Gegenstand der Erörterung. Auf Grund der Einsicht in die menschliche Endlichkeit vor Gott und die menschliche Unfähigkeit zu Allwissenheit oder Allmacht ist von der prinzipiellen Unverfügbarkeit im Sinne einer zwar durch Ursprung, Wirkungsgeschichte und die Bitte um den Geist in der Sicht des Glaubens nicht beliebigen, aber auch nicht endgültig möglichen Feststellbarkeit der gültigen Gehalte auszugehen, die in einer methodisch nicht auflösbaren Spannung resultiert, die wir als Glaubende aushalten müssen.[33] Wenn

---

[32] Vgl. BERGUNDER, MICHAEL, Was ist Religion? Kulturwissenschaftliche Überlegungen zum Gegenstand der Religionswissenschaft, in: Zeitschrift für Religionswissenschaft 19:1/2 (2011), 3–55.

[33] Vgl. MEIREIS, TORSTEN, Gott entsprechen. Zur Verfassung der Ethik in christlicher Perspektive, in: Magdalene Frettlöh/Andreas Krebs/Torsten Meireis, Tastend von Gott reden. Drei systematisch-theologische Antrittsvorlesungen aus Bern, Zürich: TVZ 2013, 17–44. Karl Barth hat diese Spannung prägnant ausgedrückt: „Wir sollen als Theologen von Gott reden. Wir sind aber Menschen und können als solche nicht von Gott reden. Wir sollen Beides, unser Sollen und unser Nicht-Können, wissen und eben damit Gott die Ehre geben." BARTH, KARL, Das Wort Gottes als Aufgabe der Theologie (1922), in: ders., Vorträge und kleinere Arbeiten 1922–1925. Gesamtausgabe Bd. III.1, Zürich: TVZ 1990, 148–175. 151.

wir Glauben ausdrücken und entfalten, verwenden wir daher dazu in der Regel
Metaphern und Narrative, die wir selbst bereits in der Tradition vorfinden oder
kreativ entwerfen. Mit der Ausbildung wissenschaftlicher Theologie ist die Einsicht gewachsen, dass auch die Gewinnung der Befunde und Entwürfe eine kritische Verständigung zwischen exegetischen, historischen und systematischen
Disziplinen voraussetzt, die auch Metaphern und Narrative immer wieder auf
Kohärenz und Konsistenz und die Anschlussfähigkeit an das geltende Weltwis-
sen überprüfen. Die Metaphern, deren Gehalte aus dem Bereich des verfügbaren
Weltwissens stammen – das Reich Gottes; Gott als Mutter oder Vater; Christus,
der Gesalbte, der Sohn Gottes, unser Bruder; die forensische Rechtfertigung; das
Licht der Welt – besitzen ihre Eigenart darin, dass sie nicht abschließend zu in-
terpretieren sind und insofern auch formal diejenige Unverfügbarkeit im Sinne
von Offenheit signalisieren, die dem unverfügbaren Guten entspricht.[34] Narrative
und Verheißungsbilder des guten Lebens gewinnen ihre kreative Kraft auch aus
der je partikularen und dadurch immer neuen Verkörperung, die im christlichen
Kontext ebenfalls durch die Bitte um den Geist ergänzt wird, der als Chiffre der
Tatsache gelten kann, dass die Wirkung des Wortes Gottes auch in der individuellen oder kollektiven Verkörperung in Habitus oder Praxen nicht als willkürlich,
aber unverfügbar geglaubt wird.[35]

Wenn das als unverfügbares Gutes thematisierte Wort Gottes sich Menschen
im Glauben aufschließt, etwa als Verheißungsbild des guten Lebens, inspiriert
und motiviert es zum Handeln: Dieses menschliche Handeln lässt sich in der
Perspektive des Glaubens als Entsprechung zum Handeln Gottes verstehen, also
als Reaktion auf Gottes Offenbarung. Es besteht einerseits in der Darstellung des
Glaubens, dem Ausdruck und der Beschreibung dessen, was Gott in Christus
getan hat und was für diese Welt und die Glaubenden in ihr daraus folgt, andererseits in der konkreten tätigen Einwirkung auf diese Welt und uns selbst. Man
kann beide Handlungstypen mit Friedrich Schleiermacher als darstellendes und
wirksames Handeln unterscheiden. Um den Gegensatz zum Handeln Gottes zu
markieren, lässt sich hier vom *intendierten* Guten sprechen. Denn das menschliche Handeln zielt auf die Entsprechung zum unverfügbaren Guten, ist aber zunächst nur beabsichtigtes Gutes, da es in zweierlei Hinsicht irrtums- und fehler-
anfällig ist: Erstens kann die Auffassung des unverfügbaren Guten, die der Hand-
lungsabsicht zugrunde liegt, irrig sein, zweitens aber sind die Folgen menschlichen

---

[34] Vgl. zum Thema grundlegend RICOEUR, PAUL/JÜNGEL, EBERHARD, Metapher. Zur Hermeneutik religiöser Sprache, München: Chr. Kaiser 1986.

[35] Vgl. für einen Überblick STOELLGER, PHILIPP, Vom dreifaltigen Sinn der Verkörperung –
im Blick auf die Medienkörper des Geistes, in: Gregor Etzelmüller/Annette Weissenrieder
(Hg.), Verkörperung als Paradigma theologischer Anthropologie, Berlin/Boston: De Gruyter
2016, 289–316.

Handelns in aller Regel nur bedingt absehbar und statt des beabsichtigten Guten resultiert auf der Verwirklichungsebene des realisierten Guten ein nicht beabsichtigtes Übel. Aus diesem Grund ist nicht nur die immer neue Behandlung der Frage nötig, welches intendierte Gute sich aus dem unverfügbaren Guten ergibt, sondern auch die dauernde Prüfung der Intentionen an den Folgen.

Dem Charakter des menschlich unverfügbaren Guten entspricht so gesehen die Bemühung um eine gewaltlose, unabschließbare und auf prinzipiell nachvollziehbaren Argumenten basierende Kommunikation in der Darstellung des Glaubens und der aus ihm folgenden Handlungsorientierungen, wie sie oben bereits anklang. Mit anderen Worten: Das Ziel der Motivation der Verheißungsbilder des Guten ist prinzipiell strittig, dieser Streit lässt sich aber mit Argumenten führen, die sich auf die Gehalte der Verheißungsbilder selbst, die Hermeneutik wie die Kontexte ihrer Auslegung oder die Perspektiven ihrer Auslegerinnen beziehen. Die Entfaltung des Glaubens geschieht nun auf den unterschiedlichsten Ebenen: Im persönlichen Gespräch, in der kollektiven Deutung gemeinsamer Praxis in der Flüchtlingsinitiative, in Gottesdienst und Predigt oder in individueller Denkbemühung. Im wissenschaftlichen Kontext der Dogmatik wird solche Kommunikation im kritischen Rekurs auf – im weitesten Sinn zu verstehende – Glaubenszeugnisse aus Geschichte und Gegenwart und die vernünftige und kritische, nämlich kohärente und logisch konsistente systematische Deutung und Zusammenschau solcher Zeugnisse reflektiert und weitergeführt.

Glaubenssymbolisierungen, die sozial und historisch prägende Kraft entfalten, gehören damit dann in den Bereich des *realisierten Guten*. Diese Bezeichnung der – Intentionen und Wahrnehmungen bis zu einem gewissen Grade vorgegebenen – Realität unserer Welt als ‚realisiertes Gutes' ist dabei erklärungsbedürftig, ist doch diese Welt überdeutlich auch durch Schmerz, Leid, Gewalt und Schrecken gekennzeichnet – ganz gleich, ob diese auf natürliche Übel oder menschliche Fehlbarkeit oder auch Bosheit zurückgeführt werden. Aus der Sicht des unverfügbaren und intendierten Guten bleibt die Realität ambivalent, schließt das realisierte Gute sein Gegenteil, das nicht realisierte Gute als realisiertes Böses und Übel ein. An der Bezeichnung als realisiertes Gutes möchte ich hier dennoch festhalten: Der Grund dafür ist die im Schöpfungs-, Versöhnungs- und Erlösungshandeln Gottes verwurzelte Glaubenshoffnung, dass die Welt nicht nur als Gottes Schöpfung sehr gut ist, sondern dass Gott sie auch zum Heil führen wird, die Sünde als Gottesferne sowie die Gewalt als ihre Signatur nicht das letzte Wort behalten werden, die gerade die Motivation zum Handeln auch in scheinbar ausweglosen Situationen bereitstellen kann. Aber gerade weil das realisierte Gute immer auch nicht realisiertes Gutes und realisiertes Schlechtes einschließt, muss es immer wieder offen für Revisionen und historische Lernerfahrungen sein – nicht nur ist das intendierte Gute an seinen Realisierungen zu prüfen, sondern die bestehende Realität immer wieder am unverfügbaren und intendierten Guten zu messen.

Weil der Glaube stets von Menschen erläutert wird, trägt der Umgang mit ihm auch immer präskriptive Implikationen, die der Reflexion bedürfen. Mit anderen Worten: Weil auch Glaubende Menschen und nicht Gott sind, müssen sie zwischen Gottes Offenbarung, ihrer Reaktion darauf und deren Wirkungen in der gemeinsamen Welt unterscheiden, was vor allem bedeutet, die eigenen Grenzen sowohl in Relation zum unverfügbaren wie zum realisierten Guten wahrzunehmen und zu reflektieren. Auch die Motivation durch Verheißungen des Glaubens bedarf der Kritik. Gerade in der kritischen ethischen Reflexion, die sich als unabschließbarer Diskurs zwischen unterschiedlichen Auffassungen darstellt, können Glaubende in einer pluralen Welt Irrwege zu vermeiden suchen. Denn wenn man das unverfügbare Gute für verfügbar hält, kann der Glaube *autoritär und fundamentalistisch* werden. Wird das unverfügbare Gute andererseits ganz auf das intendierte Gute reduziert, kann sich ein *opportunistischer Relativismus* ergeben, weil dann die jeweils herrschende Meinung innerhalb der Handlungsgemeinschaft kein Korrektiv mehr erfährt. Unterscheidet man nicht scharf genug zwischen intendiertem und realisiertem Guten, droht entweder die *moralische Naivität*, in der die kritische Prüfung der je eigenen Handlungen an ihren Folgen unterbleibt oder der *moralisch naive Realismus*, der die Kritik der Realität am Maßstab des intendierten Guten unterlässt und das Bestehende mit dem Guten und Richtigen identifiziert.

Im Bezug auf die Frage nach der Motivation durch Verheißungsbilder des Guten besteht die Pointe insofern in der steten Bemühung um ihre kritische und kontextsensible Auslegung, die eine der vornehmsten Aufgaben theologischer Ethik darstellt.

# „Keine bleibende Stadt haben, sondern die zukünftige suchen wir."

## Das Changieren von Glaube und Hoffnung zwischen Selbstzweck und Weltgestaltung

*Markus Mühling*

„Keine bleibende Stadt haben wir, sondern die zukünftige suchen wir.", mit diesem Hebräerbriefzitat wurde zu vielen Zeiten, insbesondere im 20. Jahrhundert im Gefolge der verbrecherischen Katastrophe des sogenannten Dritten Reiches,[1] kirchliches Selbstverständnis im Verhältnis zu Kultur und Staat – sprich zur Lebenswelt beschrieben – und mit der Metapher des „wandernden Gottesvolks" ausgedrückt. Indessen ist der Verweis auf die Zukunft und das Suchen mehrdeutig. Schon Hofius meinte, im Hebräerbrief gehe es weniger um das *wandernde* Gottesvolk, als vielmehr um das *wartende*[2] Gottesvolk: *Wartend*, weil die Zukunft durch örtliches Wandern nicht erreicht oder gar gestaltet werden kann; *wartend*, weil Glaube und Hoffnung immer passiv konstituiert sind; und *wartend*, weil letztlich die radikalste Kritik an der Gesellschaft im Entzug, im Vor-das-Tor-nach-Golgatha-Gehen besteht. Christlicher Glaube ist immer eschatisch geprägt, gleichgültig, wie man diese Hoffnung auf eine eschatische Realität in der Eschatologie auch modelliert: als zukünftige, als jenseitige, als realisierte oder gar als nur mystisch-innerliche. Und von daher ist es nicht verwunderlich, dass zu allen Zeiten dem christlichen Glauben Weltflucht, Gestaltungsunwille und Verneinung der Gegenwart vorgeworfen wurde. Wir stehen also vor einer Alternative: Geht es schreitend (1) oder wartend (2) in die Zukunft? Oder sollte es zwischen den Alternativen Kompromissmöglichkeiten geben (3)? Oder ist die Alternative gar falsch und es bedarf eines Paradigmenwechsels (4)?

---

[1] Vgl. KÄSEMANN, ERNST, Der Ruf der Freiheit, Tübingen: Mohr Siebeck ³1968, bes. 155.

[2] Vgl. HOFIUS, OTFRIED, Katapausis. Die Vorstellung vom endzeitlichen Ruheort im Hebräerbrief, Tübingen: Mohr Siebeck 1970, 146.150–152.

## 1. In die eschatische Zukunft schreiten

Im 20. Jahrhundert war es vor allem Jürgen Moltmann, der den Vorwurf der
Weltflucht doppelt kritisierte: Doppelt, weil er einerseits aufzeigt, dass der Ruf
nach einem Leben in der Gegenwart oder nach Gegenwartsgestaltung im Rahmen des wissenschaftlich-technisch Möglichen, des sozial oder personal Mach-
baren, letztlich auf einem parmenidischen Gottesverständnis eines statischen
Gottes beruht, der mit dem christlichen Gott der Zukunft nichts gemein hat.[3]
Doppelt auch, weil er andererseits zeigt, dass das an einer eschatischen Zukunft
orientierte Christentum alles andere als demotivierend wirkt, gerade weil es an
einer kategorial von der nur extrapolierten Zukunftserwartung unterschiedenen
Zukunftshoffnung am Advent des gekreuzigten Auferstandenen orientiert ist. Die
Begründungsfigur ist die Folgende: Offenbarung im christlichen Sinne wird zwar
geschichtlich antizipiert, wird aber selbst nie geschichtlich, sondern ist der Geschichte immer voraus.[4] Möglich ist das nur in einer Welt, deren Möglichkeiten
nicht im Rahmen eines geschlossenen Systems sich durch Aktualisierungen er-
schöpfen, sondern selbst durch die Zukunft der Auferstehung Christi bestimmt
sind. Christliches Hoffen als wirklich reales Hoffen steht so stets in Differenz zur
Geschichte, zur Gesellschaft und ihren Möglichkeiten, die sich so nur als vermeintliche Möglichkeiten erweisen.[5] *Promissio* ist immer Widerspruch gegen
die scheinbar gegebene Wirklichkeit und fest mit der *missio* korreliert:[6]

Der Hoffende, der die schlechte Wirklichkeit verlässt und sich auf das Meer der Möglichkeiten
Gottes begibt, setzt damit diese seine Wirklichkeit in einer radikalen Weise aufs Spiel, nämlich
auf das Spiel, in welchem er erwartet, dass die Verheißung Gottes gewinnt.[7]

Dem entspricht der Gott von Ex 3,14, der immer adventliche Zukunft bleibt, dem
entspricht der Mensch als *homo absconditus*, der nicht subsistent ist, sondern
ek-sistent auf diesen Gott bezogen ist.[8] Das feste Vertrauen auf die *promissio*
führt unweigerlich zur *missio*, zum Ergreifen von Handlungsmöglichkeiten, die
außerhalb dieser Hoffnung niemals wahrgenommen, geschweige denn im Handeln realisiert werden würden, gerade weil der Mensch hier nicht Subjekt ist:

---

[3] Vgl. MOLTMANN, JÜRGEN, Theologie der Hoffnung. Untersuchungen zur Begründung und
zu den Konsequenzen einer christlichen Eschatologie, München: Chr. Kaiser 1964, 21–27.

[4] Vgl. ebd., 76–82.

[5] Vgl. ebd., 82 f.

[6] Vgl. ebd., 204–206.

[7] Ebd., 206 f.

[8] Ebd.

[Des christlich Hoffenden] Erfahrung der Wirklichkeit in ihren Veränderungsmöglichkeiten als Geschichte ist [...] nicht bedingt durch die Machbarkeit von Geschichte [...]. Das Subjekt der Weltveränderung ist für ihn darum der Geist der göttlichen Hoffnung.[9]

Entsprechend gilt für menschliches Handeln in diesem pneumatischen Subjekt:

Die *vita christiana* besteht nicht mehr in Flucht vor der Welt und in der geistigen Resignation von ihr, sondern sie steht im Angriff auf die Welt und im Beruf an die Welt.[10] „Das bedeutet nicht Seelenheil, individuelle Rettung aus der bösen Welt [...], sondern [...] Verwirklichung eschatologischer *Rechtshoffnung, Humanisierung* des Menschen, *Sozialisierung* der Mensch-heit, *Frieden* der ganzen Schöpfung.[11]

Moltmann bleibt hier, wie so oft, zweideutig: Geht es um die vollständige ge-schichtliche Realisierung dieser Güter? Oder geht es um die Arbeit an der Reali-sierung dieser Güter bei einem bleibenden eschatischen Realisierungvorbehalt? M. E. ist, unabhängig von der *intentio auctoris*, Letzteres der Fall. Auch Molt-mann wird man so verstehen können, denn diese

Mitarbeit am Reiche Gottes, das kommt[12], führt den Hoffenden und Gesendeten in Widerstand und Leiden an der unzureichenden Gegenwart hinein, stellt ihn in den Konflikt mit der [...] Gesellschaft und läßt ihn das ‚Kreuz der Gegenwart' [...] finden.[13]

Dies sind die Grundzüge der Ethik der Theologie der Hoffnung. Sie ist damit nicht im eigentlichen Sinne eine teleologische Ethik, weil es ihr nicht um die Verwirklichung möglicher Ziele geht. Sie ist keine Pflichtenethik, keine Gesin-nungsethik, nicht im üblichen Sinne eine Güterethik und sie ist schon gar keine Verantwortungsethik, die den Mitteleinsatz und eventuelle Nebenfolgen einkal-kuliert. Moltmanns eschatologische Ethikbegründung hat gerade in kontextuel-len Theologien in der Folgezeit erstaunlich gewirkt, wurde explizit mit Beruf auf ihn aufgenommen und tatsächlich umgesetzt, etwa in vielen Befreiungstheologi-en. Und hier ist es durchaus lehrreich, wenn man sich diese Übersetzung des Moltmann'schen Hoffnungshandelns einmal im Detail anschaut.

Dazu betrachten wir ausführlich die schwarze Theologie am Beispiel James Cones, der in den 60er Jahren die *black-power* Bewegung mit einer Theologie versieht:

The norm of all God-talk which seeks to be black-talk is the manifestation of Jesus as the black Christ who provides the necessary soul for black liberation.[14] The task of Christian theology [...] is to analyze the meaning of hope in God in such a way that the oppressed community of

---

[9] Ebd., 267.
[10] Ebd., 305.
[11] Ebd., 303.
[12] Ebd., 307.
[13] Ebd., 308.
[14] CONE, JAMES H., A Black Theology of Liberation, Philadelphia: Orbis [5]1970, 40.

a given society *will risk all* for earthly freedom, a freedom made possible in the resurrection of Jesus.[15]

If one thinks that Christ's work is finished, then there is nothing to do but wait for the Second Coming. But Moltmann's concern is to show that such a view means that one has not really heard the promise of God. To hear God's promise means that the church cannot accept the present reality of things as God's intention for humanity. *The future cannot be a perfection of the present. Therefore, 'To know God', writes Moltmann, 'is to suffer God'.*[16] Without a meaningful analysis of the future, all is despair. The guns, atomic power, police departments, and every conceivable weapon of destruction are in the hands of the enemy. *By these standards, all seems lost.* But there is another way of evaluating history; it involves the kind of perspective that enables blacks to say no in spite of the military power of their oppressors. If we really believe that death is not the last word, then we can fight, risking death for human freedom, knowing that the ultimate destiny of humankind is in the hands of the God who has called us into being. *We do not have to worry about death if we know that it has been conquered and that as an enemy it has no efficacy.* Christ's death and resurrection have set us free. Therefore, it does not matter that whites have all the guns and that [...] we have no chance of winning. *There comes a time when a people must protect their own, and for blacks the time is now.*[17]

Contrary to what whites say in their history books, black power is not new. It began *when black mothers decided to kill their babies* rather than have them grow up to be slaves.[18] Like black power, black theology is not new either. It came into being when the black clergy realized that *killing slave masters was doing the work of God.*[19]

Even today the same kind of literalism is being used by white scholars to encourage blacks to be nonviolent, *as if nonviolence were the only possible expression of Christian love.* It is surprising that it never dawns on these white religionists that oppressors are in no moral position to dictate what a Christian response is.[20]

Cone beruft sich nicht nur auf Moltmann; er hat Moltmanns Argumentation im Kern erfasst und auf seine Situation angewandt. Es mag uns als weiße Europäer ein wenig befremden, dass uns kein Mitspracherecht in der Interpretation des authentisch Christlichen und kein Recht eingeräumt wird, ethisch gerechtfertigten Widerstand prinzipiell als gewaltlos zu verstehen. Setzt man sich aber darüber einen Augenblick hinweg, ist man nicht nur verwundert, sondern auch erschreckt, dass die Ethik der Hoffnung, die sich radikal an der Auferstehung Christi orientiert und gerade nicht auf geschichtlichen Erfolg hofft, hier bereit ist, Selbstviktimisierung, Viktimisierung anderer, auch Kinder und dezidierte Gewaltbereitschaft als Ausdruck der Mitarbeit am Reich Gottes zu propagieren. Um es auf die Spitze zu treiben: Was unterscheidet Cones Argumentation von den

---

[15]  Ebd., 4 (Kursivierung MM).
[16]  Ebd., 148.
[17]  Ebd., 150.
[18]  Ebd., 27.
[19]  Ebd.
[20]  Ebd., 33 f.

Argumentationen radikal-fundamentalistischer Selbstmordattentäter? In beiden Fällen wird mit einer Rationalität argumentiert, die für Außenstehende der jeweiligen Gemeinschaften nicht nachvollziehbar ist. In beiden Fällen wird auf der Empirie entzogener eschatischer Sachverhalte verwiesen. Und in beiden Fällen wird eine Korrektur von außerhalb der jeweiligen Gemeinschaftsrationalitäten abgelehnt. Es verwundert daher nicht, dass vor Barack Obamas Wahl 2007/08 die Gegenpartei versuchte, aus Obamas theologischer Heimat in der *black theology* ihm einen Strick zu drehen.[21] Aber gerade das Beispiel Obamas zeigt auch: Gab es – ganz gegen Cones Erwartungen – nicht doch einen geschichtlichen Erfolg? Obamas Politik und alles was sich geschichtlich an *black liberation* realisieren lässt, darf aber, folgt man Cone mit Moltmann, nie als Begründung und Motivation des christlichen gesellschaftlichen Engagements angesehen werden. Es ist eine Nebenwirkung, mehr nicht.

Um nicht falsch verstanden zu werden: Ich sympathisiere sowohl mit der Moltmann'schen Begründungsfigur des Handelns aus adventlicher Hoffnung als auch mit Cones *black theology*. Bei Cone selbst liegt nämlich deswegen vermutlich kein Missbrauch der Moltmann'schen Begründungsfigur vor, weil sie durch inhaltliche, andere Theologumena ausbalanciert wird. Damit wird es ermöglicht, gewissermaßen im offiziell Illegalen tatsächlich „legal" zu agieren. Ohne solche weiteren materialen (!) theologischen Bestimmungen – ohne die Kreuzestheologie – ist die Begründungsfigur einer Ethik der zukünftigen Hoffnung aber für Missbrauch anfällig. Denn die Begründungsfigur lebt ja, in Moltmann'scher Terminologie, von der Wahrheit der Verheißung, die sich gerade aller allgemeinrationaler Begründungsfiguren außerhalb der Verheißung – jedem Begriff von Wahrheit als *adaequatio rei et intellectus* – entziehen muss und der von der Wahrheit als *spezifischer inadaequatio rei et intellectus*[22] lebt. Wäre es nur irgendeine *inadaequatio*, dann wäre dem Missbrauch schon formal deswegen die Tür geöffnet, weil eine Inadäquanzrelation im Unterschied zu einer Adäquanzrelation durch alle möglichen Relate gefüllt werden könnte. Die Pointe darf also nicht die schlichte Inadäquanz sein, sondern die *spezifische* Inadäquanz. Und dieses Spezifikum wird ein materiales sein müssen, weil es um die Zukunft und Treue des im gekreuzigten Christus offenbaren dreieinigen Gottes geht.

Moltmanns Begründungsfigur einer Ethik der Hoffnung entkräftet das Argument der christlichen Weltflucht grandios – das ist ihre Stärke. Aber sie schützt nicht *per se* vor Handlungen und Konsequenzen, die der geschichtlichen Welt unliebsam sind.

---

[21] Vgl. Ross, ZACHARY, The Audacity of Faith, A Study of Barack Obama's Religious Views and How they could Shape his United States Presidency, Atlanta: Createspace 2010, 1 f.

[22] Vgl. MOLTMANN, Theologie der Hoffnung, 75.107; vgl. ebd., 91.

## 2. Unverzweckt Warten

Angesichts dieses Beispiels gilt es noch einmal auf die andere Alternative zurückzukommen, auf Hofius' Interpretation, christliches Leben bestehe nicht im Schreiten in die Zukunft, sondern im Warten. Warten erscheint heute nicht attraktiv zu sein, scheint es doch von einer grundlegenden Passivität auszugehen. Und doch ist die damit verbundene Option eine wichtige Option in der Verhältnisbestimmung von Glauben und Handeln. Und sie dürfte uns allen letztlich vertraut sein, denn es geht hier ja grundlegend um die reformatorische Einsicht, dass die Werke eine Implikation des Glaubens sind, beziehungsweise dieser eine hinreichende Bedingung für jene. Das bedeutet nach Luther, dass der Glaube „Lust und Liebe"[23] zu Gottes Geboten macht, ja, dass der Glaubende selbstverständlich spontan seine zehn Gebote entwerfen kann,[24] das heißt dass jegliche Pflichtenethik spontan und ohne Rezepte aus dem Glauben variabel und situativ entspringen kann. Eberhard Jüngel hat es in seinem bekannten Aufsatz „*Wertlose Wahrheit*" so ausgedrückt, dass der Glaube auf Wahrheit zielt, diese Wahrheit ihm aber im fremden Weg der Liebe des Kreuzes geschieht, so dass Glaube in Korrelation zur Wahrheit immer von einem Widerfahrnis des Entzugs des selbstverständlichen Seinzusammenhangs lebt, und gerade dadurch in seiner implikativen Antwort neue Existenzmöglichkeiten erhält – und zwar durch die Selbsthingabe Gottes an den Menschen, so dass man gelassen „mit neuer Kraft in den unterbrochenen Lebenszusammenhang zurückzukehren"[25] vermag. Indem der Mensch nun so „im Sinne eines *ab alio ek-sistere*"[26] lebt, erfährt er ein gesteigertes Sein. Die ethische Pointe besteht dabei allerdings in einer radikalen Kritik, die Jüngel explizit nur an die Negation einer Wertethik bindet, die bei Licht betrachtet aber weit darüber hinaus geht:

Die Unterbrechung des Menschen durch Gott ist zugleich eine radikale Infragestellung aller das menschliche Tun leitenden sogenannten Werte. […] Nicht Werte leiten das Handeln des Christen, sondern allein die aus der Wahrheit kommende Liebe, die ebenso wenig wie Wahrheit einen Wert hat oder darstellt.[27]

---

[23] DINGEL, IRENE/u. a. (Hg.), Die Bekenntnisschriften der Evangelisch-Lutherischen Kirche. Göttingen: Vandenhoeck & Ruprecht 2014, 1068 = BSLK 661.

[24] Vgl. HOLL, KARL, Der Neubau der Sittlichkeit (1919), in: ders., Gesammelte Aufsätze zur Kirchengeschichte I, Tübingen: Mohr Siebeck 1948, 226.

[25] JÜNGEL, EBERHARD, Wertlose Wahheit. Christliche Wahrheitserfahrung im Streit gegen die "Tyrannei der Werte" (1979), in: ders., Wertlose Wahrheit, Tübingen: Mohr Siebeck 1990, 104.

[26] Ebd., 105.

[27] Ebd.

Scheinbar ist damit nur eine christliche Kritik des Begriffs der „Grundwerte" beziehungsweise einer der Wertethik gemeint. Jüngel macht aber klar, dass die Kritik weiter geht:

> Alle Ethik lebt […] von der Paradoxie, daß das Selbstverständliche sich nicht mehr von selbst versteht. […] Das Selbstverständliche tritt […] aus der Unschuld des Indikativs heraus und wird in die harte Verbindlichkeit des Imperativs übersetzt […]. Im Grunde ist ein solcher Imperativ jedoch das Eingeständnis eines ‚zu spät'. […] Auch das sogenannte Sittengesetz und alle ethische Weisung ist aus demjenigen Verlust an Selbstverständlichkeit geboren. […] Durch moralische Aufrüstung und durch moralische Selbstverwirklichung gewinnt das menschliche Handeln die fundamentalen Selbstverständlichkeiten nicht zurück. […] Soll die Selbstverständlichkeit der Grundorientierung menschlichen Handelns zurückgewonnen werden, dann ist dies nur durch jene der menschlichen Existenz widerfahrende Unterbrechung möglich […].[28]

Und darauf kann man nur warten. Der Glaube ist hier bei Jüngel selbst als eschatische Existenz verstanden, die sich der eschatischen Unterbrechung in der Gegenwart verdankt. Auch sein korrekter Respons im Handeln ist dann eschatische Unterbrechung, die nicht kalkulierbar oder ethisierbar ist. Der Versuch, es doch zu tun, endet in der Geburt des theologischen Gesetzes, das nicht durch planbares Handeln erfüllbar ist, sondern nur situativ und unverfügbar. Und damit ist eine ganz grundlegende Kritik nicht nur an einer Wertethik, sondern jeglicher Ethik, die auf Weltgestaltung aus ist, erreicht: Glaube motiviert zwar Handeln, aber stets so, dass er, weil er aus der Liebe kommt, nicht verzweckt werden kann: Wo immer Glaube als gesellschaftlich wertvoll ausgegeben wird, sei es, weil gesellschaftsstabilisierend oder revolutionierend; wo immer Glaube als lebensdienlich der Person, psychisch oder physisch stabilisierend, als Resilienzquelle, verstanden wird, dort ist nichts als Aberglaube, dem nicht die *promissio* gilt, sondern nur der Imperativ des Gesetzes als *usus elenchthicus*. Ob es dann zur Unterbrechung kommt, das bleibt situativ abzuwarten.

Diese prinzipielle Kritik an aller sozialen Funktionalisierung des Glaubens kann gerade heute, wo allzu viele Kirchenpolitiker die Flucht in die bewusste Funktionalisierung des Glaubens suchen, gar nicht genug betont werden. Sie ist vollkommen richtig: Gesellschaftlich gesehen ist Glaube im doppelten Wortsinne schlicht *überflüssig*. *überflüssig* im Sinne des Nicht-Notwendigen, weil Gesellschaften auch ohne christlichen Glauben funktionieren können; *überflüssig* im Sinne des überfließenden, Mehr-als-Notwendigen, weil dort, wo er gelingt, die Wohltaten der Liebe kreiert werden – aus weltlicher Sicht quasi zufällig als Nebenwirkung.

Und hier mag man nun aufmerken: In beiden Konzeptionen des Glaubens, der ins Eschatische Schreitenden und der Wartenden, motiviert der Glaube zwar, aber zu gesellschaftlich-wünschenswerten Wirkungen kommt es nur kontingent,

---

[28] Ebd., 106.

zufällig und nebenwirkungshaft: Die ursprüngliche *black theology* plant den Erfolg ihrer zukünftig-eschatisch orientierten Ethik gerade nicht ein. Und der aus der Unterbrechung gewonnene Rechtfertigungsglaube propagiert zwar seine über-flüssige ethische Relevanz, kann und darf diese aber nicht funktionalisieren. Hier ist der Glaube selbst ein eschatisches, und daher unverfügbares Geschehen im Hier-und-Jetzt.

Von außen betrachtet mögen beide Alternativen nicht so recht befriedigen. Sicher, an den eschatischen „Wanderpredigern" ist attraktiv, dass sie Handlungsmöglichkeiten aufweisen und verfolgen, die nach weltlichen Zweckrationalitäten kein Mensch, der bei Trost ist, ergreifen würde. Und sicher, die entspannende Haltung des Wartens mit ihrer Dialektik der Unterbrechung des Lebenszusammenhanges erteilt klar jeglicher Funktionalisierung zu Recht eine Absage. Aber nicht attraktiv ist, dass die eschatischen „Wanderprediger" in Gefahr geraten, kritikimmun zu werden und sich durch keine Verantwortungsethik bremsen lassen könnten. Und ebenso ist bei den „Wartehallenpredigern" nicht attraktiv, dass eine gelingende Sozialethik, wenn überhaupt, nur rein situativ denkbar ist.

## 3. Der Kompromiss

Wie immer bei zwei Alternativen, die sich so deutlich gegenüberstehen, mag man einen Kompromiss suchen. Dieser läuft dann rein eschatologisch über die Kombination der beiden Optionen, oder, was auf das Gleiche hinausläuft, unter Einschluss der Anthropologie über das das reformatorische *simul*. Und dieser dritte Motivationstypus des Glaubens ist es dann auch, der zu fast allen Zeiten – auch heute – vielen als am vielversprechendsten erscheint. Da dieser Typus vom Kompromiss lebt, sind ihm nicht die Radikalitäten der anderen beiden Optionen inne. Die Grundfrage, die sich dann stellt, lautet: Kann man wartend schreiten oder schreitend warten?

Doch zeichnen wir zunächst diesen Kompromiss ein wenig näher: Im Prinzip lebt er davon, dass er stets die eschatische Wahrheit des Glaubens mit der erfahrenen Gegenwart unter der Sünde gestalterisch vermittelt. Dazu muss nur die Mitarbeit am eschatischen Reich Gottes unter einen eschatologischen Vorbehalt gestellt werden, so dass nicht das Reich Gottes *an sich*, sondern nur das Reich Gottes *auf Erden* unter einem eschatischen Vorbehalt Handlungsziel ist. Auf diese Weise erhält man eine klassische Güterethik.

Ein Beispiel ist Schleiermacher mit seiner Rede vom „Reich Gottes auf Erden." Dies ist eben nicht die Gesamtsumme des perfekten sittlichen Handelns, sondern die Gesamtsumme allen Handelns, insofern in ihr die Überwindung der

Unsittlichkeit durch Sittlichkeit geschieht.[29] Nicht der Zustand, in dem es keine Unsittlichkeit mehr gibt, ist das Reich Gottes auf Erden. Es ist ein Phänomen, das sich nicht an der Steigerung der Güte zu einem Grenzwert oder der Verringerung des Schlechten hin zu einem anderen Grenzwert bemisst, sondern es ist ein Differentialphänomen: Wo immer diese Überwindung der Unsittlichkeit durch die Sittlichkeit geschieht – gleichgültig wie quantitativ diese absolut zu bemessen sind –, dort ist das Reich Gottes auf Erden. Das bedeutet aber, dass das Reich Gottes auf Erden „die Art und Weise des Christen zu sein" ist, „die sich *immer* durch Handeln zu erkennen geben muss."[30]

Ein anderes Beispiel wäre vielleicht mein eigenes ethisches Lehrbuch, das auf der Grundthese beruht, dass Ethik nie eine Theorie des guten Handelns sein kann, sondern eine Theorie des vorzuziehenden Handelns, im Bewusstsein, dass von mehreren schlechten Handlungsmöglichkeiten eine zu wählen ist, die dann unter Praxen der Schuldbewältigung verantwortlich zu gestalten ist.[31]

Ein drittes, und heute wohl erneut beliebtes Beispiel ist in der Theologie Reinhold Niebuhrs zu finden. Dies ist eher eine Instantiation der anthropologischen *simul*-Variante. Wäre Obamas Herkunft aus der *black theology* Cones in ihrer Radikalität ihm vielleicht sogar zum politischen Verhängnis geworden, hätte er sich nicht öffentlich konsequent zu Niebuhrs Theologie bekannt?[32]

Der Grundzug von Niebuhrs Sozialethik ist im Prinzip einfach: Eine Orientierung am eschatischen Liebesgebot Jesu ist mit dem Menschen als prinzipiell Gefallenem zu vermitteln, wobei anthropologisch der Fall den *totus homo* und daher auch die Kultur betrifft, aber selbstverständlich nicht dessen Gottebenbildlichkeit zerstören kann: In der *prophetic religion* des Christentums richtet sich der Mensch an Jesu Liebespraxis aus, die die reinste Verkörperung sowohl der alttestamentlichen prophetischen Tradition als auch der essentiellen Lebensordnung ist und die in einer kritischen Distanz der Unabhängigkeit zur Moderne steht. Diese essentiell-eschatische Ordnung kann nur im Mythos erfasst werden, löst aber dennoch einen *pull of obligation* aus, so dass „*Man seeks to realize in history what he conceives to be already the truest reality.*"[33] Die Besonderheit gegenüber rein rational begründeten Ethiken besteht dabei darin, dass in der Lie-

---

[29] Vgl. HERMS, EILERT, Reich Gottes und menschliches Handeln, in: ders., Menschsein im Werden. Studien zu Schleiermacher, Tübingen: Mohr Siebeck 2003, 110.

[30] SCHLEIERMACHER, FRIEDRICH, Die christliche Sitte nach den Grundsätzen der evangelischen Kirche im Zusammenhang dargestellt, Berlin: Reimer 1843, 13 (Kursivierung MM).

[31] Vgl. MÜHLING, MARKUS, Systematische Theologie: Ethik. Eine christliche Theorie vorzuziehenden Handelns, Göttingen: Vandenhoeck & Ruprecht 2012.

[32] Vgl. BROOKS, DAVID, Obama, Gospel and Verse, in: The New York Times (April 26 2007).

[33] NIEBUHR, REINHOLD, An Interpretation of Christian Ethics (1935), Louisville: Westminster John Knox Press 2013, 8 f.

be Jesu „*natural emotion of sympathy and pity*"[34] dialektisch einbezogen und unterschieden seien. Als solche ist die Liebe Jesu der prophetischen Religion ein Ideal, dass hamartiologisch ausbalanciert wird:

> The measure of Christianity's success in gauging the full dimension of human life is given in its love perfectionism, on the one hand, and in its moral realism and pessimism, on the other.[35]

so dass das Liebesideal eine unmögliche Möglichkeit darstellt. Es gilt daher, aus dem Bewusstsein des Falles heraus den modernen Fortschrittsoptimismus zu kritisieren, um so zu einer angemessenen Sozial- und Tugendethik zu gelangen:

> The conclusion most abhorrent to the modern mood is that the possibilities of evil grow with the possibilities of good, and that human history is therefore not so much a chronicle of the progressive victory of the good over evil, of cosmos over chaos, as the story of an ever-increasing cosmos, creating ever-increasing possibilities of chaos.[36]

Man könnte es auch so ausdrücken, dass für Niebuhr sowohl Motivation als auch instrumentelle De-Motivation zusammengehören, um so seinen christlichen Realismus als eine realistische Ethik für demokratische Gesellschaften zu begründen, in der als Echo des Liebesgebots Gleichheit als Regulativ für Gerechtigkeit fungiert.[37] Dieser motivierend/instrumentell-demotivierende Doppelzug der Ethik Niebuhrs prägt nicht nur seine Sozialethik, sondern auch seine Tugend- oder Haltungsethik und lässt sich vielleicht treffend in seinem berühmten, von den Anonymen Alkoholikern modifiziert adaptierten Gelassenheitsgebet veranschaulichen:

> God, give us grace to accept with serenity the things that cannot be changed, courage to change the things that should be changed, and the wisdom to distinguish the one from the other.[38]

Niebuhrs Kompromiss erscheint auf den ersten Blick attraktiv. Auf den zweiten Blick aber fragt man sich, welche Funktion die idealisierte Liebesbotschaft Jesu überhaupt hat. Mehr als ein ethisches Regulativ ist sie letztlich nur in der personalen Handlungsmotivation mittels der Haltungsbildung. Diese ist aber von Niebuhrs materialer Sozialethik im Prinzip abkoppelbar und wäre mit ihr dann nur akzidentiell verbunden. Es verwundert daher nicht, dass eine Reihe sich säkular verstehender Wissenschaftler sich Niebuhrs Sozialethik anschließen, ja sich sogar in einer Gruppe „Atheists for Niebuhr" sammeln konnten.[39] Es ist also letzt-

---

[34] Ebd., 9.
[35] Ebd., 65.
[36] Ebd., 97 f.
[37] Vgl. ebd., 108.
[38] Zur Geschichte und den verschiedenen Textvarianten vgl. SIFTON, ELISABETH, The Serenity Prayer. Faith and Politics in Times of Peace and War, New York/London: Norton 2005.
[39] Vgl. BELLMANN, TINA, Zwischen Liebesideal und Realismus. Theologische Anthropolo-

lich nicht mehr der eschatische Glaube, der hier zum Handlungsprogramm motiviert. Wie sieht es dann mit der demotivierenden Komponente aus? Da diese über den christlichen Sündenbegriff eine prinzipielle Nicht-Perfektibilität der menschlichen Gesellschaft aussagt, wäre zumindest an dieser Stelle eine intrinsische Verbindung gegeben. Sie bestünde dann aber eher in der demotivierenden Komponente, so dass Niebuhr zum zweiten Typus der „Wartehallenverkündiger" zu rechnen wäre.

Insgesamt vermag also weder das aktive Schreiten, noch das Warten, noch der Kompromiss des wartenden Schreitens oder schreitenden Wartens so richtig zu überzeugen. Das lässt uns dann fragen, ob die Alternative überhaupt richtig ist, oder ob sie nicht von vornherein auf Voraussetzungen beruht, die problematisch sind. Und das ist in der Tat der Fall. Zum einen fällt an allen Positionen auf, dass erstaunlicherweise eine Phänomenologie des Glaubens, insbesondere seiner affektiven Komponente der *fiducia*, kaum berücksichtigt ist. Zum anderen fällt auf, dass die eschatische Realität, auf die der Glaube direkt und das Handeln indirekt zielen, inhaltlich merkwürdig leer bleiben. Es sind Zielbestimmungen. Fragt man aber auch nur hypothetisch, was eigentlich geschähe, wenn dieses Ziel erreicht würde, erhält man keine Antwort. Das lässt aber insgesamt den nicht unberechtigten Verdacht aufkommen, dass die eschatische Ausrichtung des Glaubens insgesamt bestenfalls eine regulative Funktion für das Handeln besitzen könnte. Wir haben daher noch einmal neu anzusetzen.

## 4. Paradigmenwechsel

Wir wechseln also das Paradigma hin zum post-systematischen Betrachten einer narrativen Ontologie oder Gignomenologie.[40] Beide Grundprobleme der anderen Positionen stellen sich hier nicht:

*Erstens* ist Glaube primär eine vermittelt-unmittelbare Weise des Wahrwertnehmens auf der christlichen Weglinienperspektive des Evangeliums:[41] Schon die Wahrnehmung von Mensch, Welt und Selbst ist ethisch relevant, weil sie immer schon werthaft geschieht, indem nicht Fakten, sondern mit J.J. Gibson sogenannte *affordances*[42] oder Wahrnehmungscharaktere wahrgenommen wer-

---

gie als soziale Ressource bei Reinhold Niebuhr, Göttingen: Vandenhoeck & Ruprecht 2018, 398.414.

[40] Vgl. MÜHLING, MARKUS, Post-Systematische-Theologie I. Denkwege – Eine theologische Philosophie, Leiden/Paderborn: Brill/Schöningh 2020.

[41] Vgl. MÜHLING, PST I, 39–68.579–592.

[42] Vgl. GIBSON, JAMES JEROME, The Ecological Approach to Visual Perception, New York/London: Bloomsbury 2015, 119 f.; vgl. MÜHLING, PST I, 53–56.

den. Erst sekundär durch kognitive Reflexion tritt eine (durchaus wichtige) Trennung von Fakt und Wert auf. Für den motivationalen Charakter des Glaubens ist es aber entscheidend, dass diese Unmittelbarkeit zunächst einmal vorliegt. Diese Unmittelbarkeit ist indessen eine *vermittelte*: *vermittelt*, weil die Narrationen, die Menschen bewohnen – und hier die des Evangeliums – das unmittelbare Wahrnehmen formieren oder bilden: Ohne ein Leben in primärnarrativen und sekundärnarrativen Geschichten[43] würde nichts wahrgenommen werden. Ist der Glaube aber eine Weise des Wahrwertnehmens, stellt sich die Frage eigentlich nicht mehr, ob er motiviert oder demotiviert. Denn jedes Wahrwertnehmen ist ja ein Widerfahrnis, dass immer einen Respons auslöst. Es stellt sich also nicht mehr die Frage, *ob* der Glaube motiviert oder nicht, wohl aber die nun sehr viel bedeutsamere Frage, *auf welche Weise* er dies tut.

*Zweitens* sind Menschen hier als *imagines dei* zu verstehen, und zwar als Entsprechungen zum trinitarischen Gott des Werdens, der nie auf Seinskategorien reduziert werden kann.[44] Auch *etsi mundus non daretur* ist Gott ein gemeinschaftliches Werden eines Liebesabenteuers. Der Abenteuerbegriff meint damit präzise die Koinzidenz von Güte und radikaler Kontingenz, wobei nie das eine auf das andere reduziert werden darf. Das heißt: Im ewigen Werden Gottes gelingt immer die gute Liebe zwischen Vater, Sohn und Heiligem Geist. Aber ihr Gelingen ist kein Gesetz und keine Regel, sondern es ereignet sich und zwar immer wieder kontingent. Das Liebesabenteuer darf also nicht in das Gesetz verkehrt werden. Umgekehrt darf aber auch das Liebesabenteuer nicht Fortuna geopfert werden. Diese immer im Werden bleibende und erstaunlicherweise gelingende Koinzidenz von Kontingenz und Güte bietet einen Entzug. Aber sie darf nicht als epistemisches Geheimnis verstanden werden, weil dies das Missverständnis mit sich bringen könnte, es gäbe eine verborgene Regel für die Koinzidenz im Werden Gottes selbst. Das kann aber, wenn die trinitarische Selbstpräsentation in den Geschichten des Evangeliums tatsächlich eine solche sein soll, nicht der Fall sein. Der Entzug besteht nicht nur epistemisch für uns, sondern wechselseitig auch für die trinitarischen Personen.

Trägt der Mensch aber die *imago* dieses dreieinigen Gottes im Werden als Bestimmung – oder eschatologisch ausgedrückt, bedeutet die eschatische Realität für den Menschen eine unmittelbare Partizipation an *diesem* Werden Gottes aus Gnade (Theosis) –, dann hat das Konsequenzen, wie das Verhältnis von Glaube und Handeln im Hier-und-Jetzt zu bestimmen ist.

---

[43] Zur Distinktion vgl. MÜHLING, PST I, 71.
[44] Vgl. dazu MÜHLING, MARKUS, Post-Systematische-Theologie II, Leiden/Paderborn: Brill/Schöningh (in Bearbeitung).

Es gibt dann keine Distinktion mehr zwischen präeschatischem Werden und eschatischer Vollendung, die selbst kein Werden mehr wäre, sondern die grundlegende Unterscheidung von *zwei Werdensarten*, von nicht-vollendetem und von vollendetem Werden.

Vollendetes Werden ist ein Werden, in dem sich die Koinzidenz von Güte und Kontingenz vollzieht. Nicht vollendetes Werden wäre ein solches, bei dem das prinzipiell nicht der Fall ist. Diese Distinktion kann mithilfe der auf den Sozialanthropologen Tim Ingold zurückgehenden Unterscheidung von *wayfaring* und *transport* modelliert werden:[45]

*Transport* ist nur scheinbares Werden, weil es zielorientiert ist. Alles, was im scheinbaren Werden, das heißt auf dem Weg, geschieht, ist nur Mittel oder Hinderung des zuvor intentional konstruierten Zweckes. In einer idealen Welt des *transport* würde das Ziel instantan erreicht werden. Zeit und Bewegung wären in der faktischen Welt daher, wie bei Albrecht Ritschl, Hemmungsphänomene.[46] *Transport* ist also nicht nur eine tatsächlich *statische* Angelegenheit, sondern auch eine, in der *intentionale* Zielbestimmungen vorgängig gegenüber dem Begegnenden sind. *Transport* kann zudem rein-begrifflich beschrieben werden und es folgt in seinem scheinbaren Werden letztlich der zeitlosen Kohärenz der formalen Logik. Kontingenz gibt es hier nicht, Güte gibt es zumindest nicht als Liebe in Differenz, sondern nur als Bestehen des einfachen, eleatischen Seins.

*Wayfaring* hingegen ist ein Werden, das im Werden bleibt und kein Endziel kennt. Es ist aber dennoch nicht blind, sondern das Werden orientiert sich *attentional* am Widerfahrenden, wobei jedes Widerfahrnis, weil es letztlich kontingent geschieht, neue attentionale Response erfordert. *Wayfaring* kann nicht rein-begrifflich beschrieben werden, sondern es erfordert irreduzibel narrative Beschreibungen. Diese können aber nicht in logischer Kohärenz zu einer „Großerzählung" verbunden werden, sondern verbleiben in *dramatischer Kohärenz*.[47]

*Wayfaring*, so verstanden, bezeichnet die eschatische Realität, während unser Werden im Hier-und-Jetzt immer eine Mischung von *wayfaring* und *transport* ist. Dabei ist klar, dass unsere Tendenz, die wenigen Anteile des *wayfaring*, die das moderne oder postmoderne Leben noch ausmacht, in *transport* zu invertieren. Ein gutes Stück menschlicher Kulturbemühungen, besonders aber modern-postmoderner Institutionalisierungsbemühungen, besteht genau in diesen Inversionsversuchen. Sie sind von Kontingenzreduktions- oder Entkontingenti-

---

[45] Vgl. MÜHLING, PST I, 123–154.

[46] Vgl. MÜHLING, MARKUS, Liebesgeschichte Gott. Systematische Theologie im Konzept, Göttingen: Vandenhoeck & Ruprecht 2013, 236–241.

[47] Zum Begriff der dramatischen Kohärenz vgl. MÜHLING, PST I, 317–332.

sierungsbemühungen getrieben, die, – gemessen am eschatischen *wayfaring* – als ver-rücktes oder sündhaftes Werden[48] verstanden werden müssen.

Unser Leben-im-Hier-und-Jetzt vollzieht sich immer im *simul* von *wayfaring* und *transport*, weil es sich im *simul* der vermittelten Unmittelbarkeit des Wahrwertnehmens vollzieht. Denn unser Wahrwertnehmen ist nicht nur durch die Narration des Evangeliums bestimmt, sondern immer auch verschränkt mit zahlreichen anderen Narrationen. Dabei ist präeschatisch das *simul* nicht aufhebbar. Wie das Liebesabenteuer als Koinzidenz von Kontingenz und Güte sofort ver-rückt wird, wenn Liebe die imperativische Form des pragmatischen Widerspruchs des Gesetzes bekommt, die dann nur noch überführende Funktion haben kann, so lässt sich *transport* auch nicht menschlich intentional überwinden, weil dies immer eine *transport*-artige Bemühung wäre. Dennoch ist gelingendes Werden nicht nur ein Ideal oder eine Idealisierung, sondern tatsächlich erlebbare Wirklichkeit – allerdings nicht plan- oder institutionalisierbar. Eine christliche Sozialethik und öffentliche Theologie, die dem gerecht werden will, wird sich daher nicht von einer Personalethik lösen können. Sie wird außerdem prinzipiell institutionenkritisch und prinzipiell systemkritisch sein – kritisch nicht gegen ein bestimmtes System, sondern gegen die Behauptung, es „gäbe" Systeme –, und zwar kritisch auch gegenüber allen Institutionalisierungsbemühungen von Kirche. Denn alle Institutionalisierungsbemühungen zielen ja auf gleichförmige Handlungsmuster. Diese werden durch das Inadäquanzmoment zwischen Verheißung und Gegenwart stets aufgehoben. Und auch die Treue der Verheißung, wie sie in ihrem Spezifikum des Kreuzes begegnet, erfordert eben das situative Ereignis der nicht institutionalisierbaren Begegnung auf dem Weg. Öffentliche Theologie kann, paradox aber nicht antinomisch, Institutionalisierungs- und Systematisierungsbemühungen des *transport* nur dort *vorrübergehend* gutheißen, wo Freiräume für *wayfaring* geschaffen werden. Deutlich ist aber, dass dort, wo Glaube als Weise des Wahrwertnehmens verstanden wird, Motivation immer vorhanden ist, und zwar *attentionale* Motivation, die spontane Response aufgrund der kontingenten Widerfahrnisse ermöglicht. Umgekehrt ist aber auch demotivierende Motivation im Wahrwertnehmen des Evangeliums immer vorhanden: gegenüber allen Inversionsbemühungen von *wayfaring* in *transport*.

---

[48] Vgl. Mühling, Markus, Sünde als Ver-rücktheit. Zur Phänomenalität der Sünde im post-systematischen Betrachten, in: KuD 67:1 (2021), 30–54.

Teil 2

Kontexte

# Gelassener Stolz

## Überlegungen zu moralischer Selbstaffirmation, Überheblichkeit und Glaube im Anschluss an David Hume und Immanuel Kant

*Jochen Schmidt*

## Einführung

Die möglichen Beziehungen zwischen religiösem Glauben und moralischer Motivation sind sehr verschiedener Art. Will man diese Beziehungen kategorisieren, bietet es sich an, den Fokus auf den Beitrag, den der Glaube zur Motivation leistet beziehungsweise leisten soll, zu richten. Glaube kann zur Motivation in einem direkten (1) oder in einem indirekten (2) oder in einem, wie ich es nennen möchte, ,apotropäischen' (3) Verhältnis stehen. In einem direkten Verhältnis (1) steht Glaube zur moralischen Motivation, wenn der Glaube selbst motiviert beziehungsweise selbst zur Bildung von Motivation beiträgt, insofern der Glaube Überzeugungen über die Welt und den Ort des Menschen in der Welt beinhaltet oder impliziert, die in je bestimmten Situationen zu motivierenden Handlungsgründen werden, etwa ein „christliches Wirklichkeitsverständnis"[1] beziehungsweise christliche geprägte oder begründete Überzeugungen hinsichtlich dessen, was gerecht und was ungerecht, was hinzunehmen und was nicht hinzunehmen ist.[2] In einem indirekten Verhältnis (2) steht der Glaube zur moralischen Motivation, wenn der Glaube in einer *moral vision* beziehungsweise in je geschichtlich

---

[1] Vgl. z.B. HERMS, EILERT, Das Wirklichkeitsverständnis des christlichen Glaubens – Rechtfertigung. Ein Rückblick, in: Christian Polke u.a. (Hg.), Niemand ist eine Insel. Menschsein im Schnittpunkt von Anthropologie, Theologie und Ethik (TBT 156), Berlin: De Gruyter 2011, 139–180, v.a. 169.174.

[2] Vgl. z.B. zum christlich motivierten Einsatz gegen historisches Unrecht RINGSHAUSEN, GERHARD, Widerstand und christlicher Glaube angesichts des Nationalsozialismus (Lüneburger Theologische Beiträge 3), Berlin/Münster: LIT ²2008; zum christlich motivierten Einsatz gegen soziale Ungerechtigkeit z.B. BEDFORD-STROHM, HEINRICH, Vorrang für die Armen. Auf dem Weg zu einer theologischen Theorie der Gerechtigkeit (Öffentliche Theologie 4), Gütersloh: Gütersloher Verlagshaus 1993. Zum Gedanken einer impliziten Ethik vgl. ZIMMERMANN, RUBEN, Die Logik der Liebe. Die implizite Ethik der Paulusbriefe am Beispiel des 1. Korintherbriefs (Biblisch-theologische Studien 162), Göttingen: Vandenhoeck & Ruprecht 2016, v.a.

konkreten, motivational wirksamen Ethosgestalten Ausdruck findet, bei denen es sich um Hybride aus moralischen Überzeugungen und Glaubenshaltungen handelt,[3] oder wenn der Glaube als Art des In-der-Welt-seins zum Handeln in der Welt befreit und bevollmächtigt oder zur Sensibilität und Offenheit für wahrzunehmende Forderungen ethischer Situationen beiträgt.[4]

An solche Formen *direkter* und *indirekter* Einwirkungen des Glaubens auf die Motivation wird man zuerst denken, wenn man nach dem Verhältnis von Glaube und moralischer Motivation fragt. Von diesen Verhältnisbestimmungen deutlich unterschieden ist diejenige Verhältnisbestimmung, die ich als ‚apotropäische' Verhältnisbestimmung (3) bezeichnen möchte. Wenn Glaube und Motivation in einem ‚apotropäischen' Verhältnis zueinander stehen, dann tritt der Glaube nicht – direkt oder indirekt – dergestalt als ein Faktor der moralischen Motivation in Erscheinung, dass der Glaube die handlungsleitende Motivation formatiert und/ oder überhaupt erst hervorbringt; vielmehr tritt der Glaube in diesem Zusammenhang als ein Faktor in Erscheinung, der auf einen Konflikt reagiert, der bestimmten Dimensionen beziehungsweise Gestalten moralischer Motivation innewohnt. Gemeint ist also mit einer ‚apotropäischen' Verhältnisbestimmung nicht, dass der Glaube sich der Moral entgegenstellte – was durchaus wünschenswert sein kann, etwa dann, wenn destruktive Dynamiken der Moral in den Blick genommen werden –,[5] sondern dass der Glaube sich einer potentiellen Beschädigung von Moralität entgegenstellt, und zwar einer solchen potentiellen Beschädigung von Moralität, die als Begleiterscheinung eines bestimmten moralischen Selbstvollzugs auftritt.

Eine in diesem Sinne ‚apotropäische' Verhältnisbestimmung von Motivation und Glaube diskutiere ich im Folgenden mit Bezug auf den *Stolz* als eine Einstellung, die ihrerseits zunächst unabhängig vom Glauben zur Bildung moralischer

---

15.18; KESSLER, RAINER, Der Weg zum Leben. Ethik des Alten Testaments, Gütersloh: Gütersloher Verlagshaus 2017, v. a. 59.

    [3] Vgl. SCHMIDT, JOCHEN, Was ist und was leistet hermeneutische Ethik?, in: Ulrich Körtner/ Christiane Tietz (Hg.), Ethik und Hermeneutik – Hermeneutik und Ethik (Hermeneutik und Interpretationstheorie 5), Paderborn: Schöningh 2022.

    [4] Vgl. SCHMIDT, JOCHEN, „Die höchste Tugend ist: Leiden und Tragen alle Gebrechlichkeit unserer Brüder". Luthers Tugendethik als Ethik der Wahrnehmung, in: Luther 86 (2015), 8–20, 18; zur Wahrnehmung vgl. v. a. FISCHER, JOHANNES, Präsenz und Faktizität. Über Moral und Religion, Tübingen: Mohr Siebeck 2019, v. a. 47–51; zum Glauben als motivational wirksamer „Vollmacht zur Liebe" vgl. HONECKER, MARTIN, Vernunft, Gewissen, Glaube. Das spezifisch Christliche im Horizont der Ethik, in: Hans G. Ulrich (Hg.), Evangelische Ethik. Diskussionsbeiträge zu ihrer Grundlegung und ihren Aufgaben (ThB 83), München: Kaiser 1990, 124–143, 134.

    [5] Vgl. BITTNER, RÜDIGER, Verwüstungen durch Moral, in: Brigitte Boothe/Philipp Stoellger (Hg.), Moral als Gift oder Gabe? Zur Ambivalenz von Moral und Religion (Interpretation interdisziplinär 1), Würzburg: Königshausen & Neumann 2004, 98–103.

Motivation beitragen kann. Es geht also im Folgenden nicht um die Frage, ob und inwiefern Glaube das Gefühl des Stolzes hervorbringt, sondern um die Frage, ob und wie Glaube auf das Gefühl des Stolzes in einer produktiven, nämlich negative Begleiterscheinungen dieses potentiell moralisch produktiven Gefühls hemmenden Art und Weise einzuwirken vermag. Dabei knüpfe ich an das Motiv der Entlastung an, die vom Glauben ausgehen kann.

Das Problem, auf das, wie ich zeigen möchte, der Glaube mit Blick auf den Stolz reagiert, ist die Zwiespältigkeit des Stolzes als eines Faktors moralischer Motivation.[6] Zwiespältig ist der Stolz als ein Faktor moralischer Motivation, weil Stolz einerseits zu wünschenswerten Handlungen motivieren, andererseits jedoch auch sehr wenig wünschenswerte Verhaltensweisen anstoßen kann – von letzteren spricht die christliche Tradition ausgiebig.[7] Die Frage lautet, ob der Glaube den Stolz als eine prekäre Dimension moralischer Motivation zu „retten" beziehungsweise vor Deformationen zu schützen vermag, indem der Glaube den Stolz entlastet. Dieser Frage gehe ich nach, indem ich zunächst die Krisen des Stolzes in der Darstellung David Humes, der der christlichen Tradition äußerst skeptisch gegenübersteht, und sodann in der Darstellung Immanuel Kants, der zwischen einer Ethik der Selbstaffirmation und einer christlichen Ethik der Demut zu vermitteln sucht, vergleichend betrachte und anschließend die im Zuge dieser Lektüren formulierten Beobachtungen theologisch-ethisch auswerte.[8]

---

[6] Vgl. zur Zwiespältigkeit des Stolzes als eines moralischen Gefühls z.B. MCLATCHIE, NEIL/PIAZZA, JARED, Moral Pride. Benefits and Challenges of Experiencing and Expressing Pride in One's Moral Achievement, in: J. Adam Carter/Emma C. Gordon (Hg.), The Moral Psychology of Pride (Moral Psychology of the Emotions), London/New York: Rowman & Littlefield International 2017, 143–167; TRACY, JESSICA L./ ROBINS, RICHARD W., The Psychological Structure of Pride. A Tale of Two Facets, in: Journal of Personality and Social Psychology 92 (2007), 506–525; DEMMERLING, CHRISTOPH/ LANDWEER, HILGE, Philosophie der Gefühle. Von Achtung bis Zorn, Stuttgart: Metzler 2007, 245; THURNHERR, URS, Art. Stolz, in: HWP 10 (1998), 201–208, v.a. 201 („Stolz" übernimmt sprachgeschichtlich sowohl die Bedeutung des Begriffs μεγαλοψυχία als auch die Bedeutung des Begriffs *superbia*). Während das Wort *superbia* in der christlichen Tradition stets die dunklen Seiten des Stolzes bezeichnet, konnte es in der Literatur des antiken Rom seit Horaz auch positive Bedeutungen annehmen. Vgl. BARAZ, YELENA, From Vice to Virtue. The Degeneration and Rehabilitation of Superbia in Ancient Rome, in: Ineke Sluiter/Ralph Rosen (Hg.), KAKOS. Badness and Anti-Value in Classical Antiquity (Mnemosyne Supplements 307), Leiden/Boston: Brill 2008, 365–397.

[7] Vgl. z.B. PROCOPÉ, JOHN, Art. Hochmut, in: RAC 15 (1991), 795–858; MERKL, ALEXANDER, Von Todsünden und Hauptlastern. Rekonstruktionen und Neureflexionen (Studien zur theologischen Ethik 159), Basel/Würzburg: Schwabe Verlag / Echter Verlag 2022, 259–264.

[8] Vgl. LOUDEN, ROBERT B., Kant's Human Being. Essays on His Theory of Human Nature, Oxford: Oxford University Press 2011, 30: „[…] Kant seeks a middle space between pagan self-assertion and Christian self-denial". Vgl. zu Humes und Kants Perspektiven auf den christlichen Glauben im Vergleich KÜHN, MANFRED, Kant's Critique of Hume's Theory of Faith, in:

## 1. Bodenlose Arroganz.
## Die Zwiespältigkeit des Stolzes bei David Hume

Dass Stolz ein Faktor moralischer Motivation ist, hat kaum ein Denker so stark betont wie David Hume. Hume hält zwar fest, dass Stolz nie die *alleinige* Motivation für eine Handlung sein sollte, und die motivationale Dynamik, die Hume zufolge vom Stolz ausgeht, ist auch eine lediglich indirekte, so wie Stolz selbst ein Gefühl indirekter Art ist, das sich auf das ihm zugrundeliegende ursprüngliche Gefühl zurückwendet (siehe unten).[9] Auch wohnt dem Stolz selbst noch keine Richtungstendenz des Handelns inne.[10] Trotz dieser Relativierungen ist Hume jedoch überzeugt: Nichts ist für die Lebensführung nützlicher als ein angemessenes Maß an Stolz.[11] Umgekehrt ist das Fehlen des Stolzes so auffällig, dass wir es erleben wie das Fehlen eines Körperteils.[12] Stolz hat eine stabilisierende Funktion, weil Stolz uns Zutrauen in unsere Projekte verleiht. Es ist daher sogar wünschenswert, dass wir *etwas* höher von unseren Kräften denken, als wir eigentlich Anlass hätten. Selbstzufriedenheit und Eitelkeit (*self-satisfaction and vanity*) gehören zu einem integren Charakter.[13] Der Wert des Stolzes liegt dabei nicht allein in dessen stabilisierender Funktion, sondern ist vielmehr ein zweifacher: Stolz befähigt kraft des ihn begleitenden Gefühls der Annehmlichkeit zum Handeln *und* gibt uns damit prospektiv einen Anreiz zu gutem Handeln. Der maßvolle Stolz kann und soll im Geheimen unser Handeln beleben.[14] Es gibt so etwas wie eine moralisch produktive Freude daran, richtig gehandelt zu haben.[15]

---

Michael Alexander Stewart/John P. Wright (Hg.), Hume and Hume's Connexions, University Park, PA: Pennsylvania State University Press 1995, 239–255.

[9] Vgl. Treatise 2.3.9.4/511; dazu: BESSER-JONES, LORRAINE, Hume on Pride-in-Virtue. A Reliable Motive?, in: Hume Studies 36 (2010), 171–192, 174. Die Schriften David Humes werden zitiert nach der Abschnittsnummerierung der Ausgabe von L.A. Selby-Bigge (DAVID HUME, A Treatise of Human Nature, hg. von Lewis A. Selby-Bigge und Peter H. Nidditch, Oxford: Clarendon Press 1990 [= *Treatise*]; DERS., Enquiries Concerning Human Understanding and Concerning the Principles of Morals, hg. von Lewis A. Selby-Bigge und Peter H. Nidditch, Oxford: Clarendon Press 1998 [= *Enquiry*]) sowie sich anschließender Angabe der Seitenzahlen zu der beim Felix Verlag Meiner erschienenen Ausgaben (DERS., Ein Traktat über die menschliche Natur. Teilbd. 2 = Buch 2/3, hg. von Horst D. Brandt, Hamburg: Meiner 2013; DERS., Eine Untersuchung über die Prinzipien der Moral, hg. von Manfred Kühn, Hamburg: Meiner 2003).

[10] Vgl. Treatise 2.2.9.2/451.

[11] Treatise 3.3.2.8/686.

[12] Vgl. Enquiry 7.10/92.

[13] Vgl. Treatise 3.3.2.10/686.

[14] Vgl. Treatise 3.3.2.13/689.

[15] Siehe STREMINGER, GERHARD, David Hume. Der Philosoph und sein Zeitalter, München: C.H. Beck ²2017, 306, mit Verweis auf Enquiry 5.1/48.

Diese Tugenden sind außerdem noch von einem angenehmen Bewusstsein oder einer angenehmen Erinnerung begleitet, und sie erhalten uns in Einklang mit uns selbst und mit anderen,
solange wir das angenehme Bewusstsein haben, unseren Teil für die Menschheit und die Gesellschaft getan zu haben.[16]

Die Aussicht darauf, über eine Handlung Stolz zu empfinden, bietet mithin einen
Grund, so zu handeln, dass sich mit der Handlung das befriedigende Gefühl ein-
stellen wird, richtig gehandelt zu haben. Und aus diesem Grund ist es dem Menschen auch auferlegt, das Bewusstsein seiner eigenen Integrität zu kultivieren,
auf dass er eine Person werde, die ihr Leben im Lichte der Vorstellung ihrer
Ehrbarkeit führt.[17] Stolz ist mithin, um es mit aristotelischen Begriffen zu formu-
lieren, die zu kultivierende Disposition (*hexis*) dazu, sich von der Erwartung eines subjektiv und objektiv wünschbaren emotionalen Zustands (*pathos*) des Stolzes über etwas, auf das stolz zu sein es tatsächlich einen guten Grund gibt, zu
dieser Handlung motivieren zu lassen.[18] Wichtig ist dabei nur, dass nicht das
Gefühl des Stolzes *selbst*, sondern die gute Beschaffenheit des intentionalen Ob-
jekts, das den Stolz hervorruft, den ursprünglichen Anstoß der motivationalen
Dynamik darstellt, dass also nicht das ,nackte' Gefühl der Selbstzufriedenheit,
sondern das im Gefühl der Selbstzufriedenheit affektiv repräsentierte ursprüngliche Gut den eigentlichen motivationalen Anstoß gibt.

Hume lobt also den Stolz. Und anders als Mandeville meint Hume nicht, dass
die Produktivität des Stolzes in einer Dialektik des Schlechten und des Guten
stehe, dass also Stolz eigentlich verwerflich sei beziehungsweise als verwerflich
angesehen werden könne, jedoch dessen ungeachtet wünschenswerte Wirkungen
hervorbringe.[19] Vielmehr meint Hume, dass Stolz etwas Gutes ist beziehungsweise etwas Gutes sein kann: Es gibt einen edlen Stolz (*noble pride*).[20] Hume
weiß indes auch darum, wie fragil die Grenze ist, die zwischen produktivem
Stolz und destruktiver Arroganz verläuft. Stolz und Arroganz schließen einander
gerade nicht wechselseitig aus, wie zum Beispiel Richard Taylor in seiner viel
beachteten Studie *Restoring Pride* behauptet.[21] Arroganz ist vielmehr eine
Komplikation des Stolzes – dies ist genauer zu entwickeln. Wir sehen uns zu-

---

[16] Enquiry 9.21/121; dazu: TAYLOR, JACQUELINE, Hume on Moral Motivation, in: Iakōbos
Basileiu (Hg.), Moral Motivation. A History (Oxford Philosophical Concepts), New York: Oxford University Press 2016, 179–201, 195.

[17] Vgl. Enquiry 9.23/122 f.; BESSER-JONES, Hume on Pride-in-Virtue, 172.

[18] Vgl. zur Unterscheidung zwischen Stolz als einem akuten Gefühl und Stolz als einer
Disposition DEMMERLING/LANDWEER, Philosophie der Gefühle, 247.

[19] Vgl. DE MANDEVILLE, BERNARD, Die Bienenfabel oder private Laster, öffentliche Vortei-
le. Mit einer Einleitung von Walter Eucher, Frankfurt a. M.: Suhrkamp 1998, 79: „Fraud,
Luxary and Pride must live, // While we the Benefits receive […]."

[20] Vgl. Enquiry 7.4/90; 8.10/103.

[21] Vgl. TAYLOR, RICHARD, Restoring Pride, Amherst, NY: Prometheus Books 1995, 125.

nächst diese Komplikation des Stolzes näher an, vollziehen sodann nach, was Hume zufolge diese Komplikation verhindern kann und fragen schließlich kritisch, ob Humes antiarrogantes Antidot tatsächlich das diesem angesonnene Werk vollbringen kann.

Hume spricht mit Blick auf den destruktiven, verletzenden, Moral untergrabenden Stolz von „arrogance"[22], von „excessive pride" und von einem „over-weaning conceit of ourselves."

Wir wollen damit anfangen, die Affekte des Stolzes und der Niedergedrücktheit ins Auge zu fassen und die Tugend oder das Laster zu betrachten, das in ihrem richtigen Maße beziehungsweise in ihrer Übertreibung liegt. Übertriebener Stolz (*excessive pride*) oder anmaßender Dünkel (*over-weaning conceit of ourselves*) gilt immer als lasterhaft und wird allgemein gehasst, während Bescheidenheit oder ein richtiges Bewusstsein unserer Schwäche für tugendhaft gilt und das Wohlwollen aller erwirbt.[23]

Die Frage ist nun, wo die Grenze zwischen dem wünschenswerten, noblen Stolz auf der einen und dem exzessiven Stolz, dem Dünkel und der Arroganz auf der anderen Seite verläuft. Dieser Grenze kommen wir auf die Spur, wenn wir uns die Rolle der *sympathy* beim Stolz einerseits und bei der Arroganz andererseits vor Augen führen, denn diese Rolle ist ihrerseits zwiespältig. Dabei können wir darauf verzichten, den Verästelungen der Bedeutungen von *sympathy* im Werk David Humes im Einzelnen nachzugehen. Für den vorliegenden Zweck genügt es, *sympathy* als die für die Moral insgesamt höchst bedeutsame Fähigkeit des Menschen zu verstehen, am Gefühlsleben anderer Personen Anteil zu haben und sich durch diesen – wie auch immer im Einzelnen genauer zu beschreibenden – Kontakt zum Gefühlsleben anderer Personen zu konkreten Handlungen bewegt zu lassen.

Die Rolle der *sympathy* in der Genese des Stolzes wie auch in der Degeneration von Stolz in Arroganz ist jeweils höchst komplex. Zunächst gilt: Grundsätzlich ist Stolz auf *sympathy* nicht angewiesen. Stolz ist eine unmittelbare Reaktion auf eine Ursache des Stolzes, etwa auf eine Tugend, die durch ihre Beschaffenheit unmittelbar Freude erregt.[24] Dies ergibt sich aus den Grundlagen der Hume'schen Moraltheorie: Tugend beziehungsweise das moralisch Gute begegnet uns in solchen Handlungen oder Eigenschaften, die bei einem Zuschauer das angenehme Gefühl der Billigung auslöst.[25] Das Gefühl des Stolzes bezieht also seine Dynamik aus der Qualität der Eigenschaft, die den Stolz hervorruft. Dass eine Person sich selbst als Trägerin dieser Eigenschaft sieht, ist eine weitere notwendige Bedingung des Stolzes. Nur dann, wenn zum Beispiel eine Tugend mit

---

[22] Vgl. Enquiry 8.8/101.
[23] Treatise 3.3.2.1/681. Vgl. auch Treatise 2.1.10.2/375 f.
[24] Vgl. Treatise 2.1.5.1/348.
[25] Vgl. Enquiry App1.10/128.

einem Subjekt verbunden ist, ist Schönheit Anlass zum Stolz.[26] Zwei Bedingungen müssen also erfüllt sein, damit Stolz überhaupt entstehen kann: Dasjenige intentionale Objekt des Stolzes, das das Gefühl des Stolzes hervorruft, zum Beispiel eine Tugend, muss an sich bereits so beschaffen sein, dass es ein angenehmes Gefühl der Billigung hervorruft, und es muss ein Zusammenhang zwischen dem intentionalen Objekt des Stolzes, also zum Beispiel einer Tugend, und dem Subjekt des Stolzes bestehen. Wenn der Stolz sich auf eine Tugend bezieht, dann muss diese Tugend bereits an sich aufgrund der ihr eigenen Beschaffenheit ein Gefühl der Billigung hervorrufen, und das Subjekt, das Stolz empfindet, muss sich selbst diese Tugend (zurecht) zuschreiben. Ein Gegenstand der Wahrnehmung, also zum Beispiel eine Tugend, der nicht bereits unabhängig von seiner Beziehung zu einem Subjekt Stolz erregt, vermag hingegen überhaupt nicht, Stolz *im eigentlichen Sinne* zu erregen – dass es auch einen Stolz im *uneigentlichen* Sinne gibt, werden wir gleich genauer sehen.[27]

Was zum Stolz Humes Darstellung zufolge nicht *notwendig* dazugehört, genauer: Humes Darstellung nach nicht notwendig dazugehören *soll*, sind die Blicke anderer Menschen, in denen sich der Stolz spiegelt. Ein wenig scheinen Humes Überlegungen in diesem Zusammenhang allerdings zu schwanken. Teils hat es den Anschein, als ob *sympathy* bloß sekundär zum Stolz hinzuträte, teils hat es eher den Anschein, als ob es Stolz ohne *sympathy* nicht geben könne. Grundsätzlich gilt: Wenn wir uns mit *sympathy* darauf beziehen, dass andere Menschen uns bejahen, wird dies unser Gefühl des Stolzes verstärken. *Sympathy* verstärkt das angenehme Gefühl des Stolzes und *kann* ihrerseits Quelle eines angenehmen Gefühls sein, gleichsam als zweite Rückspiegelung der ursprünglichen Freude (*second reflexion of that original pleasure*).[28] Hier scheint also *sympathy* für den Stolz bloß sekundär, also diesem nicht originär zugehörig zu sein. Auf der anderen Seite behauptet Hume, dass ohne die *sympathy* das Gefühl des Stolzes wenig Wirkung habe. Unser Ruf, unser Rang und unser Name sind, so Hume, von erheblicher Bedeutung für unser Stolzempfinden. Die ursprünglichen Ursachen für den Stolz, also die oben genannten Eigenschaften, die den Stolz unmittelbar erzeugen, haben wenig Wirkung, wenn sie nicht von den Meinungen und Anschauungen anderer sekundiert werden.[29] Ohne die Gegenwart anderer Personen entfaltet der Stolz keine Dynamik: „Whatever other passions we may be actuated

---

[26] Vgl. Treatise 2.1.2.6/342.

[27] Vgl. Treatise 2.1.12.1/390.

[28] Vgl. Treatise 2.2.5.21/433; dazu: TAYLOR, JACQUELINE ANNE, Reflecting Subjects. Passion, Sympathy, and Society in Hume's Philosophy, NY: Oxford University Press 2015, 66 f.

[29] Vgl. Treatise 2.1.11.1/381 f.

by; pride, ambition, avarice, curiosity, revenge or lust; the soul or animating principle of them all is sympathy."[30]

Man wird daher in Frage stellen dürfen, ob es Hume gelingt, die Behauptung der Sekundarität der Blicke der anderen wirklich durchzuhalten. Dieses Schwanken in der Bestimmung der Rolle der *sympathy* beim Entstehen des Gefühls des Stolzes ist als Hintergrund im Blick zu behalten, wenn man verstehen will, wie Hume das Fehlgehen des Stolzes, das Kippen des Stolzes in Arroganz erklärt. Beim Fehlgehen des Stolzes sind die Blicke der anderen Menschen von zentraler Bedeutung. Das angenehme Reflex-Gefühl, der im Spiegel der Blicke der anderen Menschen belebte Stolz darf nicht an die Stelle des angenehmen originären Gefühls treten. Denn geschieht dies, dann kommt es zu einer Verwirrung, zu einem Bruch mit der eigentlichen Ordnung von *sympathy* and *pride*.[31] Nur dann, wenn wir der Überzeugung sein dürfen, zurecht für eine bestimmte Eigenschaft geschätzt zu werden, kann uns diese Eigenschaft in einer moralisch wünschenswerten Art und Weise Freude verursachen.[32] Wenn wir den Aspekt der Verbindung selbst nicht sehen, das heißt wenn wir selbst nicht sehen, dass eine Qualität, zum Beispiel eine Tugend, die annehmlich ist und lobenswert wäre, uns zukommt, dann löst sie in uns auch kein Gefühl des Stolzes aus. Man muss vielleicht ergänzen: dann bereitet diese Tugend uns keine *echte, substanzielle, wünschenswerte* Freude. Es gibt nämlich eine nicht wünschenswerte, erlogene Freude an dem durch Fiktionen produzierten Irrglauben der anderen, wir wären lobenswert, während es sich in Wahrheit nicht so verhält; dies ist ein Stolz, der mit der oben beschriebenen Ordnung bricht, denn in diesem Fall fällt die *sympathy* gleichsam aus der ihr eigentlich zugedachten Rolle.

Solches Fehlgehen des Stolzes erläutert Hume mit dem Beispiel der Plagiatoren, die sich im Ruhm ,ihrer' Werke sonnen, obgleich sie wissen, dass dieser Ruhm erlogen ist, weil die Werke, ob derer sie sich feiern lassen, eben nicht ihre eigenen Werke sind. Die Plagiatoren betreiben eine Luftschlossbauerei. Sie ergötzen sich an ihren eigenen Fiktionen und suchen Halt und Sicherheit in der Anerkennung, die sie sich durch diesen Betrug erwerben.

Literarische Diebe (*plagiaries*) sind entzückt von dem Lobe, das ihnen, wie sie wohl wissen, nicht zukommt; aber dies ist eine Art der Luftschlossbauerei (*castle-building*), bei der sich die Einbildungskraft an ihren eigenen Fiktionen ergötzt, und Halt und Sicherheit für dieselben sucht an der Sympathie und den Meinungen anderer.[33]

---

[30] Treatise 2.2.5.15/431.
[31] Vgl. Treatise 2.2.5.21/434.
[32] Vgl. Treatise 2.1.11.13/387.
[33] Treatise 2.1.11.19/390.

Plagiatoren brauchen die Bühne, brauchen die Interaktion, und zwar eine Inter-aktion, die die anderen zurücksetzt, entweder als Folge der Selbstüberhöhung oder um Willen der Selbstüberhöhung. Die exzessiv stolze Person, die sich selbst einen überragenden Wert zudichtet, ohne dass es dafür in der Wirklichkeit einen belastbaren Anhalt gäbe, beschämt die anderen, weil diese wiederum der Sugge-stion, sie seien weniger wert als der sich vor ihren Augen produzierende Ange-ber, Glauben schenken.[34] Und die exzessiv stolze Person will, dass genau dies geschieht. Denn weil die exzessiv stolze Person eigentlich weiß oder zumindest ahnt, dass ihr Eigendünkel erlogener Eigendünkel ist, kann sie ihre Eitelkeit nicht durch einen Blick auf ihre tatsächlichen Leistungen nähren, sondern nur dadurch, dass sie sich in den Blicken derer sonnt, die ihrem Dünkel auf den Leim gehen. Wobei „auf den Leim gehen" eine irreführende Formulierung ist: Nicht ein Irrtum auf Seiten der so Erniedrigten, sondern die Macht der natürlichen Verbindung zwischen Subjekten, die besagte Leitungsbahn der *sympathy* ist es, die es möglich macht, dass der exzessiv Stolze die anderen durch herablassende Behandlung tatsächlich nieder*macht. Um* sich selbst einen höheren Wert einzu-reden, redet der exzessiv Stolze den Menschen in seinem Umfeld erfolgreich ein, diese seien von niedrigerem Wert. Das Verlangen nach Lob greift auf die Eitel-keit derer über, an die sich dieses Verlangen richtet.

Zum Fehlgehen des Stolzes, zum Entstehen von Arroganz gehört wesentlich ein Fehlgehen der Dimension des Äußeren, auch wenn dies nicht die alleinige und auch nicht die entscheidende Dimension des Problems ist. Dasjenige, das Humes (überwiegender) Darstellung nach nicht-ursprünglich, bloß sekundär und amplifizierend sein soll, nämlich die Blicke der anderen, tritt an die Stelle, die der primären Ursache des Stolzes zukommt. Dem fehlgezündeten Stolz geht es *ausschließlich* darum, sich in den Blicken der anderen zu sonnen; nicht also die Ausstrahlung des eigentlich Guten, der Tugend, sondern die – auf einer Täu-schung beruhende – Reflektion im Blick der anderen wird im Fall der Arroganz zur Triebkraft des Stolzes. In dem Augenblick, in dem wir uns ganz auf den Blick der anderen fixieren, kippt der Stolz in Arroganz.

Nun wird aber bei Hume zumindest implizit deutlich: Dass das Sekundäre sich in dieser Weise in den Vordergrund drängt, ist nicht einfach nur ein vermeidbarer Unfall. Die Blicke der anderen drängen sich nicht zufällig an die Stelle des ange-nehmen Gefühls der Billigung eigener Tugend, vielmehr geschieht dies geradezu zwangsläufig, weil Menschen auf Anerkennung und Bejahtwerden zutiefst ange-wiesen sind. Sympathy ist eben nicht rein sekundär, sondern ist Teil des Entste-hens des Stolzes und zentrales Element der destruktiven Dynamik des Stolzes: Weil die anerkennenden und bewundernden Blicke der anderen uns angehen, ist

---

[34] Treatise 3.3.2.6/684 f.

die arrogante Angeberei überhaupt erst attraktiv; weil andere Menschen über den Transmissionsriemen der *sympathy* von der Suggestionskraft unserer arroganten Selbstinszenierung erfasst werden können, kann diese überhaupt erst eine Wirkung entfalten. Die Mahnung Richard Allestrees, dessen populäre Erbauungsschrift *The Wholy Duty of Man* Hume eigentlich programmatisch ablehnt, bringt dies auf den Punkt: „[T]he Honours of the world seek to wound us by pride"[35]. Stolz verwundet, weil uns die auf uns gerichteten Blicke der anderen unter die Haut gehen.[36]

Dass die Blicke der anderen Menschen im Zusammenhang des Fehlgehens des Stolzes eine komplexe Stellung einnehmen, wird auch daran deutlich, dass die Blicke der anderen gleichzeitig als Ursprung des Fehlgehens des Stolzes und als Gegengift gegen das Fehlgehen des Stolzes ins Feld geführt werden. Letzteres wird deutlich, wenn wir uns Humes Antwort auf die Frage ansehen, wie der eigentlich gute oder jedenfalls potentiell gute Stolz gegen das Kollabieren in *over-weaning-conceit* geschützt werden kann. Hume verweist auf die Regeln einer guten Kinderstube, auf gute Lebensart und Höflichkeit (*decorums of good-breeding* oder *rules of good-breeding*).[37] Diese Regeln einer guten Kinderstube spiegeln die spontan empfundene verbreitete Abneigung gegen die verbreitete Selbstüberschätzung als zweite Natur, die wiederum die Mitglieder der Gesellschaft prägt und ihnen ein wirksames Vorurteil gegen das Selbstlob einflößt.[38] Weil der pompöse Stolz Menschen verletzt und das Zusammenleben belastet, ist ein Selbstlob nur dann hinzunehmen, wenn es lediglich implizit vorgetragen wird, wenn es also nicht ohne Verhüllung oder Verkleidung in Erscheinung tritt.[39] Dadurch, dass Menschen angehalten werden, ihren Stolz für sich zu behalten, wird der Stolz so begrenzt, dass er die eingangs beschriebene moralisch produktive Dynamik entfaltet, ohne zu beschämen und zu verletzen.[40] Auf die Weise wird verhindert, dass die Zurschaustellung des Stolzes bei denen, die Zeugen dieser Zurschaustellung werden, jenen Überbietungswettbewerb auslöst, in des-

---

[35] ALLESTREE, RICHARD, The Practice of Christian Graces or The Whole Duty of Man, London: D. Maxwell for T. Garthwait 1658, Preface, Section 8; vgl. HERDT, JENNIFER A., Religion and Faction in Hume's Moral Philosophy (Cambridge Studies in Religion and Critical Thought 3), Cambridge: Cambridge University Press 2008, 26.

[36] Vgl. Enquiry 8.11/104.

[37] Vgl. Treatise 3.3.2.14/689; Enquiry 8.12/104 f. Zum Ciceronischen Ursprung dieser Vorstellung vgl. JONES, PETER H., Hume's Sentiments. Their Ciceronian and French Context, Edinburgh: Edinburgh University Press 1982, 41. Zu gesellschaftlichen Konventionen als Niederschlag moralischer Empfindungen vgl. v. a. Treatise 2.3.5.5/495; dazu: TAYLOR, Hume on Moral Motivation, 186.

[38] Treatise 3.3.2.10/687.

[39] Vgl. Enquiry 8.9/103.

[40] Vgl. Treatise 3.3.2.11/687 f.

sen Zuge Menschen auf das Zurückgesetztwerden durch die Anmaßungen anderer ihrerseits mit exzessiver Selbstdarstellung reagieren. Hume meint, dass *pudor* im Sinne der Furcht, andere zu verletzen, ein „wahrer Schutz gegen Laster und Korruption" wie Arroganz und Unverschämtheit sei.[41] Der Exzess des Stolzes wird verhindert, wenn der Stolz verborgen bleibt.[42] Der Stolz wird gleichsam eingekapselt: Während den Menschen ein Impuls innewohnt, sich vor den anderen zu produzieren, hält die Konvention davon ab, dem Impuls nachzugeben.

An dieser Stelle wird man versucht sein zu fragen, ob denn die Dynamik des übersteigerten Stolzes tatsächlich durch die Gegendynamik von Höflichkeitsregeln wirksam ausgebremst werden kann, wie Hume meint. Die Antwort wird differenziert ausfallen müssen. Zunächst: Humes Erwartung, dass Benimmregeln den Exzess der Arroganz bändigen sollen, mag naiv wirken. Man urteile jedoch nicht zu schnell. Es gilt im Blick zu behalten, dass das von Hume ins Feld geführte Gegengift gegen die Arroganz nicht ästhetizistisch ist. So wie der Stolz selbst auf ursprünglichen Impressionen beruht, so liegt der in unserer Kultur eingelassenen Abneigung gegen die Angeberei eine ursprüngliche Impression zugrunde, die uns unmittelbar spüren lässt, dass Angeberei dem Miteinander von Menschen schadet. Diese gesellschaftliche Abneigung ist eine zweite Natur, die aus der Differenz von unschicklich/schicklich, angemessen/unangemessen lebt. Die Antwort Humes ist keine ästhetizistische Antwort; er verweist auf die *Wirksamkeit* von Oberflächenstrukturen, das heißt auf die wirksamen ästhetischen Anmutungen eingeschliffener Verhaltensweisen.

Das ungelöste Problem der Hume'schen Logik liegt also nicht (unbedingt) in der ‚Oberflächlichkeit' seiner Antwort, sondern in dem, was seine Antwort außen vorlässt: nämlich die Tatsache, dass das, was im Inneren verborgen bleiben soll, im Inneren zunächst einmal eine stabile Bleibe haben müsste. Es mangelt der exzessiv stolzen, arroganten Person nicht oder jedenfalls nicht allein an der Bereitschaft, ihren Stolz vornehm für sich zu behalten, es mangelt ihr an der inneren Sicherheit, welche sie bräuchte, um das Gefühl zu haben, den Stolz und das, was ihn begründet, getrost und gelassen für sich behalten zu können. Der tiefere Grund für den Exzess der Arroganz ist, dass der Stolz nicht stabil begründet ist,

---

[41] Vgl. Enquiry 8.8/101.

[42] Diese Vorstellung findet sich zum Beispiel auch in Janes Austins Romanen. Vgl. DADLEZ, EVA, The Practical Advantages of Pride and the Risks of Humility. The Defence of Pride Occasionally Found in the Work of David Hume and Jane Austen, in: J. Adam Carter/Emma C. Gordon (Hg.), The Moral Psychology of Pride (Moral Psychology of the Emotions), London/New York: Rowman & Littlefield 2017, 235–248, 246 mit Verweis auf AUSTEN, JANE, The Works of Jane Austen, Bd. 1: Sense and Sensibility, hg. von Robert William Chapman (The Oxford Illustrated Jane Austen), Oxford: Oxford University Press 1965, 189 (Kap. XXIX): „reasonable und laudible pride".

das heißt dass die arrogante Person sich diejenigen Eigenschaften, die ihren Stolz provoziert, zu Unrecht zuschreibt. Der destruktive Stolz ist im Gegensatz zum guten Stolz nicht *well founded*, sondern *ill-grounded* beziehungsweise *ill founded*.[43] Wohl begründet ist der Stolz, wenn er sich auf einen Gegenstand richtet, der tatsächlich gut ist, also zum Beispiel auf eine Tugend, und weiterhin darauf, dass die Person, die auf diese Tugend stolz ist, tatsächlich für sich in Anspruch nehmen kann, diese Tugend zu verkörpern. Schlecht begründet ist der Stolz, wenn die Eigenschaft, auf die der Stolz sich bezieht, zwar tatsächlich gut ist, in Wahrheit der (irrtümlich) Stolz empfindenden Person jedoch nicht zukommt, sondern vielmehr durch eine Erfindung beziehungsweise Einbildung auf diese Person bezogen wird. In diesem Fall ist Stolz schlecht begründet oder genauer: bodenlos. Wer sich selbst darüber hinwegtäuschen muss, dass der eigene Stolz schlecht beziehungsweise nicht begründet ist, indem er gegenüber anderen den Anschein zu erwecken strebt, über bestimmte lobenswerte Eigenschaften zu verfügen, verwickelt sich in Spiegelgefechte mit denjenigen, die sich gegen die Anmaßung des eingebildeten Stolzes wehren. Die Bodenlosigkeit des eingebildeten, arroganten, verlogenen Stolzes führt zu einem bodenlosen Überbietungswettbewerb, in dem der Versuch, den Mangel zu kompensieren, den Mangel immer schmerzhafter bewusst werden lässt.

Die oben genannten Plagiatoren brauchen daher Bühne, brauchen die Interaktion, und zwar eine Interaktion, die die anderen zurücksetzt, entweder als Folge der Selbstüberhöhung oder um Willen der Selbstüberhöhung. Die im guten Sinne Stolz empfindende Person ist aus guten Gründen zufrieden mit sich selbst. Sie bedarf zwar der Blicke der anderen, damit ihr Stolz wirklich verlebendigt und eine das Handeln der Person leitende Dynamik entfalten kann. Aber zur grundsätzlichen Zufriedenheit bedarf sie der anderen Menschen nicht, weil das Gutsein der Eigenschaft, die das Gefühl des Stolzes herruft, eine eigenständige Quelle von Zufriedenheit ist. Dem unsicheren Menschen hingegen fehlt eben diese ursprüngliche Gewissheit. Er bedarf daher unbedingt und unmittelbar dessen, was eigentlich sekundär sein sollte, das heißt es bedarf der Blicke der anderen. Weil nun aber nicht lediglich das Fehlen der guten Kinderstube, sondern ein subjektiv empfundener Mangel am Grund des Exzesses der Arroganz liegt, genügt der gepflegte Degout gegen Aufgeblasenheit und Dünkelhaftigkeit nicht als Damm gegen überschießende Selbstdarstellung.

Es hat vor diesem Hintergrund betrachtet den Anschein, als rede Hume die Ambivalenz des Stolzes klein, weil er unbedingt – und dies wiederum aus guten Gründen – am produktiven, stabilisierenden, motivationalen Potential des Stolzes festhalten will. Das ist umso bemerkenswerter, als Hume selbst einräumt,

---

[43] Vgl. Treatise 3.3.2.7/685.

dass der Mensch sich nicht einmal selbst sicher sein kann, dass sein eigener Stolz wohlbegründet (*well-founded*) ist.[44] Und eben dies ist entscheidend, denn genau hier verläuft die Grenze zwischen gutem Stolz und verletzender Arroganz:

> Das Wort *Stolz* wird oft in einem negativen Sinn verstanden, aber dieses Gefühl ist indifferent und kann gut oder schlecht sein, je nachdem, ob es gut oder schlecht begründet ist. Die Franzosen drücken dieses Gefühl mit dem Wort „amour propre" aus […].[45]

Um diese Spannung geht es im Vorliegenden, um die Spannung zwischen dem Potential des Stolzes auf der einen und dessen Zwiespältigkeit und Abgründigkeit auf der anderen Seite. Hume kennt letztlich kein wirksames Mittel, dieser Spannung Herr zu werden, denn auch wenn sein Verweis auf die Selbstheilungskräfte des *decorum* nicht als naive Flucht in bürgerlichen Firnis abgetan werden sollte, erreichen die von ihm ins Feld geführten Selbstheilungskräfte doch nicht das zugrundeliegende Problem: die Bodenlosigkeit jener Arroganz, die sich aus Einbildungen speist. Kant hingegen kennt, wie wir gleich sehen werden, ein wirksames Antidot gegen die Arroganz. Das Kant'sche Antidot bringt jedoch eine sehr unerwünschte Nebenwirkung mit sich, nämlich letztlich das Erschlaffen des Stolzes als einer motivationalen Kraft. Das Kant'sche Antidot ist eine kupierte theologische Tradition, seine Handhabung des Gesetzes ist „gesetzlich" in dem Sinne, dass in ihr für die befreiende Erfahrung des Evangeliums kein Raum ist.[46] Ein Ausweg könnte darin bestehen, so soll im Anschluss an den zunächst folgenden Blick auf Kants Diskussion der Arroganz verdeutlicht werden, auf eben diese theologische Tradition zu schauen und deren kupierter Rezeption eine produktivere Rezeption gegenüberzustellen.

## 2. *arrogantia moralis.*
### Tugendstolz und das Gesetz bei Immanuel Kant

Dass Hume der moralischen Zufriedenheit des Menschen mit sich selbst eine produktive Funktion zumisst, unterscheidet ihn von Kant (und von sehr vielen anderen Denker:innen).[47] Auch Kant weiß über den Stolz durchaus viel Gutes zu

---

[44] Vgl. Treatise 3.3.2.10/687.

[45] Enquiry App4.3n66.1/155.

[46] Vgl. zu letzterem AXT-PISCALAR, CHRISTINE, Gesetz und Evangelium, in: dies. (Hg.), Die lutherischen Duale: Gesetz und Evangelium, Glaube und Werke, Alter und Neuer Bund, Verheißung und Erfüllung, Leipzig: Evangelische Verlagsanstalt 2021, 15–48, 31.

[47] Vgl. TAYLOR, Reflecting Subjects, 131 (dort weitere Literatur). Im Folgenden vergleiche ich Humes und Kants Kommentierungen des Stolzes als einer Quelle moralischer Motivation; ich vergleiche nicht die Überlegungen Humes und Kants zur moralischen Motivation insgesamt. Zu letzterem vgl. SCHADOW, STEFFI, Achtung für das Gesetz. Moral und Motivation bei

sagen: Stolz ist ein Bewusstsein des eigenen Werts, das als „edler Stolz" richtig sein kann.[48] Stolz hält uns dazu an, dass wir Verstößen gegen unsere Selbstachtung entgegentreten.[49] Insofern trägt Stolz heuristisch zur Bestimmung des Gebotenen bei. Wie Hume sieht auch Kant im Stolz nicht bloß eine instrumentelle beziehungsweise heuristische Instanz: Gegenstand der gebotenen Selbstachtung ist, dass der Mensch über die sinnliche Dimension seiner selbst erhaben ist, da er sich aus Freiheit einer Bestimmung durch vernünftige Gründe unterwerfen kann, anstatt natürlichen Impulsen ausgeliefert zu bleiben.[50] Diese Erhabenheit ergriffener Freiheit begründet die achtungsgebietende Würde und begründet gleichzeitig die Teilhabe an einer universalen Gemeinschaft von Wesen, die verlässlich nach moralisch plausiblen Gründen leben anstatt nach schwankenden Bestimmtheiten ihrer „pathologischen" Verfasstheiten.[51]

Und diese Teilhabe flößt dem Menschen einen Stolz, *animus elatus*, ja sogar Freude ein. Diese Freude, die nur in den Augen jener Menschen, die ebenfalls Teil dieser universalen Gemeinschaft sind, Anerkennung findet, ist als Ehrliebe eine beständige Begleiterin der Tugend:

---

Kant (Kantstudien Ergänzungshefte 171), Berlin: De Gruyter 2013, v. a. 203 f. Auch erhebt der vorliegende Text nicht den Anspruch, eine umfassende Antwort auf die Frage zu bieten, wie moralische Motivation überhaupt zustande kommen kann; vielmehr wird erörtert, was der religiöse Glaube für jene Art von moralischer Motivation, die im Gefühl des Stolzes gründet, bedeuten kann.

[48] Vgl. KANT, IMMANUEL, Beobachtungen über das Gefühl des Schönen und Erhabenen, II 249; DERS., Eine Vorlesung Kants über Ethik [Mitschrift Brauer], Me 158 (hier allerdings bezeichnet Kant die Selbstschätzung im Vergleich mit anderen als ‚edlen Stolz', was in Spannung zu der Tatsache steht, dass der Mensch sich Kants Überzeugung nach gerade nicht mit anderen Menschen vergleichen sollte, dazu s. u.); DERS., Logik Herder, XXIV 4 („der edle Stolz, selbst zu denken, selbst unsere Fehler zuerst [zu] entdecken"). – Soweit möglich, werden Kants Werke zitiert nach Gesammelte Schriften, hg. von der Königlich Preußischen [jetzt: Berlin-Brandenburgischen] Akademie der Wissenschaften, G. Reimer [jetzt: De Gruyter]: Berlin 1900–1902. Zitate sind behutsam der heutigen Rechtschreibung und Interpunktion angepasst. Außerdem werden verwendet: *Anthropologie Dohna-Wundlacken* (1791/92; teilweise 1793. Manuskript Bentheim, Privatbesitz. Nach der Erstveröffentlichung Kowalewski [1924]); *Logik Dohna-Wundlacken* (1792, ebd.), zitiert nach der CD-ROM „Kant im Kontext"; *Eine Vorlesung Kants über Ethik [Mitschrift Brauer]*. Im Auftrag der Kantgesellschaft herausgegeben von Paul Menzer (Philosophia practica universalis), Berlin-Charlottenburg: Pan Verlag Rolf Heise 1924.

[49] Vgl. hierzu auch aus Sicht der Moralpsychologie TRACY/ROBINS, The Psychological Structure of Pride, 506 f.

[50] Vgl. KANT, Kritik der praktischen Vernunft, V 86 f., 162.

[51] Vgl. ULEMAN, JENNIFER, Kant and Moral Motivation. The Value of Free Rational Willing, in: Iakōbos Basileiu (Hg.), Moral Motivation. A History (Oxford Philosophical Concepts), NY: Oxford University Press 2016, 202–226, 221.

Denn wiewohl die Ehrbegierde ein törichter Wahn ist, so fern er zur Regel wird, der man die übrigen Neigungen unterordnet, so ist sie doch als ein begleitender Trieb äußerst vortrefflich. Denn indem ein jeder auf der großen Bühne seinen herrschenden Neigungen gemäß die Handlungen verfolgt, so wird er zugleich durch einen geheimen Antrieb bewogen, in Gedanken außer sich selbst einen Standpunkt zu nehmen, um den Anstand zu beurteilen, den sein Betragen hat, wie es aussehe und dem Zuschauer in die Augen falle.[52]

Stolze Freude an eigener Tugend steht auf einer Ebene mit der Ehr*liebe*, die sich auf das soziale Leben bezieht, wie es die Ehr*begierde* (*ambitio*) grundsätzlich auch tut, während Ehrliebe beziehungsweise innere Ehre anders als Ehrbegierde ihre Kraft nicht aus der Bewunderung individueller Eigenschaften, sondern aus jener universalen Idee bezieht, die die Ehrliebenden verbindet, nämlich aus der Idee eines Lebens der Freiheit derer, die sich einem solchen Lieben verschrieben haben.[53] Stolz ist also in sich nicht schlecht, im Gegenteil. Stolz kann dazu beitragen, dass Personen sich im Guten halten – jedenfalls dann, wenn der Stolz sich auf die Fähigkeit des Menschen zur Moralität, auf den *homo noumenon* richtet anstatt auf das biografische Selbst des Menschen.[54] Allerdings, und dies wiegt schwer: Stolz ist ein leicht verderbliches Gut, und aus diesem Grund bleiben die genannten Gedanken zur moralischen Produktivität der moralischen Selbstaffirmation bei Kant letztlich randständig.[55] Tief in Kant Schriften verwurzelt sind hingegen elenchtische Überlegungen zum verdorbenen Stolz, zu Arroganz, Eigendünkel oder Tugendstolz.

Die Neigung des Menschen zur Überheblichkeit und zum Eigendünkel bedarf eines ständigen Widerstands. In der Mäßigung seines Eigendünkels kann der Mensch sich üben, indem er sich kritisch und aufrichtig prüft. Dies geschieht, indem der Mensch sich *konsequent* mit dem moralischen Gesetz vergleicht, wobei *konsequent* bedeutet: Der Mensch darf der Zumutung, sich mit dem Gesetz zu vergleichen, nicht dadurch ausweichen, dass er sich zum Beispiel anstatt am Gesetz an anderen Menschen und deren erfahrungsgemäß zumeist eher durchwachsenen moralischen Leistungsbilanzen misst.[56] An dieser Anforderung jedoch,

---

[52] KANT, IMMANUEL, Beobachtungen über das Gefühl des Schönen und Erhabenen, II 227. – Die zitierten Gedanken erinnern stark an Adam Smiths *impartial spectator*. Kant bezieht sich an einer anderen Stelle ausdrücklich den „unpartheyische[n] Zuschauer". Vgl. DERS., Reflexionen 6628, XIX 117, dazu KULENKAMPFF, JENS, Kant und der „unparteiische Zuschauer", in: Jahrbuch für Recht und Ethik 13 (2005), 237–255, 238.

[53] Vgl. KANT, IMMANUEL, Praktische Philosophie Powalski, XXVII 223 f.

[54] Vgl. zu dieser Unterscheidung SCHMIDT, JOCHEN, Was wir uns schulden. Freiheit und Pflichten gegen sich selbst (Alber Thesen 85), Baden-Baden: Alber 2022, v. a. 50–53.

[55] Zur moralischen Selbstverhältnissen bei Kant vgl. BORNMÜLLER, FALK, Selbstachtung. Anspruch und normative Geltung affirmativer Selbstverhältnisse, Berlin/Boston: De Gruyter 2012.

[56] KANT, IMMANUEL, Moralphilosophie Collins, XXVII 350.

also an der Zumutung, sich mit dem moralischen Gesetz rückhaltlos zu vergleichen und der Einsicht in die eigene Unvollkommenheit aufrichtig ins Auge zu
sehen, scheitert der Mensch regelmäßig. Und eben dieses Scheitern lässt den
Stolz in Arroganz kippen.

Die Bespiele moralischer Menschen sind Maßstäbe aus der Erfahrung; das moralische Gesetz
aber ist ein Maßstab aus der Vernunft; gebraucht man nun den ersten Maßstab, so entspringt
daraus die Philautie oder die Arrogantia.[57]

Der Arroganz und dem Hochmut verfällt der Mensch, wenn er sich einbildet, er
sei vollkommen oder insgesamt doch recht gut, was er in Wahrheit niemals ist.
Stolz kippt also in Arroganz, wenn nicht ein Maßstab außerhalb unserer selbst
und außerhalb unserer sozialen Beziehungen, nämlich der Maßstab des Gesetzes,
unter dem wir gemeinsam stehen, angelegt wird; Stolz kippt in Arroganz, wenn
wir uns miteinander statt mit dem moralischen Gesetz vergleichen.

Die Selbstschätzung im Verhältnis zu anderen Menschen ist eine komparative Schätzung. Die
komparative Schätzung rührt her vom Wahn. In der Vergleichung mit anderen Menschen ist
kein bestimmtes Maß; alle Moralität gründet sich nicht auf Beispiele, sondern auf die Idee und
auf das Gesetz der Vernunft. […] Ohne ein richtiges Gesetz haben wir gar kein Maß uns zu
beurteilen, diejenigen, die sich absolut schätzen wollen, müssen sehen, dass das Gesetz, wonach sie sich schätzen, auch richtig sei. Wenn das Gesetz nicht präzise ist, dann ist die Schätzung unserer ganz korrupt. Diejenigen Moralisten, welche das moralische Gesetz blandiren
oder nachsichtlich gemacht, haben das ganze Fundament der Moralität erschöpft.[58]

Wenn wir uns mit anderen vergleichen anstatt mit den unermäßigten Forderungen des „richtigen", also des als universales Gesetz der Vernunft begriffenen
moralischen Gesetzes, dann verlieren wir jedes vernünftige Maß, legen uns die
Welt nach unserem Belieben moralisch zurecht und zerstören so die Moralität
überhaupt. Denn dieser Vorgang führt dazu, dass wir, anstatt dass wir jede und
jeder je für sich der eigenen Grenzen ansichtig würden, die anderen niederma-
chen, um uns selbst zu erheben. Ähnlich wie Hume sagt auch Kant, dass der
Arrogante beziehungsweise der Ehrbegierige andere Menschen zur Achtung
zwingen will.[59]

Was man aber einen Wurm nennt […], ist mehrenteils ein an Wahnsinn grenzender Hochmut
des Menschen, dessen Ansinnen, dass andere sich selbst in Vergleichung mit ihm verachten
sollen, seiner eigenen Absicht (wie die eines Verrückten) gerade zuwider ist; indem er diese
eben dadurch reizt, seinem Eigendünkel auf alle mögliche Art Abbruch zu tun, ihn zu zwacken
und seiner beleidigenden Torheit wegen dem Gelächter bloß zu stellen.[60]

---

[57] Ebd., XXVII 357.

[58] KANT, IMMANUEL, Praktische Philosophie Powalski, XXVII 195.

[59] KANT, IMMANUEL, Moralphilosophie Collins, XXVII 409.

[60] KANT, IMMANUEL, Anthropologie in pragmatischer Absicht, VII 203. Der Ausdruck
„Wurm" steht hier in einer Reihe von Fehlern des Erkenntnisvermögens wie „Hypochondrie",

Arroganz verdirbt Moralität, und Arroganz verdirbt auch das soziale Miteinander. Für den Arroganten, der andere niedermacht, um in sich die fixe Idee eigener Überlegenheit zu nähren, ist das Verhältnis seiner Wertschätzung gegenüber sich selbst und seiner Wertschätzung gegenüber anderen als Nullsummenspiel codiert. Man kann sich dies so vorstellen, dass eine Flüssigkeit in zwei kommunizierenden Röhren für die gesamte Menge der verfügbaren Wertschätzung steht. Die Flüssigkeitsteilmenge in der einen Röhre steht für die Selbstschätzung und die Flüssigkeitsteilmenge in der anderen Röhre steht für die Wertschätzung, die sich auf andere richtet. Der Arrogante reduziert die Wertschätzung, die anderen zukommt: sei es, weil er es irgendwie schafft, sich selbst künstlich in die Höhe zu ziehen, so dass der auf die anderen Menschen bezogene Wertschätzungspegel sinken muss – jedenfalls solange, bis er durchschaut wird und sich damit erkennbar lächerlich macht, oder sei es, was typischer ist, indem der Arrogante die anderen runterdrückt, *um* so seinen Selbstwertschätzungspegel ansteigen zu lassen.

Hochmut ist die Meinung von dem Vorzuge, wodurch man andere im Verhältnis gegen uns zu erniedrigen sucht. Und dadurch, daß er will, der andere soll sich gegen ihn geringschätzen, beleidigt er.[61]

Diejenigen, welche durch Eigendünkel aufgebläht sind, nennen andere gewöhnlich Idioten.[62]

Dieses Phänomen beobachten sowohl Hume als auch Kant; die Rousseau'sche Analyse destruktiver Eigenliebe (*amour propre*) scheint in diesen Überlegungen jeweils mitzuschwingen.[63] Die ‚Gegengifte', die Hume und Kant anbieten, sind

---

„Manie", „Unsinnigkeit", „Wahnsinn". Vgl. DERS., Anthropologie in pragmatischer Absicht, VII 202 f.; vgl. ferner zu „Wurm" im Sinne eines Fehlers des Erkenntnisvermögens DERS., Anthropologie Dohna-Wundlacken, Ko 156. Das Wort „Wurm" steht hier also für „eigensinnig festgehaltene grillenhafte dauereinbildung (schrulle, marotte, lieblingstor-heit, fixe idee", und zwar näherhin für „hochmütige[n], anmaszende[n] einbildung". Vgl. Deutsches Wörterbuch von Jacob Grimm und Wilhelm Grimm, Neubearbeitung (1965–2018), digitalisierte Version im Digitalen Wörterbuch der deutschen Sprache, <https://www.dwds.de/d/wb-2dwb>, Bd. 30, Sp. 2226, Abschn. 4b und 4d; vgl. NEUKIRCH, BENJAMIN, auserlesene gedichte. aus verschiedenen poetischen schriften gesammlet und mit einer vorrede von dem leben des dichters begleitet v. J. C. Gottscheden, Regensburg 1744, 116: „dass ein gelehrter narr, der voller mängel steckt, // doch fremde mängel stets durch seinen wurm entdeckt."

[61] KANT, IMMANUEL, Anthropologie Dohna-Wundlacken, Ko 274.

[62] KANT, IMMANUEL, Logik Dohna-Wundlacken, XXIV 713.

[63] Vgl. ROUSSEAU, JEAN-JACQUES, Abhandlung über den Ursprung und die Grundlagen der Ungleichheit unter den Menschen, hg. und übers. von Philipp Rippel, Stuttgart: Reclam 2008, 151 (Anm. *o* zum ersten Teil): „Man darf nicht die Eigenliebe [*amour propre*] und die Selbstliebe [*amour de soi-même*] durcheinanderbringen […]. Die Selbstliebe ist ein natürliches Gefühl, die jedes Tier dazu antriebt, über seine eigene Erhaltung zu wachen, und das […] die Menschlichkeit und Tugend hervorbringt. Die Eigenliebe ist nur in relatives, künstliches und in der Gesellschaft entstandenes Gefühl, das jedes Individuum dazu veranlasst, sich selbst einen

indes sehr unterschiedlich. Das von Kant angebotene Korrektiv gegen die Arroganz ist, wie bereits angedeutet, „das Gesetz" in seiner eigentlichen Bedeutung.

> Das Bewusstsein und Gefühl der Geringfähigkeit seines moralischen Werths in Vergleichung mit dem Gesetz ist die Demut (humilitas moralis). Die Überredung von einer Größe dieses seines Werts, aber nur aus Mangel der Vergleichung mit dem Gesetz, kann der Tugendstolz (arrogantia moralis) genannt werden.[64]

Dadurch, dass der Mensch sich mit dem moralischen Gesetz vergleicht, wird er moralisch demütig – es ist deutlich, dass sich hier die Rede vom moralischen Gesetz zwar nicht inhaltlich, wohl aber funktional an eine Rede vom Gesetz im Sinne eines *usus elenchticus* annähert. Dass „Gesetz" bei Kant theologische Bedeutungsschichten annehmen kann, wird auch daran deutlich, dass Kant Gott vielfach – teils aus einer eher größeren Distanz berichtend, teils aus einer eher geringeren Distanz affirmativ – als (heiligen beziehungsweise moralischen) *Gesetzgeber* beschreibt,[65] und dass Kant an die paulinische Antithese Buchstabe und Geist anspielt, indem er feststellt, dass der „Rabulist" sich den „Buchstaben" des Gesetzes zunutze macht, um sich das Gesetz zurechtzulegen, wie es ihm passt.[66] Zwar ist in Kants System jeder Offenbarungsgedanke der Vorstellung einer vernünftigen Gegebenheit des moralischen Gesetzes immer nachgeordnet; materialen religiösen Gesetzen als solchen kommt gar keine Geltung zu, wenn anders die Vernunft ihnen zur Geltung verhilft. Grundsätzlich unterscheidet Kant zwischen einem „heiligen Gesetz" beziehungsweise dem „christlichen Gesetz" und dem Gesetz der Vernunft.[67] Ungeachtet dieser nie in Frage gestellten Selbständigkeit des moralischen Gesetzes gegenüber jedem religiösen Gesetz gibt es aber doch in funktionaler Hinsicht Ähnlichkeiten zwischen dem durch die Vernunft erschlossenen moralischen Gesetz und jenem „Gesetz", von dem Paulus und Luther sprechen: Das Gesetz überführt den Menschen seiner Unzulänglichkeiten und ruft so im Menschen ein Gefühl der Demut hervor. Christliche Sprachfiguren werden in Kants Moralphilosophie grundsätzlich vernünftig rekonstruiert; sie streifen dabei jedoch die christlichen Semantiken der sie ursprünglich

---

größeren Wert beizulegen als jedem anderen, das den Menschen all die Übel eingibt, die sich ich gegenseitig zufügen, und das die wahre Quelle von Ehre ist."

[64]  KANT, Metaphysik der Sitten, VI 435.

[65]  Vgl. v. a. DERS., Die Religion innerhalb der Grenzen der bloßen Vernunft, VI 98–100, 139, 152; DERS., Moral Mrongovius II, XXIX 1433u.

[66]  KANT, Moralphilosophie Collins, XXVII 359. An 2. Kor 3,6 spielt Kant vielfach an. Vgl. v. a. DERS., Kritik der praktischen Vernunft, V 83 (‚Erfüllung des Gesetzes dem Buchstaben nach‘), 152 (‚der Buchstabe des Gesetzes (Legalität)‘); DERS., Praktische Philosophie Powalski, XXVII 138 (‚der Buchstabe des moralischen Gesetzes‘).

[67]  Vgl. z. B. KANT, Praktische Philosophie Powalski, XXVII 105; DERS., Moralphilosophie Collins, XXVII 283.

einbettenden Sprachzusammenhänge im Zuge der vernünftigen Neubildung nicht vollständig ab.[68] Auch wenn die Geltungsansprüche der moralphilosophischen Überlegungen Kants nicht von den Geltungsansprüchen christlichen Glaubens zehren, gibt es so doch Verbindungen zwischen vernünftiger Moral und religiösem Glauben.

Blicken wir kurz zurück. Die Ausgangsfrage richtete sich darauf, was beziehungsweise wie Stolz zur Motivation beiträgt. Humes Antwort: Stolz stabilisiert das Handeln und motiviert zum Handeln (*pride-in-virtue*). Dass dieser Stolz über eigene Tugendhaftigkeit in Arroganz kippen kann, räumt Hume zwar ein, er nimmt das Problem jedoch nicht sonderlich ernst. Kant hingegen nimmt dieses Problem überaus ernst, so ernst, dass bei ihm von einer motivationalen Kraft des Stolzes nicht viel übrigbleiben kann. „Tugendstolz" ist für Kant eine Wurzel zahlloser Übel. Und Kant hat gute Gründe, den Selbstheilungskräften zu misstrauen: Die *propensitas* zum Bösen ist gewaltig. Der Zustand des Eigendünkels, der dadurch entsteht, dass jemand so lange am moralischen Gesetz „künstelt", „bis er es seinen Neigungen und seiner Gemächlichkeit gemäß gemacht hat", ist „sehr unheilbar".[69] Und während bei Hume die anderen Menschen als Korrektiv gegen Arroganz in die Pflicht genommen werden, wobei die Rolle der anderen Menschen bei Hume durchaus zwiespältig ist, sieht Kant im Sich-Vergleichen mit den anderen Menschen geradezu die Keimzelle verheerender Arroganz. Während Hume in der Vorwegnahme des Gefühls des moralischen Stolzes ein legitimes Handlungsmotiv sehen kann, hält Kant Distanz zu so einer Vorstellung: Selbstzufriedenheit, die sich im Anschluss an eine gute Handlung einstellt, darf nicht als Motiv des Handelns auftreten, auch wenn Kant in einer gebrochenen Form Selbstzufriedenheit bejahen kann, sofern diese nicht in Selbstgefälligkeit kippt.[70] Selbstzufriedenheit ohne Prüfung des moralischen Werts einer Handlung indes ist „eigenliebig".[71]

Arroganz verdirbt alles: Die stolze Selbstaffirmation, die eigentlich an das Gute binden und zu gutem Handeln antreiben könnte und sollte, wird korrumpiert in Folge erkünstelter Selbstüberhöhung. Die Gemeinschaft mit anderen, die ei-

---

[68] MICHALSON, GORDON E., Kant, the Bible, and the Recovery from Radical Evil, in: Sharon Anderson-Gold/Pablo Muchnik (Hg.), Kant's Anatomy of Evil, Cambridge/New York: Cambridge University Press 2010, 56–73, v.a. 58; SCHMIDT, JOCHEN, „Das moralische Gesetz ist heilig (unverletzlich)". Versuch zu den Grenzen vernünftiger Rechenschaft über moralische Geltungsansprüche im Anschluss an Kant, in: Gerhard Schreiber (Hg.), Interesse am Anderen. Interdisziplinare Beiträge zum Verhältnis von Religion und Rationalität (TBT 187), Berlin: De Gruyter 2019, 643–664, v.a. 646.

[69] KANT, Eine Vorlesung Kants über Ethik [Mitschrift Brauer], Me 310.

[70] Vgl. KANT, Kritik der praktischen Vernunft, V 38 f.; dazu: BRANDT, REINHARD, Die Bestimmung des Menschen bei Kant, Hamburg: Meiner 2007, 371 f.

[71] Vgl. KANT, Metaphysik der Sitten Vigilantius, XXVII 622.

gentlich eine Gemeinschaft von Menschen sein sollte, die sich gemeinsam an hohen Ideen ausrichten, wird pervertiert, weil der Arrogante, anstatt sich am moralischen Gesetz zu messen, die anderen Menschen niederdrückt, um sie so zu zwingen, zu ihm aufzuschauen, womit er sich im Zweifelsfall am meisten selbst verletzt, da er sich der Lächerlichkeit preisgibt, wenn sein Spiel durchschaut wird. In der Arroganz manifestiert sich ein Mangel an wirksamer Achtung: ein Mangel an Achtung gegenüber dem Gesetz, nach dessen Forderungen der Mensch sich selbst zu bestimmen hat; ein Mangel an Achtung gegenüber dem anderen Menschen, den der Arrogante instrumentalisiert, und ein Mangel an Achtung gegenüber sich selbst, und zwar sowohl gegenüber sich selbst als dem *homo noumenon*, als welcher der Mensch zur Aufrichtigkeit gegen sich selbst verpflichtet ist, als auch gegenüber sich selbst als einem biografischen Selbst, das verletzt wird, wenn der Mensch sich unwillentlich der Lächerlichkeit preisgibt.[72]

Die naheliegende Konsequenz, dass der Mensch sich ganz auf die innere Ehre, auf den *homo noumenon* zurückziehe und seinen Stolz nur auf seine innere Ehre richte anstatt auf die äußere Ehre, vermag kaum zu überzeugen. Denn zwar würde dies den Menschen dagegen immunisieren, der Ehrbegierde und Ehrsucht zu verfallen. Aber die Vorstellung einer rein inneren Ehre ist letztlich artifiziell. Ehre und auch Stolz befinden sich immer in einer Dialektik von Selbstbild und dem Bild, das wir abgeben;[73] Ehre und Stolz leben immer auch von der Bestätigung, die wir in den anerkennenden Blicken der anderen finden – dies wird ja auch bei Hume sehr deutlich. Ehre mag eine „prekäre", für Veräußerlichung anfällige Kategorie sein, aber dieser Schwierigkeit entkommen wir nicht, indem wir Ehre als atavistische Vorstellung denunzieren, um uns ihrem Griff zu entwinden.[74] Dies betont nicht erst Anthony Appiah in seiner Studie zur moralischen Produktivität der Ehre, dies räumt bereits Kant selbst ein:

Wenn ich den Trieb der alten Völker zu großen Dingen, den Enthusiasmus der Ehrbegierde, der Tugend und der Freiheitsliebe, der sie mit hohen Begriffen begeisterte und sie über sich selbst erhob, mit der gemäßigten und kaltsinnigen Beschaffenheit unserer Zeiten vergleiche: so finde ich zwar Ursache unsern Jahrhunderten zu einer solchen Veränderung Glück zu wünschen,

---

[72] Zur Selbstachtung und zur Aufrichtigkeit jeweils als Pflicht gegen sich selbst vgl. SCHMIDT, Was wir uns schulden, 35.70–72.

[73] Vgl. SPEITKAMP, WINFRIED, Historische Transformationen der Ehre, in: Matthias D. Wüthrich/Markus Höfner/Richard Amesbury (Hg.), Ehre. Interdisziplinäre Zugänge zu einem prekären Phänomen, Tübingen: Mohr Siebeck 2021, 59–74, v. a. 59.

[74] Vgl. WÜTHRICH, MATTHIAS D./HÖFNER, MARKUS, Prekäre Ehre. Eine Problemexploration, in: Matthias D. Wüthrich/Markus Höfner/Richard Amesbury (Hg.), Ehre. Interdisziplinäre Zugänge zu einem prekären Phänomen, Tübingen: Mohr Siebeck 2021, 1–21, v. a. 13 mit Überlegungen zur Möglichkeit der Verinnerlichung der Ehre; APPIAH, KWAME ANTHONY, Eine Frage der Ehre. Oder Wie es zu moralischen Revolutionen kommt, übers. von Michael Bischoff, München: C. H. Beck 2011.

welche der Sittenlehre sowohl, als den Wissenschaften gleich einträglich ist, aber ich gerate doch in Versuchung zu vermuten: dass vielleicht dieses Merkmale einer gewissen Erkaltung desjenigen Feuers seien, welches die menschliche Natur belebte, und dessen Heftigkeit eben so fruchtbar an Ausschweifungen als schönen Wirkungen war. Wenn ich dagegen in Erwägung ziehe, wie großen Einfluss die Regierungsart, die Unterweisung und das Exempel in die Gemütsverfassung und die Sitten habe, so zweifle ich, ob dergleichen zweideutige Merkmale Beweistümer einer wirklichen Veränderung der Natur abgeben können.[75]

Diese Zeilen könnte man leicht auf unsere Gegenwart beziehen. Indem Ehre beziehungsweise auf äußere Anerkennung bezogener Stolz als abgelegt gelten soll, wird auch das motivationale Potential zugeschüttet, das aus der Ehre hervorgehen kann. Und ob damit die Zwiespältigkeit der Ehre wirklich überwunden ist, oder ob nicht vielmehr ihre mitunter problematische Dynamik unter der Oberfläche weiter ‚brennt‘, wäre zu fragen.[76]

So wird deutlich: Die Grenze zwischen innerer Ehre und äußerer Ehre, zwischen Ehrliebe und Ehrbegierde ist fließend. Der Rückzug in eine rein innere Ehre ist eher eine Flucht als eine produktive Reaktion auf die Zwiespältigkeit der Ehre. Den Stolz als einen inneren Stolz zu rekonstruieren, bietet keinen wirksamen Schutz vor den bei Hume und Kant so anschaulich offen gelegten Gefahren des Kippens des Stolzes in Arroganz. Wir setzen daher erneut an dem Punkt an, an dem Kant sich auf die christliche Tradition bezieht, und fragen, ob in diesem Zusammenhang eine genuin theologische Perspektive einen Beitrag leisten kann. Wenn Kant vom Gesetz spricht, dann schwingt wie gesagt zumindest in vielen Fällen eine protestantische Grammatik mit. Das Gesetz ist die unbedingte Forderung an den Menschen, die dieser nie zu erfüllen vermag, die aber unbeschadet ihrer Unerfüllbarkeit in Geltung bleibt und wirkt.[77] Die Frage wird nun lauten müssen, was geschieht, wenn wir das Evangelium in diesen Gedanken einzeichnen.

## 3. Stolz zwischen Gesetz und Evangelium

Ich führe die Fäden noch einmal zusammen. Wir hatten gesehen. Der Stolz, der eigentlich produktiv sein könnte, kippt in Arroganz, wenn der Mensch sich nicht ‚richtig‘ vergleicht. wenn der eigendünkelnde Mensch am Gesetz herumfriemelt, bis es ihm passt, oder wenn der Mensch sich gar nicht erst mit dem Gesetz vergleicht, sondern mit anderen Menschen. Wenn der Mensch sich ‚richtig‘ mit dem

---

[75] KANT, Physische Geographie, I 212.

[76] Vgl. KANT, IMMANUEL, Idee zu einer allgemeinen Geschichte in weltbürgerlicher Absicht, VIII 26.

[77] Vgl. SCHMIDT, „Das moralische Gesetz ist heilig (unverletzlich)“.

Gesetz vergleicht, wird ihm der Tugendstolz ausgetrieben – aber es bleibt dann auch nichts oder kaum etwas von dem, was Hume als motivational wirksamen *pride in virtue* beschreibt, denn es bleibt dann nur noch ein Stolz auf eine innere Anlage, die nur bedingt eine wirksame Motivation für tatsächliche Handlungen sein kann. Die Frage ist jedoch noch offen, wie die *perversio* abgewehrt werden kann, die sich in dem Augenblick breit macht, da der Stolz zum Ursprung der moralischen Motivation aufsteigt und das Gute in Folge nicht stabilisiert, sondern zerstört wird. Die Kraft hinter dieser *perversio*, die das Gute verdirbt, ist der Druck, der auf dem Menschen lastet – auf dem Menschen, der nicht so recht weiß, ob der Vergleich mit dem „Gesetz" ihn gut dastehen lassen wird, und der sich ob dieses seines berechtigten, übergewaltigen Misstrauens sich selbst gegenüber von dem, was „das Gesetz" eigentlich will, nämlich vom Guten, nicht orientieren lassen kann.

Der Beitrag des Rechtfertigungsglaubens ist Entlastung von diesem Druck; eine Entlastung, die gleichsam den Druck im Kessel des Stolzes reduziert und es somit möglich macht, dass Stolz in einer wünschenswerten Art und Weise motiviert, was eben bedeutet: dass Stolz sich nicht bis zum Platzen aufbläht, sondern einen moderaten Druck entfaltet, der Menschen in einer guten Weise anschieben kann. In dieser Gestalt, also als Disposition dazu, sich von einer Vorstellung der eigenen Ehre in einer moralisch produktiven Weise anschieben beziehungsweise zum Guten ziehen zu lassen, ist *Stolz Tugend*. *Tugendstolz* hingegen ist die Disposition dazu, sich von den Verlockungen des Gefühls der Zufriedenheit über bloß vermeintlich moralisch gute eigene Handlungen und Haltungen dazu verleiten zu lassen, die Maßstäbe des Guten und (damit) die Würde der Menschheit in der eigenen Person und in anderen Personen zu beschädigen.

Die Bruchlinie zwischen Tugendstolz und Stolz-als-Tugend verläuft nun nicht allein entlang des Gesetzes – das Gesetz vermag den Stolz nicht einzuhegen, es kann diesen lediglich niederschlagen. Die Bruchlinie zwischen Arroganz und Stolz verläuft vielmehr, theologisch-ethisch gesprochen, entlang der Dialektik von Gesetz und durch das Evangelium gewirkter Glaubensgewissheit. Wer im Glauben gewiss ist, dass er im Vergleich mit dem Gesetz nicht bestehen kann und nicht bestehen muss, kann auf seine fragmentarischen moralischen Erfolge stolz sein und kann sich vom Stolz zum Guten ziehen lassen, ohne dabei den bleibenden Abstand zwischen den Forderungen des Gesetzes auf der einen und seinen unvollkommenen Mühen auf der anderen Seite dadurch zwanghaft überbrücken zu müssen, dass er sich das Gesetz zurechtfriemelt. Indem das Evangelium auf das Gesetz folgt, relativiert es nicht die Geltung des Gesetzes, wohl aber den Druck, der von der Unerfüllbarkeit des Gesetzes ausgeht. Wer im Glauben Entlastung erfährt von der Angst, vor dem Gesetz nicht bestehen zu können, kann sich vom Stolz moderat ziehen lassen, ohne abzuheben und ohne den Kontakt zur unvollkommenen Wirklichkeit seiner selbst zu verlieren. Abheben wird, wer sich von sich selbst losreißt, getrieben vom Hadern mit der eigenen Erdenschwere. Das Gesetz bindet an die Erde, weil es Demut bringt (*humilitas*). Wer im Glauben gewiss ist, dass er im Vergleich mit dem Gesetz nicht bestehen kann und nicht bestehen muss, kann vor den Augen anderer Menschen stolz auf sich selbst sein, weil der „edle" Stolz die anderen Menschen nicht in die Rolle applaudierender Bewunderer zwingt, weil der in edler Weise Stolze sich vielmehr in einer Gemeinschaft sieht mit Menschen, die gemeinsam mit wechselndem Erfolg um die Verwirklichung von Gutem ringen: die einander im Streben nach dem Guten zu übertreffen suchen, aber nicht im Sinne eines Nullsummenspiels, das der gewinnt, der andere erfolgreich niedermacht, sondern in dem Sinne, dass Strebende einander wechselseitig emporlupfen.

Dies, also dass Menschen einander in ihrem Streben emporlupfen, ist eine Vorstellung, die als solche auf den Glauben nicht angewiesen ist, da sie mit den Mitteln der bloßen Vernunft gebildet werden kann. Der Glaube kommt in diesem Zusammenhang nicht als direkt oder indirekt motivational wirkende Ressource ins Spiel, vielmehr ist das Werk des Glaubens ‚apotropäisch': Der Glaube schützt die motivationale Kraft des Stolzes dadurch, dass er die Dynamik, die den Stolz in Arroganz kippen lässt, reduziert. Das Gegengift gegen den bösartigen, arroganten und überheblichen Stolz ist nicht die den Stolz niederschlagende Demut, sondern der zu gelassenem Stolz befreiende Glaube. Kraft des Glaubens kann der Mensch die Zumutung aushalten, sich mit dem Gesetz vergleichen zu sollen, wissend, dass dieser Vergleich ihn nicht gut dastehen lassen würde, wenn er nur auf seine eigenen Kräfte und Verdienste blicken könnte und wenn in ihm keine Hoffnung wäre, dass Gott seine Bemühungen so sieht, als seien diese nicht notorisch unvollkommen.[78] Dadurch, dass die Glaubensgewissheit den Blick des Menschen auf sich selbst entlastet, befreit der Glaube dazu, die relative motivationale Kraft des Stolzes wirken lassen zu können, ohne im Angesicht der eigenen Unvollkommenheit zwangsweise in den Strudel von Arroganz und Selbstgerechtigkeit zu geraten.

Der Grat zwischen edlem Stolz und Arroganz, zwischen Moral und Moralismus ist notorisch schmal.[79] Und die Zerstörungskraft, die von Überheblichkeit und Arroganz ausgeht, ist erheblich.[80] Dies gilt sowohl für das Leben in Nahbeziehungen als auch für das Zusammenleben in einer Gesellschaft, deren Diskurs

---

[78] Vgl. SCHMIDT, Was wir uns schulden, 102–107.

[79] Vgl. NEUHÄUSER, CHRISTIAN/SEIDEL, CHRISTIAN, Kritik des Moralismus. Eine Landkarte zur Einleitung, in: dies. (Hg.), Kritik des Moralismus, Frankfurt a. M.: Suhrkamp 2020, 9–34, 33.

[80] Vgl. KERSHAW, IAN, Hitler 1889–1936. Hubris, London: Penguin 2001; TURUNEN, ARI, Kann mir bitte jemand das Wasser reichen? Eine kurze Geschichte der Arroganz, übers. von

zunehmend moralistisch aufgeladen ist.[81] Vielleicht hilft der Glaube, auf diesem schmalen Grat zu balancieren, indem der Glaube dazu befreit, mit der Dürftigkeit der eigenen moralischen Bilanzen und mit der Angewiesenheit auf eine letztlich immer unverfügbare Bejahung durch die Blicke anderer, durch den Blick eines anderen zu leben. Mit der Zwiespältigkeit des Stolzes leben zu lernen, könnte sich als weitaus fruchtbarer erweisen, als einen idealen, unbefleckten Stolz zu konstruieren, der wohl kaum einen Menschen aus Fleisch und Blut in seinem Handeln wirklich bewegen wird.

---

Gabriele Schrey-Vasara, München/Berlin/Zürich: Piper 2017; OWEN, DAVID, In Sickness and in Power. Illness in Heads of Government During the Last 100 Years, London: Methuen 2008.

[81] Vgl. TANESINI, ALESSANDRA, Arrogance, Anger and Debate, in: Symposion 5 (2018), 213–227; McWHORTER, JOHN H., Die Erwählten. Wie der neue Antirassismus die Gesellschaft spaltet, übers. von Kirsten Riesselmann, Hamburg: Hoffmann und Campe 2022; WAGENKNECHT, SAHRA, Die Selbstgerechten. Mein Gegenprogramm – für Gemeinsinn und Zusammenhalt, Frankfurt/New York: Campus 2021.

# Glaube als Begehren

## Oder: Von der Rechtfertigung des Begehrens

*Philipp Stoellger*

> *„Hier wäre die Verbindung einer auf dem Gefühlsbegriff basie-*
> *renden Theologie mit den tieferen Schichten der christlichen*
> *Sündenlehre zu suchen.*
> *Aber der Bereich der Stimmungen und Affekte gehört keines-*
> *wegs nur zur Thematik der christlichen Sündenlehre.*
> *Auch die positiven Aspekte der menschlichen Bestimmung*
> *kommen in ihnen zum Ausdruck."*

Pannenberg, Anthropologie, 247

## 1. Was war die Frage?

„Gibt es genuin religiöse Motivationen?" lautet die vorgegebene Frage. Nur zu verständlich. Denn die übliche Antwort wäre: Natürlich *nicht*, genauso wenig, wie es ‚genuin religiöse' Handlungen oder ‚genuin religiöse' Erkenntnisse gibt. Da Religion in aller Regel von Menschen gemacht wird, kann es nur ‚genuin menschliche' Motivationen geben, seien sie menschlich oder allzumenschlich.

Die zu erwartende Antwort seitens der Religion dürfte allerdings ebenso klar wie gegenläufig lauten: Gewiss und selbstredend gibt es genuin religiöse Motivationen. Gibt es Glaube, motiviert er auch zum Handeln. Und Glaube gilt als genuin religiös, also auch als genuin religiöse Motivation.

*Motiviert* der Glaube, sollte man das allerdings nicht im altersschwachen Dual von Indikativ und Imperativ fassen, als wäre erst einmal der Glaube gnädig gegeben, der dann aber bitte den entsprechenden Imperativen zu folgen hätte. Glaube würde so zum Leben unter dem Gesetz, und sei es ein *neues* Gesetz. Statt Indikativ und Imperativ empfiehlt sich eher *Indikativ und Adhortativ*: „Wenn wir denn nun im Glauben leben, so lasst uns doch – lasst uns doch Feiern", zum Beispiel. Oder besser noch wäre eine Unterscheidung von Indikativ[1] und Indikativ[2]: Gesetzt der Glaube wäre gegeben, versteht sich doch von selbst, dass… Denn im Leben des Glaubens geht es um überraschend selbstverständliche Unselbstverständlichkeiten, die ‚genuin religiös' den Status eines ‚ganz besonderen' konsequenten Indikativs haben, nicht den eines bloß erwartbaren Imperativs.

So klar also die Religion *Ja* sagen wird zur Frage nach genuin religiösen Motivationen, so unselbstverständlich ist, dass es *nur ihr eigene* Motivationen geben sollte (welche, wann, wo?), genauso wenig wie ihr vorbehaltene Erkenntnisse, Taten oder Gefühle. Denn solange Religion von Menschen gemacht und betrieben wird, wird der Religion nichts Menschliches fremd sein. Auch sie kennt nur das mögliche Spektrum menschlichen Logos, Ethos und Pathos als Medien der Religion. Kurzum: *Dass* Glaube motiviert und es Motivationen gibt, die dem Glauben entspringen, ist kaum zu bestreiten nötig. Nur *wie* das geschieht und *was* da passiert, bedarf genauerer Wahrnehmung und Beschreibung und Interpretation.

Der Präzisierungsbedarf zeigt sich exemplarisch und drastisch in der immer noch heißen Frage nach ‚Religion und Gewalt'. Es gehört zu den – zumindest außertheologisch gängigen – Ver- oder Vorurteilen, dass Religion ganz besonders zur Gewalt motiviert, verdichtet im beliebten Kurzschluss, *Religion sei Gewalt.* Ist also *die* genuin religiöse Motivation diejenige zur Gewalt? Dann wird (meist in Form der Fremdbeschreibung) dezidiert eine genuin religiöse Motivation behauptet, nur dass der Religion dann das ganze Übel dieser Welt aufgeladen wird (wie von Sloterdijk).[1]

Diese ‚dark side' des Problems von Glaube und Motivation operiert meist mit einem recht schlichten Modell: Es stehe geschrieben (in der Schrift), dass, wie und wann Gewalt geboten sei, und die einschlägige *Sprache* der Gewalt führe auch zu *Taten* der Gewalt. Dann wird religiösen Artikulationen (in ‚der Schrift') im Verein mit einem entsprechenden Glauben (fundamentalistischer Prägung?) zugeschrieben, leicht zu ‚zünden' und zur Gewalt zu motivieren. Dass dieses Fremddeutungsmuster selber nicht ohne genuin antirelgiös motivierte Deutungsgewalt operiert, bleibt eigener Erörterung bedürftig.[2]

Offensichtlich gibt es ‚genuin religiöse' Motivationen zumindest im Modus der *Zuschreibung*, polemisch oder apologetisch, kritisch oder affirmativ. Und da es Motivationen nicht unabhängig von Selbst- oder Fremdzuschreibung geben dürfte, scheint es plausibel, von solchen Zuschreibungspraktiken (und -pathiken) auszugehen. Die *generelle* Frage, „*Gibt es* solche Motivationen?", wirkt dann etwas metaphysisch gegenüber den diversen und variablen Zuschreibungspraktiken. Wollte man die generelle Frage begründet bejahen, müsste man einen religiösen Motivationsbeweis führen, wie immer der aussehen sollte: etwa aus einem

---

[1] Vgl. Stoellger, Philipp, Von der Theodizee zur Religiodizee. Zur neuen Lust an der Religionslosigkeit, in: Zeitschrift für Kulturphilosophie 15:2 (2021), 107–112.

[2] Vgl. Stoellger, Philipp, Gewaltdeutung und Deutungsgewalt. Zu Religion und Gewalt im Horizont neuerer Gewaltforschung, in: Tatjana Jesch (Hg.), Religion und Gewalt, Würzburg: Königshausen & Neumann 2021, 75–148.

Erweckungserlebnis heraus, mit ‚religiöser Inbrunst' oder radikalem Eifer? Dann läge die seltsame Auffassung nahe: das Fundamentalistische sei das genuin Religiöse – als wäre die unausweichliche Alternative: entweder liberal oder fundamentalistisch. Es müsste einen absoluten Ursprung oder letztes Ziel geben, der oder das erst und allein Motivationen religiös macht: Gott allein? Oder das fromme Selbstbewusstsein?

So kann man natürlich denken und sprechen, aber all das sind Zuschreibungen, auch wenn sie als religiöse Selbstgewissheiten oder theologische Letztbegründungen auftreten. Es sind Selbstzuschreibungen, die gelegentlich allzu gewiss und generell geltend gemacht werden: Man habe denen vernüftigerweise oder frommerweise zu folgen, sonst denke man nicht oder wäre selbstwidersprüchlich. Widerstand wäre zwecklos, weil er widervernünftig oder widergöttlich wäre.

## 2. Logos, Ethos und Pathos

Im Folgenden sei in Ockhamscher Ökonomie lediglich davon ausgegangen, *dass* es religiöse Motivationen im Modus der *Zuschreibung* gibt. Als religiös gilt dann meist das Woher und das Wohin der Motivation: Ursprung und Ziel. Dabei wird nur leider gelegentlich das Wie und Worin unterbelichtet, also Modus und Medialität.

Dominiert meist der Logos (als Vernunft, Bewusstsein, Wissen und Gewissheit) die Frage nach dem Movens, gelten Pathos und Pathe wie das Begehren dann als Gegenspieler, als negative Motivation: der Sünde, nicht des Glaubens. Dagegen soll im Folgenden angedacht werden, um den Horizont für das Bewegende in der Motivation des Glaubens zu weiten: nicht nur Logos und Ethos, sondern auch und zu Recht Pathos zu beachten – in aller Ambivalenz.

Mit Glaube und Motivation sind zwei Variablen vorgegeben, von deren Bestimmung deren Verhältnis abhängt (als dritte Variable). Versteht man Glauben im Horizont des *Logos*, ergibt sich traditionell ein recht rationalistisches Modell: Der Logos hat das Sagen und das Ethos habe dem zu folgen – und folgt dem auch, wenn es denn vernüftig ist und sich nicht von seinen ‚Neigungen' dabei stören lässt. Mit diesem Modell produziert man das Problem eines ‚rationalistischen Fehlschlusses' und die dann nachträglich zu vermittelnde Distanz des Logos dem Ethos gegenüber. Kurzum: Es *entsteht* so erst das Problem, auf das die Frage nach Glaube und Motivation Antworten sucht. Nur – bekanntlich gehört es schon zur Vernunft, dass mit ihr eben nicht vernünftig umgegangen wird (wie mit der Freiheit nicht frei). Im ‚logozentrischen' Modell des Glaubens werden Pathos und Pathe vor allem als Gegenspieler wahrgenommen – und es wird seltsam fraglich, ob und wie denn der Logos motivierende Kraft habe. Hier setzt Johannes Fischers Kritik an der ‚theoretischen Erkenntnis' ein, die das Ethos des Glaubens erst durch ‚Gründe' motiviert sieht. Sein Gegenentwurf praktischer Erkenntnis sucht genau das zu vermeiden. Ob das dann als *pathische Wahrnehmung* kraft *Immersion* weiterzuführen wäre, sei nur angemerkt.[3]

Versteht man Glauben im Horizont des *Ethos*, scheint das Problem behoben: Glaube *ist* dann wesentlich Handlung, Leben, Wollen und Freiheit. Die Differenz von Glaube und Motivation weicht einem Glaubensverständnis, in dem der Glaube bereits Wollen und Handeln *ist*. Nur könnte damit die Differenz des Glaubens zum Ethos verkürzt oder vorschnell kassiert sein.

Im Folgenden geht es schlicht um einen Vorschlag, eine theologische ‚Hypothese', das Problem anders zu sehen und zu konzipieren: Glaube im Horizont des *Pathos* zu verstehen, genauer gesagt Glaube vor allem *aus und als Pathos* zu begreifen: in passiver Genesis und in pathischen Vollzügen. Dann werden Logos und Ethos evoziert und provoziert von diesem vorgängigen Pathos. Sie sind responsiv und nicht ‚ursprünglich', sondern ursprünglich *supplementär*, verspätet, aber darum keineswegs irrelevant. Ist doch schon diese hier vorgeschlagene Reflexion ein *responsiver* Logos: ein Versuch, zu sagen und zu denken, wie Glaube zu verstehen sei.

Von den beiden Variablen ‚Glaube und Motivation' wird deren Verhältnis also vom Glauben aus zu verstehen versucht. Und der Glaube sei im Folgenden nicht primär als Logos oder Ethos begriffen, sondern aus und als Pathos. Dass mit dieser produktiven Passivität diverse Folgefragen aufkommen, ist klar. Nicht zuletzt die nach Medien und Medialität dieser Passivität. Aber das sei hier ausgeklammert, um nicht zu viele Variablen im Spiel zu haben.

Im Folgenden wird zudem das *den Glauben provozierende* Pathos ausgeklammert: etwa *Gottes* Gefühle (und nicht nur Gottesgefühle), also das Pathos und die Pathe Gottes; auch die Verkörperung von Gottes Gefühlen wie in Jesu Mitleid, genauer: der Jammer Jesu (ἐσπλαγχνίσθη ἐπ' αὐτούς „es jammerte ihn" Mk 6,34). In Gottes wie Jesu Gefühlen geht es bekanntlich um die ‚Eingeweide' Gottes wie Jesu. Das alles sei ausgeklammert, um die pathische Dimension des *Glaubens* zu erörtern. Denn Glaube ist nicht nur oder vor allem Logos (Vernunft, Bewusstsein…), sondern in Resonanz und Respondenz Gott gegenüber Pathos, und das heißt nicht zuletzt *Begehren*. Er ist nicht nur thymos, sondern auch epithymetisch: Der Glaube ist zutiefst begehrlich.

---

[3] Vgl. STOELLGER, PHILIPP, Spielen. Spiel als Medium pathischer Wahrnehmung, in: Michael Beintker/Hans-Peter Großhans (Hg.), Menschliches – Allzumenschliches. Phänomene des Menschseins in den Horizonten theologischer Lebensdeutung, Leipzig: Evangelische Verlagsanstalt 2020, 101–122; DERS., Pathische Reduktion oder: Ethos und Logos im Horizont des Pathos, in: Journal Phänomenologie 51 (2019), 68–89.

„Du sollst *nicht* begehren!" sagt die Stimme des *Gesetzes* (Röm 7,7). Was könnte die Stimme des Evangeliums erwidern? „*Du sollst, darfst und wirst begehren!*" Das klingt *diabolisch*. Als würde die Schlange sprechen. Ganz so diabolisch wird es nicht werden.

Es geht mir nur darum, zwischen Sünde und Begehren zu unterscheiden. Denn man sollte der Sünde nicht alles Begehren überlassen – weil sonst dem Glauben etwas Wichtiges fehlen würde. Auch der Glaube ist ein *Begehren*: traditionell ein Begehren Gottes und des Nächsten. Ob es dabei bleiben kann, wird zu klären sein.

Aber zunächst ist *das* der Vorschlag des Folgenden: Versteht man Glaube als Begehren – wird das Bewegende, Motivierende im Glauben sichtbar und manifest. Nur – kaum sagt man das, wird auch manifest, wie eng verwandt Glaube und Sünde sind: zwei Formen oder Figuren des Begehrens, die einander widerstreiten – gerade, *weil* sie beide zutiefst begehrlich sind.

## 3. Schöpfungstheologische Eröffnung

Der Mensch ist *lebendig* – vor allem im *Begehren*. Deswegen gelte es Luther zufolge, „aus freyer lust und liebe"[4] zu leben. Das ist die Bestimmung des Lebens als *Aktivität* aus Passion (proto- wie eschatologisch). Denn, so Luther: „Denn Gott hat man und weib also geschaffen, das sie mit lust und liebe, mit willen und von hertzen gerne zusamen komen sollen."[5] *Ohne* ‚Lust und Liebe' wäre man so a-sozial wie gott-los – überaus ‚*weise*' vielleicht, aber apathisch. Das Leben wäre ‚öd und leer' (oder schon vorbei).

Das Begehren des Menschen *ist* seine Lebendigkeit. ‚Ich begehre, also bin ich'. Und ich begehre den Nächsten, so bin ich in Gemeinschaft. Begehren ist ein *sozialer* Sinn für den Anderen. Es treibt den Menschen über sich hinaus. Daher ist der Mensch *das begehrende Tier* – ohne dass Begehren gleich tierisch oder böse wäre.

Wie dichtete Luther (etwas holprig): „O lieber Gott, / dich Loben wier / vnd Preisen dich / mit gantzer begier"[6]. Begehren ist eine ‚Herzensangelegenheit'

---

[4] WA 17. II. Band, Fastenpostille 1525; Roths Festpostille 1527, Auslegung der Episteln und Euangelien von der heiligen Drei koenige Fest bis auf Ostern. [Bl. V 1] Epistel S. Pauli zu den Colossern auff den funfften Sontag nach Epiphania, 121: „Was ist denn, das er sagt ‚ynn der gnade'? Wer da wil, mag das also [17] deutten, Es sey gesagt von der gnade Gottis, das ist, das solche gesenge sollen [18] geschehen on zwang und gesetz, aus [H]freyer lust und liebe."

[5] WA 30. III. Band, Schriften 1529/32 (RN von 1970), Von Ehesachen. 1530, 236. Der Funffte Artickel.

[6] WA 35. Lieder, 530.

wie ‚Barmherzigkeit': ein ‚Trachten des Herzens' – ohne gleich eine Hermeneutik des *Sünden*verdachts zu wecken. Genauso wenig ist es einfach neutral oder schlechthin gut. Der *Gebrauch* macht den Unterschied. Zunächst sind Begehren und Bedürfnis zu unterscheiden. Jeder Mensch hat Bedürfnisse: Hunger und Durst etwa und die muss er stillen. Ein gestilltes ist ein befriedigtes Bedürfnis. Das kennt jedes Tier: Ich will ein Bier, bestell's und trink's. Dann ist der Durst weg, das Bier auch. Oder erst nach dem zweiten oder dritten. Aber irgendwann reicht's.

Bedürfnisse sind endlich – auch wenn sie immer wiederkehren: ein natürlicher Kreislauf der Selbsterhaltung, wie Essen und Trinken. Auch Institutionen (wie Kirchen) haben so ihre Bedürfnisse. Selbsterhaltung *kann* allerdings zur Selbst*steigerung* werden – ob aus Angst oder Lust, aus Knappheit oder Reichtum. Wird um Nahrung, Macht oder Öl konkurriert, wird das Bedürfnis kompetitiv und schaukelt sich auf. Rigorose Selbststeigerung neigt zur Gewalt. Denn eskalierende Bedürfnisse verkennen die Endlichkeit des Endlichen.[7]

Werbung zum Beispiel: Jeder hat alltägliche Bedürfnisse, etwa nach Kleidung, Nahrung oder Technik. Das kann man befriedigen und ‚gut ist's'. Aber gekonnte Werbung kann Appetit auf Unendlichkeit wecken: mit der (Deutungs-)Macht der Bilder *endliche* Bedürfnisse in *unendliche* Bedürfnisse verwandeln. Nicht nur Apple hat aus dieser ‚Transsubstantiation' eine hohe Kunst gemacht.[8] Werbung *verspricht* und *verheißt* (promissio!) – und zwar immer *zu viel,* mehr als das ‚Produkt' je halten kann. Sie wettet auf den ‚Willen zum Glauben' und auf die Macht des Versprechens. Wenn's glückt, kann sie endliche Dinge als Anfang der verheißenen Unendlichkeit schmackhaft machen. Das sichert im Nebeneffekt auch die ewige Wiederkehr der Kunden. Auf solche Weise können auch Kirchen *sich selbst* als Anfang der Erfüllung verklären. Als wären sie selber, was sie doch nur bezeugen können.

Begehren ist anders. Begehren ist der Sinn für Andere, auch für's Unverfügbare: Sinn und Geschmack für ein *Jenseits* des alten Horizonts, für einen *neuen* Himmel und eine *neue* Erde. Begehren wird nicht ‚gestillt', sondern vom Begehrten bewegt und wach gehalten bis zur Schlaflosigkeit. Es lebt *vom* Ausstehenden und seiner Verzögerung. Es zielt nicht auf Endlichkeit und deren Vergrößerung, sondern auf Unendlichkeit.

Denn Begehren ist Begehren des *Anderen* (gen. obj.), und zwar ohne deswegen gleich mimetisch und gewaltsam zu sein. Man muss nicht nur gegeneinander, man kann auch mit- und füreinander begehren. Wer Begehren generell für

---

[7] Weil es letztlich um die Verunendlichung des Endlichen geht, was mit Mitteln der Endlichkeit unerreichbar bleibt?

[8] Diese wundersame Wandlung mit dem Zauber der Bilder müsste bildwissenschaftlich genauer beschrieben werden.

die Wurzel der Gewalt hält – hat es schon gewaltsam verkürzt (wie Girard).[9] Soll man sagen, es *zehrt* von einem *nicht stillbaren*[10] Mangel, der es ‚erweckt‘, bewegt und nährt, etwa dem Mangel an Gerechtigkeit, Frieden oder Freiheit? Wer Gerechtigkeit einmal geschmeckt hat, will mehr davon. Daran hängt das Herz – unersättlich.

Levinas unterschied Bedürfnis und Begehren wie *Odysseus* und *Abraham*: Odysseus als das Bedürfnis namens Heimweh, das sich zurück ins Alte wünscht im Kreis des Eigenen und Einen; Abraham als die Verheißung, die in die Fremde führt, ins Offene, Ungesicherte.[11] Die neuplatonische Metaphysik (auch Augustin) ist vom *Bedürfnis* beherrscht, kreisend um einen Mangel[12] an Ursprung und Einheit, der gestillt werde in der Rückkehr zum Einen.[13] Das Bedürfnis dreht sich letztlich um den eigenen Ursprung, und das eigene Heil. Dagegen führt die Verheißung von sich weg in die Fremde, zum Anderen – in die Transzendenz jenseits des Eigenen.[14] Dann wäre Begehren nur gut und fromm. Aber so eindeutig ist das nicht.

## 4. Hermeneutik der *Ambivalenz* des Begehrens

Die Suche des Begehrens kann zur Sucht werden – in der wieder das Alte, Eigene und seine Steigerung dominiert.[15] Selbst*sucht*, wie Macht- oder Geltungssucht, sind Eskalationen, die verständlich machen, warum Begehren zur Sündenmetapher werden konnte.[16]

---

[9] Das Begehren *muss* nicht mimetisch in Konkurrenz und Kampf führen – in den Zirkel der Gewalt –, es kann auch *gemeinsam* mit Anderen begehren. Gemeinsames Begehren muss nicht gewaltsam sein, es kann auch gemeinsam genussvoll werden. Dann jedenfalls, wenn miteinander begehrt wird oder füreinander.

[10] Vgl. LÉVINAS: „Unstillbares Begehren! Unstillbar nicht, weil es einem unendlichen Hunger entspricht, sondern weil es nicht nach Nahrung verlangt. Begehren, das unstillbar ist, aber nicht aufgrund der Tatsache unserer Endlichkeit" (LÉVINAS, EMMANUEL, Totalität und Unendlichkeit. Versuch über die Exteriorität, Freiburg/München: Alber ⁵2014, 83).

[11] Vgl. TU 29 f.35–37.145 f.

[12] Vgl. TU 145.

[13] Vgl. TU 146.

[14] Vgl. LÉVINAS: „Nicht die Unsterblichkeit, sondern der Andere, der Fremde, ist das Ziel der ersten Bewegung des Begehrens. Das Begehren ist absolut unegoistisch, sein Name ist Gerechtigkeit" (TU 83 f.).

[15] *Darin* liegt auch ein Grund für den Sündenverdacht gegen das Begehren: Es riecht danach, zu viel zu begehren als dem Menschen zukommt; zu viel, Übermenschlichkeit oder gar Göttlichkeit. Als wäre es stark wie der Tod.

[16] Analoges gilt, wenn die Selbst*sorge* dominiert, nicht in *expansiver* ‚Ichsucht‘, sondern in *ängstlicher* Sorge um sich (Kierkegaard).

Das Begehren transzendiert die Endlichkeit, indem es auf Unendlichkeit aus
ist. Dabei kann es leicht sich selbst mit dem Begehrten verwechseln oder identifizieren: um es ‚in sich‘ zu haben, *selber* unendlich zu *sein* und dann „*sich selber
genießen*‘ zu können. *Begehren kippt ins Übel,* wenn es Unendlichkeit verend-
licht: wenn es glaubt, am Ziel zu sein (als ‚wärn wir da‘)[17]. Dann mangelt es am
Sinn für die Endlichkeit, *von* der wir leben.[18]

Das *Bedürfnis kippt ins Übel,* wenn es ‚unersättlich‘ wird und vom Endlichen
Unendliches will. Das Endliche wird *überlastet* mit unendlichen Erwartungen
und als unendlich verklärt – um dann etwa *für* die eigene ‚Wellness‘ zu leben,
‚*für das Eigene*‘ (als Fetisch). Dann mangelt es am Sinn für die Anderen. Beide
Kippfiguren berühren sich: in der Verwechselung von Endlichkeit und Unendlichkeit, Eigen und Fremd, Alt und Neu. Gott als Welt und Welt als Gott zu begehren, ist eine Deutung dieser Verwechslung.

Die Unterscheidungsschwäche des Begehrens zeigt sich ganz alltäglich: *Dein*
soll *Mein* sein; das Ewige jetzt; das Wahre wirklich und *die* Schöne *mein.* Was
unter Menschen gilt, verdichtet sich *Gott* gegenüber: Was läge näher, als dass
Sein Mein werden soll.[19] Gottes Eigenschaften reizen das menschliche Begehren – sei es fromm oder mimetisch. Nicht erst die Neuzeit ist daher eine Geschichte der *Konkurrenz* von Mensch und Gott – um die mehr oder minder
‚freundliche Übernahme‘ seiner Eigenschaften (Allmacht und Allwissenheit,
möglichst auch Ewigkeit und Allgegenwart).

Fazit (mit ökumenischem Aspekt): Man kann Übles begehren[20], und daraus
wird manches Übel folgen. Aber darum ist nicht das Begehren *selber* das Er-
zübel. Selbst wenn der Mensch ‚*natürlicherweise*‘ Gott ‚*los*‘ sein wollte, ist natürlich *nicht* sein Begehren ‚per se‘ ‚gottlos‘. *Der ‚Gebrauch*‘ macht den Unterschied. Aber: es *ist* immer schon ‚im Gebrauch‘ – so oder so. Die These der
Ambivalenz des Begehrens eröffnet eine Alternative zum Konflikt von Neutralität und Negativität.

---

[17] MARQUARDT, FRIEDRICH-WILHELM, Eia, wärn wir da – eine theologische Utopie, Gütersloh: Kaiser 1997. Vgl. Nun singet und seid froh/In dulce jubilo, Evangelisches Gesangbuch,
Lied Nr. 35.

[18] Nur zu begehren heißt, der Endlichkeit ermangeln. Nur zu bedürfen hieße, der Unendlichkeit ermangeln.

[19] Zu Röm 5,3–5, v. a. 5,5: „Die Liebe meint [...] nicht nur Gabe, sondern Gegenwart des
Geistes selbst. Luthers Bemerkung an dieser Stelle [...] soll wohl zum Ausdruck bringen, daß
erst die *praesentia spiritus* wahre *caritas Dei* ermöglicht, während die bloße Liebe zu Gottes
Gaben nur eine raffinierte Form der *concupiscentia* darstellt" (GRANE, LEIF, Modus loquendi
theologicus. Luthers Kampf um die Erneuerung der Theologie [1515–1518], Leiden: Brill
1975, 89, mit a. a. O. 308, 25–27; vgl. 307, 27–29).

[20] Das Übel wird üblicherweise gar nicht begehrt, sondern in Kauf genommen. Man zieht
es sich zu, lässt es zu oder handelt es sich ein im Begehren, und zwar meist gerade im Begehren
des Guten.

## 5. Hamartiologische *Vereindeutigung* des Begehrens

Die Ambivalenz des Begehrens verlockt zur Vereindeutigung: es für den Inbegriff des Übels zu halten. Daher steht es unter Verdacht, zur *Sünde* zu *verführen*; oder unter dem Verdikt, selber die Sünde zu *sein*.

Seit Adam und Eva gilt das Begehren als ‚unde malum'. Kain begehrte (mimetisch) Abels Anerkennung vor Gott – Josephs Brüder seine Erwählung – Israel in der Wüste nicht nur Manna, sondern Wachteln. Immer wieder begehrt das Volk *auf* gegen Gott und gerät auf Abwege: unendliche Geschichten vom anarchischen Begehren als Ausbruch aus der Ordnung des Gesetzes und des Bundes.

Wenn das Begehren der Inbegriff des Übels wäre, heißt das etwa: Der Mensch ist ‚von Natur aus' übel, weil er begehrt, solange er lebt, und nur lebt, solange er begehrt? So spricht ‚der Herr' nach der Sintflut: „das Dichten und Trachten des menschlichen Herzens ist böse von Jugend auf" (Gen 8,21). Unter diesem Motto stehen die Geschichten Israels: narrative Sündenbekenntnisse. Das Begehren gilt als Quelle des Ungehorsams *gegen Gott* und als Wurzel der bösen Tat (Ex 20,17) – auch wenn damit längst nicht alles zum Begehren im Alten Testament gesagt ist.

Die griechische Tradition denkt nicht viel besser vom Begehren. Es ist die Wurzel der Unordnung. Keine Ilias und keine Odyssee ohne das Begehren von Göttern wie Menschen nach Macht und Liebe – zur Not auch mit Gewalt. Was wäre Ödipus ohne Begehren? Nicht der Rede wert. Die *Literatur* allerdings *lebt* von der imaginären Energie des Begehrens und seiner symbolischen Verarbeitung. Die *Philosophie* dagegen argumentiert mit einer Hermeneutik des Verdachts.

In griechischer Tradition (von Platon bis zur Stoa) galt Begehren als wider*vernünftig*. In jüdischer Tradition galt es als wider*göttlich*. Die Fusion beider Traditionen zeigt das 4. Makkabäerbuch: Von der Herrschaft der weisen Vernunft über die Begierden. Das Begehren widerstreitet dann ebenso der Vernunft wie Gott und dem Gesetz.[21] Erstaunlich interkulturell gilt es als ‚*der* menschliche Makel', als Chaosmacht, das *Diabolische* gegenüber der symbolischen Ordnung. Ist der Mensch also Sünder, weil er begehrt, solange er lebt, und nur lebt, solange er begehrt?

Dazu passt die lutherische Tradition mit der These, dass der Mensch von Natur aus Sünder *ist* und immer bleibt, auch nach der Taufe. Daher konnten die Bekenntnisschriften gegen Rom darauf insistieren, Konkupiszenz sei nicht nur Strafe, sondern die Sünde selbst (*est* peccatum und nicht *significat*): „At disputant concupiscentiam poenam esse, non peccatum. Lutherus defendit pecca-

---

[21] Vgl. WILCKENS, ULRICH, Der Brief an die Römer, Teilband 2: Röm 6–11, Zürich u.a: Benziger/Neukirchener Verlag 1980, 219, 87, 78, mit Verweis auf VitAd 19; Philo, Decal 173, vgl. 150, Jak 1,15.

tum esse. Supra dictum est Augustinum definire peccatum originis, quod sit concupiscentia."[22] Dementsprechend meinte Gunther Wenz: „Concupiscentia und amor sui stellen für den Reformator wie für Paulus (vgl. Rö. 7,7) und Augustin nicht bloße Erscheinungsformen der Sünde dar, sondern identifizieren die abgründige Verkehrtheit, in der und aus der heraus sie ihr Unwesen treibt"[23]. Das entspricht sehr genau der These Luthers gegen Latomus:

> In hoc habeo Paulum Ro. vi. satis iam memoratum, a quo non patiar me avelli. Non (inquam) negare poterunt *duo mala superesse baptismo, peccatum et concupiscentiam eius.* Verba Pauli aperta sunt, *peccatum, fomes ipse, naturale malum, concupiscentia, motus eius,* huic non obediendum, illud [Röm. 6, 6] destruendum dicit, ‚ut destruatur (inquit) corpus peccati'.[24]

Luther gebraucht in der Tat beide synonym: *concupiscentia seu peccatum.*[25] Im Römerbriefkommentar heißt es, die „Christen sind Sünder, *weil* sie […] nicht ohne Begehren existieren" („quia non implent legem, non sunt sine concupiscentia")[26].

Aber – *ist* das Begehren Sünde, ihre ‚Realpräsenz'? Dieses ‚Ist' lässt leicht das *‚ist nicht'* vergessen: die Differenz der beiden. Luther war (vermutlich) der An-

---

[22] AC 2, BSLK 154, Z. 40–155, Z. 10; vgl. CA 2, BSLK 53, Z. 15–17: Item docent, quod post lapsum Adae omnes homines secundum naturam propagati nascantur cum peccato, hoc est sine metu Dei, sine fiducia erga Deum et cum concupiscentia.

Formula Concordiae, Solida Declaration 1, BSLK 848, Z. 13–19: Praeterea, quod peccatum Originale in humana natura non tantummodo sit eiusmodi totalis carentia seu defectus omnium bonorum in rebus spiritualibus ad Deum pertinentibus, sed quod sit etiam loco imaginis Dei amissae in homine intima, pessima, profundissima (instar cuiusdam abyssi), inscrutabilis et ineffabilis corruptio totius naturae et omnium virium, inprimis vero superiorum et principalium animae facultatum, in mente, intellectu, corde et voluntate.

AC 2, BSLK 154, Z. 40–155, Z. 10: At disputant concupiscentiam poenam esse, non peccatum. Lutherus defendit peccatum esse. Supra dictum est Augustinum definire peccatum originis, quod sit concupiscentia. Expostulent cum Augustino, si quid habet incommodi haec sententia. Praeterea Paulus ait: Concupiscentiam nesciebam esse peccatum, nisi lex diceret: non concupisces; item: Video aliam legem in membris meis repugnantem legi mentis meae et captivantem me legi peccati, quae est in membris meis.

AC 18, BSLK 311, Z. 13–17: Quamquam tanta est vis concupiscentiae, ut malis affectibus saepius obtemperent homines quam recto iudicio. Et diabolus, qui est efficax in Impiis, ut ait Paulus, non desinit incitare hanc imbecillem naturam ad varia delicta. Haec causae sunt, quare et civilis iustitia rara sit inter homines.

[23] WENZ, GUNTHER, Sünde. Hamartiologische Fallstudien, Göttingen: Vandenhoeck & Ruprecht 2013, 85.

[24] WA 8, 96.

[25] WA 2, 419,13 (peccatum radicale in nobis sive concupiscentia ad malum); WA 56, 277,12.

[26] LUTHER, MARTIN, Röm 12,44, nach WILCKENS, ULRICH, Röm 6–11, 108 (vgl. LUTHER, MARTIN, Römerbriefvorlesung, WA 56, 347). Wenn Sünde und Begehren zu unterscheiden sind, wird dieses Argument brüchig.

sicht, bei Paulus und Augustin seien Sünde und Konkupiszenz strikt identisch (differenzlos).[27] Nur gilt das – soweit ich sehe – weder für *Paulus* noch für *Augustin.*

Im Sprachgebrauch des Neuen Testaments (vgl. ThWNT[28]) kann ἐπιθυμία neutral gebraucht werden (*vox media*)[29]. Selbst Jesus *begehrt* beim letzten Abendmahl, ,das Passahlamm mit seinen Jüngern zu essen' (Lk 22,15 ἐπιθυμίᾳ ἐπεθύμησα). Es ist daher möglich, aber nicht einer Synonymie folgend, wenn ἐπιθυμία *übertragen* als Ausdruck für Sünde gebraucht wird und dann *böses* Begehren meint.

,Du sollst nicht begehren!' ist von Paulus elliptisch formuliert.[30] Verbietet das Gesetz doch nicht *jedes* Begehren, sondern nur das *böse* wider Gesetz und Gott. Die Differenz von ἐπιθυμία und Sünde zeigt sich in Röm 7,8: Das böse Begehren

---

[27] WA 1, 398–521 (Decem Praecepta); WA 8, 95–98 (Antilat.); WA 20, 663–666 (VL über 1. Joh.). Vgl. Luther gegen Latomus, WA 8, 97: Cum ergo nobis praecipiat mortificare, non obedire illis, non utique poenas, non mortalitates, non infirmitates, sed peccata intelligit. […] Quanquam stultum sit, nos in re tam manifestaria tot verbis laborare, cum Apostolum claris expressisque verbis habeamus, peccatum et concupiscentias asserentem.

„Wenn er [Paulus] uns also gebietet, sie (die Lüste) zu töten und ihnennicht zu gehorchen, dann versteht er darunter also nicht Strafen, nicht Sterblichkeiten oder Schwachheiten, sondern Sünden" (pl!) (nach LUTHER, MARTIN, Wider den Löwener Theologen Latomus, übers. von Robert Frick, München: Kaiser 1953, 91; vgl. ebd.: „Es ist freilich töricht, daß wir unserseits in einer so offensichtlichen Sache uns mit so vielen Worten mühen, da wir den Apostel mit [seinen] klaren und ausdrücklichen Worten haben, mit denen er die Sünde und die Lust [Konkupiszenz] erklärt. Wer sich mit den Worten des Paulus nicht zufrieden gibt, wird der sich durch die unsern gewinnen lassen?").

[28] BÜCHSEL, FRIEDRICH, Art. θυμός, in: ThWNT 3 (1938), 167–173, 167: „θύω bezeichnet urspr eine heftige Bewegung der Luft, des Wassers, des Bodens, der Tiere und Menschen. Aus der Bdtg ,brodeln, wallen' scheint sich die ,rauchen' und dann ,in Rauch aufgehen lassen, opfern' entwickelt zu haben. *Die Grundbedeutung* von θυμός ist demgemäß wie die von πνεῦμα *das Bewegte und Bewegende, die Lebenskraft*" [kursiv PS].

[29] Lk 15,16 (verlorener Sohn Hunger; er begehrte (ἐπεθύμει) seinen Bauch zu füllen mit den Schoten); Lk 16,21 (armer Lazarus Hunger); Lk 22,15 (Jesus begehrt das Passalamm mit ihnen zu essen Mich hat herzlich verlangt, dies Passalamm mit euch zu essen ἐπιθυμίᾳ ἐπεθύμησα); 1 Thess 2,17 (Paulus begehrt, die Brüder von Angesicht zu Angesicht zu sehen); Phil 1,23 (Paulus ,hat Lust aus der Welt zu scheiden', um bei Christus zu sein); 1 Tim 3,1 (Bischofsamt begehren); Hebr 6,11 (Wir wünschen, dass jeder von euch denselben Eifer beweise, die Hoffnung festzuhalten bis ans Ende).

[30] Vgl. Röm 13,9, wo Ex 20,17 und Dtn 5,21 im Hintergrund stehen. In Röm 7,7 allerdings ist vermutlich nicht die Sinaitora mit dem Gesetz gemeint, sondern die Tora, die schon Adam gegeben wurde. Vgl. WILCKENS, ULRICH, Römer 6–11, 78 f. (mit Verweis auf Targum Neofiti I zu Gen 2,15). Vgl. 4 Makk 2,6: „Aus dieser Tatsache, daß das Gesetz sagt, wir dürfen uns nicht gelüsten lassen, glaube ich, euch noch viel überzeugender beweisen zu können, daß die Vernunft über die Begierden herrschen kann wie auch über die Triebe, die der Gerechtigkeit hindernd im Wege stehen."

ist „Folge" und „Erscheinungsform"[31] der Sünde. „Die Sünde aber nahm das Gebot zum Anlass und erregte in mir Begierden aller Art" (ἀφορμὴν δὲ λαβοῦσα ἡ ἁμαρτία διὰ τῆς ἐντολῆς κατειργάσατο ἐν ἐμοὶ πᾶσαν ἐπιθυμίαν). Bei Paulus ist das *böse* Begehren (epithymia) wider*göttlich*, nicht aber widervernünftig. Insofern dominiert darin bei ihm *nicht* die stoische, sondern die alttestamentliche Tradition.[32]

Augustin[33] verstand Sünde als ‚Abkehr von Gott', *aversio contra deum*, und als *perversio*: als Selbstliebe (*amor sui*) statt Gottesliebe (*amor dei*).[34] Den Anfang macht die schlüpfrige Schlange – der metaphorische Leib des Begehrens. Durch sie kamen Eva (im Affekt) und Adam (willentlich) zu Fall. Erst daraufhin spürten sie „eine bisher nicht gekannte Regung ihres unbotmäßigen Fleisches"[35]. *Im Fall* ist das Begehren Medium und Movens; *nach* dem Fall ist es Manifestation der Sünde (und Strafe für sie)[36], mit der jeder Mensch geboren werde: die *triplex cupiditas* von *concupiscentia carnis, occulorum* und *ambitio saeculi* (*superbia*) (mit Gen 3,6; 1Joh 2,16; Jak 1,14).

Bei Augustin ist das Begehren eine *Sündenmetapher*[37] (beziehungsweise -metonymie). Sie soll *sinnlich* sagen, wie sich Sünde zeigt und ‚*anfühlt*'. Das Unsichtbare sollte *sichtbar,* der Verlust fühlbar werden.[38] Dementsprechend erkennt

---

[31] Büchsel, Friedrich, Art. θυμός B. Der Sprachgebrauch im NT, in: ThWNT 3 (1938), 167–173, 171.

[32] Vgl. a.a.O., επιθυμία, 171.

[33] Mühlenberg, Ekkehard, Art. Augustin II.6. Gnadenlehre, in: RGG⁴ online: „Die von Gott geschaffene Natur [des Menschen] ist durch den Sündenfall Adams verändert, verletzt und pervertiert. Jeder Mensch ist seit seiner Geburt von der Selbstliebe (amor sui) beherrscht. Das schlagende Bespiel [!] für die Selbstsucht (concupiscentia) sieht Augustin in der Geschlechtslust, so daß er sehr simpel die Allgemeinheit der Sünde verdeutlichen kann, weil kein Christ sündenfrei ist, auch nicht in der auf Kinderzeugung eingeschränkten Ehe. Natürlich ist für A. die sexuelle Konkupiszenz nicht die Ursache der Sünde, aber es war verhängnisvoll, daß er sie zum Paradigma machte. A. vertritt eine mönchische Ethik" (zuletzt aufgerufen am 10.06.2022).

[34] Jüngel, Eberhard, Das Evangelium von der Rechtfertigung Gottlosen als Zentrum des christlichen Glaubens, Tübingen: Mohr Siebeck 2004, 111: „Indem der Unglaube wie Gott zu sein begehrt – das ist der wahre Sinn der Rede von der concupiscentia! –, wendet er sich […] von Gott ab, existiert er in der Abkehr von Gott."

[35] Augustinus, De civitate Dei, in: CCSL XLVIII/2 (1955), XIII, 13; Scheffczyk, Leo, HDG, Freiburg/Basel/Wien: Herder 1982, Bd. 2/3a, 211: *Senserunt ergo novum motum inobedientis carnis suae, tamquam reciprocam poenam inobedientiae suae* und *secutum est [...] ex debit ajusta poena tale vitium.*

[36] Augustinus, Contra Iulianum, in: CSEL LXXXV/2 (2004), V, 8. Dann ist das Begehren selber „die Strafe der Sünde" (vgl. Augustinus, De peccatorum meritis et remissione et de baptismo paruulorum ad Marcellinum, in: CSEL LX/VIII [1913], I, 39, 70).

[37] Vgl. Scheffczyk, Leo, HDG, 221. So auch genauer Ockham, Qdl III, 10: *Signum est, cum non sit in Christo et in beatis*, in: Scheffczyk, Leo, HDG Bd. 2/3b, 141 f.

[38] Hier hängt einiges daran, *wie* dieser Ausdruck *genau* bestimmt wird. Fungiert Konkupis-

Simon Peng-Keller, dass hier figürlich gedacht und gesprochen wird – in Form eines Gleichnisses: „Kunstsinnig ist das Gleichnis, das Augustinus anführt, die Konkupiszenz werde so Sünde genannt, wie die Handschrift eines Menschen Hand genannt oder das Sprechen Zunge."[39] Die Handschrift Hand oder das Sprechen Zunge zu nennen, ist eine Metonymie. Daher erklärt sich, dass Augustin auch eine ‚concupiscentia laudabilis' kennt, weil concupiscentia *nicht* ‚wesensmäßig' gleich Sünde ist.[40]

Aber – die Metapher der concupiscentia *als* Sünde war offenbar so einleuchtend, dass ihre Prägnanz einen hohen Preis hatte: Als *Inbegriff* der Sünde verstanden, wird die Metapher wörtlich genommen und es entsteht Metaphysik des Begehrens, etwa sex *as* crime. Das sexuelle Begehren[41] als Inbegriff der *Sün-*

---

zenz als eine *Metonymie* (eine Wirkung als Bezeichnung der Ursache), so dass die Wirkung *als* Ursache missverstanden wurde? Oder als *Synekdoche* (pars pro toto), so dass man sie als Inbegriff der Sünde missverstand? Augustin konnte behaupten, die Sünde werde „durch den verdorbenen Samen [...] fortgepflanzt", so dass sie substantiell durch Ansteckung verbreitet werde (AUGUSTINUS, Contra Iulianum, V 3, 8).

[39] PENG-KELLER, SIMON, Alte Passionen im neuen Leben. Postbaptismale Konkupiszenz als ökumenisches Problem und theologische Aufgabe, Freiburg/Basel/Wien: Herder 2011, 29.

[40] Vgl. PANNENBERG, WOLFHART, Anthropologie in theologischer Perspektive, Göttingen: Vandenhoeck & Ruprecht ²2011, 87, Fußnote 30: „Enn. in Ps. 118,8,3; cf. De spir. et litt 4,6"; vgl. NEGEL, JOACHIM, Ambivalentes Opfer. Studien zur Symbolik, Dialektik und Aporetik eines theologischen Fundamentalbegriffs, Paderborn/München et al.: Schöningh 2005, Fußnote 70, 104: „Enn. in Ps. CXVLU, 3–5 (CChr. SL Bd. 40, 1687) [...]. Enn. in Ps. IX, 15 (ebd. Bd. 38, 66. 14–16): *Pes animae recte intelligitur amor; qui cum pravus est, vocatur cupiditas aut libido; cum autem rectus, dilectio vel Caritas.* In De lib. arb. I, 4 (CChr. SL Bd. 29, 215. 21 f.): das Gute zu Begehren ist nicht zu tadeln: *ista cupiditas culpanda non est; alioquin omnes culpabimus amatores boni*; Vgl. BONNER, GERALD, Art. ‚Concupiscentia', 1114. Vgl. bei ARISTOTELES: *epithymia* als Streben nach Lust (Rhet. 1370a. 17; Eth. Eud. 1223a. 25 f.; De civ. Dei IX, 3–6; XIV, 6); MAUSBACH, JOSEPH, Die Ethik des heiligen Augustinus, Bd. I, Freiburg im Breisgau: Herder 1929, 215–218.

[41] Vgl. AUGUSTINUS, De nuptiis et concupiscentia, in: CSEL XXXXII/VIII (1902), II, 7, 17.

AUGUSTINUS, De civitate Dei, XIV, 24: „Warum sollten wir nicht glauben, daß vor der Sünde des Ungehorsams und der Strafe der Verderbtheit die Glieder des Menschen dem Willen des Menschen zur Erzeugung von Nachkommenschaft ohne jede geschlechtliche Lust hätten dienstbar sein können?". A.a.O. XIV 26: „So günstig war die ganze Lage, so glücklich der Mensch selbst, daß wir nicht wähnen dürfen, es hätte nur unter dem Fieber der Lust Nachkommenschaft gezeugt werden können". Aber die Ehe sei ein hohes Gut, weil in ihr „nicht die Glut der Begierde, sondern sozusagen die erlaubte und ehrbare Weise des Gebrauchs dieser Glut ist, um Kinder zu zeugen" (vgl. AUGUSTINUS, De peccatorum meritis, I, 29, 57). Daraus folgt die Regel: „Schlecht benutzt ein Übel [die Konkupiszenz], wer die Begierde im Ehebruch befriedigt; gut benutzt ein Übel, wer die Begierde durch die Ehe zügelt" (ebd.).

Vgl. LUHTER, MARTIN, Genesisvorlesung 1535/38, WA 42, 89 f.: Magnum autem beneficium est, quod Deus nobis quasi invitis et nolentibus servavit mulierem tum ad generationem tum etiam ad medicinam contra peccatum fornicationis. In Paradiso fuisset mulier adiutorium officii tantum. Nunc etiam est et pro maiore parte remedium et medicina, de qua sine pudore vix loqui

*de*[42] ist anthropologisch natürlich Unfug und theologisch Unsinn: weil damit der Sinn von Sünde mehr verstellt als erhellt wird.

Ein Beispiel für den Preis der Prägnanz zeigt sich in einer Verlesung Luthers.[43] Bei Augustin sei zu lesen: „Die *Sünde* wird in der Taufe vergeben, aber nicht so, dass sie nicht (mehr) da ist, sondern so, dass sie nicht angerechnet wird." (Augustin: *„dimitti concupiscentiam carnis in baptismo, non ut non sit, sed ut in peccatum non inputetur"*)[44]. Aber: bei Augustin ist von der *concupiscentia* die Rede, nicht von Sünde. Luther geht von dieser Identität derart gewiss aus, dass er Augustins Wortlaut verliest.[45]

---

possumus, certe sine pudore non possumus ea uti. Causa est peccatum. Nam in Paradiso congressus ille fuisset sine omni verecundia, tanquam opus a Deo conditum et benedictum. Habuisset honestam voluptatem, qualis tum in cibo et potu fuit. Nunc, proh dolor, est tam foeda et horribilis voluptas, ut a medicis comparetur cum epilepsia seu comiciali morbo. Sic morbus verus cum ipso opere generationis coniunctus est. Sumus enim in statu peccati et mortis, ideo etiam poenas istas sustinemus, ut muliere sine horribili furore libidinis et tanquam morbo comiciali non possimus uti.

[42] Köster, Heinrich, HDG, Freiburg/Basel/Wien: Herder 1979, Bd. 2/3b, 141: Augustin dachte bei Sünde „im eigentlichen Sinne an die vernunft- und ordnungswidrigen Regungen des sinnlichen Strebens und darin wieder besonders an des geschlechtlichen".

[43] WA 56, 273, 9–11.

[44] Vollständiges Zitat s. Fußnote 45.

[45] Grane, Leif, Modus loquendi theologicus. Luthers Kampf um die Erneuerung der Theologie, Leiden: Brill 1975, 42–46, bes. 41: „Mit leuchtender Klarheit (*praeclarissime*), meint er [sic. Luther], habe Augustin gesagt, was dazu gesagt werden muß: ‚Die Sünde wird in der Taufe vergeben, aber nicht so, daß sie nicht (mehr) da ist, sondern so, daß sie nicht angerechnet wird.' Über das Wort ‚Sünde' (*peccatum*) hat Luther geschrieben: *concupiscentia*. Das Zitat stammt aus *De nuptiis et concupiscentia*, wo allerdings nicht von Sünde, sondern von der *concupiscentia carnis* die Rede ist. Von hier aus richtet Luther dann einen gewaltigen Angriff auf die Schultheologie. Man kommt allerdings um die Feststellung nicht herum, daß Augustin hier gründlich mißverstanden wurde. Luther sieht in der Aussage, daß die Sünde auch nach der Taufe bleibt, die Bestätigung seiner These, daß die Gerechtigkeit notwendig eine zugerechnete sein müsse. Augustin dagegen will sagen, daß die *Begierde*, die nach der Taufe zurückbleibt, nicht mehr als Sünde angerechnet wird, weil sie nicht mehr Sünde *ist*. Denn allein Schuld mache die Begierde zur Sünde: ‚Nicht Sünde zu haben heiß nämlich, keiner Sünde schuldig zu sein.' [*De nuptiis et concupiscentia* I, XXVI. 29: Hoc est enim n on habere peccatum, reum non esse peccati] Von Sünde kann nur da die Rede sein, wo der Mensch willentlich der Begierde zustimmt."

De nuptiis et concupiscentia I, XXV. 28: Si autem quaeritur, quomodo ista concupiscentia carnis maneat in regenerato, in quo uniuersorum facta est remissio peccatorum, quandoquidem per ipsam seminatur et cum ipsa carnalis gignitur proles parentis etiam baptizati aut certe, si in parente baptizator potest esse et peccatum non esse, cur eadem ipsa in prole pecattum sit: ad haec respondetur dimitti concupiscentiam carnis in baptismo, non ut non sit, sed ut in peccatum non inputetur. Vgl. Grane, Leif, Modus loquendi theologicus, 41: „Luther übergeht völlig die Begründung der letzten Sätze und zitiert folgendermaßen: Sed b. Augustinus praeclarissime

Das provoziert eine *methodische* Bemerkung: Wenn Dogmatik vor allem als *Begriffs*bildung und -härtung konzipiert wird, verliert sie ihre historische und hermeneutische Differenzkompetenz. Dann kann aus einer verkannten Metapher Metaphysik werden (die bis heute ökumenische Kontroversen bestimmt). Das ‚*est*‘ als *significat* zu verstehen, oder besser noch im Zugleich von ‚ist und ist nicht‘ der Metapher zu verstehen, also Konkupiszenz als Sünden*metapher*, löst gewisse Verhärtungen.

Wobei – man hier verschieden optieren kann:

– Als *Metonymie* wäre die Konkupiszenz als *Ursache* der Sünde verstanden (Potenz oder Disposition mit Sünde als Folge), oder aber als *Wirkung* der Sünde (post lapsum).

– Als *Synekdoche* wäre sie *Teil* der Sünde (Akt, Folge, Exempel) wie das ‚sündige Begehren‘.[46]

– Als *Metapher* wären Sünde und *concupiscentia* einander ‚irgendwie‘ *ähnlich* (ohne oder mit ontologischer Kontinuität?), etwa in ihrer unkontrollierten Dynamik des Begehrens. Dann allerdings könnte darin auch eine Gemeinsamkeit von Glaube und Sünde bestehen, wie noch zu erörtern.

Als Zwischenfazit formuliert: ‚Begehren‘ *ist* eine Sünden*metapher* (oder -metonymie), mit der man zu sagen suchte, was als Sünde zu verstehen und zu erfahren sei: die unheimliche Eigendynamik der Triebe, Lüste und Affekte, ihr diabolisches Durcheinander im anarchischen Aufbegehren – die ‚Ichsucht‘ als Herrschsucht – wie die Angst und Agression, nicht Herr im eigenen Hause zu sein. All das wurde als Symptome der Sünde genommen – und damit (gut griechisch) Gefühl wie Begehren verübelt.

Der *naheliegende* ‚Grund‘ für diese Metapher war ihre griechische wie jüdische Prägung: Begehren sei widervernünftig und widergöttlich. Der *tiefere* Grund für diese Metapher ist, *beide*, Sünde *und* Glaube, begegnen und manifestieren sich im Begehren. Es ist ihr ‚Tertium‘, ihr Medium: das sie teilen und das sie verbindet und worin sie konfligieren (können).

---

dixit ‚peccatum concupiscentiam in baptismate remitti, non ut non sit, ‚sed ut non imputetur“ (mit WA 56, 273, 9–11).

[46] Das Tridentinum hingegen versteht ‚Konkupiszenz‘ im Anschluss an Augustinus und Thomas als Synekdoche für eine Desintegration im Selbstverhältnis, so PENG-KELLER, SIMON, Alte Passionen, 237. Vgl. schon AUGUSTINUS, De nuptiis et concupiscentia 23,26, übers. von Anton Fingerle, in: Sebastian Kopp et al. (Hg.), Augustinus. Schriften gegen die Pelagianer, Bd. 3, Würzburg: Augustinus-Verlag 1977, 99: „Weil sie [sc. die concupiscentia] durch Sünde entstanden ist, obwohl sie selbst in den Wiedergeborenen keine Sünde mehr ist, heißt sie in dem Sinn Sünde, wie ‚Zunge‘ das Sprechen genannt wird, das die Zunge bewirkt. Weil sie ferner, falls sie sich durchsetzt, Sünde erzeugt, heißt sie in dem Sinne Sünde, wie Kälte träge genannt wird, nicht weil sie von Trägen herrührt, sondern weil sie Träge hervorbringt.“

In Luthers Freiheitsschrift beginnt der zweite Teil zur Dienstbarkeit in den ‚Werken der Liebe' mit der Unterwerfung des Körpers (*corpus* und *caro*), dessen Eigenwilligkeit (nur das Seine suchen) zu unterdrücken sei (*opprimere, coercere*).[47] Dem ‚widerspenstigen fleysch' lege sich der Glaube „mit lußt an seynen halß, yhn zu dempfen und weren"[48]. – Diese ‚Abtötung des Begehrens' (*mortificatio concupiscentiarum*,[49] pl.!) erscheint als so schmerzhaft wie lustvoll.[50] Da streitet *Begehren gegen Begehren: Glaubenslust gegen Fleischeslust*. Eine pure Identität von Begehren und Sünde würde die ‚Glaubenslust' verkennen.[51]

## 6. Soteriologische Deutung: *Rechtfertigung* des Begehrens

### 6.1 Gott *Begehren*

Das Begehren ist ein *locus communis*, ein Ort der Begegnung von Sünde und Glaube.[52] Beide sind (auch) Formen des Begehrens, die daher näher zu unterscheiden sind. Nur – nach welchem Kriterium? Die übliche Antwort ist, das *Objekt* sei entscheidend: Wer *Gott* begehrt, macht nichts verkehrt. *Das* sei würdig und recht; alles andere aber nicht. Wenn es denn so einfach wäre.

Im Begehren geht der Mensch in riskanter Weise über sich hinaus – und dabei kann er Gott gefährlich nahekommen. Gerade im ‚Begehren *Gottes*' zeigt sich diese Ambivalenz des Begehrens. Der heilige Antonius zum Beispiel wurde von Athanasius als *die* heroische Verkörperung des Gottbegehrens inszeniert. Der Eremit suchte in der Wüste maximale Gottesnähe und fand – vor allem den Teufel mit seinen Versuchungen, in allen Registern der Sinnlichkeit und Imagination[53], wie die Legende des Athanasius so lustig wie lustvoll zu erzählen weiß.[54]

---

[47] LUTHER, MARTIN, Von der Freiheit eines Christenmenschen, ediert von Rieger, Reinhold, Von der Freiheit eines Christenmenschen. De libertate christiana, Tübingen: Mohr Siebeck 2007, 239 f. (dt. Zählung § 30).

[48] A.a.O., 240.

[49] A.a.O., 249.

[50] Zur Lust, a. a. O., 247.

[51] Dann aber wird es gefährlich, mit Gal 5,24 zu sagen: die Christen „kreuzigen ihr Fleisch mit seinen Begierden". Bliebe doch dem Glauben dann keine Lust und Begehren mehr.

[52] *Hier* treffen sie aufeinander – nicht erst im Wissen oder Wollen.

[53] Jak 1,13–15: „Niemand sage, wenn er versucht wird, dass er von Gott versucht werde. Denn Gott kann nicht versucht werden zum Bösen, und er selbst versucht niemand. Sondern ein jeder, der versucht wird, wird von seinen eigenen Begierden gereizt und gelockt. Danach, wenn die Begierde empfangen hat, gebiert sie die Sünde; die Sünde aber, wenn sie vollendet ist, gebiert den Tod."

[54] Vgl. Luther zu Antonius: LUTHER, MARTIN, Sermo de S. Antonio, WA 10. III. Band, 80– 85 (auch in WALCH, JOHANN GEORG, Dr. Martin Luthers sämtliche Schriften, Bd. 12, Kir-

Der Teufel verspricht alle ‚Freuden des Lebens'. Antonius betet erfolgreich dagegen an. Der Teufel weckt lustvolle Phantasien – im ‚Vertrauen auf die Waffen am Nabel seines Bauches'. Aber Antonius betet und fastet nur zur Frustration des Teufels. Schließlich lässt sich „der arme Teufel […] herbei, ihm nachts als Weib zu erscheinen". Aber selbst das übersteht Antonius unversehrt:

Der Teufel aber, voll Hass und Neid gegen das Gute, konnte es nicht ertragen, einen so standhaften Vorsatz in einem so jungen Menschen zu sehen. Was er schon früher ausgeführt hatte, das versuchte er auch gegen diesen.

Zuerst machte er [der Teufel] sich daran, ihn von der Askese abspenstig zu machen, indem er die Erinnerung an seinen Besitz in ihm wachrief, die Sorge für seine Schwester, den Verkehr mit seiner Verwandtschaft, Geldgier und Ehrgeiz, die mannigfache Lust des Gaumens und all die anderen Freuden des Lebens, indem er ihm endlich vorstellte, wie rauh die Tugendübung sei und wie gross die Anstrengung dabei; er wies ihn hin auf die Schwachheit des Leibes und die Länge der Zeit. Mit einem Worte, er erregte einen gewaltigen Sturm von Gedanken in seinem Innern, da er ihn von seinem guten Vorsatz abbringen wollte.

Als aber der böse Feind seine Schwäche gegenüber dem festen Entschluss des Antonius sah, ja als er merkte, wie er niedergerungen wurde durch seine Festigkeit, zur Flucht gezwungen durch seinen starken Glauben und niedergeworfen durch sein beständiges Gebet, da setzte er [der Teufel] sein Vertrauen auf die Waffen ‚am Nabel seines Bauches', und voll Stolz darauf – denn es sind seine ersten Fallstricke für Jünglinge –, stürmte er heran gegen ihn, den Jüngling; er bedrängte ihn nachts und setzte ihm am Tage so zu, dass auch die, welche den Antonius sahen, den Zweikampf zwischen ihm und dem Teufel bemerkten.

Der Teufel gab ihm schmutzige Gedanken ein, Antonius verscheuchte sie durch sein Gebet; jener stachelte ihn an, er aber, gleichsam errötend, schirmte seinen Leib durch den Glauben, durch Gebet und Fasten.

[Schließlich heißt es:]
Der arme Teufel liess sich sogar herbei, ihm nachts als Weib zu erscheinen und alles mögliche nachzumachen, nur um den Antonius zu verführen.

[In der Not spielt der arme Teufel ‚Frau']
Dieser aber dachte an Christus und den durch ihn erlangten Adel der Seele, an ihre geistige Art, und erstickte die glühende Kohle seines Wahnes. Dann wieder stellte ihm der böse Feind die Annehmlichkeit der Lust vor, er [Antonius] aber, voll Zorn und Schmerz, erwog bei sich die Drohung des ewigen Feuers und die Plage des Wurmes[55]; dies hielt er ihm entgegen und ging aus den Versuchungen unversehrt hervor.[56]

---

chen-Postille, Epistel-Teil neben vermischten Predigten, Groß-Oesingen: Verlag der Lutherischen Buchhandlung Heinrich Harms 1987, 1944–1955).

[55] Vgl. Mk 9,48; Jes 66,24; Vgl. Judith LXX 16,17; Sir 7,17; 2 Makk 9,9; Apg 12,23; Jos, Ant 19,346ff.

[56] ATHANASIUS, Vita Antonii, in: Fontes Christiani 69 (2018), 5: „Dies alles aber war eine Schande für den Feind. [7.] Denn er, der gemeint hatte, Gott gleich zu sein, wurde nun von einem Halbstarken verspottet. Und er, der Fleisch und Blut verachtete, wurde zurückgeworfen von einem Fleisch tragenden Menschen. Denn mit diesem wirkte der Herr, der für uns Fleisch

Fromme Leser finden hier den *Sieg des Glaubens* über die teuflische Versuchung, die heroische *Beherrschung des Begehrens* mit den Mitteln der Askese: der Entweltlichung, Entsagung an die Natur, die wir sind. Nur, so einfach ist es *nicht*. Denn heilig wird der Heilige nur im *Erleben* der äußersten Versuchungen. Ohne das abgründigste Begehren kein Suchen und Finden Gottes.

Aber – wenn der Heilige final allem Begehren entsagen würde, in radikaler Entweltlichung, dann würde er in der übelsten aller Todsünden enden. *Nicht* zu begehren, gar nichts mehr, das kannten die Mönche in der Wüste als *Akedie*: als depressiven Zusammenbruch allen Begehrens, als unendliche Sinnlosigkeit, maximale Gottesferne. Akedie ist der Schatten der *Apathie*, der totalen Leidenschaftslosigkeit. Das Begehren muss daher *gerettet* werden und in *gewandelter* Gestalt wiederkehren: im unendlichen Begehren *Gottes*. Gegen das üble Begehren vermag nur das gute Begehren etwas. Denn im *Verenden* allen Begehrens hätte der Teufel gewonnen.[57]

Kein ‚Begehren Gottes‘ also ohne den Reiz *der Natur*, die wir sind. Sonst wäre der Gläubige ‚denaturiert‘. Sinnlichkeit und Imagination, Affektion und Begehren mögen Einfallstore ‚diabolischer‘ Versuchung sein, aber sie gehören auch zur *Natur des Glaubens*.

Geht es dem religiösen Begehren darum, Gott *nahe* zu sein, oder doch um mehr: auf fromme Weise *wie Gott* zu sein, soweit wie möglich apathisch, ewig, unsterblich zu werden?

*Gott* zu begehren, der Maximalglaube, kann es zum äußersten Übel führen. Das fromme Begehren kann schnell abstürzen. *Zuwenig* Begehren endet finster: in Apathie und Akedie. Aber *Zuviel* des Begehrens – und aus ‚Gott begehren‘ wird das Begehren, *wie Gott zu sein*. Die lebendige Energie des Begehrens ist nicht ohne dieses Risiko zu haben. In der *valentinianischen Gnosis* wurde der Anfang der Welt als Anfang vom Ende erzählt: als *Fall der Sophia*.[58] Sie fiel aus der göttlichen Ordnung, weil Sie Gott *zu sehr* begehrte und so die himmlische Ruhe und Ordnung *störte*. Dadurch kam alles in Unordnung – bis zur Entstehung der Welt (aus diesem chaotischen Begehren).[59]

---

getragen und dem Leib den Sieg über den Teufel geschenkt hat, so dass nun jeder, der so kämpft, sagt: ‚Nicht aber ich, sondern die Gnade Gottes, die in mir ist‘ (1 Kor 15,10).“

[57] AUGUSTINUS, Vorträge über das Evangelium des Hl. Johannes, in: Bibliothek der Kirchenväter. Des Heiligen Kirchenvaters Aurelius Augustinus ausgewählte Schriften 5 (1913), 18. Vortrag, 7: „Wenn wir aber noch nicht begehren, noch nicht verlangen, noch nicht seufzen, dann sind wir daran die Perlen dem nächsten Besten hinzuwerfen oder selbst wie immer beschaffene Perlen zu finden. Ich möchte also, meine Lieben, ein Verlangen in eurem Herzen erwecken.“

[58] MACDERMOT, VIOLET, The Fall of Sophia: A Gnostic Text on the Redemption of Universal Consciousness, Great Barrington: Lindisfarne Books ²2001.

[59] Vgl. IRENÄUS, Adversus Haereses, in: Fontes Christiani (1993), I, 2,2; 2,5; II, 17,11; 18,3;

Nicht *wie* Gott, sondern *bei* Gott zu sein, sei das tiefste Begehren, meinte Augustin. Seine Metaphern dafür sind das *Heimweh* der Seele, die „Sehnsucht nach dem Himmlischen", das „Begehren des Ewigen", das „Verlangen nach dem Vaterland, das droben ist"[60]: „Deshalb sind uns von Gott Erscheinungen gesandt worden, die unserer Pilgerschaft entsprachen, durch die wir erinnert werden sollten, daß nicht hier ist, was wir suchen, daß wir vielmehr aus der Fremde dorthin zurückkehren müssen, wovon wir abhängig sind" (de trin. 4,1).

War es bei Antonius der *Teufel*, der verführerisch an die verlorene irdische Heimat und Verwandtschaft erinnerte, so ist es bei Augustinus eine von *Gott* gesandte Erinnerung, die uns die *wahre* Heimat begehren lässt.[61] Teuflisches und frommes Heimweh liegen dicht beieinander. Sind beide auf das *Eigene* aus, auf die eigene Heimat – wie Odysseus? Dann wäre dieses Heimweh nur ein *Bedürfnis*, das Befriedigung sucht – eine ‚letzte Ruhestätte'.

‚Gott zu *begehren*', bleibt tief ambivalent und ist keine Erlösung vom Begehren in seiner Ambivalenz. Das Begehren Gottes befreie dazu, im Endlichen nicht das Unendliche zu begehren. Aber: wer *nur noch* Gott begehrte, würde der Endlichkeit ermangeln – ebenso wie des sozialen Sinns für den Nächsten. Der asketische Weg endet apathisch: ihm fehlt der Sinn für Kultur des Begehrens. Wie also kann das Begehren kultiviert werden, ohne es abdriften zu lassen in die Lust

---

LÖHR, WINRICH ALFRIED, Basilides und seine Schule. Eine Studie zur Theologie- und Kirchengeschichte des zweiten Jahrhunderts, Tübingen: Mohr Siebeck 1996, 310 f.

[60] AUGUSTINUS, Vorträge über das Evangelium des Hl. Johannes, 30. Vortrag, 7: „Zur Sehnsucht nach dem Himmlischen, zum Begerhen des Ewigen, zum Verlangen nach dem Vaterland, das droben ist und keinen Feind zu fürchten hat, wo wir keinen Freund verlieren, keinen Feind fürchten müssen, wo wir in voller Zufriedenheit ohne jeden Mangel leben, wo niemand geboren wird, weil niemand stirbt, wo niemand zunimmt und niemand abnimmt, wo man nicht Hunger und Durst leidet, sondern Sättigung die Unsterblichkeit ist und Speise die Wahrheit."

[61] AUGUSTINUS, Vorträge über das Evangelium des Hl. Johannes, 26. Vortrag, 4.: „Daher sollst du auch hier, wenn du vernimmst: ‚Niemand kommt zu mir, außer wen der Vater zieht', nicht meinen, daß du wider Willen gezogen wirst; es wird der Geist auch durch Liebe gezogen. Wir dürfen auch nicht fürchten, daß wir von Leuten, welche die Worte kritisch betrachten und vom Verständnis gerade der göttlichen Dinge so weit entfernt sind, bei diesem evangelischen Ausdruck der heiligen Schriften vielleicht getadelt werden, und daß man zu uns sage: Wie glaube ich freiwillig, wenn ich gezogen werde? Ich sage: freiwillig ist zu wenig, du wirst sogar mit Lust gezogen. Was heißt mit Lust gezogen werden? ‚Habe Lust im Herrn, und er wird dir die Wünsche deines Herzens erfüllen'. Es gibt eine gewisse Lust des Herzens, dem jenes Himmelsbrot süß ist. Sodann wenn der Dichter sagen durfte: ‚Jeden zieht seine Lust', nicht die Notwendigkeit, sondern das Behagen, nicht der Zwang, sondern das Ergötzen, um wieviel mehr müssen wir sagen, der Mensch werde zu Christus gezogen, der seine Freude hat an der Wahrheit, seine Freude hat an der Seligkeit, seine Freude hat an der Gerechtigkeit, seine Freude hat am ewigen Leben, was alles Christus ist? Oder haben nur die körperlichen Sinne ihre Ergötzlichkeit und der Geist bleibt ohne die ihm zukommenden Ergötzlichkeiten?"

am Unendlichen – und ohne dagegen in der Askese zu enden? Wie kann man das unendliche Begehren *verendlichen*, ohne es *verenden* zu lassen?

Das *Gesetz* (bei Paulus oder Lacan[62]) ist ein Reiz- und Erfrischungsmedium des Begehrens. Auf das Begehren mit Gesetz zu antworten, ist daher so produktiv wie kontraproduktiv. Es wird provoziert, aber als ‚gesetzwidriges‘.

Die evangelische Entgegnung darauf ist: ‚*Du sollst begehren!*‘, oder besser gesagt im Indikativ[2]: Du wirst begehren! Und Du darfst, kannst und kannst nicht nicht begehren. Nur – *wie*?

### 6.2 *Wie* Gott *Begehren*

Sünde sei das Begehren, ‚wie Gott zu sein‘, und Glaube sei das ‚Begehren *Gottes*‘ (gen. obj.)? Dann liegen sie ‚haarscharf‘ beieinander.[63] Um sich ‚im Begehren zu orientieren‘, sei daher empfohlen, es *rechtfertigungstheologisch* zu unterscheiden. Eine Rechtfertigung des Begehrens also:

Das ‚Begehren‘ namens *Glaube* ist ein ‚freier Herr‘ aller Dinge und niemandem untertan – und daher ein ‚dienstbarer Knecht‘: ein freigesetztes, leidenschaftliches Begehren, dass aufgrund seiner (christologisch bestimmten) Freiheit aus Leidenschaft verantwortlich ist für den Nächsten. Wichtig ist dabei, diese ‚dienstbare Knechtschaft‘ nicht als neues Gesetz (tertius usus) zu begreifen oder als Imperativ des Indikativs. Es ist vielmehr die ‚Leidenschaft für den Nächsten‘ (Kierkegaard).

Das ‚Begehren‘ namens *Sünde* ist dagegen ein ‚*un*freier Herr‘ und *nicht* ‚dienstbarer Knecht‘. In sich gefangen, ermangelt es des Nächsten ebenso wie einer freien Selbstbestimmung. Es ist weder frei noch verantwortlich für den Nächsten.

Nicht einfach das *Objekt* des Begehrens (Gott versus Welt) macht den Unterschied, sondern der *Geist*, *in dem* begehrt wird, bestimmt den ‚Sinn und Geschmack‘ des Begehrens. Mit Luther gesagt: In ‚freier Lust und Liebe‘ zeigt sich der Glaube als Begehren. Im Begehren zeigt sich, wer man ‚ist‘. *Daher* ist das Begehren so aufschlussreich (symptomatisch und signifikant) als Manifestation, Movens und Medium.

– Es ist *Manifestation* der Person (des Herzens),
– *Movens* von Wissen und Wollen (ein Drittes zu beiden),

---

[62] Lacan sprach vom ‚Gesetz des Begehrens‘, weil das Begehren gerade darin besteht, gegen das Gesetz aufzubegehren (das Imaginäre gegen die symbolische Ordnung). Žižek, Slavoj, Lacan. Eine Einführung, Frankfurt a.M.: Fischer ⁶2019, 59–61; Gondek, Hans-Dieter/ Widmer, Peter (Hg.), Ethik und Psychoanalyse. Vom kategorischen Imperativ zum Gesetz des Begehrens: Kant und Lacan, Frankfurt a.M.: Fischer 1994.

[63] Nur dass die Sünde *zuviel* oder *verkehrt* begehrt, im *Zuviel* Begehren des Anderen, vor allem *für sich*?

– und *Medium* des Geistes: Zwischen alt und neu, wie Sünde und Glaube, ist es so passiv wie aktiv, so evoziert wie spontan, ein Ineinander von Fremd- und Selbstbeziehung. Deswegen ist Begehren Metapher für Sünde geworden. Und deswegen sollte es auch Metapher für den Glauben sein. Die *Valenz* des Begehrens zwischen Sünde und Glaube wird allerdings zur *Ambivalenz*, die in Sünde und Glaube auseinandertreten kann: dann streiten ‚altes‘ und ‚neues‘ Begehren.[64] Mit Luther: Glaubenslust gegen Fleischeslust, *simul*.

Glaube heißt dann nicht ‚nur‘ *Gott* zu begehren[65], sondern treffender: *wie Gott* zu begehren. Die Formulierung ist riskant und angreifbar. Gängig wäre zu sagen: nicht nur Gott zu lieben, sondern *wie Gott* zu lieben. Damit wird ein Unterschied markiert: dass der Glaube nicht endet ‚bei Gott‘, sondern sein Begehren wird ‚umgelenkt‘ in die Welt, zum Nächsten. Was sonst wäre der Sinn, Gott zu begehren? Nur um bei Gott Ruhe und Ordnung zu finden?

Lässt man sich diese Metapher vorübergehend gefallen, ‚wie Gott zu begehren‘, wäre nun eigens zu klären, wie Gott denn begehrt? *Sein* Trachten des Herzens wäre auszuführen, etwa in Reue und Barmherzigkeit. Und wie der Vater so der Sohn: auch das Begehren *Jesu*, etwa der ‚Jammer Jesu‘. Da das den Rahmen sprengen würde, bleibt nur eine schmerzliche Verkürzung:

*Gottes Begehren* (im gen. subj.) ist ein Begehren der Menschen um deretwillen (nicht nur um Gottes willen). Dem entspricht das *Begehren Jesu*, seine beunruhigende Zuwendung zum Nächsten. Jesu Begehren zielt darauf, *mit* anderen zu begehren, nicht *gegen* sie; letztlich *für sie zu begehren*, nicht nur für sich oder ‚für seinen Vater‘, also darauf, den Anderen um seiner selbst willen zu begehren.

Das Begehren Jesu *verkörpert* Gottes Begehren, das dann gottgemäß gereinigt ‚Liebe‘ genannt wird. Kraft dieser Verkörperung *ist* er Gott, *zeigt*, das heißt *offenbart* ihn – so wie sich dessen Liebe in ihm zeigt. Er begehrt: ‚*menschlich*‘ zu sein, nicht übermenschlich; *lebendig* zu sein, nicht aber ewig zu leben, und *endlich* zu sein, nicht unendlich.

Begehren drängt auf ambivalente Weise zur Unendlichkeit. So sucht auch das *religiöse* Begehren Größe, Herrlichkeit und Ewigkeit. Die metaphysischen Gottesphantasien zeigen das: Allmacht, Allwissenheit und Ewigkeit gelten als der Gipfel religiöser Genüsse (vgl. Joh 6). Solches Begehren nährt sich von dem Mangel, den es selber produziert.

Die christliche Antwort darauf ist eine Schubumkehr:

– die Kultur der *Verendlichung* des religiösen Begehrens (ohne es verenden zu lassen),

---

[64] Begehren ist, mythisch gesagt, ein ‚Kampfplatz‘.

[65] Die alte Formel ‚Gott zu begehren‘ hat ihren Sinn darin, an Gott die rechte Kunst des Begehrens von ‚Mensch und Welt‘ zu entdecken.

– seine christologisch bestimmte *Verweltlichung* (nicht eine asketische Entweltlichung)

– und seine *Vergemeinschaftung* (ohne eine ‚geschlossene Gesellschaft‘ zu werden).

Das bleibt ein riskanter Balanceakt: Das Unendliche im Endlichen zu suchen,
ohne das Endliche als unendlich zu übertreiben. Nicht nur *Gott* zu begehren,
sondern *wie Gott* zu begehren, heißt auch nicht nur den *Geist Christi* begehren,
sondern *in dessen Geist* begehren.

Das ändert die Grammatik des Begehrens: Wie *Gott* ‚Mensch und Welt‘ begehrt, *so* ist der Glaube *als Liebe* ein Begehren des Nächsten, nicht mimetisch,
sondern so frei wie darum dienstbar. Das Gravitationszentrum des Begehrens
wird neu bestimmt: Es liegt nicht in mir (das wäre die schlechte Version des
*amor sui*); auch nicht final in Gott (*amor dei* heißt nur zu leicht Entweltlichung).
Es wird ‚umgelenkt‘ in die Wirklichkeiten, in denen wir leben. Es wird zum Sinn
und Geschmack *für's Endliche*, zum Sinn *für die Nächsten*.

Das wäre ‚eschatologisches Begehren‘ zu nennen (ein neues Begehren des
Neuen): ein Begehren mit Leib und Seele – das allerdings lebensgefährlich werden kann, nicht zuletzt, wenn es das alte Begehren nach Macht und Größe enttäuscht.

Johannes 6 ist ein prägnantes Beispiel mit seinem zweierlei Brot. Das eine
stillt den Hunger und befriedigt das *Bedürfnis*, ohne dass das geringzuschätzen
wäre (Speisung der 5000: 6,1–15). Das ‚wahre Brot vom Himmel‘ indes ist anders, keine Bedürfnisbefriedigung, sondern an das *Heilsbegehren* des Volkes gerichtet – allerdings nicht fugenlos passend als ‚Entsprechung‘ (Brotrede: 6,26-
28). Mit der Differenz von Bedürfnis und Begehren gesagt: Heilsbedürfnis und
Heilsbegehren werden differenziert und konfrontiert.

Das Volk wünscht sich einen Brotmessias und murrt. Denn Christus erfüllt
dieses Begehren *nicht*, sondern konfrontiert oder ‚verwandelt‘ es. Denn er operiert *nicht als Erfüllung der üblichen Wünsche* (dagegen Entzug beziehungsweise Entweichen: 6,15), sondern als ein kritisches Befremden. Der Brotmessias
wäre nur der Gipfel an religiöser Bedürfnisbefriedigung, während Christus ihnen
etwas *Anderes* zumutet, das zum wahren Leben führt: *Ego eimi* (6,48). „Dies ist
das Brot, das vom Himmel kommt, damit, wer davon isst, nicht sterbe“ (6,50).

Nicht Bedürfnis und Befriedigung oder Begehren und vermeintliche Erfüllung
ist das johanneische Modell, sondern *einerseits* Entzug und Enttäuschung der
Bedürfnisse (kein König), daher auch Befremdung und Agression; *andererseits*
Umbesetzung, Überraschung, Übertreibung und Übererfüllung mit der Wendung
zur Menschlichkeit Jesu (und von daher die Neuqualifizierung des irdischen Bro-
tes). So findet das Bedürfnis durch ein Befremden hindurch keine fugenlose Er-

füllung – sondern eine Überraschung und Überschreitung des Erwarteten: Brot um zu überleben trifft auf das Brot des Lebens; Brotmessias-Begehren trifft auf Christus; und das Begehren, den Enttäuschenden zu töten – trifft auf seine Selbsthingabe und seinen Tod, als erwartungswidrige Gabe.

Das ist jedenfalls weder nur Erwartungserfüllung (Odysseus' Heimkehr), noch allein Verheißung der Fremde (Abraham), aber auch nicht einfach Erfüllung der Verheißung (Typologie). Diese Verschränkung von Bedürfnis und Begehren, von Enttäuschung und Übererfüllung lässt sich weder als Offenbarungs- noch Vermittlungstheologie fassen. Wäre der Ausdruck nicht besetzt, könnte man Krisentheologie sagen, genauer: *Krisis*theologie. Und es ist anthropologisch wie soteriologisch *Medien*theologie: das doppelte Brot als Medium ist Metonymie des Begehrens – *desjenigen* Begehrens, das als Medium von Glaube *und* Sünde fungiert.

Als hätte er Joh 6 im Sinn gehabt, meinte Levinas: „Das Bedürfnis […] ist eine Leere der Seele, es geht vom Subjekt aus."[66] Und er notierte auch: „Das Begehren ist ein Streben, das vom Begehrten belebt wird; es entsteht von seinem ‚Gegenstand' her, es ist Offenbarung." Es „ermißt die Unendlichkeit des Unendlichen."[67] Dann bliebe es beim Sinn und Geschmack für's Unendliche.

*Christologisch* ist hier weitergehend zu unterscheiden: Das Begehren ermisst die Endlichkeit des Unendlichen (Gottes) und die Unendlichkeit des Endlichen (des anderen Menschen).[68] Als Einübung in diese Schubumkehr des Begehrens sei an das Abendmahl erinnert: Das *capax infiniti* zielt auf den Nächsten, als *ein Begehren im Geiste Christi*. In diesem Sinne gilt: Du wirst begehren – den *Nächsten* begehren, *wie Gott selbst* ihn begehrt.[69]

---

[66] LÉVINAS, EMMANUEL, TU 81.

[67] Ebd.; vgl. auch LÉVINAS, EMMANUEL, Die Spur des Anderen. Untersuchungen zur Phänomenologie und Sozialphilosophie, Freiburg/München: Alber ⁶2012, 201.

[68] Sic. auch die Endlichkeit des Unendlichen (also Christi). Aber diese Entdeckung *dient* der Entdeckung der Unendlichkeit des Endlichen als des Anderen.

[69] Aber diese riskante Nähe von Sünde und Glaube als Begehren wiederholt sich. Das Begehren des Anderen kann ebenso in Sünde und Glaube gegeneinandertreten: das *mimetische* Begehren des Anderen mit Kompetition und Gewalt; oder das (christomimetische?) Begehren des Anderen als Nächstenliebe. Die Verwechslungsgefahr bleibt – qua *simul*.
Es liegt nahe, dass die *Figur Christi*, als Verkörperung Gottes, für solche Verwechselungen nur zu anfällig ist: sei es als Medium religiöser Bedürfnisbefriedigung (dann wird er zum mächtigen König und Brotmessias gemacht), sei es als Medium des erfüllten Begehrens, ‚als wären wir schon da'. Seine offenbare Endlichkeit und seine verborgene Unendlichkeit sind doppelt missverständlich (wie die johanneischen Missverständnisse zeigen).

# Das Mitleid der Religion –

## anthropologische Erfolgsformel oder pathologisch-exzessive Leidenschaft der Weltverbesserung?

*Rebekka A. Klein*

Mitleid wird ähnlich wie Liebe, Sympathie und Solidarität in den Diskursen der westeuropäischen Moderne oft als anthropologisches Fundament einer moralischen Motivation zum richtigen Handeln oder als Teil einer Praxis des guten Lebens betrachtet. Denn Mitleid lasse „als eigenes erfahren, was den anderen betrifft"[1] und ermögliche darin eine grundlegende Sensibilisierung für leidvolle Erfahrungen, für Übel, Böses, Gewalt und die Beschädigungen, welche Menschen in ihrem Leben widerfahren können. Leicht erscheint es dann, das Mitleid als eine Form basaler humaner Leidempfindlichkeit, als eine Form der ursprünglichen Ansprechbarkeit des einen für den anderen zu begreifen, welche Menschen am Punkt der radikalsten Negativität ihrer Existenz als „zutiefst miteinander verbunden und womöglich dem Anderen gegenüber verpflichtet"[2] erscheinen lässt. Dass es dem Menschen möglich ist, mit anderen zu leiden und für das unglückliche Befinden der anderen sensibel zu werden, wird dann zum Anlass genommen, die Hoffnung zu vermitteln, dass Menschen – unabhängig von streng rationalen Einsichten, aber auch jenseits von Zwang, der auf sie ausgeübt wird – *natürlicherweise* und ganz *spontan* dazu fähig sind, das Leiden anderer nicht gleichgültig und tonlos an sich vorbeiziehen zu lassen, sondern sich selbst dieser anderen innerlich anzunehmen und ihnen engagiert an die Seite zu treten.[3]

Dem Mitleid kann in den moralphilosophischen und anthropologischen Diskursen der aufgeklärten Moderne in diesem Sinne sogar die Rolle zukommen,

---

[1] BÖHME, GERNOT, Anthropologie in pragmatischer Hinsicht. Darmstädter Vorlesungen, Frankfurt a. M.: Suhrkamp 1985, 107.

[2] LIEBSCH, BURKHARD, Menschliche Sensibilität. Inspiration und Überforderung, Weilerswist: Velbrück Wissenschaft 2008, 12.

[3] Vgl. dazu die 1841 veröffentlichte programmatische Kritik an Kants Vernunftmoral durch SCHOPENHAUER, ARTHUR, Über die Grundlage der Moral (Philosophische Bibliothek 579), hg. von Peter Welsen, Hamburg: Meiner 2006, welche die Fähigkeit, das Leid anderer zu teilen, als Manifestation einer ursprünglichen Menschenliebe und Grund der Moral begreift.

gleichsam als ein letzter anthropologischer ‚Rettungsanker' im Streit um das
Gut- oder Bösesein des Menschen und um die Möglichkeit einer wahrhaft humanen Welt zu fungieren (so bei: Jean-Jacques Rousseau, David Hume, Adam
Smith). Denn mit ihm liegt ein *vor aller* (Vernunft-)Moral und *vor allen* sozial
oder religiös sanktionierten Normen anzusiedelndes Gefühl der Mitmenschlichkeit zutage, auf welches der moderne Wunsch nach einer besseren, nach einer
humaneren Welt ‚bauen' kann. Dabei ist auch das intrikate Verhältnis des modernen Bewusstseins zur christlichen Religion von zentraler Bedeutung. In eine anthropologische Zentralstellung wird das Mitleid nämlich vorzugsweise dann ein-
gerückt,[4] wenn es darum geht, „die Menschenwürde ohne die Hilfe religiöser
Institutionen in der Welt zu verankern"[5]. Dabei wird oft angenommen, dass es
die christliche Kultur gewesen ist, die das Mitleid in besonderer Weise fokussiert
und dazu beigetragen hat, die moderne „Mitleidskultur"[6] zu etablieren. Erst das
Christentum habe nämlich das Mitleid von einem kontingent auftretenden Affekt
zu einem ‚Universalsinn der Menschlichkeit' umgebildet und seine moralische
Qualität damit entscheidend gesteigert.[7]

  Wo genau dieses moralisch hoch relevante Phänomen des Mitleidens anthropologisch entspringt – im Trieb, im Affekt, in der emotionalen Wahrnehmung
und im Verstehen, in der Einbildungskraft oder in den ansozialisierten Haltungen
und zu kultivierenden Tugenden des Menschen –, ist in modernen Diskursen
nicht immer klar entschieden. Die Tendenz geht jedoch hin zu den höheren Vermögen, der Vorstellungskraft und der reflexiv kultivierten Haltung der Anteilnahme an fremdem Leid. Die Leidempfindlichkeit des Menschen wird demnach
primär und fast ausschließlich als *Fähigkeit und Vermögen* des Menschen thematisch gemacht. Der eigentliche Ursprung der Logik der Mitleids- und Mitgefühls-
ethiken der Moderne liegt jedoch bei genauerem Hinsehen gerade nicht in den
aktiven Vermögen des Menschen, welche ihm erlauben, sein Leben *als Handeln*
selbst zu gestalten. Vielmehr entspringt das Mitleid gerade anders als diese aus
der passiven Affizierung durch fremdes Leid, aus dem *pathischen Betroffenwerden*, welches in der modernen Logik der humanen Vermögen und Potenzen des

---

  [4] Auch Christoph Demmerling und Hilge Landweer führen die „anhaltende und dauerhafte
Prominenz" des Mitleids in den Diskursen der Moderne darauf zurück, dass es die „vielfältigen
Beziehungen [...] zwischen [...] dem christlichen Menschenbild und den Werten der abendlän-
dischen Kultur" repräsentiert. Vgl. DIES., Mitgefühle, in: dies., Philosophie der Gefühle. Von
Achtung bis Zorn, Stuttgart/Weimar: Metzler 2007, 167–193, hier 167, aber auch 181.
  [5] Vgl. dazu auch: ARENDT, HANNAH, Über die Revolution, München: Piper ⁶2016, 103.
  [6] DEMMERLING/LANDWEER, Mitgefühle, 181.
  [7] So die im Anschluss an Wolfgang Schadewaldt vertretene These von Ingolf Dalferth in:
DALFERTH, INGOLF U./HUNZIKER, ANDREAS, Einleitung, in: dies., Mitleid. Konkretionen eines
strittigen Konzepts (RPT 28), Tübingen: Mohr Siebeck 2007, IX–XXV, hier XI.

Subjekts eher verdeckt und überspielt als offengelegt wird.[8] Denn in der Logik des potenten Subjekts wird verdeckt, dass der Logos (des Mitleids) „nicht primär über etwas, sondern von anderem her spricht",[9] dass er sich also dem Widerfahrnis einer ursprünglichen Affektion *durch das Fremde* eines Leidens verdankt, welches in seiner bedrückenden Präsenz gerade davon lebt, dass es nicht erst durch die eigene Vorstellungs- und Einbildungskraft konstruktiv hervorgebracht oder ‚erdacht' worden ist und damit in der eigenen Vorstellungswelt eigentlich *absent* ist, diese übersteigt und entsprechend nur verstörend und beunruhigend in diese eintreten kann. Diese Unruhe und Verstörung der Affizierung durch ein fremdes Leid, von dem das leibliche Selbsterleben im Mitleid betroffen wird, wird jedoch abgeblendet, wo das Mitleid durch eine Leistung der Perspektivenübernahme, Einfühlung oder Imagination des Subjekts hervorgebracht wird, durch welche das fremde Leid im Eigenen schnell ‚heimisch' werden und schließlich zum *movere* eines klar moralisch ausgerichteten Handlungsimpulses gegenüber dem anderen werden kann.

Mitleid, welches als Antwort auf eine Affektion durch fremdes Leid verstanden wird, entspringt also grundlegend anders als Normen und Prinzipien nicht aus Ethos und Logos, aus Moral oder Vernunft, sondern *aus dem Pathos* und stellt damit zugleich eine (nicht immer offengelegte) Herausforderung für die aufgeklärte Orientierung modernen Lebens und Denkens an einer ‚entemotionalisierten' und nüchternen Vernunftkonzeption dar.[10] Mitleid als Wirkung der primären Affizierung des einen durch den anderen in seinem Leiden ist dann mit Passivität, Affektion und Gefühl und damit mit einer Dimension der Unverfügbarkeit menschlichen Seins assoziiert.[11] Als widerfahrendes Pathos ist es Teil des zwischenmenschlichen ‚Einander-Ausgesetzt'-Seins,[12] dessen wir uns gar nicht erwehren können. Mitleid – auf eine ursprüngliche Affektion zwischen Menschen zurückgeführt – ist dann nicht primär Tugend oder reflexive Haltung, welche von Vernunft und Kultur allein abhängig wäre in ihrer Genese. Vielmehr

---

[8] Ich folge hier der These zum Ursprung des Mitleids im Pathischen von STOELLGER, PHILIPP, ‚Und als er ihn sah, jammerte es ihn'. Zur Performanz von Pathosszenen am Beispiel des Mitleids, in: Ingolf Dalferth/Andreas Hunziker (Hg.), Mitleid. Konkretionen eines strittigen Konzepts (RPT 28), Tübingen: Mohr Siebeck 2007, 289–306.

[9] WALDENFELS, BERNHARD, Platon. Zwischen Logos und Pathos, Berlin: Suhrkamp 2017, 11.

[10] Dass die Moderne nicht die einzige, sondern nur eine neue Konzeption der allgemeinen Vernunft entwickelt hat, zeigt: SCHMITT, ARBOGAST, Wie aufgeklärt ist die Vernunft der Aufklärung? Eine Kritik aus aristotelischer Sicht (Studien zu Literatur und Erkenntnis 7), Heidelberg: Universitätsverlag Winter 2016.

[11] Vgl. STOELLGER, ‚Und als er ihn sah'.

[12] Vgl. LIEBSCH, BURKHARD, Einander Ausgesetzt – Der Andere und das Soziale, 2 Bde., Freiburg i. Br.: Karl Alber 2018.

wird mit ihm eine den Menschen unhintergehbar und als Teil seiner unverfügbaren (Leib-)Natur[13] auszeichnende Affizierung durch fremdes Leid aufgerufen,
der allerdings ein enorm hohes sozialisierendes Potenzial (noch weit über den
zwanglosen Zwang der Vernunft hinaus) zugeschrieben werden kann. Gleichsam
als ‚natürliches soziales Band' kann Mitleid als primäre zwischenmenschliche
Affektion für Kultur und Gesellschaft hoch potent im Sinne ihrer humanitären
Transformation sein. Es geht von einem für das Subjekt und seine Vermögen
unverfügbaren Pathos aus, welches mehr Betroffenwerden und Befremden als
spontane Eigenbewegung des Subjekts, welches mehr Motion seiner Leiblichkeit als Intention seines Bewusstseins ist.

Angesichts dieser Ausführungen zur Mächtigkeit und Potenz des Mitleids in
den Diskursen der Moderne mag es verwundern, dass die Auffassung des Mitleids als „Schrittmacher des moralischen Bewusstseins",[14] welche die mo-
dern-aufgeklärte Ethik in wesentlichen Traditionslinien charakterisiert, nicht von
allen geteilt worden ist. Erst vor kurzem ist wieder gefragt worden, inwiefern in
einer solchen zwischen Menschen affektiv evozierten Sensibilität für Leid, Dis-
kriminierung, Entwürdigung und Gewalt nicht doch auch eine gewisse Ambivalenz liegen könnte.[15] Diese Frage ist insofern berechtigt, als es die Diskurse der
Moderne im Sinne einer selbstaufgeklärten Moderne auszeichnet, dass sie immer
auch als nüchterne Kritik an ihren eigenen Prämissen und Erkenntnissen vollzogen werden können und sollen. Dies gilt auch für das Mitleid. Es ist daher zu
Recht in den Diskursen der Moderne nicht nur konstruktiv, sondern durchaus
auch sehr kritisch betrachtet worden und keineswegs ausschließlich als ein moralisches Gefühl des Menschen und als Teil seiner unverfügbaren und naturhaf-
ten Anlage in moralgenetischer und -psychologischer Hinsicht gewürdigt worden. Auf Grund der ihm innewohnenden Asymmetrie, also der in ihm sich mani-
festierenden Schieflage im Verhältnis zwischen Selbst und Anderem, ist es auch
geradezu diffamiert und verworfen worden. Mitleid als ein herablassendes Be-
dauern des anderen dient in dieser Sichtweise nicht der humanitären Transformation von Kultur und Gesellschaft, sondern untergräbt diese geradezu.[16] Zudem
zeige sich im Mitleid kein wahrhaft prosoziales, am Wohlergehen des anderen

---

[13] Vgl. BÖHME, GERNOT, Leib. Die Natur, die wir selbst sind, Berlin: Suhrkamp 2019.

[14] DEMMERLING/LANDWEER, Mitgefühle, 168.

[15] Vgl. dazu die Kritik an der Eskalation des Sensiblen in der ‚Hochsensibilität' und in den
‚Safe Spaces' der Gegenwart: FLASSPÖHLER, SVENJA, Sensibel. Über moderne Empfindlichkeit
und die Grenzen des Zumutbaren, Stuttgart: Klett-Cotta 2021.

[16] Vgl. RICŒUR, PAUL, Lebendig bis in den Tod. Fragmente aus dem Nachlass (Philosophische Bibliothek 614), übers. und hg. von Alexander Chucholowski, Hamburg: Meiner 2011,
20 f., bezeichnet das Mitleid (*compassion*) als ein bloßes „Gestalten des Bedauerns", als ein
bloßes „mit-seufzen" ohne rechte Distanz und ausgestattet mit einem unguten ‚fusionellen
Hang'.

orientiertes Gefühl, sondern vielmehr ein selbstsüchtiger Trieb, der Ausdruck einer Form des Selbstmitleids und einer menschlichen Schwäche sei.[17] Die im Mitleid wirkende Affektion mache aus diesem Gefühl, so wertet es beispielsweise der Theologe Johann Baptist Metz, ein gefühlsbetontes, praxisfernes und schließlich unpolitisches Phänomen.[18] Mitleid stehe „im Verdacht, die […] herrschenden Ungerechtigkeiten durch Sentimentalität zu verschleiern".[19]

Als Affekt und Passion verstanden wohnen dem Mitleid jedoch nicht nur sentimental-unpolitische, sondern – nach Auffassung seiner Kritiker – sogar irrationale, hoch eskalierende und excessive anthropologische Potenzen inne, welche sich nicht gewinnbringend, sondern schädlich auf das menschliche Zusammenleben auswirken können. Hannah Arendt hat das Mitleid daher nicht ohne Grund in ihrer Analyse der demokratischen Revolutionen der Moderne dem gewalttätigen ‚Furor' eines Maximilien de Robespierre zugeordnet.[20] Mitleiden im Sinne einer leidenschaftlichen Anteilnahme an fremdem Leid geht ihrer Auffassung nach einher mit einer Glorifizierung des Leidens in der Politik und mit einer Missachtung der für alle öffentlichen menschlichen Angelegenheiten konstitutiven Egalität der Menschen und ihrer stets als gleichberechtigt anzusehenden Anliegen. Arendt hat der Aufforderung zum Mitleid im öffentlichen Diskurs daher einen ‚außerordentlichen Machtwillen', ja geradezu einen ‚Machthunger', attestiert.[21] Die Berufung auf das Mitleid arbeite einer blinden Zerstörung menschlichen Zusammenseins zu, die durch die unzulässige Parteinahme zugunsten der Schwachen und Beschädigten und die ohne Maß und Mitte vorangetriebene Realisierung ihrer Interessen verursacht werde.

Vor dem Hintergrund der von Arendt selbst vertretenen Politik eines egalitären öffentlichen Raumes, in dem jedermann ohne Unterschied sichtbar und hörbar erscheinen kann,[22] zeigt sich das Mitleid geradezu als ein Affekt, der als pathologisch einzustufen ist, da er ein eskalierendes *Subjekt der Protestation* hervorbringt, welches sich im Namen der Leidenden „über die Gesetze hinwegsetzen zu dürfen [meint] und so alles Vertrauen in Recht und Gesetz verwüstet".[23] Von

---

[17] Vgl. NIETZSCHE, FRIEDRICH, Also sprach Zarathustra (1883), in: Sämtliche Werke: Kritische Studienausgabe in 15 Einzelbänden, Bd. 4, hg. von Giorgio Colli, Berlin: De Gruyter ²2021. Vgl. dazu auch die Einschätzung von Nietzsches Mitleidskritik in: AUDI, PAUL, L'Empire de la compassion, Paris: POCKET 2021, 145–202.

[18] METZ, JOHANN BAPTIST, Memoria Passionis. Ein provozierendes Gedächtnis in pluralistischer Gesellschaft, Freiburg i. Br.: Herder ⁴2011, 166.

[19] Ebd.

[20] Vgl. ARENDT, HANNAH, Über die Revolution.

[21] Vgl. ebd., 100–124. Siehe dazu auch weiter unten in Abschnitt 5.

[22] Vgl. dazu auch: ARENDT, HANNAH, Vita activa oder Vom tätigen Leben, hg. von Thomas Meyer, München: Piper 2020.

[23] ARENDT, HANNAH, Über die Revolution, 115.

seiner pathischen, von seiner leidenschaftlich passionierten Seite her kann das Mitleid demnach aus dem Kreis der aufgeklärt-modernen sozialen und moralischen Gefühle auch genauso gut ausgeschlossen oder zumindest mit Ambivalenz belegt und zurückgestellt werden.

Der in diesen einführenden Überlegungen ausgelegten Spur einer inneren Dialektik und Ambivalenz moderner Mitleidsdiskurse soll im Weiteren nachgegangen werden. Dazu werden in drei Schritten Gedanken entfaltet. Zuerst soll die Rolle der Religion innerhalb der Diskurse einer aufgeklärten Moderne befragt und mit den Versuchen einer Abwehr der Irrationalität der Affekte in Verbindung gebracht werden. Daran anschließend wird am Beispiel ausgewählter Texte neuerer Mitleidsethik die Bewegung einer Immunisierung des Mitleids gegen die ihm eigene Affektivität nachgezeichnet. Schließlich versucht der Artikel zu zeigen, dass das Mitleid ‚der Religion' sich im Horizont der modernen Frage nach dem Handlungssinn und nach den motivationalen Potenzen der Gefühle als eine pathologisch-exzessive Kraft erweist. Aus ihm erwachsen also nicht nur Potenziale der Weltverbesserung, sondern auch die Sprengkraft eines Auszugs und Entzugs aus der Wirklichkeit einer vermeintlich humanisierten Vernunft. Im Horizont einer religiös-theologischen Vernunft wohnen dem Mitleid demnach im Vergleich zu den mitleidsethischen Affirmationen dieses Gefühls in der Philosophie abweichende und damit potenziell subversive Dimensionen inne.

## 1. Religion als Ressource und Fremdkörper in den Diskursen der Moderne

Als diskurstheoretischer Begriff bezeichnet der Ausdruck ‚Moderne' den Versuch einer Selbstermächtigung[24] des Menschen zum Guten wie zum Bösen, die durch Reflexion und Vernunft – aber auch durch die Indienstnahme affektiver und körperlicher Vermögen des Menschen – ‚geleistet' werden kann und soll. ‚Modern' ist also eine diskursive Anstrengung der souveränen Machtergreifung des Menschen über sich selbst und seine Wirklichkeit, welche auf Vermögen und

---

[24] Mit Selbst*ermächtigung* soll nicht ausgesagt werden, dass die anthropozentrische Souveränitätsformel der Moderne eine illegitime Machtsteigerung im Gegensatz zu einer legitimen Selbstbehauptung (Blumenberg) darstellt. Es soll also keine Aussage darüber getroffen werden, wie es dazu kam, noch soll eine Wertung ausgesprochen werden, ob es gerechtfertigt ist, dass der Mensch sich im Denken selbst als souverän setzt. Es soll also an dieser Stelle nicht zur Frage der problemgeschichtlichen (Dis-)Kontinuität des modernen Denkens Position bezogen werden. Vgl. SCHMITT, CARL, Politische Theologie II. Die Legende von der Erledigung jeder Politischen Theologie, Berlin: Duncker und Humblot ²1996, 88 f.; BLUMENBERG, HANS, Die Legitimität der Neuzeit, Frankfurt a. M.: Suhrkamp 1966, 108. Vielmehr soll die Kategorie der Selbstermächtigung hier subjektkritisch und anthropologisch ausgelegt werden.

Ressourcen eines denkenden, fühlenden und bewusst sein Schicksal bestimmenden Subjektes aufzuruhen beansprucht. Genau dieses zur Selbstbestimmung fä-
hige und würdige Subjekt sowie seine Potenzen und Vermögen stehen daher im
Fokus eines als ‚modern‘ erstrebten Lebens und Denkens, welches seine Visio-
nen von Menschsein, Politik und Gesellschaft stets aus der *Konstruktion anthropologischer Potentialitäten* heraus erschafft. Die moderne Bewegung der Poten-
zierung humaner Vermögen wird allerdings begleitet durch ein Gegenbewegung
der *Depotenzierung*[25] ebendieser Vermögen und Fähigkeiten des Menschen.[26]
Denn der diskursiven (und imaginären) Anstrengung einer Selbstermächtigung
des Menschen zur Erschaffung einer ihm eigenen und eigentümlichen Welt ist
eine hoch ambivalente Dynamik zu eigen. Sie kann insbesondere im Angesicht
der vielgestaltigen Kehr- und Schattenseiten des modernen Lebens und Denkens
nicht verleugnet werden.[27]

Das moderne Streben nach einer Welt, die auf menschliche Präsenz und Macht
setzt, ist gekennzeichnet durch eine Einkehr in die Immanenz der menschlichen
Natur als Ausgangs- und Zielpunkt allen Denkens und Handelns. Das Begehren
nach einer umfassend ‚humanisierten‘ Welt gründet dabei jedoch nicht allein auf
jenem emanzipativen Akt, in dem der Mensch in sich selbst ein Vermögen zur
Aufklärung und Selbstkritik, aber auch zur Erschaffung einer wahrhaft humanen
Welt findet, und dieses allen anderen Autoritäten entgegensetzt. Dieses Begehren

---

[25] Die Rede von Depotenzierung meint an dieser Stelle, anthropologische Figuren der Souveränität des Menschen in ihrer Positivität und Absolutheit abzubauen und zu schwächen. Dies
kann geschehen, indem Elemente ihrer Negativität und Kontingenz perspektivisch ins Zentrum
gerückt werden. Eine Depotenzierung der Souveränität ist allerdings nicht zu verwechseln mit
einer kritischen Verabschiedung oder einem ‚Ende‘ des Menschen. Ihr geht es nicht darum, die
imaginäre Produktion von Bildern und Mythen der Souveränität des Menschen zu überwinden,
sondern vielmehr darum, diese Produktion neu auszurichten. Depotenzierung vollzieht sich
dort, wo die Figur der Souveränität durch Figuren ihrer Schwächung, Destabilisierung oder
prekären Fundierung durchkreuzt und umbesetzt wird. Dazu ausführlicher von der Verfasserin,
Depotenzierung der Souveränität. Religion und politische Ideologie bei Claude Lefort, Slavoj
Žižek und Karl Barth, Tübingen: Mohr Siebeck 2016.

[26] Vgl. HORKHEIMER, MAX/ADORNO, THEODOR W., Dialektik der Aufklärung. Philosophische Fragmente, Frankfurt a. M.: Fischer [18]2009; BÖHME, HARTMUT/BÖHME, GERNOT, Das Andere der Vernunft. Zur Entwicklung von Rationalitätsstrukturen am Beispiel Kants, Frankfurt
a. M.: Suhrkamp 2010, LEFORT, CLAUDE, Fortdauer des Theologisch-Politischen?, Wien: Passa-
gen-Verlag 1999. Vgl. dazu auch BLUMENBERG, HANS, Matthäuspassion, Frankfurt a. M.: Suhrkamp 1988, 307, welcher anmahnt, dass das Vorantreiben der Eskalation des Gottesgedankens
in seiner Allmacht nicht nur das Ende Gottes, sondern schließlich auch das Ende des Menschen
markieren wird: „Die Pointe Nietzsches ist der Automatismus, mit dem das Ende Gottes auch
das des Menschen […] gewesen ist.“

[27] PLESSNER, HELMUTH, Die Stufen des Organischen und der Mensch. Einleitung in die philosophische Anthropologie, Berlin: De Gruyter 1928; BLUMENBERG, HANS, Beschreibung des
Menschen, hg. von Manfred Sommer, Frankfurt a. M.: Suhrkamp 2006.

nach Humanität und Humanisierung ist auch Ausdruck eines zunächst verdeckt
,imperialen' Aktes, dessen Charakter in Phänomenen der Gewalt und Zerstörung
der Lebensräume des Nicht-Menschlichen auf dieser Erde zutage tritt.[28] Denn
Fortschritt und Erfolg der Idee einer universalen Herrschaft der Menschheit, einer Herrschaft der Vernunft, wie sie aufklärende Denker vertreten haben, beruhen auf der Machtergreifung über alles, was der Durchsetzung der immanenten
Potenzialität des humanen Subjekts zur Schaffung einer Welt nach seinen eigenen Gesetzen entgegensteht – sei es die äußere Natur der Lebewesen und Dinge
oder die innere Natur des Menschen.[29] Insbesondere die Herrschaft über sich
selbst herzustellen erfordert jedoch eine folgenreiche Selbstspaltung des Menschen. Der sich über sich selbst und seine Potenz zur Humanität aufklärende
Mensch setzt im Vollzug dieser Selbstaufklärung zugleich eine Differenz in sich
und damit stets ein ,Anderes seiner selbst' aus sich heraus, auf dessen Ausgrenzung er *ex negativo* im Prozess seiner Selbstermächtigung angewiesen bleibt.[30]
Leib, Natur, Trieb, Affekt und das Unbewusste des Begehrens werden zu anthropologischen Gestalten und Figuren dieses abgespaltenen Anderen.[31] Sie werden
zu ,Gegenspielern', die gerade durch die Restringierung des Daseins auf die Potenz zur Humanität, zur Realisierung der wahren Menschlichkeit, ihre exzessive
Virulenz als ,Störfaktoren' einer Humanisierung des Menschen im oben genannten Sinne entfalten können. Da es sich bei ihnen allerdings nicht um ,äußere',
sondern um ,innere Andere' handelt, muss das an ihrem Ort identifizierte irratio-
nal-eskalative Potenzial, welches der Realisierung der als Inbegriff des Rationalen apostrophierten *humanitas* entgegensteht, durch Prozesse der Auto-Immuni-
sierung (Derrida) bearbeitet werden und kann nicht durch bloße Ausgrenzung
und Ausscheidung derselben ,eingehegt' werden.

Anders als die bloße Ausscheidung des Anderen ist die Immunisierung[32] als
eine Technik der Hereinnahme des als ,feindlich' identifizierten Anderen durch
seine Spaltung zu charakterisieren. Diese Bewegung der Immunisierung be-

---

[28] Vgl. PELLUCHON, CORINE, Das Zeitalter des Lebendigen. Eine neue Philosophie der Aufklärung, Darmstadt: Wissenschaftliche Buchgesellschaft 2021.

[29] Vgl. BÖHME, Leib.

[30] Als Preis der „Eskalationen der Souveränität des Subjekts" bzw. als ihre ,Opfer' benennt
Philipp Stoellger „die Leugnung, Abspaltung oder Negierung der *nicht* souveränen Dimensionen menschlichen Daseins, nicht zuletzt des Pathos, der Abhängigkeit und der Verantwortung
für den Nächsten" (DERS., Einleitung: Sprachen der Macht zwischen potentia, impotentia und
potentia passiva. Zur Hermeneutik der Gesten von Er- und Entmächtigung, in: ders. (Hg.),
Sprachen der Macht. Gesten der Er- und Entmächtigung in Text und Interpretation (Interpretation interdisziplinär 5), Würzburg: Königshausen & Neumann 2008, 4; Herv. im Orig.).

[31] Vgl. BÖHME, HARTMUT/BÖHME, GERNOT, Das Andere der Vernunft.

[32] Vgl. LOREY, ISABELL, Figuren des Immunen. Elemente einer politischen Theorie, Zürich:
Diaphanes 2011.

stimmt die Diskurse der Moderne bis hinein in die gegenwärtige Biopolitik, insofern in diesen stets ‚ein Anderes' ihrer zentralen Ikonen humaner Souveränität (nämlich Vernunft, Würde, körperliche Unversehrtheit und Integrität des Menschen) mitproduziert und sodann dergestalt mit diesem ‚Anderen' umgegangen wird, dass es in einen integrierbaren und einen nicht-integrierbaren Anteil aufgespalten wird. Der Umgang mit dem Anderen wird auf diese Weise zum inneren Moment des Eigenen gemacht und versetzt dieses in eine permanente Beunruhigung und in einen Zustand des Herausgefordertseins durch das Andere, welches als integrierbarer Freund und als ausgeschlossener Feind zugleich auftritt. Als ‚ein Anderes' der Selbstermächtigung des Menschen erscheinen in diesem Zusammenhang aber nicht nur die ‚inneren Anderen', nämlich Leib, Körper, Trieb und Affekt, sondern auch seine Religion mit ihrem Begehren nach einer durch die Potentialitäten der Immanenz nicht einhegbaren Transzendenz, mit ihrem Begehren nach einer ‚ganz anderen', der Wirklichkeit und Rationalität des Humanen nicht bruchlos einfügbaren ‚Heterotopie' der göttlichen Gegenwart in dieser Welt.[33]

In den Diskursen der Moderne wird ‚Religion' als diskursive Lebensform daher mindestens in einer doppelten Gestalt (re-)produziert.[34] Sie formiert sich zum einen als negativer Gegenpol einer Diskursivität der allgemeinen Vernunft und als Vertreterin einer vormodernen Metaphysik der theonomen Ordnung der Welt (fundamentalistisch-reaktionäre Religion). Auf der anderen Seite ist sie aber auch Ressourcengeberin und Nährboden, ja ‚entgegenkommende Lebensform', für eine diskursiv-rational verfasste Moral und Politik des Menschen, welche sie allerdings nicht selbst begründen und ausgestalten, sondern vielmehr ‚nur' motivieren darf (aufklärerisch-fortschrittliche Religion).[35] Die damit hergestellte Trennung in eine aufgeklärte Religion und einen aus ihr ausgeschiedenen, ‚nicht-aufklärbaren' Aberglauben mit stark irrationalen Anteilen wird jedoch durch eine ‚innere Dialektik' der Religion in den Diskursen der Moderne nochmals unterlaufen: Neben der aufgeklärten Religion, welche dem Projekt der modernen Selbstermächtigung des Menschen zuarbeitet und es beflügelt, etabliert sich Religion auch als Stimme eines inneren Anderen der Moderne, wel-

---

[33] Vgl. dazu auch von der Verfasserin: Öffentlichkeit, Religion und Politik. Eine Kritik der Öffentlichen Theologie aus religionsphilosophischer Perspektive, in: Katharina Eberlein-Braun (Hg.), Im Laboratorium. Öffentliche Theologie und das Beschreiben ihrer Gegenwart, Leipzig: Evangelische Verlagsanstalt 2020, 91–112.

[34] Vgl. Derrida, Jacques, Glaube und Wissen. Die beiden Quellen der Religion an den Grenzen der blossen Vernunft, in: ders./Gianni Vattimo (Hg.), Die Religion, übers. von Alexander García Düttmann, Frankfurt a. M.: Suhrkamp 2001, 9–106.

[35] Vgl. zur Kritik an dieser Sichtweise: Fischer, Johannes, Präsenz und Faktizität. Über Moral und Religion, Tübingen: Mohr Siebeck 2019.

ches dem latent mitgeführten ‚Feind' der modernen Selbstermächtigungsdiskur-
se des Menschen eine Stimme gibt, wenngleich es diese Selbstermächtigungsdis-
kurse auch nicht offen angreift, sondern vielmehr nur deren Plausibilität
‚untergräbt' beziehungsweise subversiv unterminiert: Eine solche Religion ‚an
den Rändern' der Moderne setzt die *Selbstentmächtigung* des Menschen, das
heißt die Entmachtung am Ort seiner eigenen Natur immer wieder neu ins Bild,
indem sie eine *De-Humanisierung* des Menschen im Medium der Irrationalität
von Affekt und Gefühl (R. Otto) oder im Medium des religiösem Wahns – des
‚Sprungs in den Glauben' (S. Kierkegaard) – oder auch im Medium einer radikalen Autonomie und Freiheit Gottes gegenüber allen politischen Mächten (K.
Barth) unter der Oberfläche der modernen Rationalität vorantreibt. Grundlegend
ist diese subversive Dynamik bereits im Protestantismus und in seinen seit der
Reformation zu beobachtenden inneren Gegenläufigkeiten und Dichotomien angelegt. So kann zum Beispiel bereits Martin Luthers Theologie als eine destruktive und dekonstruktive Bewegung gelesen werden, welche den Kräften der Moderne und ihres Glaubens an die humane Potenz des Subjekts durch die Anrufung
eines verborgenen Gottes und eines prekären Selbst des Menschen aus der Autorität der Heiligen Schrift heraus entgegenarbeitet und darin zur Quelle der (Ver-)
Störung moderner Rationalität bis ins 20. Jahrhundert hinein geworden ist.[36]

## 2. Motivation als innere Bewegung eines handelnden Subjekts

Die Frage nach der Motivation als eine innere Bewegung des Subjekts ist eine
für die Diskurse der aufgeklärten Moderne bestimmende Frage gewesen, denn in
ihnen wird nicht im aristotelischen Sinne die innere Bewegung allen Seins, das
Immer-Schon-in-Bewegung-Sein allen Lebens, metaphysisch begründet vorausgesetzt, sondern die innere Bewegung muss, wenn sie existent sein und in der
Welt einen signifikanten Ausdruck finden soll, einen immanenten Grund haben
und zwar im Subjekt, welches ‚ist' oder zumindest ‚denkt', und dann aus sich
heraus in Bewegung kommt, seinen Willen bestimmt und handelt. Bewegung,
wenn sie Motivation, also Triebkraft eines handelnden Subjekts ist, verläuft
demnach von einem Innen zu einem Außen, vom inneren Sinn und seinen Vorstellungen hin zur Auffassung von ‚etwas' als Realität.[37] Die grundlegende Frage

---

[36] Vgl. MJAALAND, MARIUS T., The Hidden God. Luther, Philosophy and Political Theology
(Indiana Series in the Philosophy of Religion), Bloomington: Indiana University Press 2016.

[37] Alternative Modelle von Bewegung, wie sie etwa für die Diskurse einer Post- oder Spät-
moderne kennzeichnend sind, wie etwa die ziellose, offene und nicht-identische Bewegung der
Zerstreuung oder der hybride Wechsel der Formen und Orte der Gestaltwerdung sowie die
Bewegung der Fluidität und (De-)Transition von Identitäten sind in modernen Diskursen über

nach der Motivation im modernen Sinne lautet demnach, wie es dazu kommt, dass sich etwas bewegt und wie diese Bewegung die Gestalt einer zielgerichteten und zweckbestimmten Handlung annehmen kann. Es stellt sich die Frage, wie sich das *movere* erfolgreich und zielgerichtet vollzieht und wodurch es zum *motus* einer Handlung und Gestaltung der Welt wird, welche der Mensch für sich oder wenigstens für einen guten Zweck in seinen Besitz zu nehmen sucht.

Die christliche Lehre vom Glauben und seiner Selbst und Welt transformierenden Kraft hat zwar noch bis in die Reformation hinein die antike Affektenlehre in der Tradition der Rhetorik fortgeschrieben und bewahrt.[38] Im Zuge der Aufklärungsbewegungen ist diese Lehre vom Glauben jedoch zunehmend in eine Theorie der Vermögen und Befähigungen des Subjekts sowie seines religiösen Selbstbewusstseins transformiert worden.[39] Dies vollzieht sich nicht nur als eine von außen an die religiösen Lebensformen herangetragene Anforderung, sondern wird im Sinne der eben beschriebenen Funktion von Religion als Ressource der Modernität auch zur inneren Bewegung der christlichen als der aufgeklärten Religion selbst.[40] Die Ontologie und Anthropologie, welche dabei in den modernen Diskursen der Religion zunehmend vorausgesetzt wird, ist die Ontologie einer potenziell fähigen Subjektivität, einer Subjektivität des Handelns, einer Verankerung und Begründung des Handelns in Zuständen, Haltungen oder Willensbewegungen des Subjekts. Ein solches Subjekt des Handelns ist – im Horizont seiner Motivation und Motivierbarkeit betrachtet – zunächst etwas relativ Statisches, das durch seinen Willen erst noch in Bewegung gesetzt werden muss oder welches seinen Willen souverän und aus sich selbst heraus in Bewegung setzen kann, indem es ihn auf Ziele und Handlungsgründe ausrichtet (anstatt durch anderes als seinen eigenen Willen angetrieben zu werden). Inwiefern dieses In-Bewegung-Setzen dann durch die Tätigkeit der Vernunft allein oder aber auch durch Affekt, Gefühl und die Emotion als Wahrnehmungsform geschehen kann, ist eine verschieden beantwortete Frage gewesen. Entsprechend erscheint das Subjekt, welches sich handelnd in dieser Welt in Bewegung setzt, dann eher mehr oder weniger souverän motiviert. Es zeigt sich als ein sich aus sich selbst heraus bewegendes oder eher als ein bewegtes, als ein tätiges oder als ein eher rezeptives

---

das anthropologische *movere* zunächst nicht adressiert, sondern gehen aus ihnen erst hervor, wenn die Position des Subjekts als organisierendes Zentrum prekär geworden ist.

[38] Vgl. MELANCHTHON, PHILIPP, Loci communes (1521). Lateinisch-Deutsch, übers. von Horst Pöhlmann, hg. vom Lutherischen Kirchenamt der VELKD, Gütersloh: Gütersloher Verlagshaus ²1997.

[39] Vgl. SCHLEIERMACHER, FRIEDRICH DANIEL ERNST, Der christliche Glaube nach den Grundsätzen der Evangelischen Kirche im Zusammenhange dargestellt (1830/31), hg. von Martin Redeker, Berlin: De Gruyter ⁷1999.

[40] Vgl. BARTH, ULRICH, Aufgeklärter Protestantismus, Tübingen: Mohr Siebeck 2004.

Subjekt. In genau dieser doppelten Gestalt motivierbarer und motivierter Subjektivität hat die Lehre vom Glauben jedoch vor allem der Transformation von Religion in Moral und der Transformation von christlicher Theologie in Ethik den Weg bereitet.

Dass die innere Bewegung des Subjekts, dass das *movere* – sei es aktiv oder passiv, eigenaktiv oder rezeptiv in Gang gesetzt – das entscheidende Merkmal des christlichen Glaubens sein soll, dass er also in diesem Sinne das Subjekt moralfähig macht, kann auch in Frage gestellt werden. Wie jüngst der evangelische Sozialethiker Johannes Fischer gezeigt hat, ist es theologisch zumindest überdenkenswert, ‚das Christliche' stets in seiner säkularen Reduktions- und Schwundgestalt, „nämlich in den handlungsleitenden Gründen und Motiven"[41] einer Ethik der Weltgestaltung aufzusuchen. Als affektive Motivation verstanden wäre ‚das Christliche' im Horizont universalistischer Moralauffassungen der Moderne zudem noch weiter ‚abgewertet', denn es wäre dann nur noch als anthropologische beziehungsweise moralpsychologische Ursache des Handelns, aber nicht mehr auf der Ebene eines normativen Grundes angesprochen.

## 3. Affekte und ihr Handlungssinn:
## Die Potenz des religiös motivierten Subjekts

Kann Glaube ‚zu etwas' motivieren, zum Handeln bewegen und zur Gestaltung und Veränderung dieser Welt befähigen? Gibt es gar so etwas wie eine genuin religiöse Motivation zur Verbesserung dieser Welt, welche nicht substituierbar ist und darum eine öffentliche Relevanz und Teilhabe der christlichen Religion zu begründen in der Lage wäre?

Diese Fragen positiv beantworten zu können, ist für die Diskurse und Lebensformen einer sich selbst als modern und aufgeklärt artikulierenden Religion von erheblicher Bedeutung. Denn mit diesen Fragen wird auf eine sozialethische ‚Verwertbarkeit' und ‚Anschlussfähigkeit' der christlichen Lehre von den Affekten des Glaubens gezielt, um diese Lehre als Anknüpfungspunkt für moralische und gesellschaftspolitische Anliegen des individuellen wie kollektiven Handelns auszuweisen.

Die Mächtigkeit der Affekte des Glaubens, ihre souveräne Wirksamkeit im menschlichen Gemüt, stellt in dieser Perspektive ein Vermögen und eine Befähigung des Subjekts dar, sich handelnd auf sich selbst und die Welt zu beziehen und wirksam in diese einzugreifen. Und genau dies aufzuweisen, nämlich dass

---

[41] FISCHER, JOHANNES, Warum Ethik nicht religiös begründet werden kann, in: Zeitschrift für Evangelische Ethik 65 (2021), 221–227, hier 224.

der Glaube handlungsmotivierend und ‚tätig' ist, darin sehen insbesondere die seit dem 20. Jahrhundert geführten christlich-theologischen Diskurse über eine Entsendung der Kirche in die Welt, über eine Öffentliche Theologie und Kirche und ein politisch engagiertes Christentum ihren Sinn.[42] Wie dominant die Frage nach dem Handlungssinn der Affekte in modernen Diskursen – nicht nur denjenigen der Religion – ist und wie sehr ihre Wertschätzung oder Ablehnung damit in Zusammenhang steht, wie handlungsfördernd und ‚tätig' sie sich erweisen, zeigt sich auch und vor allem bei ‚schwierigen' Affekten. Zu denken ist hier zum Beispiel an die Angst.

Nicht erst seit kurzem wird sie als ‚Panik' und ‚affektive Störung' zunehmend irrationalisiert und pathologisiert. An ihre Stelle soll der angstfreie Diskurs treten, in dem die Freiheit und Selbstbestimmtheit des Subjekts ‚immer schon' als gesichert gelten und eine gefährdete und verletzliche Existenz des Menschen in einer für ihn prekären Umwelt und Mitwelt scheinbar keine Rolle mehr spielt. Als kontrafaktischer ‚Raum der Angstfreiheit' bleibt der vernünftige Diskurs jedoch paradoxerweise auf ein ‚Regime der Angst' als seinen Gegenpol angewiesen, von dem er sich absetzt und durch dessen Ausschluss er sich zugleich legitimiert und formiert.

Søren Kierkegaard, als religiöser Kritiker der modernen Subjektivität, nimmt diese verdeckte In- und Exklusion der Angst zum Anlass, um auf ihre exzessive Dimension hinzuweisen und genau dieser einen durchaus produktiven Sinn abzugewinnen. In seiner großen Studie zum Begriff der Angst von 1844 feiert er die Angst geradezu als Tor zur Befreiung des Subjekts aus seiner Immanenz und tritt – anstatt für ihre Abschaffung – paradoxerweise sogar für ihre Steigerung ein.[43] Nicht umsonst adelt er sie mit den Worten: „[J]e tiefer er sich ängstigt, desto größer [ist] der Mensch";[44] und meint damit, dass Angst potent ist, nicht weil sie den Menschen zum Handeln und zur Weltverbesserung anleitet, sondern weil sie ihm jeden Anhalt an der Wirklichkeit nimmt und ihn zum Sprung in den Glauben und damit in wahre Freiheit ansetzen lässt.

Abgesehen von Kierkegaards wirkmächtiger Kritik des modernen Subjektivitätsdenkens wird ein Affekt wie die Angst, welcher nicht unmittelbar zur Hand-

---

[42] Es sei hier exemplarisch verwiesen auf den Auftritt der Evangelischen Kirche in Deutschland zur Feier des Reformationsjubiläums 2017: Käßmann, Margot/Bedford Strohm, Heinrich, Die Welt verändern. Was uns der Glaube heute zu sagen hat, Berlin: Aufbau 2016. Dazu kritisch: Joas, Hans, Kirche als Moralagentur?, München: Kösel 2016; Körtner, Ulrich H.J., Für die Vernunft. Wider Moralisierung und Emotionalisierung der Kirche, Leipzig: Evangelische Verlagsanstalt 2017.

[43] Vgl. dazu auch den Beitrag der Verfasserin: Das Recht der Angst, in: Deutsche Zeitschrift für Philosophie 70:3 (2022), 445–456.

[44] Kierkegaard, Søren, Der Begriff Angst (Philosophische Bibliothek 340), übers. von Hans Rochol, Hamburg: Meiner 1984, 171.

lungsmotivation und zur moralisch-sittlichen Orientierung eines Subjekts taugt, weil er sich hemmend oder hindernd auszuwirken vermag, in modernen Diskursen jedoch entweder ganz entwertet oder aber im Blick auf seine mögliche indirekte Wirkung auf die Handlungsbefähigung des Subjekts neu befragt. Die offensichtlich demotivierende Wirkung von Angst wird dann zum Beispiel indirekt durch einen das Handeln informierenden Erkenntnisgewinn ‚geadelt'. Deutlich wird dies, wo dem Affekt Angst zugeschrieben wird, trotz der demotivierenden Wirkung einen präventiven Erkenntnisgewinn in Bezug auf gegenwärtige oder zukünftige reale Gefahren zu erschließen. Angst diene dazu, so schreibt beispielsweise Christoph Burmeister, das richtige Handeln auszuwählen und vorzubereiten und gewinne auf diese Weise indirekt Handlungssinn.[45]

Ein Affekt, welcher nun für gewöhnlich zunächst einmal als ausgesprochen motivierend und handlungsbefähigend angesehen wird, ist das Mitleid. Um seinen praktischen Sinn herauszustreichen, wird es daher bis heute im Christentum nicht als *bloßer* Affekt, sondern *komplexer* als Lebensform und Kulturtechnik, als integraler Bestandteil einer Praxis der Nächstenliebe begriffen. Sein praktischer Sinn wird dabei zuweilen sogar gegen seine affektive Seite ausgespielt. Als Beispiel hierfür kann auf die Mitleidsstudien von Ingolf U. Dalferth verwiesen werden.[46] So behauptet Dalferth, mit der Anbindung des Mitleids an die Nächstenliebe sei auch dessen Loslösung von einer gefühlsbetonten und spontanen Reaktion auf das Leiden anderer verbunden.[47] Mitleiden werde in der christlichen Religion in einer prinzipiellen Lebenshaltung verankert und damit seiner natürlichen Gefühlsqualität entbunden.[48] Damit einher gehe auch eine Begrenzung seiner ethischen Relevanz: Das Mitleid gelte nur den Bedürftigen und Leidenden, während die christliche Nächstenliebe als eine Haltung des liebevollen und wertschätzenden Respekts allen gelte − auch denen, die bereits ein erfülltes Leben führen.[49] Das Liebesgebot dürfe daher nicht auf den Mitleidsfall begrenzt

---

[45] Vgl. Burmeister, Christoph T., Der Affekt Angst und (die Soziologie der) Gegenwartsgesellschaft, in: Susanne Martin/Thomas Linpinsel (Hg.), Angst in Kultur und Politik der Gegenwart. Beiträge zu einer Gesellschaftswissenschaft der Angst, Wiesbaden: Springer 2020, 23–42.

[46] Vgl. Dalferth/Hunziker, Einleitung; Dalferth, Ingolf U., Mitleid. Vom Mitgefühl zur Nächstenliebe, in: ders., Selbstlose Leidenschaften. Christlicher Glaube und menschliche Passionen, Tübingen: Mohr Siebeck 2013, 230–263.

[47] Vgl. Dalferth, Mitleid, 247 f. Im Hintergrund stehen hier Dalferths Lektüren des Werkes *Der Liebe Tun* von Søren Kierkegaard: ders. (Hg.), Ethik der Liebe. Studien zu Kierkegaards ‚Taten der Liebe' (RPT 4), Tübingen: Mohr Siebeck 2002.

[48] Vgl. dazu bereits Dalferth/Hunziker, Einleitung, XIX.

[49] Vgl. Dalferth, Mitleid, 250 f.

werden, sonst bestehe die Gefahr, dass Liebe im christlichen Sinne als Kompensation einer Mangelerfahrung missverstanden werde.[50]

Ganz auf dieser Linie einer Universalisierung des christlichen Ethos für den öffentlichen Diskurs argumentiert auch Johann Baptist Metz in seinen Studien zu einer neuen Politischen Theologie der ‚Compassion'.[51] Zwar sieht er, anders als Dalferth, die Leidempfindlichkeit als wesentlichen Teil der politischen Praxis des Christentums, da sie an den ‚Blickwechsel' Jesu anschließe, dessen Aufmerksamkeit nicht dem eigenen, sondern stets zuerst dem fremden Leid gegolten habe. Dennoch möchte auch Metz diesen wesentlichen Teil des christlichen Ethos keinesfalls mit einem ‚vagen' und sentimentalen Mitgefühl mit anderen gleichgesetzt wissen. Mitleid, so schreibt er, sei ein Gefühl, welches für das Zeitalter der Globalisierung und des Pluralismus der Religions- und Kulturwelten zu unbestimmt und zu unpolitisch sei.[52] Es sei durch eine Sentimentalität und Gefühlsbetontheit gekennzeichnet, ergehe sich in politikferner ‚religiöser Romantik' und gefährde damit das aktive politische Engagement in den herrschenden gesellschaftlichen Zuständen durch eine Tendenz zur sentimentalen ‚Übermoralisierung'.[53] Aus diesem Grund sei das Weltprogramm des Christentums, seine politisch-theologische Mission, besser durch das Kunstwort der ‚Compassion' zu beschreiben. ‚Compassion' bedeute – im Gegensatz zum Mitleid –, sich aktiv und tätig für eine Wahrnehmung fremden Leids und für ein Eingedenken des bedrohten Anderen zu engagieren. Compassion sei daher kein Mitgefühl oder Mitleid, sondern eine Mitleidenschaft im Sinne eines verpflichtenden Blickwechsels weg von den eigenen Bedürfnissen hin zum Leid des Anderen. Compassion sei als teilnehmende und verpflichtende Wahrnehmung fremden Leids eine Kraft der Unterbrechung und des Bruchs mit den herrschenden gesellschaftlichen Verhältnissen und bezeuge die „weltberührende und weltdurchdringende Kraft"[54] des Christentums und der Kirche als der ältesten globalen Institution der Welt.[55]

Eine solche programmatische Ausgrenzung des Affekts, des Gefühls und jeglicher Sentimentalität aus dem Mitleid im Zuge seiner Unterordnung unter die Liebe (als eine Form sozialer Anerkennung) beziehungsweise unter die Compassion (als eine politische Praxis der Weltverbesserung) ist selbstredend eine Signatur der modernen christlichen Religion, welche den Handlungssinn des Mitleids von seinem Affekt abtrennt und darin auf eine Verallgemeinerung seiner

---

[50] Vgl. ebd., 251.
[51] Vgl. Metz, Memoria Passionis.
[52] Vgl. ebd., 166.
[53] Vgl. ebd., 166 f.
[54] Ebd. 168 (im Original mit Hervorhebung).
[55] Vgl. ebd., 168.172.

ethischen Relevanz zielt. Gegenüber diesen rationalistischen Überformungen des Mitleids wird der Affekt hingegen vom antiken Christentum bis zur Reformation noch ganz selbstverständlich als essenzieller Bestandteil des Mitleids und der sich in ihm zeigenden Tugend der christlichen Liebe verstanden.

Bereits der antike Theologe Augustinus hat die gute Tradition eingeführt, das Mitleid (*misericordia*) auf ein gleichsam als anthropologische Erfolgsformel zu bezeichnendes Modell der affektiven Motivation zurückzuführen. Mitleid ist für ihn kein bloß natürlicher Affekt, sondern ein komplexes Geflecht aus (a) dem Affekt der *compassio*, dem Mitfühlen mit dem Schmerz des anderen, welcher (b) in ein Handeln für den anderen führt, welches (c) seine Grenze in dem persönlichen Können oder Vermögen des Menschen findet: Mitleid ist „das Mitempfinden fremden Elends in unserem Herzen, durch das wir jedenfalls angetrieben werden zu helfen, so weit wir können […]".[56] Damit sind bereits die wichtigsten Elemente einer klassisch motivational orientierten Mitleidsauffassung benannt: Mitleid ist tätige Hilfe, die aus dem Affekt des Mitempfindens von fremdem Leid hervorgeht und durch ihn angetrieben wird. Es ist in seinem Tun jedoch nicht durch die Macht des Affekts, die Macht des Pathischen, allein formiert, sondern wird durch das individuelle Können und Vermögen eines Menschen begrenzt und findet in diesem seinen Maßstab.

Mitleid hat also bereits in der antik-christlichen Tradition in erster Linie motivierend-tätige Implikationen. Es inkludiert ganz klar einen Affekt mit Handlungssinn und unterscheidet sich darin von einer Fähigkeit zur bloßen Einfühlung in den anderen, welche auch ‚ohne Früchte' bleiben kann. Im Diskurs der christlichen Religion ist Mitleid daher seit den Anfängen des Christentums präsent – und zwar nicht nur als emotionale Wahrnehmung und Aufmerksamkeit für die Leidenden, sondern auch als treibende Kraft zur tätigen Hilfe für sie im Sinne der christlichen Option für die Armen, Schwachen, Kranken und Vernachlässigten. Dies schlägt sich nicht zuletzt auch darin nieder, dass die Bibelübersetzungen des 17. Jahrhunderts ins Deutsche dazu beigetragen haben, das Wort ‚Mitleid' in Absetzung zum Diskurs ‚bloßer Gefühle' und Gefühlsmoralen als Ausdruck für einen mit Handlungssinn ausgestatteten Affekt zu profilieren.[57]

Der Handlungssinn des Mitleids ist jedoch nicht allein als religiöse Potenz präsent, sondern steht auch in den kontroversen Debatten der modernen Philosophie verstärkt im Zentrum. Mitleid wird dabei zunehmend als ein der mentalen Einbildungskraft entspringendes Phänomen charakterisiert. Für eine moderne Mitleidsethik wird auf diese Weise der konstituierende Affekt entweder durch

---

[56] Zitiert nach: Samson, Lothar, Art. Mitleid, in: Historisches Wörterbuch der Philosophie 5 (1980), 1410–1416, hier 1411.

[57] Vgl. Dalferth, Mitleid, 234.

den Verweis auf seine ‚Natürlichkeit' entschärft oder aber er wird im Zuge eines Lobliedes auf die menschliche Einbildungskraft und Imagination für den Vollzug des Mitleids als vollkommen vernachlässigbar dargestellt. Im Folgenden wird sich zunächst dem ersten und dann dem letzteren Problem zugewendet.

## 4. Die ‚Gabe der Natur': Naturalisierung des Mitleids in der Immanenz des Subjekts

Die imaginäre Figur einer natürlichen, allen Menschen gemeinsamen Empfindungsfähigkeit, einer sentimentalen Ansprechbarkeit auf Leid und Not anderer, wird bereits im 18. Jahrhundert in der französischen Aufklärung zu einem machtvollen Dispositiv ausgebaut. Dies geschieht, indem die Thematisierung des Mitleids an die antike Affektentheorie und ihren rhetorischen Skopus des *movere* angeknüpft wird. Gegen eine rationalistische Entkopplung der Gefühle von Vernunft und Verstand wird dem Mitleid im 18. Jahrhundert etwa durch den Hugenotten Louis de Jaucourt in seinem Eintrag in der aufklärerischen *Encyclopédie* (1751–1772) eine prälogische und prärationale Potenz zugesprochen.[58] Mitleid sei wie kein anderes Gefühl der Inbegriff einer natürlichen Herzensgüte des Menschen. Es gereiche mehr als alle anderen Empfindungen der Menschheit zur Ehre. Es sei zudem universell und kulturübergreifend bei jedem Menschen ansprechbar – der Verfasser verweist am Ende des Artikels sogar auf die Upanishaden. Und was das Herausragendste sei, dieser natürliche Schatz der Menschheit (das Mitleid) sei in seiner Potenz erschließbar durch Rhetorik, durch eine sanfte, berührende, eine affizierende Sprache, die das Mitleid zu stimulieren und zu erregen vermag.

Mit dieser Deutung wird zugleich die Tür geöffnet für den Willen zur Integration und rationalen Gestaltung dieses natürlichen Affekts im Diskurs der Moderne. Mitleid kann rhetorisch adressiert, sozialtechnisch angesteuert und durch Sprache evoziert werden. Der emphatisch moderne Diskurs des Mitleids verspricht damit stets zweierlei zu bewirken: affektive Bindung und kulturell-soziale Lenkbarkeit von Menschen zum Guten. Das ‚Prinzip Mitleid' ist damit dem rein rationalistischen Diskurs moderner Aufklärungsbewegungen überlegen, denn es bietet das Potenzial zur Kulturalisierung und Gestaltung des Natürlichen; es integriert widerständige Elemente wie Gefühl und Affekt produktiv und potenziert ihre Wirksamkeit. Genau darum ist das ‚Prinzip Mitleid' für den Diskurs einer aufgeklärten Moderne so interessant. Zugleich ist die vermeintliche

---

[58] Den Hinweis auf diesen *Encyclopédie*-Eintrag verdanke ich Susanne Friede, Roger Friedlein und David Nelting.

‚Natürlichkeit' des Mitleids in diesem Diskurs Gegenstand kontroverser Debatten geworden: Während die einen sie als universell im menschlichen Geschlecht anzutreffende Neigung zu einer allgemeinen Menschenliebe und Herzensgüte feiern, ist sie für die anderen – wie etwa Kant – eine Gefahr für die moralische Orientierung des inneren Sinns des Subjekts oder schlimmer noch – wie bei Nietzsche – Triebfeder der Selbstermächtigung und -erhöhung des Menschen aus der Schwachheit und Unterlegenheit heraus.

Doch gerade in seiner produktiven Verbindung von Natürlichkeit und Kultürlichkeit, von Vorgegebenem und Gestaltbarem, ermöglicht die von der Aufklärung in Szene gesetzte Kultur des Mitleids die Fortentwicklung der Affektivität des Mitleidens zur emotionslosen Regierungstechnik, ermöglicht sie Praxeologien bis hin zur staatlichen Pastoralmacht, die sich der vulnerablen Bevölkerung regierend annimmt, bis hin zur gouvernementalen Sorge und Vorsorge für den ‚gefährdeten' biopolitischen Volkskörper, für das nackte, das vulnerable, das ‚bemitleidenswerte' Leben vor jeder kulturellen Form. Denn das durch die Leidenschaft des Mitleids (und nicht durch Vernunft) legitimierte Handeln fokussiert auf ein fragiles Leben und ein verletzliches Subjekt und gibt den Raum frei für eine Ethik des Schutzes vulnerabler Personen, welche nach gesundheitspolitischen oder medizinischen Parametern selektiert werden können.

Insbesondere die Naturalisierung des Mitleids als passiv-rezeptiver und unveräußerlicher Drang, als gleichsam universell anzutreffende Menschenliebe, bietet das Potenzial, dem Menschen zuzutrauen, dass er die Welt aus sich selbst heraus in sozialer Rücksicht auf andere (um-)gestalten kann – und zwar nicht erst im Denken, sondern bereits mit den Ressourcen einer vor-rationalen Ebene seines Daseins, nämlich im Affekt und Gefühl. Indem das Mitleid in einigen Diskursen der Moderne verstärkt als eine ‚Gabe der Natur' des Menschen erscheint und damit für Kirche, Kultur und Vernunft unverfügbar in der Immanenz des Subjekts verankert ist, kann ihm zugetraut werden, eine Kultur der humanen Sensibilität und Mitmenschlichkeit zur Durchsetzung zu bringen, ohne dass der Mensch auf Autoritätsverhältnisse (und sei es nur die Autorität der Vernunft) angewiesen ist oder diese zur Voraussetzung seines Strebens nach Selbstmächtigkeit machen muss.

Die besondere Kraft des Mitleids ist dabei durch und durch pragmatischer Natur. Sie liegt darin, soziale Asymmetrien von negativer Natur nicht nur zu erkennen, sondern auch verändern zu wollen. Indem fremdes Leid angeeignet wird und in einer erste Stufe als potenziell eigenes oder sogar in einer zweiten Stufe als allgemein-menschliches und verbindendes und schließlich in einer dritten Stufe als singulär-unverrechenbares Leiden in seiner Realität voll anerkannt und vor Augen gestellt wird, wird es zugleich möglich, in Bezug auf dieses Leiden zu handeln – und zwar in Stellvertretung der Leidenden und Schwachen machtvoller und wirksamer, als es im Namen und in der Stimme des eigenen Leidens möglich wäre. Denn ein Opfer, welches für sich selbst spricht, wird selten gehört. Um wieviel leichter nimmt sich da die Aufmerksamkeitsverstärkung für das Leiden der anderen *durch Mitleid* aus, welches diejenigen, die sich stellvertretend für die Leidenden engagieren, zugleich vor der Unmittelbarkeit und Parteilichkeit eines Betroffenendiskurses bewahrt. Darin, also in der dem Mitleid innewohnenden Viktimisierungs- und Stellvertretungsdynamik, welche die Aufmerksamkeit für fremdes Leiden allererst gesellschaftlich und politisch multiplizierbar macht, liegt jedoch ein gewisses Eskalationspotenzial, auf welches im Folgenden noch genauer zu sprechen zu kommen sein wird.

## 5. Frei von Affekten: Das immunisierte Mitleid der modernen Kultur der Distanz

Wie bereits eingangs dargestellt, zählt Mitleid in den Diskursen der neuzeitlichen Anthropologie und Ethik einerseits zu den am meisten geadelten und andererseits zu den am meisten verworfenen Handlungsmotivationen. Die Differenz zwischen beiden meint man zuweilen durch scheinbar klare begriffliche Unterscheidungen auflösen zu können. In Zeiten einer gendergerechten Entflechtung von Stereotypen sei daher noch einmal an die berühmte Einschätzung von Pierre Charon (1601) erinnert: Mitleid, so schreibt er, sei ein „dummes und weibisches, ein leidenschaftliches […] [Gefühl], welches von Weichlichkeit und Schwäche der Seele herkömmt." Es gebe aber auch „ein männliches und tugendhaftes [Mitleid], welches in Gott und bey den Heiligen angetroffen wird".[59] Letzteres zeichnet sich im Gegensatz zum weibischen, ‚gefühlsduseligen' Mitleid nach Charon durch ein tätiges, mit Köpfchen unternommenes Handeln und Helfen aus. Die Worte Charons sind bereits von der für die moderne Agenda nach ihm dominanten Beurteilungsperspektive geprägt, die das Mitleid zum Ersten danach bewertet, ob es zum Handeln und Tätigsein hinführt, also Effekte zeitigt, und es ansonsten verwirft, und es zum Zweiten daraufhin ausrichtet, dass es über den bloßen Affekt, über das bloße Fühlen von Schmerz und Leid hinausführt – oder dieses sogar ganz hinter sich lässt – und dann in eine rational vertretbare und begründbare Handlung übergeht.

Der Rekurs auf das Mitleid erscheint dann vor diesem Hintergrund folgerichtig nur noch als ein ‚Eigentor für die Moral', wie Christoph Fehige in seinem kleinen Büchlein *Soll ich?* (2004) konstatiert.[60] Denn, so urteilt er dort, wenn

---

[59] Zitiert und übersetzt nach: Christoph Fehige, Soll ich?, Stuttgart 2004, 27. Siehe das Original: Pierre Charron, De la Sagesse, Paris 1601.

[60] Vgl. Fehige, Christoph, Soll ich?, Stuttgart: Reclam 2004, 24.

„Leid schlecht ist, wie kann dann Mitleid, das ja selbst Leid ist, gut sein?"[61] Die
Lösung kann darum – zumindest für Christoph Fehige – nur sein, dass die Mitleidsethik eben *ohne affektiv erlebtes Mitleid* auskommt, dass sie nur noch an das
Mitleid erinnert, es ‚als ob' es geschehe imaginiert, dass sie anstelle des Mitleids
ein „ich handle, als litte ich mit"[62] setzt. Mitleidsethik, so schreibt Fehige,

> setzt nicht voraus, dass wir uns Leid vor Augen führen. Auch nicht, dass es ein Gebot der Ver-
> nunft oder der Moral ist, sich alles, oder auch nur alles Leid vor Augen zu führen. Wohl ist es
> aber ein Gebot der Vernunft, sich in den Grenzen des Machbaren hinsichtlich aller Sachverhal-
> te nach den Wünschen zu richten, die man explizit hätte, wenn man sich den Sachverhalt vor
> Augen führte.[63]

In ähnlicher Manier schreibt auch Dietmar Mieth in seiner Studie über das Mitleid in der christlichen Ethik:

> Eine Mitleidsethik bedarf einer fortschreitenden reflexiven Kontrolle und Reinigung, damit die
> in ihr enthaltenen Kräfte nicht eine blinde Energie entfalten, sondern allererst ihre moralische
> Taufe erfahren, das heißt durch die Krisis und Kritik des scheinbar Spontanen und ‚Natürli-
> chen' hindurchgegangen sind.[64]

Es ist unschwer zu erkennen, dass eine solche Mitleidsethik des ‚als ob' Gefühl-
ten, in der wir uns nicht mehr die Mühe machen müssen, das Leid der anderen
‚in Fleisch und Blut' zu sehen und tatsächlich zu erleben, sich der bereits oben
angesprochenen Immunisierung des Mitleids gegen die ihm eigene Affektivität
verdankt. Ganz auf der Linie dieses Arguments könnte man dann annehmen,
dass Mitleid auch christlich vor allem ein Narrativ sei, an dem wir lesend, hö-
rend und imaginierend ‚auf Distanz' teilhaben, aber eben nicht real, körperlich
und affektiv.

Doch eine Mitleidsethik, die aseptisch frei von echten Affekten und Gefühlen,
von ihrer forcierenden Kraft und Mächtigkeit und auch von ihrer Unvertretbarkeit durch Rationalität und Vernunft ist, welche Gefühle stattdessen aus sicherer
Distanz nur noch ‚als ob' imaginiert, kann und soll an dieser Stelle natürlich
nicht der Schlusspunkt gewesen sein. Auch wenn dies der inneren Dynamik einer
„‚Mitleidskultur' des Abendlandes" entsprechen sollte, die das Mitleid „oft eher
als Einstellung und nur selten als Gefühl im engeren Sinne aufgefasst" hat.[65]

Um den Horizont zu öffnen, soll nochmals auf die beiden eingangs unterschiedenen Mitleidsformen, das gefühlsselige ‚weibische' Mitleid und das aktive, tä-

---

[61] Ebd.
[62] Ebd., 30.
[63] Ebd., 29.
[64] Mieth, Dietmar, Das Mitleid in der christlichen Ethik, in: Reformatio 43 (1994), 395–
398, hier 398.
[65] Demmerling/Landweer, Mitgefühle, 167.

tige ‚männliche' Mitleiden, zu sprechen gekommen werden. Interessanterweise finden sich diese beiden – unterschieden als *pity* und *compassion* – auch in Hannah Arendts berühmter Kritik des Mitleidens als einer revolutionären Tugend in ihrem Buch *Über die Revolution* von 1963. Arendt unterscheidet bekanntlich – allerdings ohne Geschlechterstereotype ins Spiel zu bringen – zwischen dem in der deutschen Ausgabe durch das Wort ‚Mitleid' übersetzten „Gefühl […], das sich in gefühlsseliger Distanz zu seinem Objekt hält",[66] welches von ihr ebenso wie von Charon als sentimentale Glorifizierung des Leidens abgekanzelt wird, und der als ‚Mitleiden' bezeichneten politischen Leidenschaft, welcher es gelingt, diese Distanz zum Objekt zu überwinden und „den weltlichen Zwischenraum, der Menschen voneinander trennt und sie gleichzeitig miteinander verbindet, auszulöschen".[67] Das Mitleiden führe zwar anders als bloßes Mitleid zum Handeln, aber nicht zu einem Handeln, welches den Menschen vom Leiden befreit, sondern zu einem „Handeln mit den Mitteln der Gewalt".[68] Mitleiden sei von einer Leidenschaft getrieben und durchdrungen, die im wahrsten Sinne des Wortes Vernichtung schafft. Mit anderen mitzuleiden, ist für Arendt daher der bloße „Vorwand eines außerordentlichen Machtwillens",[69] nämlich des Willens zur Spaltung zwischen Glücklichen und Unglücklichen. So schreibt Arendt: „[O]hne Unglück gäbe es kein Mitleid, und Mitleid ist darum ebenso interessiert daran, dass es Unglückliche gibt, wie der Machthunger daran interessiert ist, daß Schwäche und Ohnmacht ihm in die Hände spielen".[70]

Arendt fügt den beiden typisch modernen Kriterien der Beurteilung des Mitleids hinsichtlich seines Handlungssinnes und seiner Rationalisierbarkeit an dieser Stelle noch einen dritten Beurteilungsgesichtspunkt hinzu: Mitleid dürfe nicht in eine Leidenschaft übergehen, da es sonst Maß und Mitte verliere. Auf keinen Fall soll das Mitleid also, so unnütz und selbstbezogen es als bloßes Gefühl auch sein mag, zu einer Passion, zu einem leidenschaftlichen Engagement für die Schwachen und Leidenden werden. Auf keinen Fall soll es in ein Handeln ohne Maß und Mitte, soll es gar in einen revolutionären Furor hineintreiben, der der menschlichen Freiheit an sich feindlich gegenüberstehe. Arendt stellt dem Mitleiden daher als Alternative die auch heute unlängst wieder vielbeschworene Solidarität gegenüber: Während Solidarität sich stets am gemeinsamen Interesse orientiere und einen echten politischen Raum des gemeinsamen Erscheinens und Handelns eröffne, indem sie dem Glück und dem Unglück, den Starken und den Schwachen gleichermaßen Rechnung trage, münde die pathologische Leiden-

---

[66] ARENDT, Über die Revolution, 113.
[67] Ebd., 109.
[68] Ebd., 110.
[69] Ebd., 114.
[70] Ebd., 113.

schaft des Mitleidens in eine Herrschaft der Gewalt. Denn Mitleiden als Passion, als Leidenschaft sei unfähig, „Beziehungen zu Personen in ihrer Singularität herzustellen und an ihnen festzuhalten"[71] und darin Verantwortung für die realen Verhältnisse zu übernehmen.

Das Mitleiden erweist sich damit nun aber unter der Hand bei Arendt als ein potenter Kandidat für gesellschaftliche Aufbrüche und Transformationen – auch wenn Arendt selbst diese dann ablehnt. Anders als das „gefühlsselige Mitleid",[72] welches im Ergriffensein durch fremdes Leiden lediglich im Fühlen des Leidens verharrt, steht das in die Aktion führende Mitleiden in dem Ruf, auch tatsächliche Veränderungen und tätige Hilfe für Arme, Schwache und Notleidende herbeiführen zu können. Allerdings gerät dabei, so Arendt, der Ausgleich der Interessen und die Wertschätzung für die Unvertretbarkeit jeder einzelnen menschlichen Existenz außer Sicht. Mitleiden führe gleichsam in einen affektiven Absolutismus, dessen ‚Blindheit' – wenn überhaupt – nur noch durch das Gegengewicht einer bestimmten Form der kommunikativen Rationalität zu bändigen sei. Dies sei gefährlich und gefährdend und müsse daher unbedingt ausgegrenzt werden.

Arendts Kritik des Mitleid(ens), ja ihre Pathologisierung der sozialrevolutionären Potenziale dieses Affekts (sofern er als politische Leidenschaft wirkt), speist sich an dieser Stelle aus ihrer Kritik an den totalitären Elementen der Französischen Revolution, der sie die vernunftbetonte Amerikanische Revolution entgegenstellt, welche sich nicht durch das Herz, sondern durch den Verstand habe leiten lassen. Im Kern hat ihre Kritik des Mitleid(en)s allerdings keinen historischen, politikgeschichtlichen, sondern einen modernekritischen Sinn, denn sie richtet sich gegen ein Verständnis von Politik als Machtdiskurs und bestreitet das Eigenrecht einer politischen Leidenschaft, die den öffentlichen Raum nicht zwingend als einen Raum des gemeinsamen Handelns begreift. Mitleiden, so Arendt, zerstört ein menschliches Miteinander, indem es das Leiden und das Unglück einiger nicht mehr ins rechte Verhältnis zum Glück anderer zu setzen erlaubt und es vielmehr absolut setzt.

## 6. Zur Macht des Affekts: Distanzlosigkeit und Anstößigkeit von Jesu leibhaftiger Gegenwart

Arendts Klage über einen affektiven Absolutismus des Mitleids könnte man nun mühelos mit der gegenwärtig sich vollziehenden Kritik an der Emotionalisierung

---

[71] Ebd., 114.
[72] Ebd., 112.

und Moralisierung von öffentlichen und politischen Diskursen und an einer Gesinnungsethik ‚aus Mitleid' in Verbindung bringen.[73] Dieser Rubrizierung des Mitleids unter den Zeitgeist soll hier jedoch nicht weiter nachgegangen werden. Denn Arendts Anklage des Mitleids als irrational im Sinne der politischen Vernunft, als zerstörerisch im Blick auf die Gesetzestreue sowie als pathologisch-exzessiv im Sinne einer gewaltsamen Absolutsetzung der Position der Leidenden gegenüber allen anderen ist so entlarvend wie offenbarend zugleich. Sie besitzt ihre eigene Berechtigung und ist dazu geeignet, der ‚Macht der Affektion' im Mitleiden im Folgenden näher nachzugehen und diese in ihrer Potenz – nicht allein für das politische Handeln, sondern für den Glauben und seine Wirklichkeit – genauer zu beschreiben und in einem durchaus positiven Sinne zu würdigen. Eine solche Würdigung des Mitleids, wie sie im Folgenden versucht wird, tut nicht etwa not, um das Mitleid vor seinen Kritikern ‚zu retten'. Sie erfolgt vielmehr aus einem rein theologischen Interesse, nämlich um sich über das Wesen und die Seinsart des christlichen Glaubens im Klaren zu werden und von ihr her das ‚Christliche' des Mitleids näher zu eruieren.

In diesem Sinne legt Arendts Anklage des Mitleids in durchaus bestechender Weise offen, was die sich gegen die Affektion und ihr Pathos immunisierenden Theorien moralischer Gefühle im Diskurs einer aufgeklärten Moderne zu überdecken suchen: nämlich das unheimlich anmutende Eskalationspotenzial des Affekts ‚Mitleid', dessen Macht nicht einzudämmen ist, dessen Mächtigkeit ‚überwältigt', indem sie vorherrschende Rationalitäten überwindet und damit zur Übertretung und Missachtung der herrschenden gesellschaftlichen Verhältnisse, der sozialen Ordnungen und ‚Moralen' anzustiften vermag. Dass Affekte in diesem Sinne ‚eskalieren', also Menschen zu Übertretungen und Transgressionen – nicht nur von einzelnen Normen, sondern auch im Sinne der Entmächtigung von ganzen Wirklichkeitssichten und ihren Ontologien – anstiften können, war bereits eingangs in diesem Artikel im Anschluss an Kierkegaard als ein für das religiöse Subjekt überaus produktiver Vorgang gekennzeichnet worden.

---

[73] Vgl. KÖRTNER, Für die Vernunft; NEUHÄUSER, CHRISTINA/SEIDEL, CHRISTIAN (Hg.), Kritik des Moralismus, Berlin: Suhrkamp 2020; JOAS, Kirche als Moralagentur. Vgl. auch die ganz auf der Linie Arendts formulierte Klage über eine Politik, die sich vom Mitleid ‚überwältigen' lässt, in KORTNER, ULRICH H. J., Wie barmherzig muss die Politik sein?, in: Kleine Zeitung, 19. September 2020, online abrufbar unter: www.kleinezeitung.at/politik/5869452/Fluechtlingsstreit-um-Moria_Ulrich-H-J-Koertner_Wie-barmherzig (letzter Aufruf am 7.1.2022; R. K.): „Gefühle lassen sich nicht gegen die Vernunft ausspielen. Für sich genommen genügen sie […] nicht als Grundlage für ethisches wie für politisch durchdachtes Handeln. Man kann von Mitleid überwältigt und handlungsunfähig werden. Man kann auch aus Mitleid das Falsche tun. Was nottut, ist eine Form der engagierten Vernunft, also eine rationale Politik, die sich nicht allein von Gruppeninteressen und Machtstreben leiten lässt, sondern auch von moralischen Erwägungen."

So ist für Kierkegaard der ‚Sprung in den Glauben' und damit in eine Existenz aus dem Grund dieses Glaubens, nämlich aus der Wirklichkeit Gottes heraus, nicht dadurch möglich, dass der Mensch in denjenigen Lebensformen und Wirklichkeitssichten verbleibt, in denen er lebt. Dieser ‚Sprung' setzt vielmehr voraus, die absolute Geltung der vorherrschenden Wirklichkeit und insbesondere ihre den Glauben ausschließende Immanenz zu durchbrechen und geradezu an dieser Wirklichkeit zu verzweifeln, um darin umso wirksamer von ihr befreit zu werden. Insofern kann sich ein Affekt wie die Angst, der das Subjekt bis zur Verzweiflung und zum Irresein zu eskalieren vermag, für Kierkegaard als eine Kraft des Entzugs und des Auszugs dieses Subjekts aus der Immanenz derjenigen Wirklichkeitswahrnehmung und -auffassung erweisen, welche den Glauben und sein Begehren nach Transzendenz aus sich ausschließt und diesen negiert.[74] In ähnlicher Weise ließe sich dies nun auch für den Affekt des Mitleids erörtern, welcher in einem christlichen Leben zum ‚Türöffner' eines das Subjekt emanzipierenden Glaubensaktes und -verhaltens werden kann (wenn auch nicht zwingend werden muss).

Unter Berufung auf die biblische Überlieferung und ihre metaphorische Rede vom ‚Jammer Jesu' hat Philipp Stoellger in einer solchen Weise theologisch an den Ursprung der christlichen Praxis des Mitleids in einer ‚verstörend' *leibhaftigen* Gegenwart Jesu erinnert.[75] Exegetisch arbeitet er heraus, dass die neutestamentliche Rede von einem ‚Jammer Jesu' in Mk 6,34, Mk 8,2, Mt 20,34 – und schließlich in der Jesu Verhalten imitierenden Rede vom ‚Jammer des Samariters' in Lk 10,31 – eine besonders fleischlich-drastische Art sei, vom Mitleid zu reden, und eine eigene hermeneutische Beachtung im Blick auf das christliche Profil des Mitleids verdiene. Anstatt das Mitleid Jesu als ein moralisches Gefühl zu porträtieren, setze die biblische Überlieferung nämlich mit der Rede vom ‚Jammer' (ἐσπλαγχνίσθη) auf eine Metapher, welche das Bild der Eingeweide (σπλάγχνα),[76] also der Bauchgegend, aufrufe. Sie verleihe Jesu Affekt eine kör-

---

[74] Wer an dieser Stelle einfordert, zwischen einem disruptiven Glaubensakt und z. B. einem disruptiven Akt des krankhaften Wahns klar zu unterscheiden, geht davon aus, dass eine solche Unterscheidung von außen oder von innen sicher getroffen werden kann, da beide Akte aus einer Beobachterposition gleichermaßen zugänglich seien und vergleichend beurteilt werden können. Die Pointe der hier dargelegten Gedanken ist jedoch, dass ein wahnhafter Akt des Ausstiegs aus der Immanenz des Wirklichen die wahre Struktur der Subjektivität ist, welche im Glauben nicht mehr verdeckt, sondern offengelegt wird. Disruptive Akte können unterdrückt oder verdrängt oder pathologisiert werden, welches die eigentliche Illusion und Gewaltsamkeit ist, denn es gibt keine Subjektivität, welche frei von ihnen ist. Vgl. dazu FINKELDE, DOMINIK, Exzessive Subjektivität. Eine Theorie tathafter Neubegründung des Ethischen nach Kant, Hegel und Lacan, Freiburg i. Br.: Alber 2015.

[75] Vgl. STOELLGER, ‚Und als er ihn sah'.

[76] Die von Stoellger gegebene Übersetzung ist freilich bereits eine Interpretation, welche

perlich-materiale und damit besonders drastische Dimension.[77] Letztlich sei es damit nicht das Wort seines Vaters, dessen Gebot oder die Einsicht in das Gebotene, aber auch kein bloß subtiles emotionales Betroffenwerden durch andere, welches Jesus in den Gleichnissen der synoptischen Evangelien zum Mitleiden und Heilen, zum Anteilnehmen und Eingreifen, zu Heilungen und Hilfstätigkeiten bewege, sondern eine ‚tief aus dem Bauch' stammende Ergriffenheit durch fremdes Leid, welche ihn geradezu ‚bis ins Mark' treffe und durchdringe.

Mitleid, so deutet Stoellger die Metapher vom „Ziehen und Reissen im Bauch",[78] vom Rumoren in Jesu Eingeweiden angesichts des Leidens der Menschen, werde demnach in den synoptischen Evangelientexten als ein ‚im griechischen Sinne' *anstößiger* Affekt artikuliert. Im Pathos Jesu widerfahre das Betroffenwerden und Ergriffensein durch fremdes Leid nicht etwa nur im Geiste, in der Vorstellung und Nachfühlung,[79] sondern vielmehr ganz *materialiter* in seinem Fleisch. Es werde also die Unversehrtheit des eigenen Körpers Jesu durch das Mitleiden ‚angegriffen'. Im Horizont des neuplatonischen und stoischen Ideals vom leidenschaftslosen Menschen, welches in der hellenistischen Kultur der Zeit und im frühen Christentum vorherrschend war, habe diese Form des Mitleidens schnell unanständig und befremdlich wirken müssen.[80] Stoellger leitet nun daraus weiter ab, dass Mitleid als anstößige Affektion eine ‚Herausforderung', vielleicht sogar ‚Gefahr' nicht nur für das ‚griechische Menschenbild', sondern viel mehr noch für die moderne Ethik mit ihrer formellen Rationalität und ihrer universalistischen Moral sei. Denn diese könne das pathische und näher hin das exzessive Moment des Mitleids als ‚Jammer der Eingeweide' im Horizont ihrer Orientierung auf eine Selbstbestimmung des Subjekts (durch Vernunft) kaum erfassen und missverstehe und verkenne es noch da, wo sie es als ein intentionales ‚Lassen' der Selbstbestimmung des Subjekts aufzunehmen und zu adressieren versuche.

Stoellger schließt nun daraus – in einem offensichtlichen Angriff auf jeden Versuch einer ethischen Überführung des christlichen Mitleids in eine moderne Handlungsmaxime oder Moralkonzeption –, dass Faktizität und Vollzug des Mitleids sich nicht als ethische Forderung (im Sinne einer universellen Moral) sank-

---

das Körperliche des Affekts besonders hervorhebt. Das griechische Wort könnte genauso mit ‚Herz', ‚Gemüt' oder ‚dem Inneren' übersetzt werden. Zudem ist die Assoziation von Mitleid mit dem Jammer des Herzens oder der Eingeweide bereits älter als das Neue Testament und findet sich auch in der frühgriechischen Literatur. Für diesen Hinweis danke ich Linda Simonis.

[77] Vgl. STOELLGER, ‚Und als er ihn sah', 297.

[78] Ebd., 298.

[79] Zur Theorie des Nachfühlens von Gefühlen anderer vgl. SCHELER, MAX, Wesen und Formen der Sympathie (Philosophische Bibliothek 637), Hamburg: Meiner 2022.

[80] Vgl. STOELLGER, ‚Und als er ihn sah', 298.

tionieren lassen. Wirksamkeit und Erfolg verdanke die christliche Tradition eines Mitleidsethos dagegen vielmehr ihrer (ästhetischen) Performanz, welche sich über Wort, Text und Bildakt (Narration, Gleichnis, Metapher) aufbaue. Mitleid werde hier nicht ‚gelehrt‘, sondern in seiner pathischen, dem Menschen wider- fahrenden und ihn passiv betreffenden Wirklichkeit erzählt und vor Augen ge- stellt. Gleichnisse und Bilder des Mitleids seien daher sogenannte ‚Pathosszenen‘, in denen beziehungsweise *durch die* Affekte evoziert und damit ein Über- gang von der Repräsentation zum Ethos, von der Darstellung zum Verhalten eröffnet werde.

Stoellgers Analyse der Metapher des ‚Jammers der Eingeweide‘ Jesu geht in der Folge in eine kulturhermeneutische Reflexion auf die Repräsentation bezie- hungsweise ästhetische Vermittlung des Affekts im Medium von Gleichnis und Bild über.[81] In dieser Reflexion auf die kulturellen Gebrauchsformen der anstö- ßigen ‚Urszene‘ des Pathos Jesu wird Verhalten und Praxis des Mitleids als stil- bildend und produktiv im Sinne einer breit variierten Kulturalisierung des Mit- leids bis in die Moderne ausgezeichnet. Mitleid erscheint als ein genuiner Affekt Jesu, den das Christentum zur Sozial- und Kulturtechnik ‚veredelt‘ an Diskurs und Lebensform der europäischen Moderne vererbt hat. Religiös ist der Affekt dann im Sinne seiner religionskulturellen Mobilisierung und Vervielfältigung, welche selbstverständlich auch säkular nachvollzogen werden kann. Durch diese medien- und kulturtheoretische Fokussierung wird jedoch etwas in Vergessen- heit gerückt, was die genuine Eigenproduktivität der Metapher vom ‚Jammer Jesu‘ in der biblischen Textwelt ausgemacht hatte. Denn durch sie konnte nicht nur der Affekt selbst, sondern auch das auf den anstößigen Affekt folgende Ver- halten Jesu und damit schließlich auch das Jesu Verhalten ‚nachfolgende‘ Verhal- ten des Christenmenschen als anstößig ausgezeichnet werden.

Das heißt, das Mitleid beziehungsweise der ‚Jammer der Eingeweide‘ erweist sich zunächst im Leben Jesu als ein anstößiger Affekt, welcher aber auch zu ei- nem anstößigen Verhalten, nämlich der Hilfe Jesu für Aussätzige und Ausgesto- ßene oder der Heilung der Unheilbaren durch Jesus führt. Und die christliche Mimesis dieses Affekts und Verhaltens Jesu wäre demnach in der Treue zu die- sem Ereignis in seinem Leben ebenfalls als eine anstößige Aufgabe theologisch auszuzeichnen. Ihre Realisierung verlangt dann, wie es auch in den genannten Evangelientexten für Jesus selbst vielfach geschildert wird, geradezu nach einem Akt ‚exzessiver Subjektivität‘,[82] das heißt nach einer Verletzung der vorherr- schenden sozialen, sittlichen und sprachlichen Ordnungen. Dieser Verletzung beziehungsweise dieser Ausstieg aus der Immanenz vorherrschender Denk- und

---

[81] Vgl. ebd., 300–304.
[82] Vgl. zur Denkfigur der exzessiven Subjektivität: FINKELDE, Exzessive Subjektivität.

Lebensordnungen vollzieht sich nun allerdings in der Perspektive des christlichen Glaubens nicht durch die Vermögen des Subjekts selbst oder durch ein vermögendes Subjekt überhaupt, sondern nur durch die Macht der Affektion, der Passivität des Menschen, die sich im Glauben als ein pathisches Ergriffenwerden durch fremdes Leid und in ihm durch die *fremde Gegenwart* Gottes erweist. Dieser Zusammenhang soll nun abschließend noch näher untersucht und erläutert werden.

## 7. Gottes fremde Gegenwart: ‚das Christliche' des Mitleids

Recht verstanden zeigt sich ‚das Christliche' des Mitleids nicht in einer ethischen Praxis der Mitmenschlichkeit und universellen Nächstenliebe, die von spezifisch christlichen Prämissen oder Prinzipien ausgeht, sondern in der Nachfolge, in der Bezeugung und Mimesis des Lebens Jesu im Leben des Christenmenschen. Gottes leibhaftige Gegenwart, welche in Jesus Christus sichtbar und erfahrbar geworden ist, sollte dabei – so erinnert Stoellger eindrücklich – nicht als Strategie einer bloßen Inkarnation,[83] das heißt als sekundärer Vorgang der Verkörperung eines eigentlich geistigen Wesens, begriffen werden. Vielmehr wird die leibhaftige Gegenwart Gottes bei den Synoptikern als radikal fleischlich-körperliche Anwesenheit Jesu bezeugt und damit zugleich ein griechisches Ideal des Menschseins angegriffen. Christliche Nachfolge, die dies ernstnimmt, muss demnach ebenfalls einen Christus bezeugen, dem sich sein Leib nicht erst in Sterben und Tod, sondern schon in seinem Leben und Wirken durch den ‚Jammer seiner Eingeweide' wohl als ein durchaus befremdendes Stück ‚Natur' erwiesen hat und dem sein Leib gerade in seinem affektiven Befremden zu einem ‚Türöffner' für ein revolutionäres soziales Wirken im Sinne einer fremden und befremdenden Gegenwart Gottes für die Menschen wurde. Doch was bedeutet dies genau für eine theologische Hermeneutik des christlichen Glaubensaktes, welche diesen als Antwort auf die leibhaftige Gegenwart Gottes in dieser Welt zu verstehen sucht?

Nach Johannes Fischer, welcher ‚das Christliche' ja gerade nicht in seiner säkularen Reduktions- und Schwundgestalt als bloße Motivation zum richtigen Handeln verstehen wissen will, meint ‚Gegenwart Gottes' beziehungsweise ‚Gegenwart Jesu' die Wirklichkeitspräsenz von etwas, das gerade nicht in dieser Welt vorhanden beziehungsweise bruchlos in sie eingegliedert ist und dennoch in ihr erscheint.[84] Seiner Auffassung nach erfordert die Erläuterung der Wirksam-

---

[83] Vgl. zu Inkarnation als Strategie der „Verdeckung der Leiblichkeit": BÖHME, Leib, 12.

[84] FISCHER, Präsenz und Faktizität.

keit des Glaubens im Leben von Menschen die Einführung einer eigenen Ontologie. Gottes Gegenwart sei in diesem Sinne nicht von raum-zeitlicher Natur und
repräsentiere stattdessen eine „Tiefendimension von Wirklichkeitspräsenz",[85]
das heißt sie sei an sich selbst unbestimmt, zeige sich aber durch ihr Erscheinen
an beziehungsweise *in etwas Bestimmtem.* Fischer stellt die Orientierung an der
Gegenwart Gottes im Glauben daher auch in einen scharfen Gegensatz zur Orientierung an der Faktizität des Wirklichen, das heißt an einer empirisch feststell-
baren Tatsachenwirklichkeit. Die Orientierung an der Wirklichkeitspräsenz Gottes sei anders als das Fürwahrhalten von Tatsachen niemals folgenlos, da sie
nicht nur bloße Erkenntnis oder distanzierte Beobachtung, sondern in erster Linie gelebte Orientierung für das eigene Verhalten sei. Die Wirklichkeitspräsenz
Gottes sei somit immer Teil dessen, was Menschen als ihre Lebenswirklichkeit
bezeichnen können, nämlich Teil der erlebten und erlittenen Wirklichkeit.[86]

Konkret bedeute dies im Falle des christlichen Ethos und der christlichen Moral, dass sie die Selbstverortung eines Christenmenschen in der Wirklichkeitspräsenz Gottes, also in seiner Gegenwart, voraussetze. Diese Selbstverortung erlau-
be es dem Menschen, in einer konkreten Situation ganz neu und anders wahrzunehmen, was ihm begegnet und widerfährt. So ‚sehe' er zum Beispiel in einer
notleidenden Person, in ihrem fremden Leid, nicht nur die Schwachheit, die Be-
nachteiligung oder Hilfsbedürftigkeit des anderen, sondern er ‚sehe' im anderen
zugleich den Nächsten beziehungsweise das Kind Gottes und loziere sich und
den anderen damit im ‚Präsenzraum' der Gegenwart Gottes (in welcher er das
Bestimmte auf das Unbestimmte hin transzendiert). Diese *neue* Wahrnehmung
des anderen, die stets ‚mehr' in ihm sieht, als er *de facto* ist, nämlich einen un-
veräußerlichen Wert seiner Gottesnähe und -kindschaft, bewirke dann ein moralisches Verhalten gegenüber dem anderen. Das von ihm skizzierte christliche
Wahrnehmungsmuster beschreibt Fischer sodann als durchaus analog zur säkularen Moral und dem in ihr geübten Umgang mit Schwachen und Notleidenden.[87] Das heißt, er sieht strukturell keine entscheidende Differenz zwischen der
Struktur der Wahrnehmung des anderen in der Wirklichkeitspräsenz Gottes und
seiner Wahrnehmung im Präsenzraum der Werte der säkularen Moral.

Fischers Versuch, die Nachfolge, die Mimesis der leibhaftigen Gegenwart
Jesu, durch die Struktur der Verortung des religiösen Subjekts in einem Präsenz-
raum der Gegenwart Gottes zu erläutern, hat zunächst einen gewissen Charme.
Anders als die theologische Rede von Gottes Selbstoffenbarung ist die Rede des
Theologen von einem Präsentwerden des Göttlichen im Wahrnehmen und Erfah-

---

[85] Ebd., 209.
[86] Vgl. ebd., 198.
[87] Vgl. ebd., 210.

ren der Welt weniger handlungslogisch und damit weniger inkarnatorisch (im Sinne einer Realisierung von Präsenz durch Handeln) angelegt und damit auf den ersten Blick besser vermittelbar als etwa eine bloße Offenbarungstheologie. Der christliche Glaube lässt sich zudem auf diese Weise anthropologisch überzeugender auslegen, da er nicht als intellektuelle Einsicht oder symbolische Repräsentation und Kommunikation einer Idee, sondern als Performanz einer Daseinsweise aufgewiesen wird, das heißt er vollzieht das Gegenwärtigsein des Ewigen durch ein Sich-Orientieren, durch ein Verstehen ‚von etwas durch etwas‘ oder – wie Fischer sagt – durch die Wahrnehmung ‚von etwas in etwas‘.

Zugleich wird diese Ontologie einer Gegenwart Gottes jedoch von Fischer, aber auch von Ingolf Dalferth, welcher eine ähnliche Position vertritt,[88] anthropologisch als Wahrnehmungsform und Orientierungsstrategie des Menschen ausgelegt und dies ist wiederum im Sinne des weiter oben bereits beschriebenen Ursprungs des Glaubensaktes und seiner Mimesis des Lebens Jesu *im Pathos* hoch problematisch. Denn hier werden der Affekt und das Affiziertwerden durch fremdes Leid durch ein ‚fähiges‘, ein sich-orientierendes, ein sich selbst wahrnehmend lokalisierendes und ausrichtendes Subjekt wieder überzeichnet. Dieses sich-orientierende, religiöse Subjekt ist zudem, wie Fischer selbst schreibt, in die Moraldiskurse einer säkularen Moderne bruchlos integrierbar, denn es vollzieht ja in seiner Wahrnehmung einer Wirklichkeitspräsenz Gottes am Ort des anderen strukturell *nichts anderes* als auch das säkular orientierte Subjekt. So schreibt Fischer beispielsweise, dass das am säkularen Konzept der Präsenz der Menschenwürde in jeder Person orientierte Subjekt ebenfalls fremdes Leid so wahrnehmen könne, dass es eben nicht nur faktisch den Zustand des anderen, sondern in ihm zugleich seine unveräußerliche Würde vergegenwärtige. Es folgt demnach ebenfalls der Struktur der Wahrnehmung ‚von etwas in etwas‘. Auch das Ergebnis des christlichen und des säkularen Handelns und Verhaltens unterscheidet sich demnach nach Fischer nicht signifikant. Aus der Wahrnehmung des Nächsten wie aus der Wahrnehmung der Würde des anderen entspringt dasselbe moralische Verhalten der Hilfe und Anteilnahme.

Für eine Theologie, welche Religion nun aber nicht nur als Ressource, sondern auch als Fremdkörper und ‚andere Stimme‘ der Moderne an ihren Rändern lesbar machen möchte, muss diese Antwort Fischers allerdings nicht die letzte Antwort auf die Frage nach einer angemessenen Hermeneutik des Glaubens gewesen sein. Denn auch wenn Fischers Prämisse richtig ist, dass die Auslegung des Glaubensaktes auf die Explikation einer eigenen Ontologie des Glaubens angewiesen ist

---

[88] DALFERTH, INGOLF U., Deus praesens. Gottes Gegenwart und christlicher Glaube, Tübingen: Mohr Siebeck 2021, sowie zum orientierungsphilosophischen Ansatz des Sich-Orientierens im Glauben grundsätzlich: DERS., Die Wirklichkeit des Möglichen. Hermeneutische Religionsphilosophie, Tübingen: Mohr Siebeck 2003.

und von ihr ausgehen muss, bleibt in seinen Ausführungen dennoch die anthropologische Frage offen, wie sich der Ursprung des Glaubens *im Pathos* und mit ihm die *Anstößigkeit* seiner Mimesis deutlicher und klarer und vor allem folgenreicher für das Glaubensverständnis der Theologie in Erinnerung rufen ließe.

Ein erster Hinweis dazu, wie dies geschehen kann, lässt sich bei Fischer selbst finden, wenn er in seinen Ausführungen nicht (mehr) schlicht von der Präsenz eines Transzendenten, von der Gegenwart eines Ewigen im Zeitlichen, sondern von der Präsenz *eines verborgen Gegenwärtigen* spricht und damit akzentuiert, dass Gott zur Welt gehört, aber nicht auf eine Weise, dass er in ihrer Präsenz aufgehe.[89] ‚Verborgenheit' ist nun aber zugleich zu sehr ein Terminus der ‚Entdeckerfreude', denn was verborgen ist, will aus Sicht des Menschen immer auch ‚aufgedeckt' und ‚entdeckt' werden und entsprechend sind sich die Theologen über die Jahrhunderte in vielen spekulativen Theorien über Gottes ewigen Ratschluss in unvordenklicher Zeit, über seine Allmacht und radikale Freiheit und seine doppelte Prädestination (und deren Aufhebung in Jesu Erwählung) ergangen, in denen sie Gottes verborgenes Wesen am Ende doch nur allzu gut zu verstehen und zu kennen meinten. Die Rede von Verborgenheit ist auf diese Weise geradezu zu einer der ‚bekanntesten' Seiten Gottes geworden, zu welcher der Mensch am meisten zu sagen weiß.

Theologisch produktiver scheint es demgegenüber, nicht von der *verborgenen* Gegenwart Gottes zu sprechen, die dann im Mitmenschen als einem Nächsten offenbar und ‚aufgedeckt' und dem Menschen zugewandt betrachtet wird (und deren Unbestimmtheit damit immer schon in Bestimmtheit überführt ist), sondern von einer *fremden* Gegenwart Gottes oder einer *Fremdheit* der Gegenwart Gottes (welche sich niemals ganz in Bestimmtheiten überführen lässt und auf diese Weise ihr beunruhigendes Moment bleibend mit sich führt). Denn die Rede von einer Fremdheit Gottes gibt nicht nur wie ‚Verborgenheit' die andere Seite oder Grenze des Offenbarseins Gottes an, sondern einen spezifischen Modus des Lebens im Glauben, welcher sich als eine durch Gottes Fremdsein geprägte und mit ihr verstrickte Erfahrung erweist.[90]

Ist der Glaube eine Erfahrung und Wahrnehmung, die im Eigenen der Erfahrung nicht aufgeht, sondern für eine Unterbrechung durch die Gegenwart Gottes offen ist, so gründet der Vollzug dieses Glaubens in einer Affektion und Affizierung durch Fremdes und der eigenen Erfahrung Unverrechenbares, welches in Gottes Gegenwarten jeweils neu Gestalt annimmt. Gottes Fremdheit in der menschlichen Erfahrung ist es dann aber auch, welche das Fremde in allen Erfah-

---

[89] Vgl. Fischer, Präsenz und Faktizität, 207 u. ö.

[90] Vgl. dazu auch Klein, Rebekka A., Im Geist gegenwärtig. Das Ende des Körpers als Anfang der Theologie?, in: Markus Höfner/Benedikt Friedrich (Hg.), Gottes Gegenwarten – God's Presences (FS Günter Thomas), Leipzig: Evangelische Verlagsanstalt 2020, 21–34.

rungen des Menschen verstärkt und verdoppelt, welche es intensiver, deutlicher und prägnanter erfahrbar werden lässt. Gottes fremde Gegenwart im Leben eines Menschen korreliert in diesem Sinne gesteigerten Fremdheitserfahrungen, die seine Vertrautheiten mit sich selbst und anderen durchkreuzen, sie verstörend aufbrechen oder heilsam unterbrechen können. Es bewirkt ein Befremden und Entfremden der eigenen Erfahrung in dem Sinne, dass die Vertrautheit und Selbstverständlichkeit des Eigenen der Erfahrung, ihre Immanenz, in einer besonderen Weise, und zwar in einer Weise, die durchaus befreiend sein kann, die es aber keineswegs immer sein muss, aufgebrochen wird. Denn wie Gottes Gegenwart in das Leben von Menschen hineinspielt, muss nicht friedlich oder auch nur orientierend sein, wie die Erzählungen von ‚Gottesflüchtigen‘ – von Propheten, die eilends weglaufen, von Befreiern, die nicht befreien wollen, von Heilanden, die nicht gekreuzigt werden wollen – in den biblischen Überlieferungen belegen. Was Gottes fremde Gegenwart im Leben von Menschen bewirkt, ist nicht festgelegt, sondern offen und noch unentschieden.

Gottes Gegenwart ist im Sinne dieser Hermeneutik der Präsenz des Fremden wie ein ‚Stachel‘, der die Erfahrungen des Menschen mit sich selbst und anderen radikal alterierend unterbricht. Gerade deshalb können die Erfahrungen von Gottes Gegenwart durchaus in Abbrüche und Abgründe münden und entsprechend als Gefährdungen und Verunsicherungen oder sogar als Scheitern menschlicher Erwartungen zutage treten, wie nicht nur Calvin in seinen Abraham-Predigten eindrucksvoll deutlich gemacht hat.[91] Gottes fremde und verstörende Gegenwart im Leben von Menschen provoziert einen Modus der Erfahrung, der die Sinnhorizonte des Eigenen der Erfahrung für ihr Anderes öffnet und offenhält und darin potenziell kreativ und überraschend ist. Die Begegnung mit Gottes Fremdheit führt in diesem Sinne nicht wieder zum Eigenen hin, sondern beendet dessen Gleichheit mit sich selbst nachhaltig und andauernd.[92] Sie bringt den Menschen in eine Auseinandersetzung mit sich selbst und anderen, in der das Fremde nicht länger gebändigt, beherrscht und beseitigt, aber auch nicht bloß verherrlicht, verklärt und überhöht und in diesem Sinne vereinnahmt wird.[93]

Wenn diese von der Fremdheit als prägnanter Grundstruktur ausgehende Beschreibung der Erfahrungsweise von Gottes Gegenwart zutreffend ist, so ist der

---

[91] Vgl. dazu bereits die Überlegungen der Verfasserin in: Gottes Verheißung – Abgrund des Glaubens: Ein Versuch über Theologie als Subversion Gottes, in: Michael Moxter u. a. (Hg.), Gott denken: Das Letzte – der Erste (FS I. U. Dalferth*)*, Tübingen: Mohr Siebeck 2018, 179–192.

[92] Vgl. WALDENFELS, BERNHARD, Grundmotive einer Phänomenologie des Fremden, Frankfurt a. M.: Suhrkamp 2006, 64.

[93] Vgl. WALDENFELS, BERNHARD, Der Stachel des Fremden, Frankfurt a. M.: Suhrkamp ²1991, 60–65.

christliche Glaube nicht als Normierung von Erfahrungen, sondern als deren Öffnung zu beschreiben. Öffnungen ereignen sich in Schwellensituationen, in denen sich auf der Grenze des Eigenen der Erfahrung Neues, Abweichendes oder sogar unmöglich Geglaubtes kundtut. Dieses Fremde kann nur in der Anknüpfung an den Selbstbezug der Erfahrung und durch seine Transformation in einen Selbstentzug wirken.[94] Seine Wirkung entfaltet sich, indem es zugleich am Vertrauten und inmitten des Eigenen auftritt und gerade deshalb, weil es intim und nicht entfernt ist, unabwendbar nahe geht. Eine Theologie, die sich nicht nur auf verschiedene Erfahrungen mit Gottes Gegenwart stützt und diese konstruktiv weiterdenkt und interpretiert, sondern die diesen Erfahrungen zuallererst in ihrer phänomenalen Qualität zum Ausdruck verhilft und ihnen nachdenkt, hat daher nicht nur von den vielfältigen Gegenwarten Gottes, sondern immer auch von seinen vielfältigen Fremdheiten zu sprechen. Wenn sie im Blick auf Gottes Gegenwarten von Bereicherungen und Verbesserungen des menschlichen Lebens redet, hat sie ebenso von den Verstörungen und Unterbrechungen zu sprechen, die mit der Erfahrung dieser Gegenwarten einhergehen und zwar nicht in dem Sinne, dass diese wie ein ‚Nebengeschäft‘ Gottes Gegenwarten begleiten, sondern in dem Sinne, dass sie Teil der schöpferischen Lebendigkeit Gottes und seiner wirksamen Gegenwart für den Menschen sind.

Auch im Mitleid und im Mitleiden mit anderen als einer menschlichen Erfahrung zeigt sich dann in einem christlichen Leben das leibhaftige Wirksamwerden von Gottes fremder Gegenwart – und zwar in der Weise, dass sein Vertrauen erweckendes Gottsein für uns gerade durch seine unverfügbare Fremdheit und Entzogenheit hindurch zur Geltung gebracht wird. Im Horizont eines solchen christlichen Lebens verdankt sich die im Mitleiden vollziehende Affektion des eigenen Befindens durch das Leiden anderer zugleich dem Ergriffenwerden durch Gottes fremde Gegenwart in diesem Leiden und wird durch sie verstärkt und potenziert. Denn diese Gegenwart Gottes geht im Sinne einer Unterbrechung der Erfahrung mit einer folgenreichen Alteration des menschlichen Selbst zum Nächsten Gottes einher, die sich nicht als Präsentwerden eines neuen ‚Ego‘ im alten ‚Ego‘, sondern als das Entfremdetwerden von eben diesem, also durch das Befremden des Eigenen, konkret durch das nachhaltige Verstörtwerden der eigenen körperlichen Unversehrtheit und Integrität durch das Leid des anderen vollzieht. Im Affekt des Jammers, im Ergriffenwerden des Eigenen durch fremdes Leid, widerfährt in diesem Sinne rückhaltlos, dass das eigene leib-körperliche Befinden nicht unversehrt und intakt bleiben kann in der leibhaftigen Begegnung mit anderen und ihrem Leid. Und zugleich wird diese befremdende und verstörende Erfahrung im christlichen Sinne zum Ausgangspunkt einer heilsamen Verwandlung: der Ver-

---

[94] Vgl. Waldenfels, Grundmotive, 30.

wandlung des Menschen in einen Nächsten Gottes, für den die Nähe noch des fremdesten Leidens und des entferntesten Menschen in seinem Leben nicht außen vor bleiben kann.

Im Horizont eines Lebens, welches sich immer wieder durch die Fremdheit von Gottes Gegenwart geprägt erfährt, kann das Mitleid in diesem Sinne einen ganz neuen Stellenwert und Ort erhalten: Nicht wo Mitleid zum Handeln motiviert oder wo es zur bloßen Sentimentalität demotiviert, sondern wo es realitätserschließend im Blick auf Gottes fremde und auch oft verstörende Gegenwart ist, ist es christlich – und sonst nicht. Das heißt, Mitleiden ist nur da Teil eines christlichen Lebens, wo es ein *Anderssein und Andersleben* des Menschen eröffnet, wo es eine Alteration des Selbst zum Nächsten Gottes und des Anderen zum Mitmenschen dieses Nächten bewirkt, wo es also zum Modus eines Lebens wird, welches permanent mit Gottes fremder Gegenwart verstrickt ist.[95]

---

[95] An anderer Stelle habe ich bereits an die potenziell revolutionäre, also Neues stiftende Kraft des Mitleidens erinnert und zwei Orte dieser Kraft beschrieben: spontanes und solidarisches Mitleiden. Im spontanen Mitleiden vollzieht sich Intimität unter Fremden und soziale Regeln und Gewohnheiten leiblicher Kopräsenz werden unterlaufen. Im solidarischen Mitleiden werden Momente der Ungleichheit und Ungleichartigkeit, also der ‚harten' Differenz, in das Mitleiden integriert und damit in einer über ein partikularistisches Verständnis der Solidarität hinausgehenden Art und Weise eine Universalisierung der Geltungskraft des Mitleidens initiiert. Vgl. von der Verfasserin, Von der Intimität unter Fremden zur Solidarität mit der Schöpfung: Mitleiden als Befreiung aus der Spannung von sozialer Nähe und Distanz, in: Volker Leppin/Samuel Vollenweider (Hg.), Mitleid und Mitleiden (Jahrbuch Biblische Theologie 30), Neukirchen-Vluyn: Vandenhoeck & Ruprecht 2018, 305–322.

# Glaube, Hoffnung, (De-)Motivation

## Eine metaethische Skizze ihrer Beziehung

*Hartmut von Sass*

Es ist eine biblisch gut belegte Vorstellung, nach der der Glaube an Gott auf etwas aus ist, sich aktiv einbringt und sich schließlich in bestimmten Taten artikuliert. An seinen „Früchten" sei die Güte des Glaubens erkennbar, wie es bei Matthäus gegen die falschen Propheten heißt; und umgekehrt werde ein rechter Glaube oder gar ein „guten Schatz" eine ebensolche gute Frucht hervorbringen (Mt 7,16; 12,35). Nicht der passive Rückzug auf sich selbst entspricht dann dem Selbstverständnis dieses Glaubens, sondern ein wirkliches und also wirksames Engagement ist angesagt, welches diesen Glauben aus sich herausgehen lässt. Ein solcher Glaube wäre gerade dann ganz bei sich, wenn er bei anderen ist, sich für anderes einsetzt und also ekstatisch wird.

Selbst bei Autor:innen, die mit dieser Vorstellung sympathisieren, bleibt die konkrete Verbindung zwischen Glauben und Handeln weithin ungeklärt. Ist es überhaupt zutreffend, dass dieser Glaube derart handlungsaffin sei? Sollte nicht eher den Haltungen des geduldigen Wartens und der ganz auf Gott setzenden Empfänglichkeit der theologische Vorzug gegeben werden? Und selbst wenn man letzteres verneint, bliebe offen, ob ein motivierender Glaube spezifische und gleichsam zusätzliche Gründe bereitstellt; oder ob er so zu verstehen sei, dass durch ihn schon bestehende Handlungsgründe lediglich qualifiziert und gegebenenfalls bestärkt werden.[1] Diese Konstellation verkompliziert sich nun dadurch, dass dieser Glaube seinerseits durch weitere Näherbestimmungen charakterisiert ist. Zu ihnen zählen Liebe, Vertrauen und Dank, aber auch und vor allem die Hoffnung.

Damit sind wir beim eigentlichen Thema der nun folgenden Überlegungen zu einer *theologischen Handlungs- und Motivationslehre* angelangt. Deren inhaltliches Anliegen besteht darin, die dem Glauben eigentümliche Motivation dadurch einer Klärung zuzuführen, dass die Hoffnung als eine seiner so traditionellen wie

---

[1] Dazu DEUSER, HERMANN, Gottesinstinkt. Semiotische Religionstheorie und Pragmatismus (RPT 12), Tübingen: Mohr Siebeck 2004, 2 f. und 84.

wesentlichen Näherbestimmungen zu Rate gezogen wird. Der Glaube wird durch die Hoffnung in Bewegung gesetzt und zum Handeln angestiftet, so lautet die schlichte und gerade deshalb äußerst auslegungsbedürftige These. Dabei ist ein spezifisches Verständnis vorausgesetzt, das die Verbindung zwischen Glauben und Hoffen betrifft; und es ist ein bestimmter Ort im Visier, wo die hoffnungsvolle Motivation des Glaubens zu finden sei.

Beide Annahmen sind zentral. Die erste betrifft den Begriff der Hoffnung, welcher sich nochmals zweiteilt: Einerseits geht es um das Hoffen auf konkrete Inhalte (hoffen dass *x*), während es anderseits um das Hoffen geht, welches den Akt des Glaubens näherbestimmt (in Hoffnung beziehungsweise hoffnungsvoll leben).[2] Die erste Version sei die *materiale* genannt, da es um die konkreten Gegenstände (*x*) des Hoffens geht; die zweite Version sei als *modale* bezeichnet, sofern die Hoffnung hier als qualifizierter Vollzug der Existenz im Glauben fungiert. Beide Konzepte der Hoffnung stehen nicht unverbunden nebeneinander, sondern es wird zu zeigen sein, inwiefern der Modus den Primat vor dem Material genießt. Dies führt bereits zur zweiten zentralen Annahme: Der doppelte Hoffnungsbegriff hat interessante Auswirkungen darauf, wie die Motivation des Glaubens gedacht wird und an welchem Punkt seiner Struktur diese verortet ist. Dadurch dass die Hoffnung den glaubenden Menschen nicht nur im Blick auf das Verständnis seiner Welt verändert, sondern diese Welt selbst in einen Horizont zwischen erlebter Gegenwart und erhoffter Zukunft stellt, reloziert sich folglich auch der motivationale Mechanismus des Glaubens und seiner „Früchte".

Somit entfalten sich drei Ebenen des hoffenden Glaubens und der ihm eigenen Motivation: Erstens haben wir es mit einer materialen Version des Glaubens zu tun, der entsprechend bestimmte Inhalte transportiert. In der christlichen Tradition gilt dies für den Glauben an Gottes gute Schöpfung oder die Erlösung vom Bösen und den Sünden. Es ist zu diskutieren, inwiefern bereits diese materialen Glaubensinhalte motivational wirken. Dabei kennt schon die antike Handlungstheorie die vielfach variierte Differenz zwischen Gründen, aufgrund deren eine bestimmte Handlung vollzogen wird (*kausal*), und Gründen, auf die sich der Handelnde hin entwirft (*teleologisch*).[3] Zweitens enthält der Glaube auch materiale Hoffnungen, die sich auf Zukünftiges richten. Man denke an die Hoffnung auf die Auferstehung von den Toten oder das ewige Leben. Bereits hier ist deutlich, dass die genaue Zuordnung von materialen Inhalten zum Glauben oder zur Hoffnung eine theologisch delikate Frage bildet. Drittens kommt die erwähnte

---

[2] Zu den Details dieser Unterscheidung vgl. SASS, HARTMUT VON, Glauben und Hoffen. Oder: was das ‚und' zwischen ihnen bedeuten könnte, in: Neue Zeitschrift für Systematische Theologie und Religionsphilosophie 58:4 (2016), 489–504.

[3] Zu diesem doppelten Begriff von Gründen, insbes. bei Platon und Aristoteles, siehe WALDENFELS, BERNHARD, Schattenrisse der Moral, Frankfurt a. M.: Suhrkamp 2006, 253–255.

Ebene der Modalität hinzu, insofern keine spezifischen Inhalte von Glaube und Hoffnung im Blick sind; vielmehr geht es darum, dass die gesamte Existenz samt all ihrer Praktiken durch den Glauben als ihr umfassender Modus bestimmt sei. Nach christlichem Verständnis ist dieser modale Glaube nun seinerseits durch Hoffnung qualifiziert, was sich folglich auf den Vollzug der Existenz im Glauben insgesamt überträgt. Soll, wie oben festgehalten, der Modus den (theo-)logischen Primat vor allen Inhalten genießen, hat dies weitreichende Konsequenzen für die Motivation eines hoffnungsvollen Glaubens; denn dann geht es nicht allein um die durch Glauben und Hoffen gestifteten Gründe zum Handeln, sondern um einen Modus – oder mit Johannes Fischer gesprochen: einen „Geist"[4] –, in dem das Leben samt seiner ihm eigenen Gründe vollzogen wird.

Offensichtlich transformiert diese Verschiebung vom Material zum Modus beziehungsweise von separaten Gründen zu einer umfassenden Atmosphäre, innerhalb der gehandelt wird, die Vorstellung davon, wie genau Glauben und Hoffen „gute Früchte" hervorbringen. Sie wandelt zugleich die Idee davon, wie dieses Verhältnis von Grund und Folge überhaupt gedacht werden kann. Nicht einzelne Handlungen sind dann gleichsam isoliert das Thema (wie zumeist in der analytischen Moralphilosophie); auch individuell oder kollektiv Handelnde sind noch nicht die hier ethisch anvisierte Einheit sinnvoller Betrachtung (wie in diversen tugendethischen Ansätzen); sondern es ist der gesamte Kontext von Gründen, Handlungen und ihr durch Glauben und Hoffen bestimmter Modus zu betrachten, um Motivationen und ihren Ort im Handeln präziser bestimmen zu können.

Doch wie bereits angesprochen: Wo von Motivation die Rede ist, kann von Demotivation nicht geschwiegen werden. Dies gilt nicht nur für die Ambivalenzen eines Glaubens, der ganz auf seine gewonnene „neue Innerlichkeit" setzt und sich daher zur Welt „inkommensurabel" verhält, wie Kierkegaard wiederholt einschärft;[5] es gilt vielleicht noch drastischer für die Hoffnung dieses Glaubens zwischen Aktion und Vertröstung, zwischen dem Aufruf, sich für das Erhoffte zu engagieren, und der Entlastung von jeglichem Handeln mit Verweis auf die alleinigen Kompetenzen Gottes und seines ohne jedes humane Zutun kommenden Reiches. Wenn schon für das propositionale und also materiale Hoffen (jenseits der Differenz von Glauben und Nicht-Glauben) bezweifelt wird, dass ihm eine eigene motivationale Dynamik zukomme,[6] gilt dies dann nicht um so vehemen-

---

[4] Dazu vor allem FISCHER, JOHANNES, Leben aus dem Geist. Zur Grundlegung christlicher Ethik, Zürich: TVZ 1994; ferner RENDTORFF, TRUTZ, Ethik. Grundelemente, Methodologie und Konkretionen einer ethischen Theologie, hg. von Reiner Anselm und Stephan Schleissing, Tübingen: Mohr Siebeck [3]2011, bes. 99.

[5] KIERKEGAARD, SÖREN, Furcht und Zittern. Dialektische Lyrik von Johannes de Silentio (1843), Gütersloh: Gütersloher Verlagshaus [3]1993, 75.

[6] Siehe MARTIN, ADRIENNE M., Hopes and Dreams, in: Philosophy and Phenomenological

ter für die Hoffnung des Glaubens und den Modus der Existenz, der durch sie bestimmt wird? Oder theologisch gewendet: Geht es wirklich darum, was wir als Menschen tun, oder – mit Karl Barth – darum, zuallererst (an-)zuerkennen, was Gott bereits für uns getan hat?[7] Daher könnte es gerade die Hoffnung sein, die nicht zum Handeln drängt, sondern eine „eschatological patience"[8] nahelegt. Empfänglichkeit Gott gegenüber sowie Geduld angesichts der letztgültigen Zukunft sind allerdings etwas anderes als Formen reiner *De*motivation, die durch den Glauben und seine Hoffnung sanktioniert wären.[9] Ohne die skizzierte Ambivalenz der (De-)Motivation gänzlich auflösen zu wollen, wird auch sie einer anderen Lesart zugeführt. Zu diesem Zweck ist das Engagement des Glaubens aus Hoffnung im Folgenden so darzulegen, dass die Spannung zwischen materialem und modalem Zugang zur Geltung kommt.

Aus dieser skizzenhaften Vorschau ergibt sich eine komplexe Argumentation in fünf Schritten: Zunächst gilt es vorbereitend, den doppelten Begriff der Hoffnung zu präsentieren und in die Struktur der materialen und modalen Konzeption des Hoffens einzuführen (1). Sodann ist zu fragen, wie das Problem der Motivation im Rahmen materialer Hoffnung zu adressieren ist; dabei liegt der Fokus auf der Art, *wie* Hoffnung motiviert, noch nicht darauf, *wozu* sie dies tut (2). Es folgt eine im Dialog mit der theologischen Ethik von Johannes Fischer formulierte Kritik isoliert betrachteter Hoffnungsinhalte (3), sodass anschließend ein Gegenvorschlag unterbreitet wird, der konkretisieren mag, was es mit dessen modalem Pendant auf sich hat (4). Somit wird geklärt, in welchem Sinn, der Modus gegenüber der ‚Materialität' der Hoffnung als primär zu gelten hat. Daraus können allgemeinere Konsequenzen für den Ort und Status theologischer – und vor dort her auch philosophischer – Ethik gezogen werden (5).

## 1. Präzisierung des Problems: drei Einschränkungen

In welcher Weise motiviert die Hoffnung den durch sie qualifizierten Glauben dazu, tätig zu werden? Diese Frage möchte ich zunächst in unterschiedlichen

---

Research 83:1 (2011), 148–173, 171; DIES., How We Hope. A Moral Psychology, Princeton: Princeton University Press 2014, 7, 54–58, 157.

[7] BARTH, KARL, Der Christ in der Gesellschaft (1920), in: Anfänge der dialektischen Theologie. Teil 1: Karl Barth – Heinrich Barth – Emil Brunner (TB 17), hg. von Jürgen Moltmann, München: Kaiser 1966, 3–37, 37.

[8] So ELLIOT, DAVID, Hope and Christian Ethics, New York: Cambridge University Press 2017, 142; ähnlich bereits TILLICH, PAUL, The Right to Hope, in: Neue Zeitschrift Systematische Theologie und Religionsphilosophie 7:3 (1965), 371–37. 374.

[9] Vgl. SÖLLE, DOROTHEE, Politische Theologie. Auseinandersetzung mit Rudolf Bultmann (1971), Stuttgart: Kreuz Verlag 1982, 94 f.

Hinsichten eingrenzen und dadurch präzisieren. Nochmals sei betont, dass die Frage nach dem Impuls zum Handeln die Ambivalenz der Hoffnung keineswegs auflöst, sondern festhält: In der Hoffnung die Potenz zum Handeln zu erkennen, muss demnach nicht heißen, ihr passives, auch geduldiges oder nachdenkliches Element verneinen zu müssen. Dass es um die Relation zwischen Glauben und Hoffen im Blick auf ein Engagement geht, welches sich dieser Beziehung verdankt, schließt wiederum nicht aus, dass es andere und zusätzliche Quellen eines sich im Handeln artikulierenden Glaubens gibt: Weder ist verneint, dass dieser Glaube selbst und folglich ohne weitere Qualifikationen motivational wirkt; noch muss ausgeschlossen werden, dass es weitere Näherbestimmungen des Glaubens in Absehung (oder im Zusammenspiel mit) der Hoffnung gibt, die den Glauben bewegen und aktiv werden lassen. Im Gegenteil, es ist gerade davon auszugehen, dass der Glaube nur sinnvoll charakterisiert wird, wenn er im Rahmen eines verzweigten Netzwerkes von Haltungen thematisch wird, die die Motivation zur Aktion – einer *praxis pietatis* – verständlich werden lassen. Zudem stehen strukturelle Probleme der Glaubenskonzeption, in welche der Begriff der Hoffnung eingezeichnet wird, im Vordergrund. Daher geht es zunächst um die Frage, wo sich das motivationale Element – und dessen Widerlager – innerhalb dieser Struktur befindet, sodass die materialen Inhalte, zu denen motiviert wird, zurückgestellt werden.

Widmen wir uns vor diesem Hintergrund nun jenem motivationalen Element, zeichnen sich noch einmal drei mögliche Positionen ab. Die erste negiert rundheraus, dass Hoffnung im Glauben auf das Feld sichtbarer Handlungen führte. Das aber scheint mir eine kontraintuitive Übertreibung zu sein: Aus dem Umstand, das Hoffen auf $x$ nicht notwendig ein Engagement für $x$ impliziert, folgt noch nicht, dass Hoffen als Akt und Modus ganz in Passivität aufginge. Die Betonung der Verinnerlichung im Glauben, die alles so lasse, wie es sei, und eine „Veränderung im Äußeren" gar nicht beabsichtige – so nochmals Kierkegaard über das „Christliche" –, legt ein derartiges (Miss-)Verständnis zumindest nahe.[10] Die zweite Position verhält sich komplementär zur ersten: Demnach verfüge die Hoffnung über eine direkt wirkende motivationale Kraft, was unterschiedliche Lesarten zulässt: Entweder ist gemeint, eine Hoffnung ohne Tat sei eine Konfu-

---

[10] Vgl. Kierkegaard, Sören, Der Liebe Tun. Etliche Erwägungen in Form von Reden (1847). Aus dem Dänischen übers. von Hayo Gerdes, Gütersloh: Gütersloher Verlagshaus ³1998, 160; auch Ders., Kleine Aufsätze 1842–1851. Der Cosarenstreit, übers. von Hajo Gerdes, Gütersloh: Gütersloher Verlagshaus 1985, 48. – Auch heute finden sich Ansätze, die die Distanz des Glaubens gegenüber einem auf ihm beruhenden Handeln bzw. eine ihm eigene „Aktivitätsforderung" ablehnen; vgl. etwa Wittekind, Folkart, Theologie religiöser Rede. Ein systematischer Grundriss, Tübingen: Mohr Siebeck 2018, 206.

sion und schlicht „blind";[11] dies kann biographisch-diachron aufgelöst werden, indem ein adäquates und also sein Scheitern und Gelingen abwägendes Hoffen so definiert wird, dass es seine „Energie" entsprechend für das Erhoffte einsetzt und sich von diesem affizieren lasse;[12] oder es wird noch strenger formuliert, indem in der Hoffnung (*to hope to do x*) bereits die Absicht, zugunsten von *x* tätig zu werden, gesehen wird (*to intend to try to do x*).[13]

Zwischen diesen beiden Positionen kann auch eine vermittelnde eingenommen werden. Diese sieht vor, dass Hoffnung weder in reine Empfänglichkeit mündet, noch direkt zu Handlungen antreibt, sondern zu ihnen eine mittelbare Beziehung unterhält. Diese Sicht kann nochmals verschiedene Formen annehmen: Entweder unterstützt Hoffnung andere Haltungen, die den Glauben qualifizieren (etwa Liebe, Vertrauen und Dank)[14], oder die Hoffnung entfaltet ihr motivationales Potenzial nur im Verbund mit diesen anderen, für den Glauben charakteristischen Haltungen.[15] Dabei ist *rechtfertigungstheologisch* vorausgesetzt, dass die Hoffnung stets und allein im Kontext des Glaubens an Gott denkbar ist.[16] Dadurch soll es möglich werden, das reformatorische *mere passive* und den Glauben als einziges „gutes Werk" festzuhalten, um im Gegenzug alle Formen von Werkgerechtigkeit als falsche, gar sündige Motivationen auszuschließen. Dass diese Demarkation nur analytisch sauber zu ziehen ist, nimmt nichts von ihrer dogmatischen Relevanz: Von Gewicht sind hier nicht die faktisch wirksamen Gründe, sondern diejenigen, die sich des Glaubens an Gott selbst verdanken.[17]

---

[11] So JASPERS, KARL, Die Kraft der Hoffnung, in: Merkur 17:3 (1963), 213–222, bes. 222.

[12] Siehe MCGEER, VICTORIA, The Art of Good Hope, in: Annals of the American Academy of Political and Social Science 592 (2004), 100–127, 105.

[13] Vgl. DOWNIE, R. S., Hope, in: Philosophy and Phenomenological Research 24:2 (1963), 248–251, 250 f.

[14] Eine solche These zur indirekten Motivation vertritt Martin Hartmann auch für das Vertrauen; siehe Die Praxis des Vertrauens, Berlin: Suhrkamp 2011, 167.

[15] Dazu CALHOUN, CHESHIRE, Doing Valuable Time: The Present, the Future, and Meaningful Living, Oxford: Oxford University Press 2018, Kap. 4: „Motivating Hope"; und aus theologischer Sicht: WALTHER, CHRISTIAN, Eschatologie und Subjektivität, in: Zeitschrift für Theologie und Kirche 80:4 (1983), 458–475, 462.

[16] Die striktere Variante hebt nicht nur hervor, dass der Glaube allein dann aktiv sei, wenn Gott gehandelt habe, indem er diesen Glauben gab, sondern dass es gar nicht darauf ankomme, was wir tun, weil es vielmehr darauf ankomme zu erkennen, was Gott bereits getan habe; so JÜNGEL, EBERHARD, Erwägungen zur Grundlegung Evangelischer Ethik im Anschluss an die Theologie des Paulus. Eine biblische Meditation, in: ders., Unterwegs zur Sache. Theologische Bemerkungen, München: Kaiser 1972, 234–245, 236 f.

[17] HONECKER, MARTIN, Einführung in die Theologische Ethik, Berlin/New York: De Gruyter 1990, bes. 94. Soziologisch beschreibbare Gründe wie etwa jene, die Max Weber in seiner berühmten Verbindung zwischen calvinistischer Tradition und kapitalistischer Dynamik be-

Wenn es um das Verhältnis von Glaube und Hoffnung im Blick auf ein Handeln geht, das sich auf diese Verbindung bezieht, ist bereits eine Entscheidung für die zuletzt genannte, vermittelnde Position getroffen; denn sofern die religiöse Hoffnung gar nicht unabhängig vom Glauben vorkommt, weil sie diesen Glauben qualifiziert, kann Hoffnung auch nicht unmittelbar zum Handeln motivieren. Um dies zu zeigen, ist es nötig, in die Struktur des doppelten Glaubensbegriffs zumindest knapp einzuführen sowie den Bezug des Glaubens zur Hoffnung und von dort aus zum Handeln zu konkretisieren. Dies sei in fünf Schritten skizziert:

(i) *Modalisierung des Glaubens*: Wie oben bereits angedeutet, kann zwischen einem modalen und einem materialen Begriff der Hoffnung und des Glaubens unterschieden werden. Für die *fides* bedeutet dies, dass zu differenzieren ist, zwischen einem propositionalen Glauben, der sich auf konkrete Inhalte bezieht (glauben dass $x$), und einem modalen Pendant, das die Weise, in der gelebt wird, näherbestimmt (im Glauben beziehungsweise glaubend leben). Diese Zweiteilung des Glaubensbegriffs ist eine Relektüre des augustinischen Duals von Glaubensinhalten und Glaubensvollzug und verdankt sich in der hier vorgelegten Form den Vertretern der Hermeneutischen Theologie. So heißt es bei Gerhard Ebeling:

Glauben ist ja nicht ein separater Akt, irgendein spekulativer Aufschwung ins Jenseits. Sondern Glauben ist das Bestimmtsein der Existenz als Existenz im Diesseits, und darum nicht etwas *neben* all dem, was ich tue und leide, hoffe und erfahre, sondern etwas, was konkret nur ist *in* all diesem, also die Bestimmtheit meines Tuns, Leidens, Hoffen und Erfahrens.[18]

Der Glaube wird hier nicht sogleich den einzelnen Aktivitäten der Existenz zugeordnet, sondern fungiert als (oder: wie ein) Operator, der die Existenz als Gesamtheit des „Tuns, Leidens, Hoffen und Erfahrens" qualifiziert. Grammatisch handelt es sich folglich um ein Adverb, das sich auf die sonstigen Tätigkeitswörter bezieht, indem es diese konkretisiert.

(ii) *Primat des Modus*: Erst von dort aus, so legt Ebeling nahe, sei es theologisch sinnvoll, von einem „separaten Akt" des Glaubens zu sprechen. Die traditionelle Differenz zwischen dem Glauben als Modus und als einer Einstellung,

---

nannt hat, liegen daher außerhalb der Betrachtung; vgl. Die protestantische Ethik und der Geist des Kapitalismus (1905), in: Die protestantische Ethik I. Eine Aufsatzsammlung, hg. von Johannes Winckelmann, Gütersloh: Gütersloher Verlagshaus ⁷1984, 27–277, vor allem 127, 179, 187.

[18] EBELING, GERHARD, Das Wesen des christlichen Glaubens, Tübingen: Mohr Siebeck 1959, 209; dazu ferner DALFERTH, INGOLF U., Radikale Theologie (ThLZ.Forum 23), Leipzig: Evangelische Verlagsanstalt 2010, Kap. VIII; zum Kontext und den Details der obigen Passage siehe SASS, HARTMUT VON, Gott als Ereignis des Seins. Versuch einer hermeneutischen Onto-Theologie (HUTh 62), Tübingen: Mohr Siebeck 2013, Kap. 2.

die propositional auf konkrete Inhalte bezogen ist, mündet daher in die Frage, wie sich beide zueinander verhalten. Dabei werde ich, wie angedeutet, die These zunächst voraussetzen, dass der Modus den theologischen Primat vor dem Material des Glaubens genießt. Von Voraussetzung ist deshalb die Rede, weil die genaue Begründung, weshalb dem modalen der Vorrang gegenüber dem materialen Konzept des Glaubens zukommt, für die Frage nach dem Zusammenhang von Glauben, Hoffen und Handeln zunächst zurückgestellt werden kann.

(iii) *Netzwerk der Qualifikationen*: Der Glaube als modale Qualifikation der „Existenz als Existenz im Diesseits" ist nun seinerseits konkretisierbar. Was es bedeutet, an Gott zu glauben, wird in der christlichen Tradition durch einen biblisch fest verankerten ‚Katalog' weiterer Haltungen und Einstellungen präzisiert. Dazu zählen vor allem die Liebe, das Vertrauen, auch der Dank und ganz prominent die Hoffnung. Diese Liste ist erweiterbar; so ließe sich etwa fragen, inwiefern Barmherzigkeit und Mitleid einzubeziehen wären.[19] Zudem wäre zu klären, wie sich die genannten Elemente dieses Netzwerkes im Detail zueinander verhalten; so ließe sich wiederum fragen, ob Barmherzigkeit und Mitleid nicht bereits im Begriff der Liebe enthalten seien. Für unsere Zwecke werde ich beide Fragen sowie den Netzwerkcharakter der Bestimmungen, die den Glauben nun seinerseits modal qualifizieren, übergehen. Stattdessen liegt die Konzentration auf einer dieser Bestimmungen, womit wir zur Hoffnung als Teil jenes Netzwerkes zurückkehren.

(iv) *materiales Hoffen*: Die obige Differenz zwischen modalem und materialem Glauben wiederholt sich nun auf der Ebene der Hoffnung. Auch die Hoffnung ist demnach doppelt kodiert in einen Begriff, der auf separate Inhalte referiert, und einen parallelen Begriff, der das „Bestimmtsein der Existenz" im Blick hat. Für die materiale Version sind damit all jene Definitionselemente aufgerufen, die in der verzweigten Debatte um die notwendigen und zusammen hinreichenden Eigenschaften des propositionalen Hoffnungsbegriffs herausgearbeitet worden sind (dazu der folgende Abschnitt). Wie auch immer man den Status dieser begriffsanalytischen Arbeit veranschlagt, kann festgehalten werden, dass sie auf einen Konsens im Blick auf drei charakteristische Merkmale hinausläuft. Demnach besteht die Hoffnung in ihrer propositional-materialen Version, erstens, aus einem *belief*, der die Möglichkeit des Erhofften zwischen Notwendigkeit und Unmöglichkeit betrifft; gegebenenfalls umfasst dies auch Annahmen, die die Wahrscheinlichkeit jenes Hoffnungsgutes einbeziehen; zweitens kommt zum kognitiven ein konatives Element hinzu, zumal die Hoffnung (dass oder auf $x$) einen Wunsch (dass sich $x$ erfülle) beinhaltet.[20] Diese beiden Bestimmungen

---

[19] Vgl. KLEIN, REBEKKA A., Das Mitleid der Religion, in diesem Band.

[20] Zur sogenannten „orthodoxen" Definition vgl. DOWNIE, Hope, 248–251; DAY, J. P., Hope,

ermöglichen es jedoch nicht einmal, Hoffen von Verzweiflung abzugrenzen; ein drittes Merkmal muss demnach hinzutreten, für das es in der jüngeren Diskussion verschiedene Angebote gibt. Grundsätzlich zielen diese Offerten darauf, dass die hoffende Person eine bestimme Relation zum Hoffnungsgut einnehmen muss, indem sie sich etwa die gewünschte Erfüllung jenes Gutes vergegenwärtigt und daher an der Hoffnung festhält, ohne in Verzweiflung abzuleiten.[21] Diese Dreiteilung innerhalb des Hoffnungskonzeptes – *belief*, *desire* und ein bestimmter Bezug zum erhofften Inhalt – ermöglicht es, die Frage der Motivation, aus hoffendem Glauben heraus handeln zu können, zu präzisieren.

(v) *modale Hoffnung*: Für diese Modalversion gilt, was für ihren materialen Widerpart ebenso zutrifft: Die Hoffnung des Glaubens ist von diesem nicht ablösbar, das heißt sie kommt in ihrer propositionalen wie modalen Variante allein im Rahmen des Glaubens vor. Ist von der ‚Hoffnung des Glaubens‘ die Rede, ist dies folglich als begriffliches Implikat aufzufassen, sodass mit dem Glauben auch die Hoffnung ortlos werden würde. Umgekehrt bestimmt die Hoffnung den Glauben als „Bestimmtsein der Existenz". Was dies bedeutet, kann im Blick auf drei Eigenschaften modaler Hoffnung beantwortet werden: Zum einen betrifft die Hoffnung offenbar die Identität des derart hoffenden Menschen; der Verlust der Hoffnung ginge mit Veränderungen, vielleicht gar Brüchen im Selbstverständnis jener Person einher. Zum anderen spannt die Hoffnung einen Horizont auf, innerhalb dessen die Gegenwart im Licht einer erwünschten und existentiell signifikanten Zukunft betrachtet wird. Schließlich färbt dieses Über-Sich-Hinaus-Sein bereits die Jetzt-Zeit, sodass der *ekstatische* Charakter des Antizipierens die Existenz im Blick auf Ausstehendes schon jetzt qualifiziert (dazu näher Abschnitt 4). Wie bei (iv) gilt auch hier, dass diese Eigenschaften des Hoffnungsbegriffs den Ort bestimmbar werden lassen, an dem Fragen der Motivation sinnvoll zu beantworten sind.

Im Folgenden ist diese Skizze genauer auszuarbeiten. Zu diesem Zweck werde ich mich zunächst auf Fragen der Motivation im Blick auf die materiale und dann die modale Hoffnung konzentrieren, um endlich den traditionellen Fokus auf das propositionale Hoffen und die Motivation aus Gründen einer kritischen Lesart zuzuführen, die im Blick behält, was oben vorausgesetzt wurde: dass der Modus den Primat gegenüber dem Material der Hoffnung behält. Aus diesen Überlegungen ergibt sich ein verändertes Verständnis dessen, wie sich der durch Hoffnung qualifizierte Glaube zu den „Früchten", die er hervorbringen soll, genau verhält.

---

in: American Philosophical Quarterly 6:2 (1969), 89–102. – Zwischen hoffen dass *x* und hoffen auf *x* werde ich im Folgenden nicht unterscheiden; dazu siehe GODFREY, JOSEPH J., A Philosophy of Human Hope, Dordrecht: Martinus Nijhoff Publishers 1987, bes. Kap. 7.

[21] Dazu vor allem MARTIN, How We Hope, 7, 37, 62.

## 2. Wunsch, Glaube und Motivation

Wenn, wie gezeigt, der Hoffnungsbegriff doppelt strukturiert ist, muss auch die Frage nach der Motivation, die sich der Hoffnung verdankt, zweifach behandelt werden. Daher wird zunächst in Absehung modaler Bestimmungen der propositionale Hoffnungsbegriff betrachtet, sodass an die entsprechenden Analysen angeknüpft werden kann. Dabei hat sich, wie erwähnt, ein Konsens herausgebildet, der vorsieht, dass das Hoffen aus drei Elementen besteht: aus einem Wunsch, dass das Hoffnungsgut realisiert werde; aus einem Glauben, dass dies möglich (und zu einem bestimmten Grad wahrscheinlich) sei; und dass man eine konkrete Haltung zu beidem – dem Wunsch und Glauben – einnimmt, die in die entsprechende Hoffnung eingeht.[22] Diese drei Komponenten werden nun genauer unter die Lupe genommen – mit einer doppelten Frage: was sie jeweils zur Motivation der Hoffnung beitragen; sowie ob und, wenn ja, wie sie dies im Blick auf religiöse Kontexte tun.

Beginnen wir mit dem *konativen* Element. Es ist unbestritten, dass das Hoffen den Wunsch, das Erhoffte werde sich realisieren, enthält. Wer hofft dass $x$, wünscht sich, dass $x$ (aber nicht unbedingt umgekehrt). Weil das Erhoffte ein Gut für den darstellt, der dieses Gut erhofft, ist ein Bezug des Wunsches mitgesetzt, wenn gehofft wird. Dabei bleibt eine Unsicherheit bestehen, weil das Erhoffte auch nicht eintreten könnte. Gerade wenn das Hoffnungsgut signifikant (und eben nicht trivial) für die hoffende Person ist, wird die Hoffnung von Furcht vor der Nichtrealisierung jenes Gutes begleitet. Mit der Hoffnung, der das Hoffnungsgut wichtig ist und die in Antizipation und Vorfreude darauf ausgerichtet ist, die aber zugleich – und gerade aufgrund jener Relevanz des Erhofften – befürchtet, die Erfüllung werde nicht eintreten, ist folglich ein komplexes Netz emotionaler Gestimmtheit verbunden. Stan van Hooft fasst diese Konstellation wie folgt zusammen:

> I have suggested that hopes are a subcategory of wishes for outcomes judged to be good, which differ from other wishes in that are motivated by a degree of anxiety or concern about specific circumstances in the world and in that they are limited to what the person who hopes considers both possible and contingent.[23]

---

[22] Hieran schließt sich eine filigrane Debatte darum an, wie vor allem dieses dritte Element ausgestaltet werden muss, und ob diese drei Bedingungen jeweils notwendig und zusammen hinreichend seien, um den Begriff der (propositionalen) Hoffnung zu bestimmen. Was die erste Frage angeht, hat sich ein Konsens eingestellt, der auf Adrienne Martins Arbeiten zurückgeht bzw. dort am besten artikuliert ist, s. u.; was die zweite Frage angeht, weist selbst Martin ab, dass es sich im strengen begriffsanalytischen Sinn um derartige Bedingungen handelt; vielmehr gehe es um eine grundlegende Orientierung zum Hoffnungsbegriff und dessen Komponenten, die für viele Fälle des Hoffens erhellend und relevant sein kann.

[23] VAN HOOFT, STAN, Hope (The Art of Living), Durham: Acumen 2011, 39. Eine ähnliche

Je stärker der auf das Hoffnungsgut gerichtete und emotional gefärbte Wunsch ist, umso größer dürfte der Grad der Motivation zugunsten dieses Gutes ausfallen (wenn bestimmte modale Parameter – dazu gleich mehr – erfüllt sind).[24] Das ist keineswegs eine Frage der Notwendigkeit und hängt an vielen zusätzlichen Faktoren der jeweiligen Kontexte, wohl aber ist es sinnvoll anzunehmen, dass die Güte und Relevanz des Erhofften ein Handeln, das dessen Realisierung zugutekommt, wahrscheinlich werden lässt. Dies müsste gerade deshalb auch für den religiösen Glauben und dessen Inhalte zutreffen, da es sich hier *per definitionem* um Güter handelt, denen eine existentielle Relevanz zukommt. Umgekehrt formuliert, wäre deren Status und „Sitz im Leben" missverstanden, wenn diese Heilsgüter kein auf sie gerichtetes Begehren auslösten,[25] um auch in diesem Fall von einer Ambivalenz zwischen Antizipation und bleibender Ungewissheit, von „Furcht und Zittern" begleitet werden zu können.

Diese Bestimmungen setzen jedoch bereits modale Eigenschaften des Hoffnungsgutes – beziehungsweise diesbezügliche (gegebenenfalls sogar falsche) Annahmen durch den Hoffenden – voraus, die nun eigens zu betrachten sind. Damit kommen wir zum *kognitiven* Element der Hoffnung, welche wiederum drei Aspekte umfasst: Erstens muss das Hoffnungsgut für möglich gehalten werden (auf Unmögliches könnte man demnach nicht hoffen), wobei dieses Gut auch nicht feststehen darf (wäre es bereits sicher, entzöge es sich ebenso dem sinnvollen Spektrum des Hoffens); kurz: Das erhoffte Gut muss kontingent und Gegenstand des Möglichen bleiben. Zweitens kommen Fragen der Wahrscheinlichkeit hinzu. Jenseits des kategorialen Status des Erhofften zwischen Kontingenz, Unmöglichkeit und Notwendigkeit können mit der Hoffnung Annahmen einhergehen, die den Grad der Realisierbarkeit des Erhofften betreffen. Fällt dieser besonders gering oder sehr hoch aus, wird dies auch die entsprechende Hoffnung nicht unberührt lassen. Drittens kommt ein Aspekt hinzu, der schließlich die hoffende Person einbezieht. Dies betrifft zum einen die bereits gestreifte Frage, von welcher Relevanz das Hoffnungsgut für die Person ist, die ihre Hoffnung auf dieses Gut setzt; und dies betrifft zum anderen Annahmen, die diese Person – seien diese zutreffend oder nicht – vornimmt und die sich auf die Beeinflussbarkeit des Erhofften richten.

Gehen wir diese Elemente anhand eines Beispiels kurz durch: Die Hoffnung, dass ich gegen den Schachweltmeister Magnus Carlson gewinne, ist sinnlos, weil es ‚unmöglich' ist, dass ich bei meinen limitierten Fähigkeiten überhaupt in

---

Bestimmung findet sich bereits bei RENÉ DESCARTES; siehe Die Passionen der Seele, hg. von Christian Wohlers, Hamburg: Meiner 2014, 99 und 135.

[24] Vgl. SEGAL, GABRIEL/TEXTOR, MARK, Hope as Primitive Mental State, in: Ratio (new series) 28:2 (2015), 207–222, bes. 213.

[25] Vgl. auch STOELLGER, PHILIPP, Glaube als Begehren, in: diesem Band.

die Nähe komme, ihm auf dem Brett in Probleme zu bringen.[26] Umgekehrt muss Carlson auch nicht hoffen, er gewinne gegen mich, da dies von vornherein feststeht und sich allein dadurch dem Bereich sinnvoller Hoffnung entzieht. Vielleicht ist es mir aber vollkommen egal, ob ich gegen den norwegischen Champion gewinne; auch in diesem Fall wandelt sich die Hoffnung in eine bloße Floskel, weil diese Hoffnung eine bestimmte Relevanz des Erhofften und damit das obige konative Element voraussetzt. Zuletzt bleibt die Frage, inwiefern ich den Ausgang der Partien überhaupt beeinflussen kann. Wäre mir wirklich wichtig, hier erfolgreich abzuschneiden, müsste ich entsprechend trainieren. Wie die Dinge jetzt hingegen liegen, entzieht sich ein möglicher Erfolg im Schach genauso meinen Fähigkeiten, wie es die Aussichten des Wetters an meinem Geburtstag tun.

Offensichtlich tragen alle vier Aspekte des kognitiven Hoffnungselements zur motivationalen Konfiguration bei: Der Einsatz zugunsten des Erhofften ist sinnlos, wenn dessen Inhalt unmöglich zu realisieren ist oder längst feststeht; nur Kontingentes wäre demnach möglicher Gegenstand der Hoffnung und ihrer Motivation. Diese entzündet sich nur dann, wenn das Hoffnungsgut eine bestimmte Relevanz für die hoffende Person besitzt; es kann zwar triviale Hoffnungen geben, aber keine Hoffnungen, deren Trivialität identisch mit Irrelevanz ist, sodass sich die Frage nach Motivationen auflöst. Und schließlich müsste der hoffende Mensch der Ansicht sein, das Erhoffte beeinflussen zu können: Selbstverständlich kann man auf $x$ hoffen, ohne Einfluss auf $x$ zu haben; aber motiviert zu sein, im Sinne von $x$ tätig zu werden, setzt eben diesen potenziellen Einfluss in der Tat voraus.

Auch hier ist dieses Bild auf den Bereich des religiösen Glaubens zu übertragen – und nun zeigen sich plötzlich einige grammatikalische Eigentümlichkeiten. Was die Möglichkeit des Erhofften angeht, geht es im Glauben gerade um das dem Menschen Unmögliche. Worauf der Glaubende hofft, ist demnach etwas, das Gott zufällt, nicht aber dem Menschen oder auch nur partiell-humaner Beeinflussbarkeit. Die Möglichkeit des Erhofften obliegt Gott, sodass die Hoffnung auf das allein von Gott zu Empfangende zugleich eine Hoffnung auf Gott selbst ist (vgl. Ps 40,4; 146,5).[27] Eine Gewähr der Erfüllung bietet diese materiale Hoffnung keineswegs; aber gerade weil sie signifikant für den auf sie hoffenden Menschen ist – seine Erlösung, sein Leben *vor* dem Tod, seine Auferstehung

---

[26] Dieses Beispiel ist mit Bedacht gewählt, weil es darauf verweist, über welche *Art von (Un-)Möglichkeiten* wir hier reden. Metaphysisch und logisch ist es nicht ausgeschlossen, dass ich gegen Carlson gewinne, aber faktisch verhält es sich so. Es schließt sich demnach eine Debatte über den Begriff des Möglichen an, die hier nicht geführt werden muss, aber zumindest angedeutet sei.

[27] Dazu Beisser, Friedrich, Hoffnung und Vollendung (HST. Band 15), Gütersloh: Gütersloher Verlagshaus 1993, bes. 54.

– handelt es sich um eine Hoffnung, die ihn „unbedingt angeht". Alle vier Aspekte propositionaler Hoffnungen nehmen folglich eine spezifische Qualität an, was sich auf die Frage der Motivation zum Handeln unmittelbar auswirkt: Für sich genommen – in Absehung also von der modalen Hoffnung; dazu gleich mehr – gibt es keinen Ort für die Motivation hoffenden Glaubens. Es bleibt die Hoffnung auf Gottes Handeln, das jenseits von Erwägungen bestimmter Wahrscheinlichkeitsgrade, aber auch der Potenz, beeinflusst werden zu können, liegt; und zugleich ist es von existentieller Relevanz.

Kehren wir zu den begrifflichen Bestimmungen des Hoffnungsbegriffs zurück, wird deutlich, dass beide Komponenten – die konative des Wunsches und die kognitiv-modale des Glaubens – nicht ausreichen, Hoffnung sinnvoll einzugrenzen. Daher hat sich eine engagiert geführte Debatte darüber entzündet, was hinzukommen muss, um Hoffnung von benachbarten Begriffen hinreichend klar abgrenzen zu können, zumal Wunsch und Glaube konstant bleiben können – und dennoch offen dafür sind, in Hoffnung oder Verzweiflung überzugehen. Zwei Schwerkranke können etwa denselben Wunsch haben, gesund zu werden, und ganz ähnliche Annahmen treffen, die die Möglichkeit und Wahrscheinlichkeit einer Heilung betreffen, wobei die eine Person hofft, während die andere verzweifelt oder resigniert.[28] Wie kann der eine vom anderen Fall abgegrenzt werden?

Dazu sind bislang unterschiedliche Vorschläge unterbreitet worden, wobei sich eine Richtung in der Beantwortung des Problems herausgebildet hat.[29] Ich orientiere mich in der Charakterisierung der zusätzlichen, dritten Komponente

---

[28] Die analytische Handlungs- und Motivationstheorie schließt hieran die oben bereits berührte Debatte um den Internalismus an, d. h. die Frage, inwiefern *desire* und *belief* ausreichen, um sich für das Gewünschte und (als möglich oder wirklich) Geglaubte entsprechend zu engagieren und motiviert zu sein. Dann müssten dieselben Wünsche und Glaubensinhalte hinreichend ähnliche Handlungen nach sich ziehen; und umgekehrt dieselben Handlungen auf ähnliche Wünsche und Propositionen aufbauen. Zudem müsste das normative Urteil, dass das Erhoffte gut sei (was aus der Perspektive der ersten Person tautologisch ist; s. o.), dazu führen, dass eine Handlung jener Hoffnung folgt. Beides ist nicht der Fall. Es müssen daher weitere Komponenten hinzutreten, ohne damit zu einer Notwendigkeit zwischen Glauben/Hoffen und Handeln zu gelangen; zum Problem des In- und Externalismus siehe Rosati, Connie S., Moral Motivation, in: Stanford Encyclopedia of Philosophy (rev. version 2016); online: https://plato.stanford.edu/entries/moral-motivation/; ferner Honneth, Axel/Seel, Martin, Einleitung, in: John McDowell, Wert und Wirklichkeit. Aufsätze zur Moralphilosophie. Aus dem Englischen von Joachim Schulte, Frankfurt a. M.: Suhrkamp 2009, 7–29, bes. 19.

[29] Es gibt weitere, davon abweichende Vorschläge, die jedoch entweder an eigenen Problemen laborieren oder der Sicht Martins nicht unähnlich sind; vgl. etwa Bovens, Luc, The Value of Hope, in: Philosophy and Phenomenological Research 59:3 (1999), 667–681, bes. 674 („mental imagining"); Meirav, Ariel, The Nature of Hope, in: Ratio 22 (2009), 216–233, bes. 230 („external factor"); Kwong, Jack M. C., What is Hope?, in: European Journal of Philosophy 27:2 (2019), 243–254, bes. 246 („to see a concrete way").

an dem Vorschlag von Adrienne Martin und dem, was sie die ‚These der Inkorporation' nennt. Zunächst spricht sich Martin dafür aus, den phänomenalen Reichtum der Hoffnung gegen deren kognitivistische Reduktion (auf *beliefs & desires*) zu umgehen, indem die Hoffnung im Verbund mit Gefühlen, Emotionen und eben auch den ihr eigenen motivationalen Fragen in den Blick kommt.[30] Die Hoffnung bleibt, wie bereits gesehen, unterbestimmt und nicht einmal von der Verzweiflung abgrenzbar, wenn man es beim sogenannten. „standard account" belässt (13 und öfter). Der Wunsch im Blick auf das Erhoffte und modale Annahmen zu dessen Möglichkeit reichen nicht aus, um Hoffnung erfassen zu können, wie das obige Beispiel der beiden kranken Personen (das auf Martin zurückgeht; vgl. 14 f., 69) zeigen kann. Was die Autorin nun vorschlägt, besteht in der Hinzuziehung der Relation, die hoffende Menschen zum erhofften Gut einnehmen. Konkret: Im Hoffen auf $x$ werde der Wunsch nach $x$ im Rahmen einer bestimmten Wahrscheinlichkeit als ein praktischer Grund für hoffnungsvolle Aktivitäten akzeptiert und in das Denken und Handeln integriert; Martin:

> When we hope, we deploy both kinds of representation: we *incorporate* our attraction to an uncertain outcome into our agency by treating it as a reason for hopeful activities and feelings. (25; vgl. 69)

Es sind demnach zwei zusätzliche Merkmale, die über die Standardauffassung in eine Definition[31] der Hoffnung eingehen: zum einen die Wahrscheinlichkeit des Erhofften als generelle ‚Lizenz' potentiellen Handelns anzusehen; zum anderen diesen lizensierten Wunsch als tatsächlichen Grund zu inkorporieren, um sich für den entsprechenden Inhalt aktiv einzusetzen (35). In der Hoffnung werden folglich der Wunsch und Überlegungen zur Wahrscheinlichkeit dessen Erfüllung, gepaart mit der Relevanz dieses Wunsches – und des dabei Erwünschten[32] –, in die praktischen Gründe zu einem entsprechenden Handeln eingebaut. Im Blick auf das obige Beispiel wären die entgegengesetzten Haltungen der beiden Kranken so zu beschreiben, dass die eine die Möglichkeit und ihren auf diese Möglichkeit gerichteten Wunsch in das Handeln aufnimmt, während der anderen Person eben dies unmöglich ist, um entlang der Unwahrscheinlichkeit (trotz des

---

[30] Vgl. MARTIN, How We Hope, 6; Seitenzahlen in Klammern beziehen sich auf dieses Buch.

[31] Martin betont, dass es sich zwar um den Versuch einer ‚unified theory' handelt (69), nicht aber um die Benennung von notwendigen und gemeinsam hinreichenden Eigenschaften, die auf jeden Fall zutreffen (37 und 62). Der Einwand, es ließen sich gar keine derartig strengen Eigenschaften benennen, trifft demnach Martins Auffassung nicht und läuft ins Leere (oder in offene Türen).

[32] Dies betont vor allem Cheshire Calhoun, die zugleich hervorhebt, dass die Relevanz von $x$ eine geringe Wahrscheinlichkeit, $x$ verwirklichen zu können, aufwiegt; vgl. Doing Valuable Time: The Present, the Future, and Meaningful Living, bes. 76 f. und 85.

Wunsches) den eigenen Fall zu verstehen. Beide Haltungen können rational sein (63). Die Inkorporation der zusätzlichen Elemente geht nicht mit einer epistemischen oder normativen Präferenz einher.

Wendet man diesen erweiterten Zugang auf die Hoffnung des Glaubens an, zeichnen sich wiederum eigentümliche Differenzen ab; denn offenbar übertragen sich die Probleme der „orthodoxen" Ausgangsbestimmung auch auf die nun korrigierte Version: Wenn auf propositionaler Ebene die glaubende Hoffnung auf dem Menschen Unmögliches und allein Gott Mögliches hofft, ändert daran auch die Inkorporation des Wunsches und der Wahrscheinlichkeit seiner Erfüllung nichts. Wie die Dinge jetzt stehen, bleibt die Hoffnung des Glaubens erst einmal ganz passiv – und dies ist keine empirische Beobachtung, auch keine grammatische Notwendigkeit, sondern ein genuin *theologisches* Urteil.

Was aber hat dann der Exkurs zu den Komponenten des Hoffnungskonzepts gebracht? Zweierlei: Einerseits wird deutlich, dass zunächst das Passive des Glaubens samt den dezidiert nicht-motivierenden Konsequenzen zu bedenken wäre; andererseits wird ebenso deutlich, dass jene Komponenten für eine Hoffnung im Rahmen religiösen Glaubens erst dann zur Geltung kommen, wenn der materiale mit dem modalen Hoffnungsbegriff verbunden wird. Dazu kommen wir, nachdem knapp auf das erste Moment einzugehen ist.

Auch eine zunächst passiv bleibende Hoffnung besteht aus einem konativen und einem kognitiven Element. Betont man jedoch, dass das im Glauben Erhoffte dem Menschen unmöglich wird, ist der sonst üblichen Kontingenzbedingung widersprochen: *Im Glauben ist das Hoffen auf Unmögliches nicht nur seinerseits möglich, sondern es wird gerade und ausschließlich auf dem Menschen unmöglich Bleibendes gehofft.* Im Blick auf die Motivation des Glaubens führt dies auf die demotivierte Gegenseite – nicht im Sinn von Resignation, sondern im Modus reiner Empfänglichkeit als Element eines sich selbst verstehenden und allein auf Gott hoffenden Glaubens. Die derart verstandene Demotivation kann zwei grundlegende Formen annehmen: Die eine ist die *rechtfertigungstheologische*, die das Handeln des Menschen erst bedenkt, nachdem dieser als von Gott dazu befähigter bestimmt ist. Die Folge umzukehren, gliche humaner Selbsterhebung. Die andere Form kann als *eschatologische* bezeichnet werden und teilt sich entlang der üblichen Differenz in eine ontologische und eine futurische: Die erste demotiviert, indem sie zwischen Welt und Gegen- oder Hinterwelt unterscheidet, wodurch ein Engagement für *diese* Welt als Schöpfung entwertet wird; die zweite demotiviert, indem sie alles auf die kommende Welt bezieht und durch die quasi-temporale Verlegung aller Relevanzen auf das Künftige den Blick auf das Hier und Jetzt verstellt.

Beide Formen, die der Rechtfertigung *sola fide* und die doppelt-eschatologische, können hingegen auch so gelesen werden, dass die Motivation des Glaubens nicht dementiert, sondern neu verortet wird. Die Doktrin, nach der der Mensch nicht als selbstmächtiger Akteur, sondern als ermächtigtes Geschöpf in den Blick kommt (vgl. 1 Petr 1,13), verbindet gerade das Moment der Entlastung, die nicht einzelne Taten zugunsten des Heils zurückweist, sondern den Impuls zum Handeln insgesamt arretiert, mit einem Engagement, das sich dem Glauben verdankt (etwa Röm 8,4; 1 Kor 9,10). Die Vorordnung des modal verstandenen Glaubens vor seinem materialen Pendant kann helfen, diese charakteristische Ambivalenz des Glaubens und der ihm eigenen Motivation einzufangen.

## 3. Zur Kontextualität von Gründen

Vielfach ist die Isolierung des Glaubens als propositionaler Einstellung vom spezifischen Kontext dieser Einstellung kritisiert worden. Entweder handelt es sich dabei um eine Zurückweisung des *Mentalismus*, der davon ausgeht, dass Handlungen auf „mental states" beruhten, welche wiederum logisch und semantisch unabhängig von jenen Handlungen blieben; demgegenüber ist eingewendet worden, dass in diesem Zwei-Stufen-Modell von Überzeugungen und Handlungssequenzen gar nicht klar sei, was es heißen soll, dass man eine Überzeugung besitze und was diese bedeuten solle: Überzeugungen blieben nicht geistige Inhalte ohne praktische Einbettungen, sondern erst diese konkreten Anwendungssituationen könnten intentionalen Einstellungen Bedeutungen verleihen.[33] Eine davon weitgehend unabhängige, aber strukturell verwandte Kritik besagt, nicht propositionale Einstellungen und die ihnen folgenden Handlungen bildeten eine sinnvolle Einheit der Betrachtung; dies käme erst dem Fokus auf die handelnde Person und ihres Charakters zu, sodass nicht bestimmte Tätigkeiten in den Blick genommen würden, sondern die Personen, die sie ausführen, wie tugendethische Ansätze betonen.[34]

Die nun folgende Kritik an einer isolierten Konzentration auf Handlungen nimmt Momente das Anti-Mentalismus und der Tugendethik auf, hat aber einen etwas anderen Zuschnitt. Dabei folge ich zunächst der theologischen Ethik von Johannes Fischer, die ihren Ausgangspunkt genau dort nimmt, wo wir jetzt stehen: bei der Frage, was denn die Einheit sei, die ethisch zu betrachten ist, um Handlungen und Motivationen sinnvoll thematisieren zu können. Dabei weist Fischer energisch die schon traditionelle Vorstellung ab, Aufgabe der Ethik sei, rationale Begründungen von Urteilen zu liefern. Nicht dass etwas als gut, geboten

---

[33] Zum Mentalismus und den Details seiner Kritik siehe PHILLIPS, DEWI Z., On Really Believing, in: ders., Wittgenstein and Religion, Basingstoke/London: MacMillan 1993, 33–55.

[34] Dazu HALBIG, CHRISTOPH, Der Begriff der Tugend und die Grenzen der Tugendethik, Berlin: Suhrkamp 2013, 25 und 229.

oder dringlich erfahren wird, ist dann das Thema der Ethik, sondern die bereits aus der Distanz formulierte Begründung einer Handlung. In Fischers Worten:

> Die vorherrschende moralphilosophische Auffassung, wie man sie in ethischen Lehrbüchern antrifft, verlegt die Moral in ihrer sprachlich expliziten Gestalt in die Perspektive des *Handelnden*, der tut, was er tut, *weil* es moralisch richtig ist. Dementsprechend wird der Ethik die Aufgabe zugewiesen, derartige Urteile zu begründen, um das moralische Handeln auf eine sichere Grundlage zu stellen.[35]

Gegen dieses eingeschliffene Bild besteht Fischer auf zwei Ausweitungen ethischer Betrachtung: Zum einen dürfe es nicht allein um die desengagierte Begründung von Urteilen gehen, sondern um diese Urteile selbst beziehungsweise, in welchem Geist sie getroffen werden; zum anderen seien diese zusammen mit Handlungen in einer größeren Einheit zu betrachten, weil *aus* Urteilen (Gründen oder Motiven) gehandelt werde. Dann aber ist die Brennweite der Ethik zu erweitern und vom Fokus der Handlungen auf Sequenzen des Verhaltens umzustellen.

Mit dieser Umstellung verbindet sich für Fischer eine umfassende Revision der Ethik, die sich nicht allein und primär auf Tatsachen, denen wir gegenübertreten, beschränkt; vielmehr gehe es um eine Beschreibung von Präsenzerfahrungen, in die Menschen involviert sind und aufgrund denen sie handeln, insofern sie sich in dieser Präsenz – der Liebe, der Not, der Freude – erfahren. *Geht es folglich in dem einen Fall um die Vergegenständlichung dessen, was uns umgibt, um desengagiert-objektive Urteile fällen zu können, geht es im alternativen Zugang gerade darum, die lebensweltliche Einbettung in das, was uns umgibt, anzuerkennen und sich von diesen sich uns aufdrängenden Kontexten bestimmen zu lassen.* Es zeichnet sich daher geradezu ein ontologischer Dualismus zwischen Faktizität und Präsenz ab, sodass die Reduktion der Ethik auf Ersteres es verunmögliche, die Erfahrung überhaupt artikulieren zu können, nach der wir zwei unterschiedlichen Gegenwarten ausgesetzt sind: zwischen Abstraktion und Involviertheit, zwischen Distanz und Engagement.[36]

---

[35] FISCHER, JOHANNES, Die Zukunft der Ethik. Ein Essay (Zur Sache. Der Essay 1), Tübingen: Mohr Siebeck 2022; auch DERS., Emotionen und die religiöse Dimension der Moral. Zum Reflexionsgegenstand einer Theologischen Ethik, in: Theologie der Gefühle, hg. von Roderich Barth und Christopher Zarnow, Berlin/Boston: De Gruyter 2015, 191–205, 192.

[36] Hieran schließen sich weitreichenden kritische Erwägungen an, die insbesondere die Rolle der modernen Aufklärung betreffen. Diese habe insofern zu einer „Verwüstung" ethischen Denkens geführt, als sie die oben skizzierte Reduktion von Präsenz auf Faktizität und damit auf ethische Urteilsbegründungen vollzogen habe; dazu FISCHER, JOHANNES, Verstehen statt Begründen. Warum es in der Ethik um mehr als nur um Handlungen geht, Stuttgart: Kohlhammer 2012, bes. 174; DERS., Warum Ethik nicht religiös begründet werden kann, in: Zeitschrift für Evangelische Ethik 65 (2021), 221–227, 221.

Daher gelte es, die seit der Moderne marginalisierte Präsenzorientierung wiederzugewinnen, indem Tatsachen nicht kausal aus anderen Tatsachen erklärt werden, sondern Präsenz aus Präsenz verstanden, bezeugt und vergegenwärtigt werde. Fischer erläutert dies an verschiedenen Beispielen. So sei der pazifistische Gewaltverzicht nicht die argumentativ abgesicherte Überzeugung, die zu entsprechendem Handeln führt, das sich desengagiert abgewogenen Überlegungen verdankte; Pazifismus sei vielmehr ein Verhalten, das aus dem Geist des Friedens entstehe und an diesem aktiv und authentisch teilhabe, indem Gewalt keine Option mehr bilde.[37] Ähnliches gelte für die Religion, für die Fischer festhält:

> Während in religiöser Perspektive der Mensch gewissermaßen Medium ist für das Wirken numinoser Mächte, weshalb sich hier letztlich alles an der Frage entscheidet, von welchem Geist sich Menschen in ihrem Lebensvollzug und Verhalten bestimmen lassen (Gal 5,22 f., 25; 1 Joh 4,1), ist der Mensch in ethischer Perspektive der Ursprung seiner Handlungen und kann von sich aus gestaltend Einfluss nehmen auf das eigene Leben und die Tatsachen der Welt.[38]

Dass die Präsenzorientierung gerade für den christlichen Glauben charakteristisch ist, darf nicht überraschen, weil sie aus der Wirklichkeitsauffassung der Religion – vor allem aus der paulinischen Briefliteratur[39] – heraus entwickelt wurde. Insofern handelt es sich genau genommen nicht um ein Beispiel für eine davon unabhängig formulierbare, allgemeine These, sondern um den Entstehungszusammenhang einer ontologischen Aussage, die vom konkreten Fall der christlichen Religion und ihrer impliziten Wirklichkeitswahrnehmung tentativ auf andere Kontexte übertragen wird.

Dadurch entsteht gleichsam eine Zwei-Reiche-Lehre, die einige Ähnlichkeiten zu dem aufweist, was Charles Taylor als den Konflikt zwischen „desengagiertem Subjekt" und seinem „porösem" Gegenüber beschrieben hat: Während erstes seine Umwelt verobjektiviere und zu ihr auf Abstand gehe, sodass einer ethischen Theorie die Aufgabe zukomme, im „Pathos der Distanz" Gründe für Handlungen bereitzustellen, gelte für das durchlässige Subjekt, dass es sich angehen und bestimmen lasse von den mit Bedeutung aufgeladenen und emotional gefärbten Kontexten, in denen es sich schon immer wiederfinde und moralisch ansprechbar bleibe.[40] Dies stellt einen durchaus vertrauten Topos der *Moderne-*

---

[37] FISCHER, JOHANNES, Weltgestaltung als ethische Aufgabe. Über die Bedeutung der Reformation für die Entstehung des ethischen Denkens der Moderne, in: ders., Präsenz und Faktizität. Über Moral und Religion, Tübingen: Mohr Siebeck 2019, 241–264, bes. 253.

[38] Warum Ethik nicht religiös begründet werden kann, 223.

[39] Siehe FISCHER, Leben aus dem Geist, 172–193.

[40] Dazu TAYLOR, CHARLES, Ein säkulares Zeitalter. Aus dem Englischen von Joachim Schulte, Frankfurt a. M.: Suhrkamp 2007, 78 und 899, bes. Kap. 15. Dahinter steht eine bestimmte, nämlich pragmatistische Lesart von Heideggers Bestimmung des Daseins als in-der-Welt-sei-

*kritik* dar, die von zwei Weisen, sich zur Welt zu verhalten – nämlich in Objektivierung der Realität oder in Eingebundenheit in sie – ausgeht, um den Verlust der zweiten zugunsten der ersten zu beklagen. Das Reich der Tatsachen, Faktizitäten und ethisch gesicherten Gründe steht dann dem Reich der Präsenz – oder mit Heidegger: dem „Sein" – nicht einfach gegenüber, sondern löst diese Präsenzerfahrung – bis zur „Seinsvergessenheit" – auf; denn dann lässt „man" sich nicht länger von einem Raum oder Geist, auch einer Aura oder Atmosphäre angehen, sondern nimmt eine gegenüber dieser Wirklichkeit vermeintlich souverän-selbstbestimmte Haltung ein.[41]

Gehört die Religion aber in diese Sphäre der Präsenz beziehungsweise ist als solche Erfahrung von nicht-verobjektivierbarer Gegenwart konstituiert, muss jener „Strukturwandel" des Religiösen zugleich ihre Auflösung bedeuten – und wird durch eine Metaphysik des Weltbildes ersetzt; Analoges trifft für die Moral zu, die ebenso von Erfahrungen – oder präziser: Widerfahrnissen – des Guten oder Schlechten lebt – und verschwindet, wenn Ethik als desengagierte Theorie der Moral rationale Urteile des Gebotenen und Richtigen zur Verfügung stellen soll. *Religion und Moral gehören demnach dem Reich der Präsenz an, während Metaphysik und Ethik am Gegenreich der Faktizität teilhaben.*[42]

Wenn eine derart aufgeladene und strikt vollzogene Trennung vorgenommen wird, fragt sich sogleich, wie sich beide Auffassungen von Wirklichkeit zueinander verhalten. Zunächst ist klar, dass beide ihre Berechtigung besitzen, weshalb die Versuche, die eine Auffassung auf die andere zurückführen oder auch nur

---

end, ohne diese Welt zum Bild objektivieren zu können; vgl. HEIDEGGER, MARTIN, Sein und Zeit, Tübingen: Niemeyer [18]2001, §§ 14 f.; DERS., Die Zeit des Weltbildes (1938), in: Holzwege. GA 5, Frankfurt a. M.: Klostermann [8]2003, 75–96: „Weltbild, wesentlich verstanden, meint aber daher nicht ein Bild von der Welt, sondern die Welt als Bild begriffen. Das Seiende im Ganzen wird jetzt so genommen, daß es erst und nur seiend ist, sofern es durch den vorstellend-herstellenden Menschen gestellt ist." (89) Dazu auch RORTY, RICHARD, Wittgenstein, Heidegger, and the reification of language, in: ders., Essays on Heidegger and others. Philosophical papers. Volume II, Cambridge: Cambridge University Press 1991, 50–65, 62 f.; auch OKRENT, MARK, Heidegger's Pragmatism. Understanding, Being, and the Critique of Metaphysics, Ithaca/London: Cornell University Press 1988, Kap. 5.

[11] Siehe auch BÖHME, GERNOT, Atmosphäre. Essays zur neuen Ästhetik, Frankfurt a. M.: Suhrkamp 1995, 47 und 168.

[42] Eine etwas andere Verwendung von ‚Moral' (als das, was für jedermann gleich einsichtig und anzuerkennen sei) liegt vor in: FISCHER, JOHANNES, Über moralische und andere Gründe: Protestantische Einwürfe zu einer philosophischen Debatte, in: Zeitschrift für Theologie und Kirche 95:1 (1998), 118–157, bes. 127 und 147; dadurch ergibt sich nicht nur eine Kritik der Ethik, sondern auch der so verstandenen Moral im Namen christlicher Freiheit als Freiheit *von* der Moralisierung aller Lebensverhältnisse im Modus der Pflicht *zugunsten* des Sich-Bestimmen-Lassens im Modus der Liebe (vgl. ebd., 128 mit Anm. 12; auch 151).

übersetzen zu wollen, ins Leere laufen müssen.[43] Fischer legt zuweilen nahe, dass es bei einer Form friedlicher Koexistenz bleiben könnte und wohl auch sollte, um schließlich das konkrete Verhältnis beider, soweit ich sehe, offen zu lassen. Dies aber hat nun Auswirkungen auf das, was vor dem Hintergrund beider Wirklichkeitsauffassungen zu Handlungen und Motivationen zu sagen ist.

Aus dem skizzierten Dualismus von Faktizität und Präsenz entwickelt Fischer zwei Formen moralischen Handelns, in die das entsprechende handlungstheoretische Vokabular und dessen begriffliche Differenzen eingezeichnet werden. Dieses sei hier nur in dem Umfang dargestellt, wie es für unsere Zwecke nötig ist. Um dies zu tun, bietet es sich an, die beiden Arten der Beschreibung zu vergleichen, welche im Rahmen beider Auffassungen von moralisch signifikanten Wirklichkeitssequenzen gegeben werden. Stellen wir uns also vor, jemand ist in Not und benötigt unverzüglich unsere Hilfe. Nach dem Modell der Faktizität liegen hier Gründe vor, entsprechend zu handeln und das moralische *Richtige* zu tun, zumal die Situation von einem Typ ist, der fordert, dass unter derartigen Umständen Regeln, Normen, Pflichten oder Gebote zu erfüllen sind. Dieses Tun wird dann zu einem Handeln, wenn sich der Handelnde durch die Angabe von Gründen als Urheber jener Handlung präsentiert und diese Handlung verständlich macht.[44] Dieses Tun verbleibt in der Außenperspektive, solange durch Zuordnung von Motiven erklärlich gemacht werden solle, warum eine andere Person etwas getan – und wie im Beispielfall jenem anderen Menschen geholfen – hat. Dabei fungieren *Gründe* (die vom Handelnden selbst gegeben werden) und *Motive* (die diesem zugeschrieben werden) als Antworten auf Warum-Fragen in Bezug auf das in Rede stehende Handeln.

In einem zusätzlichen Argumentationsschritt legt Fischer die sich aus dem Vorangehenden kaum ergebende These vor, Ursachen (im Blick auf Ereignisse) und Gründe beziehungsweise Motive (im Blick auf Handlungen) seien *ausschließlich* Produkte rekursiver Verständigung. Wie Kausalität eine Anschauungsform ist, die keine Realität ‚an sich‘ beanspruchen kann, sondern empirischen Input zu ordnen hilft, so bildeten Gründe und Motive nun ihrerseits kommunikative Ordnungsresultate, die ohne die Verständigung mit anderen gar nicht existierten.[45]

---

[43] Vgl. FISCHER, Warum Ethik nicht religiös begründet werden kann, 226; aus den Problemen, beide Auffassungen von Wirklichkeit ineinander zu ‚übersetzen‘, ergeben sich Elemente einer Kritik an Habermas' Vorstellung davon, wie religiöse Gemeinschaften am „Diskurs der Moderne" teilnehmen (können); siehe DERS., Über das Moralische an der Moral. Der evaluative Charakter moralischer Wertungen und die Problematik deontischer Moralauffassungen, in: Präsenz und Faktizität, 23–98, bes. 23 f. und 58.

[44] So FISCHER, Verstehen statt Begründen, 106–111.

[45] Vgl. ebd., 109, 115, 193 f.; ferner DERS., Leben aus dem Geist, 34, 40, 43. – *By the way*: Eine ganz ähnliche These vertritt Niklas Luhmann hinsichtlich der Beziehung zwischen Gründen und Handeln im Rahmen religiöser Orientierung. Nicht eine innere Ursache gäbe den Aus-

Wechseln wir nun zur Beschreibung jenes Beispiels im Rahmen der präsenz- oder geist-orientierten Ethik. Hier wird die Hilfebedürftigkeit des anderen Menschen wahrgenommen, indem man sich von dieser konkreten Szene berühren und bestimmen lässt. Nicht die rationale Abwägung der Lage, auch nicht die Kalkulation entlang ethischer Maßstäbe, nicht einmal eine wirklich frei zu nennende Selbstbestimmung sei Grund unseres Handelns; vielmehr ließen wir uns, so Fischer, von der Situation affizieren und reagierten auf die Forderung, die *in* dieser Szene selbst liege und uns als nun Geforderte adressiere. Dann aber werde nicht eine auf bestimmte und also bestimmbare Gründe beruhende Handlung zum Gegenstand moralischer Bewertung, sondern es sei das gesamte Verhalten einer Person, die damit auf eine Konstellation reagiere, noch bevor Gründe und Handlungen voneinander getrennt werden könnten. Zuweilen legt Fischer nahe, dass jenes Verhalten gar keine Urheberschaft im eigentlichen Sinne zulasse und auf der fundamentalen Ebene der Moral gar nicht autonom gehandelt werde, sondern emotional affiziert und gleichsam affektiv abhängig Verhalten nur vollzogen werde.[46]

---

schlag für eine Handlung, sondern die verständlich zu machenden Gründe für eine Selektion seien kommunikativ entscheidend. Damit wird die Reihenfolge zwischen Gründen und Handlungen auch hier invertiert. Für Luhmann selbst ergibt sich daraus die Ersetzung von Kausalerklärung durch Funktionalaussagen, sodass an die Stelle von Ursachen bzw. Gründen Zwecke und Finalitäten treten; siehe LUHMANN, NIKLAS, Die Grenzen der Verwaltung (1963/64), hg. von Johannes F. K. Schmidt und Christoph Gesignora, Berlin: Suhrkamp 2021, 37; DERS., Religiöse Dogmatik und gesellschaftliche Evolution, in: Karl-Wilhelm Dahn/Niklas Luhmann/Dieter Stoodt, Religion – System und Sozialisation, Darmstadt/Neuwied: Luchterhand 1972, 15–132, bes. 17 und 70; DERS., Zeit und Handlung – Eine vergessene Theorie, in: Zeitschrift für Soziologie 8:1 (1979), 63–81, 64 und 69 f.

[46] So etwa FISCHER, Emotionen und die religiöse Dimension der Moral. Zum Reflexionsgegenstand einer Theologischen Ethik, 197 f.; das wird in Bezug auf Lk 10 und den ‚Barmherzigen Samariter‘ gesagt; ferner auch DERS., Intersubjektive Orientierung und Lebensorientierung. Eine metaethische Skizze zur Eigenart theologischer Ethik, in: ders., Handlungsfelder angewandter Ethik. Eine theologische Orientierung, Stuttgart/Berlin/Köln: Kohlhammer 1998, 9–61, 11 f. – Auch hier zeichnet sich die Ähnlichkeit zu einem verwandten, wenn auch philosophisch ganz anders artikulierten Ansatz ab, nämlich dem von Emmanuel Lévinas; demnach habe der Andere und dessen „Antlitz" einen unbedingten Anspruch auf uns, durchbreche die Autonomie des Subjekts, zerstöre die quasi-souveräne Idee vom anderen und werde unabweisbar aufdringlich. Ziel dieser gleichsam hyperbolischen Beschreibungen sei die Freilegung einer „nicht-allergische[n] Beziehung mit der Andersheit", die interessante Familienähnlichkeiten mit dem aufweisen, was Fischer als Präsenzerfahrung bezeichnet; vgl. LÉVINAS, EMMANUEL, Totalität und Unendlichkeit. Versuch über die Exteriorität (1980), übers. von Wolfgang Nikolaus Krewani, Freiburg im Br.: Alber ⁴2008, bes. 59–66; Zitate: 57 und 63; DERS., Gott und die Philosophie (1975), in: Gott nennen. Phänomenologische Zugänge, hg. von Bernhard Casper, Freiburg im Br./München: Alber 1981, 81–123, 108, 112.

Wo stehen wir und was ist aus diesem Exkurs zu Fischers Geist-Ethik zu entnehmen? Und was bedeutet dies im Blick auf Glauben, Hoffen und Handeln?
Rekapitulieren wir knapp: (i) Es müsse zwischen den genannten Auffassungen
von Wirklichkeit unterschieden werden, wobei Faktizität für die Objektivierung
von Tatsachen steht, während Präsenz das Sich-Bestimmenlassen von einer emotional und normativ imprägnierten Gegenwart meint. (ii) Es drohe die Margina-
lisierung der Präsenzorientierung durch eine desengagierte Haltung zu dem, was
uns gerade nicht in Distanz umgibt; daher gehe es ethisch um eine Rückgewin-
nung dieser auch für die Religion wesentlichen Dimension. (iii) Gründe (und
Motive) gehörten nur in den Bereich des Faktischen, während Präsenzorientie-
rungen auf das nicht autonom vollzogene Verhalten abstellen. (iv) Selbst bei
Handlungen samt ihren Gründen und Motiven hätten wir es allerdings nur mit
Verständigungsprodukten zu tun, die unabhängig von dieser Kommunikation
nicht ‚da‘ seien. Und schließlich (v): Im Kontrast zum kommunikativen Kon-
struktivismus der Gründe impliziere die Präsenzorientierung der (christlichen)
Ethik einen moralischen Realismus – und zwar insofern, als eine Situation wie
die oben als Beispiel verwendete es selbst sei, die sich unserer Wahrnehmung
aufdränge, um in ein konkretes Verhalten zu münden.

Ich werde auf die Thesen (iii) und (iv) – die ich in dieser starken Form für
unverständlich halte – nicht genauer eingehen, weil sie für unsere Zwecke zurückgestellt werden können. Die jedoch in (i) und (ii) entwickelte Differenz zwischen Faktizität und Präsenz ist hilfreich, um das eingangs vorgestellte Dual von
materialer und modaler Hoffnung zu konkretisieren – und umgekehrt: Das Verhältnis von Material und Modus der Hoffnung könnte erhellen, was es mit Fischers Kritik an der handlungsorientierten, aber geistvergessenen Ethik auf sich
hat. Beide Begriffspaare hingegen verlangen, so (v), nach Klärung ihrer internen
Beziehung. Dadurch kann die Priorisierung der Orientierung an dem, was eine
Situation fordert, vor dem, was in Distanz abgewogen werden kann, den Primat
modaler Hoffnung vor ihren separaten Inhalten klären. Der folgende Abschnitt
führt nun diese drei Aspekte etwas näher zusammen.


## 4. Zum Primat modaler Hoffnung


Von einem auf konkrete Inhalte gerichteten Begriff der Hoffnung ist, so sahen
wir bereits, eine modale Konzeption zu unterscheiden. Dabei gilt im Anschluss
an Gerhard Ebeling, dass der Glaube „das Bestimmtsein der Existenz als Existenz im Diesseits" darstelle und seinerseits durch modale Qualifikationen konkretisiert werde. Dem modal verstandenen Glauben kommen demnach nun seinerseits modale Eigenschaften – sozusagen: zweiten Grades – zu. Die Hoffnung

zählt zu diesen Eigenschaften, wobei umgekehrt gilt, dass der modale Begriff der Hoffnung als Näherbestimmung des religiösen Glaubens nicht unabhängig von diesem vorkommen kann; mit anderen Worten: Fällt der modale Begriff des Glaubens weg, erübrigt sich auch dessen modale Näherbestimmung durch die Hoffnung.

Die grundlegenden Merkmale, die für den modalisierten Glauben zu nennen sind, übertragen sich nun auch auf ein entsprechendes Verständnis der Hoffnung: Auch sie ist folglich nicht auf separate Inhalte gerichtet, sondern als „Bestimmtsein der Existenz" charakterisiert sie näher, was es mit dem Vollzug dieser Existenz auf sich hat. Grammatisch haben wir es nicht mit einem Verb zu tun, dem eine Proposition folgt (im Glauben hoffen dass *x*); vielmehr handelt es sich um ein Adverb, das den Glaubensvollzug qualifiziert (glaubend in Hoffnung leben). Was dies konkret bedeutet, lässt sich anhand der folgenden fünf Merkmale erläutern:

Erstens überträgt sich die *Passivität des Glaubens* auf den Modus der Hoffnung: Auch sie ist zunächst als Gabe zu verstehen, um erst von dort aus als motivationaler Impuls bedacht werden zu können. Auch und gerade für die Hoffnung wiederholt sich, was für den auf Gott ausgerichteten Glauben insgesamt gilt: dass ein Handeln aus dem hoffnungsvollen Glauben heraus nur im Horizont dieses Glaubens als im doppelten Sinn unverdiente Gabe zu denken ist. In Kathryn Tanners Worten:

> Without primary concern for the consequences of one's actions, one acts out of gratitude for the life in God that one has been given, one acts out of joyful recognition that a certain course of action is part of those good gifts that stem from a special relationship with God. In this way, non-moral forms of appreciation and response inform a Christian sense of obligation.[47]

Die Hoffnung des Glaubens ist demnach nicht deshalb passiv, weil sie allein in Geduld und Abwarten aufginge, sondern dadurch, dass sie Modus des Glaubens bleibt, der sich selbst als Geschenk versteht, wenn er sich nicht selbst missverstehen will. Erst dann und von hier aus ist die „Frucht des Geistes" (Gal 5,22) zu bedenken, die den hoffenden Glauben als einen engagierten Vollzug der Existenz ausweist.[18]

---

[47] TANNER, KATHRYN, Eschatology and Ethics, in: The Oxford Handbook of Theological Ethics, hg. von Gilbert Meilaender und William Werpehowski, Oxford: Oxford University Press 2007, 41–56, 54.

[48] Vgl. JÜRGEN MOLTMANN, der den Umschlag von der Passivität zu einem aktiv werdenden Glauben mit dem Wandel vom Auferstehen zum Aufstand parallelisiert; so in: Die Kategorie *Novum* in der christlichen Theologie, in: Ernst Bloch zu ehren. Beiträge zu seinem Werk, hg. von Siegfried Unseld, Frankfurt a.M.: Suhrkamp 1965, 243–263, 261; ferner CHALAMET, CHRISTOPHE, A Most Excellent Way. An Essay on Faith, Hope, and Love, Lanham/New York: Lexington Books/Fortress Academic 2020, 96 f.

Dadurch wird der hoffende Mensch verändert – was seinerseits Ausweis dieser Hoffnung sein mag. Es geht nicht um eine bloße Metapher für einen Wandel der Person, sondern um ein Geschehen, das die *Identität des Glaubenden* real betrifft, um den Menschen zu einer „neuen Kreatur" werden zu lassen (2 Kor 5,17; auch Gal 3,27–29).[49] Was Wittgenstein für den glücklichen Menschen sagte, kann auch für den im Glauben hoffenden behauptet werden: Er lebe in einer „anderen Welt" im Vergleich zu dem, der unglücklich beziehungsweise ohne Hoffnung bleibe. Oder näher am Wittgensteinschen Wortlaut: Die Welt sei für den Glücklichen eine ganz andere als für jenen, der ohne Glück durch's Leben ginge.[50] Einen derartigen Einschnitt dürfte auch die Differenz zwischen Hoffnung und Hoffnungslosigkeit markieren, da die Weisen, wie das Leben konkret gelebt werden kann, derart auseinanderklaffen.[51]

Dies liegt, drittens, daran, dass sich für den hoffenden Menschen ein *Zeithorizont* aufspannt, der die Existenz schon jetzt bestimmt. Während für den in der Gegenwart aufgehenden oder auf Vergangenes konzentrierten Menschen das Künftige irrelevant oder gar bedrohlich ist, richtet sich der hoffende Mensch schon jetzt auf etwas aus, das zwei wichtige Eigenschaften hat: Es ist etwas Gutes, auf das sich die Hoffnung ausrichtet; und es ist etwas Signifikantes, zumal im Glauben nicht Unwichtiges, sondern die Identität des Menschen Betreffendes gemeint ist. Nochmals sei betont, dass noch keine konkreten Inhalte jener Hoffnung im Blick sind, sondern der Unterschied, der entsteht, wenn die Existenz durch Hoffnung bestimmt ist.[52]

Auch dies lässt sich, viertens, konkretisieren, wenn die veränderte *Zeiterfahrung* hinzugezogen wird, die sich der Hoffnung verdankt. Mit der Hoffnung geht eine Orientierung „nach vorne" einher, die den Menschen öffnet und in Möglichkeiten leben lässt. Dabei enthält die Hoffnung eine dreifache Spannung, die unseren Bezug zu den anderen beiden Zeitmodi neu bestimmt: die *temporale* zwischen Jetzt und Dann, sodass die Vergangenheit und Gegenwart in den Horizont des Erwünschten gestellt sind in der Befürchtung, es werde gerade nicht eintreten, aber auch in Antizipation des Guten; die *kontrafaktische* Vorwegnahme, mit der im Namen der Hoffnung das Gelingen des Erhofften unterstellt, es dem möglichen Scheitern entnommen und letztlich seine Relevanz von der Realisierung

---

[49] Dazu SANDERS, ED P., Paulus. Eine Einführung (1991), aus dem Englischen übers. von Ekkehard Schöller, Stuttgart: Reclam 1995, 77, 91, 94–96.

[50] WITTGENSTEIN, LUDWIG, Logisch-philosophische Abhandlung. Tractatus logico-philosophicus, in: Werkausgabe Band 1, Frankfurt a. M.: Suhrkamp ⁹1993, 7–85; 6.43.

[51] Vgl. RATCLIFFE, MATTHEW, What it is like to lose hope, in: Phenomenology and the Cognitive Sciences 12:4 (2011), 597–614.

[52] Dazu MCGEER, The Art of Good Hope, 105.

abgekoppelt wird;[53] und schließlich die *normative* Spannung zwischen dem, was jetzt der Fall ist, und dem, was eigentlich der Fall sein sollte, sodass die Zukunft, die – als verheißene – vorweggenommen wird, zu einem kritischen Kommentar des *status quo* wird.

Und zuletzt stattet die Hoffnung, fünftens, das gegenwärtige Handeln mit *Resilienz* aus. Durch das Gewicht des im Glauben Erhofften und durch die Antizipation dessen Erfüllung bleibt die Hoffnung stark und gleichsam bei der Sache. Auch hier sind noch keine separaten Inhalte im Blick, sondern die Weise, wie der Vollzug der Hoffnung die durch sie bestimmte Existenz charakterisiert; oder in den Worten von Akiba Lerner:

Hope is a mode of ‚exercising one's rational agency' by increasing feelings of excitement and expectation for the actualization of an object of attraction, thus increasing our motivation to work toward its fulfillment.[54]

Mit diesen Merkmalen der Hoffnung kann konkretisiert werden, was es mit einer präsenz-orientierten Ethik auf sich haben könnte. Damit kehren wir zu Johannes Fischers Revision der Moraltheologie zurück. Wie wir bereits sehen konnten, geht es nach Fischer primär darum, den Fokus auf Handlungen aus Gründen zu korrigieren, indem ein größerer Kontext zur eigentlichen Einheit der Betrachtung gewählt wird. Nicht was getan wird, steht dann im Zentrum ethischer Bewertung, sondern wie beziehungsweise konkreter: *aus welchem Geist* es vollzogen wird. Mit ‚Geist' ist dabei ein „emotional bestimmtes Verhalten"[55], gleichsam eine in bestimmter Weise gefärbte Atmosphäre gemeint, sodass Liebe, Zorn oder Hoffnung nicht auf vorausliegende Gründe (oder Motive) von Handlungssequenzen verweisen, sondern *in* dem Geschehen sichtbar werden und sich als Element des Geistes artikulieren.[56] Nicht die Richtigkeit einer Handlung ist dann das vornehmliche Thema der Ethik, auch nicht das Gute, auf das sich das Handeln bezieht, sondern erst jenes Gut, das sich in einem ganzheitlichen Modus, in dem die Existenz vollzogen wird, ausspricht. Was als modales Verständnis des Glaubens bezeichnet wurde, kann mit Fischer und im Anschluss an die paulinische Ethik als Geist charakterisiert werden. Die Hoffnung, die diesen Glauben nun seiner-

---

[53] So auch MANFRED FRANK im Anschluss an Sartre: 'Die eigentliche Zeit in der Zeit', in: Vor der Jahrtausendwende: Bericht zur Lage der Zukunft. Band 1, hg. von Peter Sloterdijk, Frankfurt a. M.: Suhrkamp 1990, 151–169, 156 f.

[54] LERNER, AKIBA J., Redemptive Hope. From the Age of Enlightenment to the Age of Obama, New York: Fordham University Press 2015, 6.

[55] FISCHER, Verstehen statt Begründen, 154.

[56] Vgl. FISCHER, JOHANNES, Theologische Ethik. Grundwissen und Orientierung, Stuttgart/Berlin/Köln: Kohlhammer 2002, 102, 122, 160; DERS., Leben aus dem Geist, 186; ganz ähnlich auch TUGENDHAT, ERNST, Egozentrizität und Mystik. Eine anthropologische Studie, München: C. H. Beck 2003, 82.

seits bestimmt, wird dadurch zur Konkretisierung des Geistes, in und aus dem
Menschen sich zu anderen, ihrer (Um-)Welt und zu sich selbst verhalten.

Als das klassische Beispiel, das den handlungsleitenden Geist im Glauben erläutert, fungiert Lk 10. Auch hier begegnet allerdings die Ambivalenz zwischen
exemplarischem Gestus und theoretischem Anspruch: Die Perikope vom ‚Barmherzigen Samariter' dient nicht einfach als eine Beispielgeschichte, die allgemeinere Thesen zur Ethik schlicht bebilderte, während das daraus gewonnene Verständnis des Ethischen von jener Szenerie zwischen Jerusalem und Jericho ablösbar wäre. Das scheint gerade nicht der Fall zu sein, sodass die Narration nicht
nur ein sekundär hinzugefügtes ‚Bei-Spiel' bleibt, sondern es die erzählerisch
kondensierte Form dessen ist, was es mit dem ethischen Anspruch an uns insgesamt auf sich hat, ohne dass dieses konkrete Beispiel austauschbar wäre.[57]

Auch Fischer kommt immer wieder auf die Samariter-Erzählung zurück, um
eine am Geist des Glaubens (und dessen Hoffnung) orientierte Ethik greifbarer
werden zu lassen. Dabei hebt Fischer vor allem drei Aspekte hervor, die zugleich
den Status von Lk 10 jenseits des Beispielhaften dokumentieren: Zum einen
macht Fischer nochmals darauf aufmerksam, welche Einheit der Betrachtung
und ethischen Bewertung der Szene herangezogen wird. Offenbar beziehen wir
uns dabei nicht auf Gründe oder Motive, die von der Handlung separiert werden
– zumal der Evangelist ohnehin keinen Bericht über die gedankliche und emotionale Innenwelt der drei Protagonisten vorlegt. Weder das Mitgefühl des Samariters noch die vollzogene Handlung als solche seien der Ausschnitt unserer
Bewertung; vielmehr bilde das Handeln aus einem bestimmten Motiv (aus der
Leserperspektive) und das heißt das gesamte Verhalten jenes Menschen die
Grundlage einer möglichen Reaktion und Bewertung, um die traditionelle Trennung von Gründen (beziehungsweise Motiven) und den auf ihnen basierenden
Handlungen zu umgehen.[58] – Doch selbst wenn man diese Möglichkeit integra-
tiver Betrachtung zugesteht, ist damit die gewöhnliche Trennung von Gründen
und Handlungen kaum ausgeschlossen; zu vertraut ist der Umstand, dass ähnliche Handlungen auf unterschiedliche (Hinter-)Gründe zurückgehen können,
während ähnliche Gründe für verschiedene Handlungen offen bleiben. Verschiedene Kontexte dürften folglich unterschiedliche Beschreibungen der Situation
nahelegen.

---

[57] Zum methodischen Status von Beispielen siehe O'NEILL, ONORA, The Power of Exam-
ple, in: Philosophy 61:1 (1986), 5–29.

[58] Dazu FISCHER, Verstehen statt Begründen, 115; DERS., Emotionen und die religiöse Dimension der Moral. Zum Reflexionsgegenstand einer Theologischen Ethik, 195; DERS., Über
das Moralische an der Moral, bes. 29 f.

Zum anderen spricht sich Fischer dafür aus, den involvierenden, gleichsam performativen Charakter der Beispielerzählung wahrzunehmen.[59] Sie bebildert nicht einfach, was es mit einer am Geist des Glaubens und auf Präsenzerfahrungen abzielenden Ethik auf sich hat; die Perikope hat vielmehr selbst Anteil an jenem Geist, der sich durch die Lektüre auf den Leser – und dessen Motivationen – übertragen kann. Womit wir es hier folglich zu tun haben, ist eine Entsprechung zwischen Form und Inhalt dergestalt, dass die Absage an eine nur distanzierte Betrachtung im Modus des Faktischen durch die von Jesus erzählte Geschichte selbst eingelöst wird: Daher wird auch keine allgemeine Konklusion vorgegeben, sondern es ist der Leser, der sich von der narrativen, den Geist der Liebe und der Barmherzigkeit bezeugenden Szene bestimmen lassen mag.[60] Dabei ist auffällig, dass die ursprüngliche Frage, wer einem der Nächste sei (V. 29), sich nach der Geschichte und durch sie in die Frage wandelt, wer von den dreien dem Samariter der Nächste geworden ist (V. 36). Wer nun nicht in der Lage ist, jene Frage selbst zu beantworten, wird es auch durch allgemeine Mitteilungen nicht sein.[61] Auf der erzählenden Ebene spiegelt sich, was sich auf der erzählten Ebene zuträgt: das Sich-Bestimmen-Lassen von der moralischen Signifikanz und Prägnanz einer Szene.[62] Oder näher an den theologischen Sprachspielen formuliert: Der Text kann bewirken, was er artikuliert, um *sakramental* die Differenz zwischen ‚realem' Geschehen und Erleben durch die Lektüre zu dementieren.[63] – Auch hier aber darf im Blick auf die Polyphonie der biblischen Zeugnisse nicht

---

[59] Das scheint mir das besondere Anliegen gewesen zu sein, das die Gleichnisauslegung der frühen Hermeneutischen Theologie bestimmte; dazu etwa Fuchs, Ernst, Das Sprachereignis in der Verkündigung Jesu, in der Theologie des Paulus und im Ostergeschehen (1959), in: ders., Zum hermeneutischen Problem in der Theologie. Die existiale Interpretation, Tübingen: Mohr Siebeck (1960) ²1965, 281–305; Jüngel, Eberhard, Paulus und Jesus. Eine Untersuchung zur Präzisierung der Frage nach dem Ursprung der Christologie (1962), Tübingen: Mohr Siebeck ⁵1979, bes. §§ 15–17.

[60] Grundsätzlich zum (Sprech)Akt des Bezeugens Fischer, Johannes, Behaupten oder Bezeugen. Zum Modus des Wahrheitsanspruchs christlicher Rede von Gott, in: Zeitschrift für Theologie und Kirche 87:2 (1990), 224–244, vor allem 237 f.

[61] Dazu auch Winch, Peter, Wer ist mein Nächster?, in: ders., Versuchen zu verstehen, Frankfurt a. M.: Suhrkamp 1992, 211–231, 216 f.; auch Fischer, Johannes, Menschwürde, Rationalität und Gefühl, in: Ingolf U. Dalferth/Andreas Hunziker/Andrea Anker (Hg.), Mitleid. Konkretionen eines strittigen Konzepts (RPT 28), Tübingen: Mohr Siebeck 2007, 49–65, 56, 63.

[62] Vgl. Stoellger, Philipp, 'Und als er sah, jammerte es ihn'. Zur Performanz von Pathosszenen am Beispiel des Mitleids, in: Mitleid. Konkretionen eines strittigen Konzepts, 289–305, 294 und 301.

[63] Ähnlich dazu Fuchs, Ernst, Übersetzung und Verkündigung. Hermeneutisches Koreferat (1960), in: ders., Zur Frage nach dem historischen Jesus, Tübingen: Mohr Siebeck (1960) ²1965, 405–423, bes. 421.

umweglos generalisiert werden, weil es offenbar zahlreiche Text gibt, die keineswegs sakramental wirken, sondern etwa in Form von Gesetzen einen anderen Weg der Vermittlung einschlagen.

Und schließlich hebt Fischer hervor, dass eine an Präsenzerfahrungen orientierte Ethik zugleich eine veränderte Vorstellung davon transportiert, was es mit Begründungen für Handlungen auf sich hat. In Zurückweisung der Erwartung, es müssten erst Gründe für dann folgende Handlungen vorliegen, verweist Fischer nochmals auf den Samariter: Man sollte der Suggestion widerstehen, es gebe ‚hinter' unseren Reaktionen gegenüber dem Leid des „unter die Räuber" gefallenen Menschen eine Ebene, die unser entsprechendes Verhalten begründen würde; demgegenüber gelte, dass sich in unserem Verhalten ausspreche, von welchem Geist wir in jener Szene bestimmt seien. Dabei präzisiert Fischer jenes Leben und Erleben aus dem Geist, wonach es nicht direkt um die Bestimmung unseres Handelns durch eine konkrete Situation gehe, sondern darum, wozu uns angesichts einer Situation der Geist der Liebe oder der Hoffnung bestimme. Nicht das nur passive Bestimmt-Werden sei kennzeichnend für unser Verhalten, sondern der Geist sei wirksam *in* einem Sich-Bestimmtsein-Lassen, welches sich im Verhalten aussprechen kann. Der Geist und dessen Präsenz sind demnach nicht die Begründung oder das kognitive beziehungsweise emotionale Fundament sekundären Handelns, sondern im Handeln artikuliert sich der darin präsente und vergegenwärtigte Geist.[64] Damit wird keineswegs die Begründungsbedürftigkeit von Handlungen zurückgewiesen, sondern darauf aufmerksam gemacht, wo Begründungen an ihr Ende kommen und das Weiterfragen ins Leere zu laufen beginnt.[65] – Fischers Verbindung der Situationsethik mit Elementen responsiver Ansätze verdankt sich der Konzentration auf konkrete Beispiele, die – wie wir oben zum Status des Exemplarischen sehen konnten – *intern* mit den theoretischen Ansprüchen einer geist-orientierten Ethik verbunden sind. Lässt man hingegen zu, dass wir nicht immer einer konkreten Szene unmittelbar ausgeliefert sind, wird deutlicher, dass auch *deliberative* Aspekte des Verhaltens viel stärker zum Zuge kommen müssten, die ein Abwägen von Gründen und das Sekundäre bestimmter Handlungen verständlich machen.

---

[64] Dazu vor allem FISCHER, Leben aus dem Geist, 205 f. und 258; vgl. ferner SCHIFFERS, JULIANE, Passivität denken. Aristoteles – Leibniz – Heidegger, Freiburg im Br./München: Alber 2014: „*Passiv* ist das Denkvermögen nicht nur, insofern es konkrete Einwirkungen erleiden kann, sondern auch, insofern es eine unbestimmte Affizierbarkeit oder Potentialität darstellt, die offen ist für alles nur mögliche Denkbare." (330 f.; vgl. auch 230 f.).

[65] Siehe auch GOLDIE, PETER, The Emotions. A Philosophical Exploration, Oxford: Clarendon Press 2002, 42; FRANKFURT, HARRY G., Gründe der Liebe. Aus dem Amerikanischen von Martin Hartmann, Frankfurt a. M.: Suhrkamp 2005, 41–43.

Was folgt nun aus diesen Erwägungen zum Geist, aus dem heraus und in dem gehandelt wird, für eine theologische Motivationslehre? Konkret: Wie kann eine präsenz-orientierte Ethik im Kontrast zur „Faktizität" genutzt werden, um das Handeln des hoffenden Glaubens zwischen einer materialen und modalen Konzeption verständlich zu machen? Was Fischer als ‚Geist' bezeichnet, könnte als modale Bestimmung der Existenz aufgefasst werden. Dieser ‚geistige' Modus wirkt eben nicht – um es nochmals mit Ebeling zu sagen – „*neben* all dem, was ich tue und leide, hoffe und erfahre", sondern *in* all diesen Tätigkeiten spricht sich das Sich-Bestimmtsein-Lassen durch den Geist des Glaubens – seiner Liebe, seiner Hoffnung – aus. Erst im Rahmen dieses Modus wären Fragen konkreter Handlungen im Glauben sinnvoll zu stellen und zu beantworten, wobei Gründe (beziehungsweise Motive) durchaus von Handlungen zu separieren sind. An die Stelle eines unversöhnlichen Dualismus von Präsenz *versus* Faktizität tritt dann der Versuch zu klären, wie sich gerade das Faktische aus der Präsenzerfahrung des Glaubens ergeben könnte; oder in der hier verwendeten Terminologie formuliert: wie sich materiale Inhalte des Glaubens und seiner Hoffnung zum hoffnungsvollen Glauben als „Bestimmtsein der Existenz als Existenz im Diesseits" genau verhalten. Die Beantwortung dieser Frage gibt uns im letzten Abschnitt die Gelegenheit, die Charakterisierungen modaler und materialer Hoffnung im Glauben mit dem zu verbinden, was Fischer in der Entgegensetzung von Faktischem und Präsentischem verhandelt hat.

## 5. Auf dem Weg zu einer Ethik des Sehens

Die Frage, die im Hintergrund der vorangehenden Überlegungen steht, lautete schlicht: Kommt der Hoffnung des Glaubens ein motivationales Element zu? Und wenn ja, wo ist dieses konkret zu verorten? Kann dieses zweite Problem beantwortet werden, bejaht man damit zugleich die Ausgangsfrage. Dabei handelt es sich nicht schon dadurch um ein *metaethisches* Kapitel, dass die Sprache der Ethik zum Thema werden würde, sondern dadurch, dass die meist implizit bleibende Annahme, Glaube und Hoffnung käme ein Impuls zum Handeln zu, in ihrer eigentümlichen Ambivalenz eigens behandelt und entfaltet wird. Dabei wurden wichtige Präzisierungen vorangestellt: dass geklärt werden soll, auf welche Weise die Hoffnung den durch sie bestimmten Glauben aktiviert; dass daher die doppelte Struktur des Glaubens und damit zugleich der Hoffnung zwischen Materialität und Modalität zu betrachten ist; und dass schließlich die Art, wie der hoffende Glaube verstanden wird, einer wesentlichen Revision zu unterziehen ist – und daher, folgt man Johannes Fischers am geist-orientiertem Ansatz, der (theologischen) Ethik insgesamt.

Diese Revision ergibt sich dadurch, dass zwischen einer Ethik, die moralisch signifikante Urteile zu begründen sucht und sich auf diese Aufgabe beschränkt, und eines ethischen Zugangs zu unterscheiden ist, der am Verstehen konkreter Situationen im Kontext bereits normativ aufgeladener Lebensweisen orientiert ist. Bereits daraus ergeben sich wesentliche Entgegensetzungen – etwa von Objektivierung moralischer Tatsachen *versus* der Involvierung in diese Zusammenhänge; von Begründungen moralischer Urteile *versus* der narrativen Erschließung moralisch signifikanter Lebenslagen; dem Lösen und Auflösen moralischer Herausforderungen vs. dem verstehenden Umgang mit ihnen, dadurch dass man sich eben diesen ‚Schwierigkeiten des Lebens'[66] selbst imaginativ, narrativ, gegebenenfalls emotional aussetzt.[67] So sehr diese Kontrastierungen aus ihrem programmatischen Anspruch verständlich sind, so sehr fragt sich doch, wie das einmal Unterschiedene in Beziehung zueinander steht.

Daher lautet der Vorschlag, jene beiden Auffassungen von Ethik mit dem zu parallelisieren, was als modales und materiales Verständnis des Glaubens – und damit der Hoffnung, die diesen Glauben konkret werden lässt – vorgestellt wurde. Dann aber kann die Frage der Motivation, die sich des hoffnungsvollen Glaubens verdanken könnte, im Rekurs auf die Struktur dieses Glaubens und seiner Hoffnung zwischen Material, Modus und deren Relation beantwortet werden.

Für eine *materiale*, auf konkrete Inhalte bezogene Hoffnung wurden drei Elemente benannt, denen auch für Fragen der Motivation Relevanz zukommt. Der kognitive Teil bezieht sich auf Annahmen, die die Möglichkeit und Wahrscheinlichkeit des Erhofften betreffen; entzieht sich das erhoffte Gut dem Spektrum der Kontingenz, ist die Möglichkeit der Hoffnung selbst untergraben; innerhalb dieses Spektrums können unterschiedliche Grade der Wahrscheinlichkeit im Verbund mit der Signifikanz, die dem Erhofften für die hoffende Person zukommt, in

---

[66] Dies ist eine leicht abgewandelte Wendung, die auf CORA DIAMOND zurückgeht; siehe The Difficulty of Reality and the Difficulty of Philosophy, in: Stanley Cavell, u.a., Philosophy and Animal Life, New York: Columbia University Press 2008, 43–89.

[67] Zu Relevanz emotionaler Beteiligung für das ethische Verstehen siehe FISCHER, Verstehen statt Begründen, vor allem 20 und 46; DERS., Emotionen und die religiöse Dimension der Moral. Zum Reflexionsgegenstand einer Theologischen Ethik, 202; ferner DERS., Zum narrativen Fundament der sittlichen Erkenntnis. Metaethische Überlegungen zur Eigenart theologischer Ethik, in: Friederike Nüssel (Hg.), Theologische Ethik der Gegenwart. Ein Überblick über zentrale Ansätze und Themen, Tübingen: Mohr Siebeck 2009, 75–100; statt von Beteiligung könnte man auch von Erfahrungen der *Immersion* sprechen; dazu und in einem etwas anderen Kontext, nämlich dem des Spiels, STOELLGER, PHILIPP, Spiel als Medium pathischer Erkenntnis und Immersion als theologisches Deutungsmuster, in: Christian Polke/Markus Firchow/Christoph Seibert (Hg.), Kultur als Spiel. Philosophisch-theologische Variationen (Theologie | Kultur | Hermeneutik. Band 22), Leipzig, Evangelische Verlagsanstalt 2019, 41–62, bes. 52 f. (zur Taufe als Immersion) und 58 (zu Gleichnissen als Immersionsprozessen).

sehr unterschiedliche Motivationslagen münden; sollte das Erhoffte überaus unwahrscheinlich sein, aber von großer Bedeutung, ist eine aktiv werdende Hoffnung auf seine Realisierung nicht nur möglich, sondern verständlich oder in spezifischen Fällen alternativlos. – All dies verhält sich im Bereich religiöser Hoffnungen anders: Wie gezeigt, sind die Güter der Hoffnung gerade das dem Menschen Unmögliche und allein Gott Mögliche, sodass zugleich alle Annahmen, die Wahrscheinlichkeitsgrade abwägen, schlicht wegfallen. Erst vor dem Hintergrund unbedingter Passivität kann eine Hoffnung, die mit Gott rechnet, ihrerseits aktiv werden. Der konative Teil dieser Hoffnung führt hingegen unmittelbarer, wenn auch nicht als Automatismus zu einem Handeln, das diesem Wunsch oder jenem Begehren entspricht. Vorausgesetzt ist, dass es sich nicht um triviale, sondern signifikante Hoffnungsgüter handelt. – Im Rahmen religiöser Hoffnung ist dies wesentlich der Fall; oder umgekehrt gewendet: Die hier erhofften Güter – Heil und Erlösung – sind *per definitionem* existentiell, ja lebensentscheidend. Es bleibt schließlich das dritte Element, das mit Adrienne Martin als Integration dieses Wunsches, gegebenenfalls gegen Hindernisse und Schwierigkeiten, in die Gründe einbezogen wird, die zu einem entsprechenden Handeln führen können. – Für die religiöse Hoffnung gilt hier nochmals der ihr wesentliche Vorbehalt, dass erst Gott handeln muss, damit der Mensch handeln kann.

Der materiale Hoffnungsbegriff verweist damit in seinen drei Elementen auf den modalen. Erst wenn im buchstäblichen Sinn alles unter dem Vorzeichen des Glaubens verstanden werden kann und dieser Glaube dementsprechend seinerseits so aufgefasst wird, dass dieser mit einer alles neu bestimmenden Perspektive eine empfangene Gabe darstellt, kommen theologische Fragen der Motivation in den Blick. Ohne dass alles unter der Bestimmung des Glaubens als Modus der gesamten Existenz – als „Bestimmtheit meines Tuns, Leidens, Hoffen und Erfahrens" – verstanden wird, verflüchtigen sich auch alle konkreten Inhalte; kurz: *ohne Modus kein Material* (oder mit Fischer: *ohne Präsenz keine Faktizität*).

Dabei bewirkt eine nicht sogleich an Inhalten, sondern primär am Vollzug orientierte Konzeption der Hoffnung, wie gezeigt, fünf Näherbestimmungen des dadurch hoffnungsvollen Glaubens: Auch die Hoffnung als Modus des Glaubens ist nur recht verstanden, wenn sie als Geschenk verstanden ist; sie betrifft die Identität des Hoffenden, für den die Welt eine andere wird, wenn ihm die Hoffnung möglich ist; dadurch wird ein Horizont zwischen Jetzt und Dann, zwischen Sein und Sollen, zwischen Gegenwart und antizipierter Zukunft aufgespannt wird. In dieser veränderten Zeiterfahrung, in der das, was der Fall ist, in den Rahmen *unmöglicher Möglichkeiten* gestellt wird, kann die „Triebfeder" gesehen werden, die einer modalen Hoffnung zukommt und die diese Hoffnung als Sinn für das mögliche Gute resilient werden lässt – im Angesicht faktischer Hindernisse und trotz der drohenden Nichterfüllung.

Materiale Hoffnungen im Glauben sind daher nur denkbar, wenn der Mensch sein Leben im Glauben als Modus seiner Existenz führt – und dies kann man niemals selbst herbeiführen, sondern verdankt sich einer Gabe, die nach dem Erleben dieses Glaubens *von* Gott ist; oder genau: Gott selbst *ist*. Die Motivation des hoffenden Glaubens kommt erst *nach* der Eröffnung der Möglichkeit, das Leben im Glauben zu führen, um sich dann für die mit diesem Glauben gesetzten Güter unbedingt einzusetzen.

Was Fischer in einem ‚dualen System' ganz zurecht entgegensetzte – „Präsenz und Faktizität" –, kann nun auch in seiner Verbindung bedacht werden. Dabei ist Fischer zuzustimmen, dass der hoffende Glaube nicht etwas Separates, das nur Teilbereiche oder Fragmente des Wirklichen beträfe, erkennt; vielmehr ist der Glaube im Raum der Präsenz des Erkannten zu verstehen und zu verorten.[68] Dadurch wird nichts Neues jenseits des Bekannten behauptet, sondern die Gesamtheit dieses Altbekannten wird neu qualifiziert: das Verhältnis zu einem selbst – vom Übernehmen einer Rolle zum durch Gott Gerechtfertigten; das Verhältnis zum Mitmenschen – vom anderen, gar fremden Menschen zum Nächsten; das Verhältnis zur (Um-)Welt – vom kausalen Zusammenhang zur Schöpfung. In allen drei Verhältnissen tritt die oben skizzierte Spannung – temporal, normativ, kontrafaktisch – auf; und es gliche einem Missverständnis des Glaubens, wenn er im Angesicht des durch die Hoffnung gestifteten Widerspruchs zwischen dem, was der Fall ist, im Blick darauf, was der Fall sein *wird*, *soll* und *könnte*, sich nicht für das Kommende einsetzen würde – dies ist das unbedingt festzuhaltende Wahrheitsmoment einer engagierten, öffentlichen und „politischen Theologie". Ist alles derart vom Glauben und seiner Hoffnung modal bestimmt, werden auch die einzelnen materialen Inhalte dieser Hoffnung denkbar, ja sinnvoll. Oder in Fischers Nomenklatur: Indem alles in den Raum der Präsenz des Geistes – Gottes Geist oder Gottes als Geist[69] – gestellt wird, können konkrete Handlungen im

---

[68] Dazu u.a. FISCHER, Behaupten oder Bezeugen, 238; DERS., Präsenz und Faktizität, 187, 203, 211, 217; ganz ähnlich DALFERTH, INGOLF U., Gegenwart. Eine philosophische Studie in theologischer Absicht, Tübingen: Mohr Siebeck 2021, 41 f. – Die von Fischer immer wieder eingespielte Wendung, nach der es um ‚die Erkenntnis von Präsenz in der Lokalisierung des Erkennenden im Präsenzraum des Erkannten' gehe, erinnert an Schleiermachers Sicht, wonach sich der „Einfluß des Angeschauten" (sic.) in der Anschauung des Universums geltend mache; so SCHLEIERMACHER, FRIEDRICH D.E., Über die Religion. Reden an die Gebildeten unter ihren Verächtern (1799), hg. und mit einem Nachwort von Carl Heinz Ratschow, Stuttgart: Reclam 1997, 38; für eine ähnliche Denkfigur siehe auch VOEGELIN, ERIC, Unsterblichkeit: Erfahrung und Symbol (1965) (Fröhliche Wissenschaft 166), aus dem Englischen von Dora Fischer-Barnicol. Mit einem Vorwort von Peter J. Opitz, Berlin: Matthes & Seitz 2020, 68 und 75.

[69] So FISCHER, Über moralische und andere Gründe, 135.

Namen dieses Glaubens verständlich gemacht und gerechtfertigt, zuweilen begründet werden.[70]

Das dürfte beträchtliche Auswirkungen darauf haben, wie sich die Ethik ihrerseits – insbesondere im Rahmen der Theologie – verstehen könnte. Dies sei im Blick auf drei Momente zumindest knapp angedeutet: Zum einen kann es nicht allein um eine Ethik gehen, die vornehmlich an der Begründung von Einzelurteilen orientiert ist; vielmehr käme es darauf an, verständlich zu machen und auszulegen, was es mit einer durch den hoffnungsvollen Glauben bestimmten Existenz auf sich hat, das heißt wie der Glaube als ein neues Verstehen und neues Sehen von allem das gerade so Verstandene und Gesehene neu kodiert. Erst innerhalb dieses Rahmens stellen sich dann in der Tat Fragen der Begründung für allgemeinere Orientierungen beziehungsweise Rechtfertigungen von Handlungen im Blick auf die (Nicht-)Entsprechung zu diesen Orientierungen. Die Opposition von Begründen und Verstehen kann erst dann überwunden werden, wenn Begründungen in den durch den Glauben gestifteten neue Verstehenszusammenhang integriert werden.[71]

Zum anderen verleiht dieser Zuschnitt der Ethik ein dezidiert *hermeneutisches* Kolorit: Wenn der Glaube samt seiner Hoffnung die Gesamtheit dessen, was uns ausmacht und uns umgibt, neu qualifiziert und neu verstehen lässt, müsste die Ethik genau diesem neuen Verständnis von buchstäblich allem (selbst-)kritisch nachgehen; denn im Glauben geht es nicht um zusätzliche und spekulativ zu erschließende Tatsachen, sondern um eine andere Wahrnehmung von dem, was *extra fidem* auch, aber anders und das heißt: *als* anderes erkannt wird. Daraus ergibt sich eine Ethik des Sehens und der Wahrnehmung,[72] das heißt eine ethische Nachdenklichkeit, die die Inhalte des Glaubens und seiner Hoffnung erst bedenken kann, insofern die Weise, in der sie verstanden und wahrgenommen werden, ausgelegt ist: *Das Wie kommt vor dem Was.*

---

[70] Die Differenz von *Begründungen* (etwa von Normen als „Handlungserwartungen", denen entsprochen wird oder die enttäuscht werden können) gegenüber *Rechtfertigungen* (die insbes. Abweichungen von diesen Normen und damit konkrete Handlungen erklären), ist dabei entscheidend; dazu ebd., 124–127.

[71] Vgl. Leben aus dem Geist, 174 f., wo ein ähnlicher Punkt dadurch erläutert wird, dass das Verhältnis von der Vergegenwärtigung des Geistes und dem geist-entsprechenden Handeln als eine Relation zwischen *Indikativ und Adhortativ* beschrieben wird.

[72] Vgl. ebd., 185 f. (zur Bindung der Wahrnehmung an Christus) und 206 (zum wahrnehmungskritischen Anteil jener geist-orientierten Ethik); auch DERS., Glaube als praktische Erkenntnis, in: ders., Glaube als Erkenntnis. Zum Wahrheitscharakter des christlichen Glaubens, München: Kaiser 1989, 31–34; ferner auch ROTH, MICHAEL, Die Ersten werden die Ersten sein. Überlegungen zu einer Ethik des Sports in theologischer Hinsicht (Theologie | Kultur | Hermeneutik. Band 32), Leipzig: Evangelische Verlagsanstalt 2021, bes. 119.

Und schließlich der letzte Punkt: Der durch die Hoffnung qualifizierte Glaube
führt nirgends zu einem Automatismus religiöser Aktion; vielmehr hat dieser
Glaube auch im Blick auf seine Motivationen die ihm eigenen Brüche – das
Scheitern, die Ungewissheit, das Nicht-Handeln-Können oder das Unwissen,
wie zu handeln wäre (vgl. Röm 8,26) – mitzubedenken. Dies meint nicht nur eine
Warnung gegenüber vorschnellen Generalisierungen, die aus einem modalen
Glauben samt seiner kognitiven und konativen Konkretionen ein Engagement
zugunsten bestimmter Hoffnungsgüter ableiten wollen, dabei aber die spezifischen Kontexte, in denen gehandelt werden könnte, übergehen. Es meint mehr
noch die bleibenden Ambivalenzen von Glaube und Hoffnung zwischen individueller Selbstbestimmung *zum* freien Handeln und reiner Empfänglichkeit *für*
eine umfassende Atmosphäre, von der sich der hoffend Glaubende bestimmen
lässt – in ihrer ganzen Andersheit, ja Fremdheit.[73]

Hatte noch Schleiermacher dem Glauben eine eigene „Provinz im Gemüte"
zugeordnet,[74] um bekanntlich das religiöse Gefühl vom Bereich der Moral als
„Provinz" des Handelns abzugrenzen, entsteht jene Ambivalenz zwischen Geduld und Tätigkeit, zwischen Warten und Drängen gerade dort, wo beide Provinzen füreinander durchlässiger werden.[75] Und diese Zweideutigkeit von Tätigkeit
und Passion mag von einer zweiten begleitet werden, jener zwischen Hoffnung
und Klage; denn der Glaube kann zwar durch Hoffnung motiviert sein, aber gerade dadurch an brüchig gewordenen, enttäuschten Hoffnungen auch verzweifeln. Hier mag die Klage ihren Ort haben – in der Dopplung einer Klage, die
ändern will, was sie beklagt – und somit eine letzte Hoffnung artikulieren könnte;
und einer Klage, die allem Instrumentalismus entsagt, rein expressiv wird und
darin ganz bei sich bleibt – und somit an die Grenzen der Hoffnung führt, wenn
nicht schon überschritten hat.[76]

Es stimmt wohl, was Jürgen Moltmann, der auf die Aktion des hoffenden
Glaubens setzt, einmal sagte: Es reiche nicht, lediglich Gedanken der Antizipa-

---

[73] Zu diesem Moment der Alterität und Unbekanntheit siehe Newheiser, David, Hope in a
Secular Age. Deconstruction, Negative Theology, and the Future of Faith, Cambridge: Cambridge University Press 2019, Kap. 5 und 7.

[74] Schleiermacher, Über die Religion, 26.

[75] Diesem Zusammenhang ist Schleiermacher in seiner *Sittenlehre* selbst nachgegangen;
dazu von Scheliha, Arnulf, Schleiermacher als Sozialphilosoph des Christentums (Schleiermacher Lecture vom 1. Dezember 2021, HU Berlin); ferner auch Tillich, Paul, Zwei Wege
der Religionsphilosophie, in: Gesammelte Werke. Band X, Stuttgart: Evangelisches Verlagswerk 1968, 122–137, bes. 132; Moltmann, Jürgen, Die Kategorie *Novum* in der christlichen
Theologie, 258.

[76] Zum Verhältnis von Glauben, Vertrauen und den Ambivalenzen der Klage siehe Welz,
Claudia, Vertrauen und Versuchung (RPT 51), Tübingen: Mohr Siebeck 2010, Kap. 1, bes. 25
und 31.

tion festzuhalten, ohne material zu sagen, was denn der Gehalt des Verkündigten und Verheißenen sei.[77] Wie vieles andere habe ich auch diese Frage hier offen lassen müssen – was vor allem für den Unterschied zwischen individuellen und kollektiven Hoffnungen gilt. Immerhin mag deutlich geworden sein, dass nicht die Entgegensetzung von Präsenzorientierung und moralischer Urteilsbildung das metaethischer Bild bestimmen muss; vielmehr ginge es um den Primat des Modus vor dem Material der Hoffnung, weil erst mit dem alles neu verstehenden und neu sehenden Blick die konkreten Inhalte dieser Hoffnung ‚da' sind: ohne den Blick des Glaubens auf mich als Gerechtfertigten keine sinnvolle Hoffnung auf die konkrete Überwindung der Sünde; ohne den Blick für den Nächsten kein konkreter Einsatz in Nächsten- und Fernstenliebe; ohne das Verständnis von allem als Schöpfung kein hoffnungsvolles Engagement für Projekte, die sie konkret bewahren.[78] Damit ist nicht gesagt, solch aktives Handeln könne sich nicht anderen Quellen verdanken; vielmehr ist gemeint, dass der Glaube und seine Hoffnung in ganz spezifischer Weise zu einem der Rechtfertigung, Nächstenliebe und der Schöpfung entsprechendem Handeln jetzt – das heißt: schon jetzt – antreiben (siehe 2 Kor 5,5; Röm 8,18). Und dies nicht, indem die *fides spe formata* ein neues Arsenal an fundierenden Gründen lieferte, sondern indem mit dem hoffenden Glauben alles in einen neuen Horizont gestellt ist. Diese Gegenwart wird jetzt bezeugt, indem ihrem Geist hier und heute entsprochen wird.

---

[77] So MOLTMANN, JÜRGEN, Der Gekreuzigte Gott. Das Kreuz Christi als Grund und Kritik christlicher Theologie, München: Kaiser 1972, 164.

[78] Interessant ist, dass Fischer jeder dieser Perspektiven eine Textgattung bzw. Praxis zuordnet: der Wahrnehmung des Nächsten die Fürbitte; der Schöpfung die Psalmen; dem Glauben an Christus das Herrenmahl; so etwa in: Leben aus dem Geist, 157 und 192.

# „Was ihr getan habt einem von diesen meinen geringsten Brüdern …"

## Zu Motivationslagen in der Diakonie

*Sarah Jäger*

## Einleitung

Denkt man über Motivationslagen in der Diakonie nach, so lässt sich für die Geschichte der Diakonie besonders ab dem 19. Jahrhundert eine hohe Dichte von Glaubensmotivationen nachzeichnen: Sei es in der Rezeption zentraler biblischer Überlieferungen wie der im Titel zitierten Matthäus-Stelle in Kapitel 25, die danach fragt, wer das Himmelreich ererben wird, oder des Gleichnisses vom barmherzigen Samariter oder der Erzählung von Maria und Martha. Oder man mag an das Dienstideal der Diakonissen ohne Vorstellung von Feierabend und Freizeit denken, mit hoher Bindung an ihren Herrn Jesus Christus, hoch motiviert, durch ihren Glauben angetrieben, frei nach Wilhelm Löhe oder an die Gestalt der treuen und motivationsstarken Glaubenshelden Friedrich von Bodelschwingh, Theodor Fliedner oder Johann Hinrich Wichern.[1]

In der Gegenwart sieht das anders aus, aber handelt es sich deshalb nur um eine Verfallsgeschichte? Sicher gilt mit Thorsten Moos: Diakonie ist mit vielfältigen Erwartungen konfrontiert sowie mit Spannungen:

zwischen der originären Motivation der Mitarbeitenden und den Zwängen der Organisation; zwischen der Erwartung der Hilfeempfangenden und dem sozialstaatlich Gegenfinanzierten; zwischen der Eigenlogik der Professionen und dem gemeinsamen ‚Auftrag'; zwischen dem individuellem Antrieb und den Loyalitätserwartungen des Arbeitgebers; zwischen dem Sinn des Helfens und seiner kleinteilig programmierten Praxis; und immer wieder: zwischen Bedarf und ökonomischer Rechenhaftigkeit, kurz: zwischen Not und Geld.[2]

---

[1] Vgl. dazu exemplarisch die Darstellung in: BURBACH, CHRISTIANE/HECKMANN, FRIEDRICH, Motive des Helfens, in: Ralf Hoburg (Hg.), Theologie der helfenden Berufe, Stuttgart: Kohlhammer 2008, 87–107.

[2] MOOS, THORSTEN, Religiöse Rationalität des Helfens. Systematisch-theologische Beiträge zu einer Theorie diakonischer Praxis, in: Zeitschrift für Evangelische Ethik 63:2 (2019), 104–116, hier 114.

Die Frage nach Motivationslagen für helfendes Handeln in der Diakonie ist auch deshalb hoch aktuell, weil sich religiöse Motivationen als Antrieb für die eigene Berufstätigkeit vielleicht in dieser Klarheit nur noch für Diakon:innen voraussetzen lassen. Sonst gilt: Der Zusammenhang zwischen diakonischer Tätigkeit und religiösem Bekenntnis muss plausibel gemacht werden, er liegt nicht mehr auf der Hand. „Ein Charakteristikum für die Arbeit von Diakon:innen in der kirchlich-diakonischen Arbeit ist, dass diese mit ihrem beruflichen Handeln auch ihre persönlichen Glaubensüberzeugungen zum Ausdruck bringen und sich dem entsprechend auch auf religiöse Themen ansprechen lassen."[3] Spiritualität gehört gewissermaßen zu ihrem beruflichen Habitus. Dabei ist es für einzelne Personen sehr unterschiedlich, als wie handlungsleitend der persönliche Glauben erlebt wird. Für viele mag gelten: „Der Glaube gestaltet sich aus in bestimmten Rollen, in denen sich berufliches, an Professionalität orientiertes Handeln ausprägt."[4]

Doch wie sieht es nun mit Mitarbeitenden ohne diakonische Beauftragung und mit der Diakonie als Ganzer aus: Die Frage nach Motivationslagen in der Diakonie lässt sich in zwei Dimensionen untersuchen, zunächst in der Frage danach, was Mitarbeitenden in der Diakonie zu ihrer Tätigkeit – oder in diakonischer Sprache als Dienst – motiviert und zum zweiten danach, was Diakonie als Ganze in ihren verschiedenen Erscheinungsformen als schwach institutionalisierte, lokale Hilfsangebote der Gemeindediakonie, als Angebote der diakonischen Sozialunternehmen in der Einrichtungsdiakonie und als gesellschaftspolitische Organisationen und Verbände[5] zu ihrem Tun antreibt. Diese beiden Dimensionen hängen natürlich miteinander zusammen und bedingen einander, trotzdem sollen sie im Folgenden getrennt in den Blick genommen werden.

Dazu stelle ich zwei Thesen vor, die ich danach in sechs Schritten entfalten möchte.

Grundthesen:

1. (Religiöse) Motivationen von Mitarbeitenden waren in der Diakonie zu allen Zeiten diskutiert, sie wurden tendenziell rhetorisch überhöht und idealisiert. Seitdem christliche Beweggründe nicht mehr für alle Mitarbeitenden relevant sind, verlagert sich das Thema der Motivation in Diskurse um Loyalität und Unternehmenskultur.

---

[3] MERZ, RAINER, Diakonische Professionalität, oder: wie der christliche Glaube im beruflichen Hilfehandeln konstruktiv sein kann, in: Ralf Hoburg (Hg.), Theologie der helfenden Berufe, 71–86, hier 72.

[4] MERZ, Diakonische Professionalität, 84.

[5] Vgl. ALBRECHT, CHRISTIAN, Diakonie als gesellschaftliche Praxis des Öffentlichen Protestantismus. Theologische Überlegungen zur Bedeutung der Diakonie für soziale Kohäsion, in: ders. (Hg.), Was leistet die Diakonie fürs Gemeinwohl?, Tübingen: Mohr Siebeck 2018, 81–104, hier 87.

2. Motivationen führen in das Herz diakonischen Selbstverständnisses und betreffen damit, insofern Diakonie eine Wesens- und Lebensäußerung von Kirche und damit auch eine kirchliche Handlungsform ist, auch unmittelbar
Theologie.

## 1. Schritt: Helfen als Zentralaspekt diakonischen Handelns

Für das Nachdenken über christlich motiviertes Helfen stellt das Gleichnis vom
barmherzigen Samariter (Lk 10,25–37) eine der zentralen Erzählungen dar. Dabei changierte in der theologischen Rekonstruktion die Rolle der Diakonie zwischen der Identifikation mit dem konkret helfenden Samariter und dem bezahlt
helfenden Wirt.

Besonders die Professionsdebatte in der Sozialen Arbeit seit der Benennung
des Helfer-Komplexes durch Wolfgang Schmidbauer[6] hatte nun zur Folge, dass
die Frage nach den das Subjekt in seinem Handeln leitenden Normen und Werten
in der wissenschaftlichen Diskussion aus dem Blick geraten ist. Dies betrifft
auch die Religion und gelebte Religiosität[7] als Kategorie menschlicher Wert-
haltung und Maßstab individuellen sozialen Handelns in der Begründung auch
diakonischen Handelns, wie im Gleichnis vom barmherzigen Samariter. Die Fokussierung auf den Begriff des Helfens läuft dabei nicht den Bemühungen zur
Professionalisierung gerade in der Sozialen Arbeit zuwider.

Mit Hegel lässt sich Helfen als Handeln zum Wohl anderer fassen.[8] Damit ist
dem diakonischen Handeln eine deutlich moralische Dimension eingeschrieben.
Das Ideal des Helfens hat es immer auch mit Erwartungsüberschüssen zu tun –
darauf hat Thorsten Moos eindrücklich aufmerksam gemacht.[9] Helfen steht
also zwischen dem Anspruch, das Wohl anderer zu befördern und dem durchaus
existenten Ideal diakonischen Helfens, das den Horizont diakonischen Handelns
mitmarkiert.[10]

Es ist bleibend rückbezogen auf das Verhaltensdeutungsmuster der Nächstenliebe im biblischen Liebesgebot und bildete so in der diakonischen und karitati-
ven Tradition eine der Hauptorientierungen christlichen Hilfehandelns. Helfen
muss dabei gerade mit Blick auf exegetische Erkenntnisse vom Dienen getrennt

---

[6] SCHMIDBAUER, WOLFGANG, Das Helfersyndrom: Hilfe für Helfer, Hamburg: Rowohlt
2007.

[7] Vgl. BURBACH/HECKMANN, Motive des Helfens, 87–107.

[8] Vgl. HEGEL, GEORG WILHELM FRIEDRICH, Grundlinien der Philosophie des Rechts (Werke 7), Frankfurt a. M.: Suhrkamp ⁵1996, §§ 125 f.

[9] Vgl. MOOS, Religiöse Rationalität, 104–116.

[10] Vgl. ebd., 106.

werden, das lange dem diakonischen Diskurs zugrunde lag. Helfen bedeutet dann vielmehr, sich dem Anderen zu nähern. So formuliert Dierk Starnitzke, Neutestamentler und Vorstandsvorsitzender des Wittekindshofs: „Helfe so, dass Du dich selbst und den anderen Menschen als von Gott Geliebte achtest und dass dabei die Zuwendung zum Nächsten der Zuwendung zu Dir selbst entspricht."[11] Diakonie erlaubt es nun, die eigene Praxis des Helfens in einem bestimmten Horizont zu deuten.

Dabei ist zentral, dass die Methoden und das Handeln der Diakonie keine besonderen, im Sinne von exklusiven Ansätzen sind. Für die Zuwendung zum Menschen, der Hilfe braucht, ist jede Methode gut. Dies rückt an dieser Stelle die Frage nach dem diakonischen Proprium oder gar Alleinstellungsmerkmal in den Hintergrund. Vielmehr gilt: „Die Chance, auch in Zukunft christliche Ressourcen für eine allgemeine, kluge Kultur des Helfens bereitzustellen, sollte diakonischen Distinktionsbedürfnissen genügen."[12]

## 2. Schritt: Veränderte historische Motivationslagen

Denkt man über Motivationen in der Diakonie nach, begegnen zwei Grundannahmen, die sich in dieser Weise nicht halten lassen: Zum einen die Entgegensetzung von traditionellen Konzepten christlicher Wohlfahrt, in deren Kontext die Loyalität der Diakonissen steht, und der aktuellen, auf finanzielle Optimierung und Gewinnmaximierung ausgerichtete Wirtschaft und zum anderen das Konzept des unbegrenzten Dienstes einer quasi verflüssigten Diakonisse.

Exemplarisch sei hier das berufliche Credo von Helene Hartmeyer genannt, Diakonisse und Oberin der renommierten „Heil- und Krankenpflegeanstalt Bethesda" in Hamburg, geboren 1854: „Beten und dienen, das sind die zwei großen Hauptgeschäfte einer Diakonisse, nur wenn das Beten das erste ist, wird das Dienen von rechter Art sein."[13] Solche Überlieferungen waren es sicher auch, die sich zu einem Ideal verdichtet haben. Angesichts solcher potenziell unbegrenzten Bindungen ist nach subversiven Praktiken der Diakonissen zu fragen. Zudem gilt:

---

[11] STARNITZKE, DIERK, Einkehr in den biblischen Horizont. Die Bedeutung von Bibeltexten in der diakonischen Alltagsroutine, in: Hoburg (Hg.), Theologie der helfenden Berufe, 123–138, hier 136 f.

[12] Moos, Religiöse Rationalität, 116.

[13] HENZE, ANJA, Helene Hartmeyer (1854–1920). Oberin im Diakonissen-Mutterhaus Rotenburg (Wümme), in: Dorothea Biermann/Hans Otte (Hg.), Frauen-Christentums-Geschichten aus Niedersachsen, Hannover: Landeskirchliches Archiv 2003, 105–134, hier 113.

Heutige Theologie kann dabei nicht mehr unbefangen vom christlichen Monopol der Nächstenliebe ausgehen und dieses für eine diakonische Identität reklamieren beziehungsweise daraus monokausal helfendes Handeln begründen, so als ob es andere Perspektiven, wie etwa eine religiös motivierte im Islam – nicht gäbe.[14]

Das Phänomen des Helfens muss vielmehr in pluriformer Perspektive gesehen werden. In der Gründung vieler diakonischen Einrichtungen im 19. oder frühen 20. Jahrhundert war der Glaube ein wichtiger Antreiber für die Gründung von oder die Mitarbeit in den Einrichtungen. Durch die Professionalisierung und Säkularisierung hat sich das deutlich verändert. Nur selten wird eine soziale Berufswahl vorrangig mit Glaubensmotivation begründet.

Dies führte jedoch innerhalb der theologisch-diakoniewissenschaftlichen Diskurse noch nicht zu einem grundlegend anderen Nachdenken. Noch 1982 sprach Theodor Schober, Präsident des Diakonischen Werkes der EKD, davon, dass eine diakonische Dienstgemeinschaft keinen anderen Ausgangs- und Endpunkt als die Kirche selbst habe und Mitarbeitende im diakonischen Dienst sich als „Mannschaften der rettenden Christusliebe"[15] verstehen sollten. Für ihn gilt: „Die immer neu gewagte Verwirklichung einer so entfalteten theologischen Motivation [verwirklicht sich] in einer durch die Mitarbeiter mit den ihnen Anbefohlenen gelebten praxis pietatis."[16] Die Frage nach Motivationen führt auch hinein in die überlieferte Auseinandersetzung um das Wort- und Tatzeugnis in der Diakonie.[17]

Über lange Zeit hinweg wurde die christliche Identität eines diakonischen Unternehmens über die konfessionelle Bindung der Mitarbeitenden abgesichert. Auch heute markiert diese Bindung zwar eine wichtige Basis für die Motivation vieler Handelnden in der Diakonie, zugleich kann sie jedoch nicht mehr als allgemein verbindliche Grundlage von Mitarbeitenden angesehen werden. Darauf reagierte etwa die sogenannte Loyalitätsrichtlinie. Der Brüsseler Kreis macht deshalb mit dem „konfessionsgebundenen Überzeugungspluralismus" ein alternatives Angebot. Hier wird nicht bei der persönlichen Glaubensüberzeugung der einzelnen Mitarbeitenden angesetzt, sondern bei dem historisch gewachsenen Selbstverständnis des Unternehmens. Damit öffnet sich für Mitarbeitende die

---

[14] HOBURG, RALF, Nachwort. Helfen als Kategorie der Sozialen Arbeit, in: ders. (Hg.), Theologie der helfenden Berufe, 207–212, hier 211.

[15] SCHOBER, THEODOR, Überlegungen zur theologischen Motivation der Diakonie, in: ders./ Horst Seibert (Hg.), Theologie. Prägung und Deutung der kirchlichen Diakonie, Stuttgart: Verlagswerk der Diakonie 1982, 17–35, hier 18.

[16] Ebd., 31.

[17] So kann Schober (ebd.) noch einen sachlichen Vorrang des Wortzeugnisses vor dem Tatzeugnis festhalten.

Option, sich daran zu orientieren, während zugleich von Seiten des Unternehmens eine verbindliche Anerkennung gefordert wird.[18]

## 3. Schritt: Das Konzept der Loyalität als Reaktion

Die „Richtlinie des Rates der EKD über kirchliche Anforderungen der beruflichen Mitarbeit in der Evangelischen Kirche in Deutschland und ihrer Diakonie" vom 9. Dezember 2016, auch Loyalitätsrichtlinie genannt, reagiert auf diesen Veränderungsprozess.[19] Sie trägt der Tatsache Rechnung, dass schon lange nicht mehr nur ein evangelischer Mensch in einer evangelischen Einrichtung tätig ist. Dies stellte schon lange die Realität, etwa in diakonischen Einrichtungen, nicht nur in Ostdeutschland, dar und bietet gerade auch für das Profil einer Einrichtung Chancen. Allerdings hält die Richtlinie an der Ausnahmeregelung fest, sodass die Kirchlichkeit von Mitarbeitenden die Regel darstellen sollte.

Dabei lassen sich drei Schwerpunkte erkennen: die Verantwortlichkeit für die evangelische Prägung einer Einrichtung, zweitens die Frage, wann Mitarbeitende evangelisch sein müssen, und schließlich die Regelung von Rechtsfolgen, die sich aus Verstößen gegen Loyalitätsanforderungen ergeben.[20] So hält die Richtlinie zu Fragen der Motivation von Mitarbeitenden fest:

§ 3 (1) 1 Der Dienst der Kirche ist durch den Auftrag bestimmt, das Evangelium in Wort und Tat zu bezeugen. 2 Alle Frauen und Männer, die in Anstellungsverhältnissen in Kirche und Diakonie tätig sind, tragen dazu bei, dass dieser Auftrag erfüllt werden kann.

§ 4 (1) 1 Alle Mitarbeiterinnen und Mitarbeiter übernehmen in ihrem Aufgabenbereich Mitverantwortung für die glaubwürdige Erfüllung kirchlicher und diakonischer Aufgaben. 2 Sie haben sich daher gegenüber der evangelischen Kirche loyal zu verhalten. 3 Christinnen und Christen haben für die evangelische Prägung der Dienststelle oder Einrichtung einzutreten. 4 Nicht-Christinnen und Nicht-Christen haben die evangelische Prägung zu achten.[21]

Hier fällt insbesondere der zweigeteilte Blick auf Christinnen und Nicht-Christinnen auf, an die sich je unterschiedliche Anforderungen an ihre Arbeitsmotiva-

---

[18] Vgl. Haas, Hanns-Stephan/Starnitzke, Dierk (Hg.), Diversität und Identität. Konfessionsbindung und Überzeugungspluralismus in caritativen und diakonischen Unternehmen (Diakonie 14), Stuttgart: Kohlhammer 2015, 23.

[19] Wie sich hier das EuGh-Urteil von 2018 zur Umsetzung der Antidiskriminierungsrichtlinie bei der Religionszugehörigkeit von Mitarbeitenden in den entsprechenden Richtlinien ausprägen wird, bleibt abzuwarten.

[20] Vgl. Joussen, Jacob, Loyalität im Spagat. Die neue EKD-Richtlinie für Mitarbeiter von Diakonie und Kirche, in: Zeitzeichen 5 (2017), 18–21, hier 18.

[21] Richtlinie des Rates der EKD über kirchliche Anforderungen der beruflichen Mitarbeit in der Evangelischen Kirche in Deutschland und ihrer Diakonie vom 9. Dezember 2016.

tion stellen. Dabei wird die Kirchlichkeit einer Einrichtung über ihre Mitarbeitenden abgesichert und zuallererst hergestellt. Was hier aber „loyal" oder auch das „Achten der evangelischen Prägung" genau zu bedeuten hat, bleibt offen.

Loyalität lässt sich in einer ersten Bestimmung als soziale Kategorie und interpersonales Bindungsverhältnis verstehen, äußert sich also in einer Bindung an Andere und bringt damit den umfassenden sozialen Horizont ethischer Verpflichtungen zum Ausdruck.[22] Dieses Symbol liefert eine vage wie deutungsoffene Perspektive.[23] Es kann daher als Ausgangspunkt festgehalten werden: Loyal ist eine Person A gegenüber B (Person oder Institution), wenn sie auch in schwierigen Situationen „treu" zu B steht.[24]

Vier Punkte sind für eine deskriptive Beschreibung von Eigenheit und Funktion von Loyalität zentral: Sachbezug, Freiwilligkeit, Handlungsbezug sowie ein umfassender Charakter dieser Bindung. Loyalität ist immer, zumindest in ihrer Inszenierung, freiwillig, dann jedoch umfassend, zeigt sich sowohl in konkretem Handeln als auch in einem klaren Bezug auf die Sache, zu der es loyal zu sein gilt.

Alle Menschen sind nun auf solche Bezüge angewiesen. Zeit und Stabilität sind Tendenzen der Loyalität und damit Teil eines kohärenten Selbstbildes. „Die Bereitschaft zur Loyalität basiert meistens auf einer bestimmten Erfahrung in Bezug auf das persönliche oder institutionelle Gegenüber und ist mit einer Erwartung verbunden."[25]

Loyalität weist zu anderen Begriffen wie Treue[26], Vertrauen oder Solidarität Unterschiede auf. Der Loyalitätsbegriff bringt insbesondere das Mehrschichtige und Prozesshafte dieses Beziehungsgeschehens zum Ausdruck.

Als aufgeklärte Loyalität kann eine Position verstanden werden, die anderen Positionen nicht streitig macht, was man für sich selbst in Anspruch nimmt, nämlich an etwas gebunden zu sein. Bei ihr handelt es sich um den Teil einer vielfältigen partizipativen Identität, für die es entscheidend ist, Loyalität zu wahren und zu fördern, und geschieht in größtmöglicher Vernetzung.[27]

---

[22] Vgl. Royce, Josiah, The Philosophy of Loyalty, New York: The Macmillan Company 1908, 19.

[23] Vgl. Seibert, Christoph, Ethische Theologie, in: Zeitschrift für Theologie und Kirche 111:1 (2014), 76  102.

[24] An dieser Stelle wären sicher genauere Überlegungen nötig, wie sich Treue und Loyalität zueinander ordnen und voneinander abgrenzen lassen.

[25] Osterkamp, Jana/Schulze Wessel, Martin, Texturen von Loyalität. Überlegungen zu einem analytischen Begriff, in: Geschichte und Gegenwart 73 (2016), 553–573, hier 555.

[26] Vgl. dazu Conze, Vanessa, „Ich schwöre Treue…" Der politische Eid in Deutschland zwischen Kaiserreich und Bundesrepublik, Göttingen: Vandenhoeck & Ruprecht 2020.

[27] An dieser Stelle ist ein Gedanke von Prof. Dr. Christoph Seibert (Hamburg) aufgenommen, den er in seinem Vortrag bei dem Workshop „'Loyalität' in der Diakonie. Konzepte,

Loyalität kann weiter aus *Sicht des Loyalitätsgebers* als Handlungsstrategie und damit als praktisches und persönliches Bindungsverhalten verstanden werden. Dabei stellen Authentizität und Wahrhaftigkeit wichtige Faktoren dar. Zudem scheint es für Loyalität entscheidend, dass es ein höheres Gut gibt, für das sich Loyalität lohnt.

Von Seiten der diakonischen Dienstgeber als *Loyalitätsnehmer* war die Orientierung an der Kirchenmitgliedschaft der Mitarbeitenden bei der Anstellung getragen von der Intention, die Relevanz des christlichen Glaubens für die Diakonie festzuhalten, ohne in Bewerbungsgesprächen „Glaubensprüfungen" durchzuführen. Dies hatte durchaus auch theologische Gründe. Eine persönliche Glaubenshaltung kann erwünscht sein, aber nicht verpflichtend erwartet oder gar erzwungen werden.

Spätestens das EuGH-Urteil im Fall Egenberger gegen Evangelisches Werk für Diakonie und Entwicklung zeigt auf, dass ein Zusammenhang zwischen diakonischer Tätigkeit und religiösem Bekenntnis nicht mehr selbstverständlich ist.[28] Dazu sind Kommunikationsräume jenseits von Arbeitgeberideologie nötig.

## 4. Schritt: Rekonstruktion von Loyalität aus praxis- und subjekttheoretischer Perspektive

Auch Gruppen, Organisationen, Netzwerke oder eben diakonische Unternehmen können als Subjekte adressiert werden. Dies umfasst dabei mehr, als sie nur als Kollektivsubjekt zu betrachten. Die Subjektivierungsforschung geht vielmehr davon aus, dass das Subjekt nicht als essentielle Innerlichkeit vorhanden ist, sondern im Zuge komplexer sozialer Prozesse immer neu konstituiert wird. Wie kommt im Rahmen des Subjektivierungsprozesses Loyalität zu stehen? Es geht also um eine doppelte Bewegung von Subjektivierung, um die Subjektivierung von und in Kollektiven, wobei auf letzterer der Fokus liegen soll: „Es geht um die Anrufung und performative Fabrikation eines Wir, aber auch um das Fehlschlagen entsprechender Anstrengungen."[29] Loyalität, so die Annahme, zielt zugleich auf den Einzelnen und auf das Wir und äußert sich vor allem in konkreten

---

Entwicklungspfade und Konfliktlinien" im Dezember 2018 am Institut für Diakoniewissenschaft und DiakonieManagement Bielefeld formuliert hat und der meines Wissens nicht veröffentlicht vorliegt.

[28] Europäischer Gerichtshof: C-414/16, 17.04.2018.

[29] ALKEMEYER, THOMAS/BRÖCKLING, ULRICH, Jenseits des Individuums. Zur Subjektivierung kollektiver Subjekte. Ein Forschungsprogramm, in: Thomas Alkemeyer/Ulrich Bröckling/Tobias Peter (Hg.), Jenseits der Person. Zur Subjektivierung von Kollektiven (Praktiken der Subjektivierung 10), Bielefeld: transcript 2018, 17–31, hier 19.

Praktiken, dies weist auch bereits in Richtung Unternehmenskultur, auf die ich gleich noch zu sprechen kommen werde.

Welche Rolle spielt diese Anrufung für die Herstellung von Loyalität? Wenn Prozesse der Subjektivierung als Teil der Bildung von Loyalität untersucht werden, könnten diese praxeologischen Zugänge in den Blick genommen werden: Räume, Objekte, Körper oder Affektivität. Subjektanrufungen verbinden ein „immer schon“ oder ein „erst noch“. „Das angerufene Subjekt sieht sich gehalten, dem zu entsprechen, als was es angesprochen wurde, ohne dieses Ziel jemals vollständig erreichen zu können.“[30] Loyalität ist somit auch stets ein Zustand des Werdens, nicht des Seins. Subjektivierung vollzieht sich in Wiederholung und Variation. „In den Wiederholungen und Zitationen von Praktiken, Gesten und Sprechweisen formen sich […] Subjekte mit einer auch transsituativ erkennbaren und anerkennbaren, jedoch niemals vollkommen identischen Gestalt.“[31] Für den Alltag bedeutet dies, dass sich Loyalität in konkreten Praktiken ausdrückt. Die bisherigen Überlegungen weisen hier in die Richtung, dass eine gute Erfüllung der eigenen Arbeit und christliche Traditionsinhalte sowie das aktive Mitgestalten von diesen, Loyalität ausmacht. Doch welche Praktiken, Gesten und Sprechweisen konstituieren konkret Loyalität in der Anrufung? Dabei ist deren inhaltliche Fassung auch für den Loyalitätsdiskurs zweitrangig:

> Nicht auf die Bedeutung gemeinsamer Ziele, Regeln, Wertvorstellungen und gruppenspezifischer Rollenverteilungen für das Zusammengehörigkeitsgefühl […] richtet sich das Interesse, sondern auf die performative Hervorbringung dieser Normen, Differenzierungen und einer bedingten Handlungsmacht, die interne Differenzen zumindest vorübergehend überdeckt.[32]

So kann die Befähigung zum Mitmachen und Handeln, die der Loyalität eigen ist, besonders gut beleuchtet werden. Praktiken der Loyalität erweisen sich zugleich als Praktiken der Routinisierbarkeit und der Krise. Einzelne Praktiken bilden lose gekoppelte Komplexe von Praktiken, dies kann etwa in einer Institution als „soziale Felder“[33] bezeichnet werden. „Einmal vermitteltes und inkorporiertes praktisches Wissen tendiert dazu, von den Akteuren immer wieder eingesetzt zu werden und repetitive Muster der Praxis hervorzubringen.“[34] Hierin liegt der Sinn von Orientierungsseminaren oder ähnlichem am Beginn der Anstellung neuer Mitarbeitender in der Diakonie. Dies soll nun weiter entfaltet werden:

---

[30] Ebd., 20.

[31] Ebd., 21.

[32] Ebd., 28.

[33] RECKWITZ, ANDREAS, Grundelemente einer Theorie sozialer Praktiken. Eine sozialtheoretische Perspektive, in: Zeitschrift für Soziologie 32:4 (2003), 282–301, hier 295.

[34] Ebd., 294.

## 5. Schritt: Motivationslagen in einer diakonischen Unternehmenskultur der Gegenwart

Wenn diakonische Unternehmenskultur diskutiert wird, so wird häufig auf eine Definition von Edgar Schein zurückgegriffen: „Ein Muster gemeinsamer Grundprämissen, das die Gruppe [beziehungsweise die Organisation] bei der Bewältigung ihrer Probleme externer Anpassung und interner Integration erlernt hat, das sich bewährt hat und somit als bindend gilt; und das daher an neue Mitglieder als rational und emotional korrekter Ansatz für den Umgang mit Problemen weitergegeben wird."[35] Beate Hofmann prägte dafür die Kurzfassung dieser Definition in dem Satz: „So machen wir das hier."[36]

Unternehmenskultur lässt sich als Klammer zwischen den normativen, strategischen und operativen Dimensionen von Management verstehen. Sie inszeniert, was in einer Organisation gilt und zeigt, ob oder wie die Werte inkarniert sind. Sie lässt sich damit in den Worten Rüegg-Stürms als „Grammatik einer Organisation"[37] verstehen.

Beate Hofmann hat hier das Eisbergmodell von Schein zum Bild einer Wasserlilie weiterentwickelt.[38] Hier bilden die Grundannahmen wie das Weltbild einer Organisation oder der christliche Glaube die Wurzeln. Werte markieren als mittlere Stufe des Bewusstseins den Pflanzenstängel und die sichtbare Blüte schließlich die Artefakte wie Architektur oder Zeremonien als vom Menschen gestaltete Elemente der Unternehmenskultur.[39]

Die christliche Prägung eines Unternehmens, wie sie sich etwa in Artefakten zeigt, braucht Menschen, die diese mit Leben füllen und durch ihre Motivation tragen, denn Motivation entfaltet sich in Praxis. Wenn diese religiöse Praxis aber zu den wichtigsten und unaufgebbaren Dimensionen evangelischer Einrichtungen gehört, dann ist die Plausibilisierung dieser Dimension diakonischer Identität eine zentrale Herausforderung, die auf die diakonischen Organisationen in Deutschland zukommt beziehungsweise in der sie schon mittendrin stecken. Die

---

[35] Schein, Edgar H., Unternehmenskultur. Ein Handbuch für Führungskräfte, Frankfurt a. M./New York: Campus 1995, 25.

[36] Hofmann, Beate, u. a., Forschungsbericht des Forschungsprojekts „Merkmale diakonischer Unternehmenskultur in einer pluralen Gesellschaft", September 2018, URL: https://www.diakoniewissenschaft-idm.de/2018/wp-content/uploads/2019/01/2019_01_Forschungsbericht_END_online-Version.pdf (zugegriffen: 26.02.2022), 34.

[37] Rüegg-Stürm, Johannes, Das neue St. Galler Management-Modell. Grundkategorien einer modernen Managementlehre. Der HSG-Ansatz, Bern: Haupt ²2003, 56.

[38] Vgl. Hofmann, Beate, 2. Grundlagen diakonischer Unternehmenskultur, in: dies. (Hg.), Diakonische Unternehmenskultur. Handbuch für Führungskräfte (Diakonie 2), Stuttgart: Kohlhammer ²2010, 14.

[39] Ebd.

christliche Prägung, die von der Loyalitätsrichtlinie eingefordert und die sich auch in die Motivation durchdrückt, kann so nicht mehr selbstverständlich vorausgesetzt werden. Unternehmenskultur kann dann mit Sonja Sackmann als Brille gedeutet werden, die die Wahrnehmung lenkt und die Verarbeitung von Informationen beeinflusst.[40]

Wie lässt sich nun eine solche christliche Prägung gestalten, wenn sie weder über Mitarbeitende und ihre Motivation noch über Bewohner:innen oder Klient:innen abgesichert werden kann? Viele diakonische Unternehmen haben es sich daher zur Aufgabe gemacht, Mitarbeitende an diese christliche Tradition heranzuführen. Beate Hofmann hält dazu fest, wann Mitarbeitende christliche Traditionsbestände als sinnvoll oder hilfreich erleben: „Wenn sie [die Mitarbeitende, SJ] sehen, dass das für die Bewohner:innen wichtig ist; wenn sie erleben, dass diese Praxis auch ihnen persönlich gut tut (wie zum Beispiel Abschieds- oder Pausenkultur) und wenn sie die Sprache und die Ritualgestaltung als plausibel und authentisch erleben.“[41] Eine Möglichkeit besteht hier in der Inkulturation, im Sinne von Einarbeitung und Fortbildung. Untersuchungen zeigen jedoch, dass für die Unternehmenskultur vor allem informelle Prozesse eine große Rolle spielen. Gerade in der Einarbeitungsphase überprüfen Mitarbeitende, inwieweit ihre eigenen Überzeugungen und die Praxis des Unternehmens zusammenpassen, dies lässt sich vielleicht mit dem Stichwort der Authentizität beschreiben. Unternehmenskultur kann sich mitarbeiter- und gemeinschaftsbezogen ausprägen: Hierbei handelt es sich um den Bereich der gemeinsam gepflegten Rituale und Traditionen, etwa die Frage nach Weihnachtsfeiern und Einführungsgottesdiensten oder nach spirituellen Elementen in Sitzungen. So können Unternehmen zwar die Teilnahme von Mitarbeitenden erwarten, eine innere Zustimmung zu diesen Elementen jedoch kann gerade nicht angeordnet werden.

Für die Gestaltung christlicher Identität bleibt dabei das persönliche Engagement entscheidend. So führt eine Mitarbeitende in einer Befragung aus:

Wo ich hier gekommen bin, hieß es, in [Einrichtung] wird noch sehr so christliche Tradition gelebt. [...] [Und, würden Sie sagen, das ist etwas (4), das ist halt so und es war schon immer so oder so ähnlich und deswegen machen wir das?] [...] Nein, das muss man jeden Tag, sagen wir mal, neu mit Leben erfüllen, selber auch. Also, dass das dann auch so bleibt, wo man sagt, das ist jetzt hier erhaltenswert.[42]

---

[40] Vgl. Sackmann, Sonja A., Unternehmenskultur. Analysieren – Entwickeln – Verändern, Neuwied: Luchterhand 2002, 34.

[41] Hofmann, Konsequenzen und Herausforderungen für Diakonie und Kirche, 218.

[42] Ebd., 221.

Die Debatten um Unternehmenskultur weisen sogenannte „Ankerpersonen" eine wichtige Rolle zu, da diese durch ihre Motivationslagen die christliche Prägung diakonischer Unternehmenskultur absichern könnten.[43]

## 6. Schritt: Relevanz für Kirche und Theologie

Überlegungen zu Motivationslagen in der Diakonie haben eine Relevanz für Kirche und Theologie, insoweit Diakonie als zivilgesellschaftliche Akteurin zu verstehen ist und Diakonie eine christliche Praxisform mit erheblicher gesellschaftlicher Bedeutung darstellt. Diese zivilgesellschaftliche Dimension diakonischer Arbeit wird in der Gegenwart breit diskutiert. „Diakonie wird nach wie vor als öffentlich gelebter Glaube verstanden, als öffentlich gelebtes Christentum, ja als Kirche in der Öffentlichkeit,"[44] so Werner Ruschke. Dazu gehört, dass Diakonie zunehmend als eine evangelische Akteurin der Zivilgesellschaft verstanden werden kann. Christian Albrecht belegt dies über die Erfahrungen der Sichtbarmachung der „christlichen Glaubensgrundsätze von der Würde des Menschen, von der Gemeinschaft der Verschiedenen und von der Entwicklungsfähigkeit des menschlichen Lebens in Lebensformen".[45] Dies nun, so möchte ich ergänzen, ist nur umzusetzen über Mitarbeitende, die diakonische Handlungsformen prägen und tragen und lässt sich für die Gegenwart wahrscheinlich am ehesten über eine diakonische Unternehmenskultur absichern. In dieser Weise verweist Diakonie auch auf Kirche, insofern sie auch eine Handlungsdimension von Kirche markiert. Diakonie wiederum ist in ihrem helfenden Handeln auf den größeren Raum kritisch-religiöser Kommunikation angewiesen, den die Kirche darstellt. Inwieweit diese wechselseitigen Beziehungen tragen, angesichts einer zunehmenden Sprachlosigkeit beider Seiten, muss ernsthaft diskutiert werden.

---

[43] HOFMANN, BEATE, u.a., Forschungsbericht des Forschungsprojekts „Merkmale diakonischer Unternehmenskultur in einer pluralen Gesellschaft", September 2018, URL: https://www.diakoniewissenschaft-idm.de/2018/wp-content/uploads/2019/01/2019_01_Forschungsbericht_END_online-Version.pdf (zugegriffen: 26.02.2022).

[44] RUSCHKE, WERNER M., Spannungsfelder heutiger Diakonie (Diakonie 4), Stuttgart: Kohlhammer 2007, 44.

[45] ALBRECHT, Diakonie als gesellschaftliche Praxis, 81–104, hier 91.

# Angaben zu den Autor:innen

JOHANNES FISCHER, Professor (em.) für Theologische Ethik an der Universität Zürich.

SARAH JÄGER, Juniorprofessorin für Systematische Theologie/Ethik an der Friedrich-Schiller-Universität Jena.

REBEKKA A. KLEIN, Professorin für Systematische Theologie: Ökumene und Dogmatik an der Ruhr-Universität Bochum.

TORSTEN MEIREIS, Professor für Systematische Theologie: Ethik und Hermeneutik an der Humboldt-Universität zu Berlin sowie Professor Extraordinary an der Universität Stellenbosch.

MARKUS MÜHLING, Professor für Systematische Theologie an der Kirchlichen Hochschule Wuppertal.

HARTMUT VON SASS, Titularprofessor für Systematische Theologie und Religionsphilosophie in Zürich und Inhaber einer Heisenberg-Stelle an der Humboldt-Universität zu Berlin.

JOCHEN SCHMIDT, Professur für Systematische Theologie (Schwerpunkt: Dogmatik) an der Johannes Gutenberg Universität Mainz.

CHRISTOPH SEIBERT, Professor für Systematische Theologie mit den Schwerpunkten Ethik und Religionsphilosophie and der Universität Hamburg.

PHILIPP STOELLGER, Professor für Systematische Theologie: Dogmatik und Religionsphilosophie an der Universität Heidelberg sowie Leiter der Forschungsstätte der Evangelischen Studiengemeinschaft (FEST).

# Namenregister

Adorno, Th. W. 145
Albrecht, Chr. 210, 220
Alkemeyer, Th. 216
Allestree, R. 100
Amesbury, R. 110
Anscombe, G. E. M. 10
Anselm, R. 175
Appiah, A. K. 110
Arendt, H. 140, 143, 159–161
Aristoteles 41, 42, 126, 174, 200
Askani, H. Chr. 12
Assmann, J. 12
Athanasius 130 f.
Augustinus 6, 127, 133, 154
Austen, J. 101
Axt-Piscalar, Chr. 103

Bainbridge, W. S. 14
Barbuto, J. E. 70
Barth, K. 4, 6, 19 f., 22, 67 f., 148, 176
Barth, U. 8, 149
Bedford-Strohm, H. 91, 151
Beisser, Fr. 184
Bellmann, T. 84
Bergunder, M. 71
Birnbacher, D. 44
Bittner, R. 92
Blumenberg, H. 144 f.
Böhme, G. 139, 142, 145 f., 191
Böhme, H. 145 f.
Bonner, G. 127
Bornmüller, F. 105
Bovens, L. 185
Brandt, R. 109
Bröckling, U. 216
Brooks, D. 83
Brunner, E. 176
Büchsel, Fr. 125 f.
Bultmann, R. 4, 6 f., 9, 13, 16, 22, 176
Burbach, Chr. 209, 211
Burmeister, Chr. T. 152

Calhoun, C. 178, 186
Cameron, J. 67 f.
Chalamet, Chr. 195
Charron, P. 157
Conze, V. 215

Dabrock, P. 16
Dadlez, E. 101
Dalferth, I. U. 140, 152 f., 167
Danz, Chr. 8
Day, J. 180
Demmerling, Chr. 93, 95, 140, 142, 158
Derrida, J. 146 f.
Descartes, R. 183
Deuser, H. 173
Dewey, J. 46–49, 51 f.
Diamond, C. 202
Dierken, J. 16
Dingel, I. 80
Downie, R. S. 178, 180

Ebach, J. 66
Ebeling, G. 11, 20 f., 179, 194, 201
Elliot, D. 176

Fehige, Chr. 157 f.
Finkelde, D. 162, 164
Fischer, Joh. 10, 13, 23, 32, 38, 54, 92, 118,
    147, 150, 165–168, 175 f., 188–204, 207,
    217
Flasspohler, S. 142
Frank, M. 197
Frankfurt, H. 45, 200
Franzen, J. 1–3
Freud, S. 52
Fuchs, E. 199

Gerhardt, V. 56
Gibson, J. J. 85
Godfrey, J. J. 181
Goldie, P. 200

Gondek, H.-D. 134
Graf, F. W. 16, 18
Graham, E. 19
Grane, L. 122, 128

Haas, H.-St. 214
Habermas, J. 12, 192
Halbig, Chr. 188
Hauerwas, St. 17, 19
Heckmann, Fr. 209, 211
Hegel, G. W. F. 162, 211
Heidegger, M. 190 f., 200
Henze, A. 212
Herdt, J. A. 100
Herms, E. 13, 56, 83, 91
Herrmann, W. 8
Hoburg, R. 209 f., 212 f.
Hofius, O. 75, 80
Hofmann, B. 218–220
Höfner, M. 110, 168
Holl, K. 80
Holm, B. K. 6
Honecker, M. 92, 178
Honneth, A. 185
Horkheimer, M. 145
Horn, Chr. 44–46
Huber, W. 16
Hume, D. 25, 38, 58, 91–112, 140
Hunziker, A. 7, 140 f., 152, 199

Irenäus 132

James, W. 50
Jaspers, K. 178
Joas, H. 69, 151, 161
Joseph, C. L. 64
Joussen, J. 214
Jung, M. 49, 54
Jüngel, E. 7, 72, 80 f., 126, 178, 199

Kant, I. 3, 24 f., 61, 67 f., 91, 93, 103–111,
    139, 145, 156
Käsemann, E. 75
Kässmann, M. 151
Kershaw, I. 113
Kessler, R. 92
Kierkegaard, S. 4 f., 121, 134, 148, 151 f.,
    161, 162, 175, 177

Kluge, Fr. 41
Kopp-Oberstebrink, H. 22
Körtner, U. H. J. 14, 92, 151, 161
Köster, H. 128
Krech, V. 15
Krötke, W. 9
Kühn, M. 93 f.
Kulenkampff, J. 105
Kwong, J. M. C. 185

Lacan, J. 134, 162
Landweer, H. 93, 95, 140, 142, 158
Langen, J. 70
Lauster, J. 8
Lefort, C. 145
Lerner, A. J. 197
Lessing, G. E. 67
Lévinas, E. 121, 137, 193
Liebsch, B. 12, 139, 141
Löhr, W. 133
Löhrer, G. 44
Lorey, I. 146
Louden, R. B. 93
Luhmann, N. 59, 192 f.
Luther, M. 25, 80, 108, 119, 122–125, 128,
    130, 134 f., 148

MacDermot, V. 132
Mandeville, B. de 95
Marquardt, Fr.-W. 122
Marsch, W.-D. 22
Martin, A. M. 175, 182, 203
Mausbach, J. 127
McGeer, V. 178, 196
McKinnon, A. M. 14
McLatchie, N. 93
Meirav, A. 185
Meireis, Th. 221
Melanchthon, Ph. 149
Merkl, A. 93
Mertens, W. 52
Merz, R. 210
Metz, Joh. B. 143, 145
Michalson, G. E. 109
Mieth, D. 158
Mjaaland, M. T. 148
Moltmann, J. 7, 22, 67 f., 76–79, 176, 195,
    206 f.

Moos, Th. 209, 211 f.
Moxter, M. 21, 169
Mühlenberg, E. 126
Mühling, M. 5, 24, 83, 85–88

Negel, J. 127
Neuhäuser, Chr. 113, 161
Neukirch, B. 107
Newheiser, D. 206
Niebuhr, H. R. 54, 83–85
Nietzsche, Fr. 143, 145, 156
Nüssel, F. 13, 202

Okrent, M. 191
Osterkamp, J. 215
Owen, D. 114

Pannenberg, W. 7, 115, 127
Pattison, G. 4
Pelluchon, C. 146
Peng-Keller, S. 8, 127, 129
Phillips, D. Z. 188
Piazza, J. 93
Plessner, H. 145
Polanyi, M. 50, 58 f.
Procopé, J. 93

Ragaz, L. 67, 69
Ratcliffe, M. 196
Reckwitz, A. 217
Rendtorff, T. 7, 22, 175
Ricken F. 41
Ricoeur, P. 12, 42, 52 f., 72, 142
Ringshausen, G. 91
Ritschl, A. 87
Robins, R. W. 93
Rorty, R. 191
Rosati, C. S. 185
Roser, T. 17
Ross, Z. 79
Roth, M. 70, 205
Rousseau, J.-J. 107, 140
Royce, J. 215
Rüegg-Stürm, Joh. 218
Ruschke, W. M. 220

Sackmann, S. A. 219
Samson, L. 154

Sanders, E. P. 196
Sartre, J. P. 52, 197
Scarano, N. 44
Schadow, S. 103
Schäufele, W. 8
Scheffczyk, L. 126
Scheler, M. 163
Schiffers, J. 200
Schleiermacher, F. D. E. 7 f., 21, 24, 72,
    82 f., 149, 204, 206
Schmidbauer, W. 211
Schmitt, A. 141
Schmitt, C. 144
Schnädelbach, H. 16
Schober, Th. 213
Schopenhauer, A. 139
Schulz, H. 6, 18
Schulz, K. 3
Schulze Wessel, M. 215
Seel, M. 185
Segal, G. 183
Seibert, Chr. 23, 59, 202, 215
Seidel, Chr. 113, 161
Sifton, E. 84
Slenczka, N. 7, 13
Sölle, D. 9, 176
Speitkamp, W. 110
Stark, R. 14
Starnitzke, D. 212, 214
Stoellger, Ph. 6, 20, 25, 72, 92, 116, 118,
    141, 146, 162–165, 183, 199, 202
Streminger, G. 94

Tanesini, A. 114
Tanner, K. 195
Taylor, Ch. 69, 190
Taylor, J. 95, 97
Taylor, R. 95
Textor, M. 183
Thompson, M. 46
Thurnherr, U. 93
Tillich, P. 8, 57, 176, 206
Tonnstad, L. M. 19
Tracy, D. 21
Tracy, J. L. 93
Troeltsch, E. 14, 69 f.
Tugendhat, E. 197
Turunen, A. 113

Uleman, J. 104

van Hooft, St. 182
Voegelin, E. 204
von Carlowitz, H.C. 65, 68
von Sass, H. 15, 26
von Scheliha, A. 206

Wagenknecht, S. 114
Walch, Joh.G. 130
Waldenfels, B. 12, 20, 141, 169 f., 174
Wallace, J.R. 10
Walsingham, Th. 63
Walther, Chr. 178

Weber, M. 14, 178
Weitling, W. 67 f.
Welz, C. 6, 206
Wenz, G. 124
Wetz, F.J. 52
Widmer, P. 134
Wilckens, U. 7, 123–125
Williams, B. 13
Winch, P. 199
Wittekind, F. 9, 177
Wittgenstein L. 188, 191, 196

Zimmermann, R. 91

# Sachregister

*a priori* 55
Aberglaube 81, 147
Allmacht 64 f., 71, 122, 135, 145, 168
Allwissenheit 71, 122, 135
Alterität 169, 206
Ambivalenz 2, 2–6, 11, 17, 22, 24 f., 68 f.,
 102, 117, 121–123, 127, 130, 133, 135,
 142, 144 f., 175–177, 183, 188, 198, 201,
 206
Analogie 50, 121, 166, 191
analytisch 44, 121, 175, 178, 180, 182, 185,
 215
Anerkennung 13, 98 f., 104, 110 f., 123,
 153, 214
Anfechtung 6
Anthropologie 20, 41, 54, 82 f., 87, 128,
 137, 139 f., 143–146, 149 f., 154, 157,
 167 f.
Apokalyptik 22
Apologetik 116
Atheismus 9, 84
Auferstehung 76, 78, 174, 184, 195
Aufklärung 37, 141, 145 f., 155 f., 189
Authentizität 78, 190, 216, 219
Autorität 145, 148, 156

Barmherzigkeit 8, 36, 60, 120, 135, 145,
 161, 180, 193, 198 f., 209, 211
Begehren 20, 25, 115–137, 145–147, 162,
 183, 203
Bekenntnis 210, 216
Bild *passim*
Bitte 71 f., 113, 115, 216
Böse 42, 73, 77, 109, 119, 123, 125 f.,
 130 f., 139, 144, 174

Calvinismus 169, 178
Christentum 8, 14, 16, 70, 76, 83, 140,
 151–154, 163 f., 178, 206, 212, 220
Christologie, christologisch 8, 16, 134,
 136 f., 199

Dank, Dankbarkeit 5, 8, 21, 173, 178, 180
Dekonstruktion 148
Deutung 5, 47–49, 70 f., 73, 116, 122, 130,
 155, 213
– Deuten 16, 19, 51, 212
Diakonie 18, 26 f., 36, 209–220
Dialektik 5, 82, 84, 95, 110, 112, 127,
 144 f., 147, 175 f.
Dogmatik 4, 6, 8 f., 11, 17, 19, 22, 73, 129,
 193, 221
Dualismus 22, 189–191

Ehre 71, 105 f., 108, 110–112, 155
Emotion 7–9, 11, 21, 35 f., 38, 43, 84, 93,
 95, 140 f., 149, 151, 154, 156, 160, 163,
 182 f., 186, 189 f., 193 f., 197 f., 200, 202,
 218
Empirismus, empiristisch 25, 42, 166, 187,
 192
Endlichkeit 5, 19, 71, 120–122, 131, 133,
 135, 137, 181
Entmythologisierung 3
Ereignis 3, 6, 43, 88, 164, 179, 192, 199
 (s. Sprachereignis)
Erfahrung *passim*
– epistemisch 60 f., 86, 187
– Erkenntnistheorie 34
Erlebnis 48
Erlösung 3, 14, 24, 48, 66, 133, 174, 184,
 203
Eschatologie 7, 9, 21 f., 67, 75–77, 82, 86,
 119, 178, 187
Ethik *passim*
Evangelium 20, 25, 67, 85 f., 88, 103, 111 f.,
 119, 126, 132 f., 214
Ewigkeit 82, 86, 120, 122, 131–133, 135,
 167 f., 174
Exegese 5 f., 66, 211

Familienähnlichkeit 193
Fideismus 12

Fortschritt 146 f.
Freiheit 13, 16, 22, 75, 104 f., 117 f., 121, 130, 134, 148, 151, 159, 168, 191
Frömmigkeit 21, 117, 121 f., 132

Gebet 15, 132
Gefühl 1 f., 21 f., 33, 36, 38, 43, 93–109, 112, 115 f., 118, 129, 140–144, 148 f., 152–163, 166, 198, 206, 217
Geist 13 f., 25, 36, 71 f., 77, 86, 108, 110, 122, 131, 133–137, 161, 163, 165, 168, 175, 188–201, 204 f., 207
Gerechtigkeit 57, 84, 88, 91, 121, 125, 128, 133
Gericht 13, 21 f., 26, 36, 100, 136, 183, 186, 194 f.
Gesellschaft 56, 75–77, 85, 95, 100, 107, 113 f., 136, 142 f., 145, 176, 218, 220
Gesetz 20, 25, 86, 103–115, 119, 123, 125, 134, 143
Gewissen 13, 55, 73, 92, 100, 111, 166
Gewissheit 58, 102, 117
Glaube *passim*
– Glaubensvollzug 179, 195
Gleichnis 55, 127, 164, 202, 209, 211
Gnade 86, 119, 132

Heil(ung) 10, 20, 73, 121, 163 f., 185, 203, 212
Hermeneutik 7, 9, 16, 44, 73, 120 f., 123, 129, 162, 164 f., 167, 169, 179, 199, 205
Hoffnung 1, 5, 8, 12, 16, 24, 26, 64, 66, 68, 73, 75–79, 113, 125, 139, 173–187, 194–198, 200–207

Imagination 34, 50, 132, 141, 155
Immanenz 145, 147, 151, 155 f., 162, 164, 169
Inkommensurabilität 175
Inkompatibilität 11
Innerlichkeit 3, 11, 21, 75, 139, 175, 216
Intention 78, 142, 216
Internalismus 10, 44, 85

Jesus Christus 11, 36, 64, 165, 209

Katholizismus 14, 26

Kausalität 10, 23, 35 f., 44, 54, 174, 190, 192, 204
Klage 5 f., 41, 160 f., 206
Kommunikation 54, 73, 167, 192–194, 216, 220
Konfession 14, 27, 213
Kontingenz 24, 53, 60, 55, 81, 86–88, 140, 145, 183 f., 202
Korrelation 80
Kreuz 7, 9, 22, 79 f., 88, 176, 207

Leben *passim*
– Lebensform 147, 152, 164
– Lebenswelt 14, 23, 32–39, 75, 189
Leib 59, 79, 126, 131, 136, 142, 146 f., 165, 170
Leid *passim*
Leidenschaft 134, 139, 143 f., 156 f., 159, 160
Liberalismus 7, 16, 117
Liebe *passim*

Macht 22, 64, 92, 99, 120–123, 136, 143–148, 150, 154, 156, 158–161, 165, 188, 217 (s. Allmacht)
Medialität 18, 117 f.
Messianismus 22
Metapher 5, 47, 72, 75, 127, 129, 133, 135, 162–164, 196
Metaphysik 21, 108 f., 116, 121, 127, 129, 135, 147 f., 184, 191
Mitgefühl 140, 142, 152, 158, 198
Mitleid 5, 21, 25 f., 35, 118, 139–165, 170 f., 180, 199
Modell 24, 47, 57, 116 f., 136, 148, 154, 158, 188, 218
Moral *passim*
Motiv *passim*
– Motivation 3–7, 9–26, 31–33, 41, 43 f., 49–51, 53–55, 57 f., 60, 63 f., 68, 71, 73 f., 79, 82, 84, 86, 88, 91–95, 100, 102–104, 109, 111–113, 115–119, 139, 144, 148–150, 152, 154, 157, 165, 173–207, 209–214, 218–220
Mystik 22, 31, 75, 197
Mythologie 1, 3
Mythos 1, 35, 83, 145

Narration 86, 88, 164, 198
Naturalismus 13
Neutralität 20, 34, 120, 122
Normativität 24, 69, 105, 185, 194, 197, 202, 204
Notwendigkeit 6, 18, 55, 70, 97, 128, 133, 177, 180, 182 f., 185, 187

Offenbarung 6, 71 f., 74, 76, 137, 167
– Offenbarungstheologie 167
Ontologie 21, 51 f., 85, 129, 149, 166 f., 189 f.
Opfer 125, 127, 146, 157
Orientierung 12, 14, 35–39, 54, 56, 60, 69, 73, 81, 141, 152, 156, 163, 166 f., 182, 190, 192–196, 205, 207, 211, 216
– Orientierungsphilosophie 26, 167
Orthodoxie 7, 16, 180, 187

Pathos 20, 25, 95, 116–118, 141 f., 146, 163 f., 167 f., 190, 199
Performativität 50, 199, 216 f.
Phänomen 20, 83, 107, 110, 140, 143, 154, 213
– Phänomenologie 13, 20, 85, 118, 137, 169
Pietismus 16
Pluralismus 1, 18, 26, 71, 74, 153, 213 f., 218, 220
– Pluralisierung 14
Politik 71, 81, 143, 145, 147, 160 f.
– politische Theologie 22, 153, 204
Pragmatismus 23, 42, 52, 88, 106 f., 139, 156, 173

Rationalität 79, 83, 104, 109, 147 f., 157 f., 160, 163, 187, 197, 199, 209, 211 f., 218
Realismus 34, 37, 74, 68, 84, 152, 158, 160, 194, 196, 199
Realität 33 f., 38, 69, 73–75, 85–87, 148, 156, 171, 191 f., 214
Rechtfertigung 11, 33, 67, 72, 91, 115, 126, 130, 134, 187, 207
– Rechtfertigungstheologie /-lehre 4, 20, 134, 178, 187
Referenz 48, 65, 67
Relativismus 74
Religion *passim*

– Religionsphilosophie 7, 22, 167, 174, 176, 206, 221
Revolution 20, 140, 143, 159 f., 165
Rezeption 24, 103, 209
Rhetorik 149, 155, 210

Säkularisierung 14, 66, 213
Schöpfung 13, 19, 24, 66, 73, 77, 171, 174, 187, 204, 207
Schuld 105, 110, 113, 128
Seele 4, 41, 42, 131, 133, 136 f., 157, 183
Selbst *passim*
– Selbstauslegung 49, 55, 59
– Selbstbehauptung 144
– Selbstbewusstsein 117, 149
– Selbstbezug / -bezüglichkeit 170
– Selbstverhältnis 61, 105, 129
– Selbstverständnis 75, 173, 181, 213
– Selbstverwirklichung 81
Semantik 70, 81, 108
Sinn *passim* (s. Vollzugssinn)
– Sinnlosigkeit 132, 183
Skepsis 93
Spiritualität 14, 31, 210, 219
Sprache 14, 18 f., 41, 60, 66, 70, 72, 107, 116, 155, 201, 210, 219
– Sprachereignis 199
– Sprachspiel 199
Sprechakt 36 f.
Stolz 11, 24 f., 91–114, 131
Subjekt *passim*
– Subjektivität 33, 35 f., 38, 149, 151, 162, 164, 178
– Subjektivitätstheorie 8, 16
Substanz 98
Sünde(r) 19, 21, 25, 66, 73, 82, 85, 88, 117, 119–130, 132–135, 137, 174, 207
– Sündenfall 63, 65, 126
Symbol 8, 73, 123, 127, 134, 167, 204, 215
synthetisch 46, 57

Tautologie 185
Teufel 130–133
Theodizee 116
Theologie *passim*
Tod 121, 130, 137, 142, 165, 184
Transsubstantiation 120
transzendent 68, 168

– Transzendenz 12, 16, 69, 121, 147, 162
Trinität 86
Tugend 8 f., 13, 25 f., 67, 92, 95–99,
    102–105, 107–112, 131, 140 f., 154, 157,
    159
– Tugendethik 13, 26, 84, 92, 175, 188

Unendlichkeit 120–122, 135–137, 193
Unglaube 126
Utopie 67, 122

Verantwortung 77, 82 f., 134, 146, 160
Vergegenständlichung 189
Vergleich 21, 93, 104, 112 f., 144, 196
Vernunft 12 f., 25, 38, 73, 104, 106, 108 f.,
    113, 117 f., 123, 125 f., 128 f., 139–151,
    155 f., 158, 160 f., 163
Verstand 155, 160
Verstehen 7, 16, 34, 42, 55, 140, 167, 202,
    205
– Selbstverständnis 75, 173, 181, 213
Vertrauen 5, 8, 16, 58 f., 76, 141, 143, 170,
    173, 178, 180, 206, 215
– *fiducia* 8, 85, 124

Verursachung 9, 27, 36, 53, 98
Verzweiflung 162, 181, 185 f., 206
Vollendung 66 f., 87, 184
Vollzug 6–13, 17, 25, 35 f., 45, 49 f., 54 f.,
    195, 197, 203 (s. Glaubensvollzug)

Wahrheit 7, 32–34, 79 f., 82, 98, 102, 106,
    133, 204
Welt *passim* (s. Lebenswelt)
– Weltbild 191, 218
Widerfahrnis 24, 80, 86–88, 141, 191
Willkür 57, 67, 72
Wirkungsgeschichte 21, 24, 71
Wissenschaft 15, 33 f., 71–73, 76, 139, 146,
    204, 211, 213
Wunder 120

Zeichen 14
Zeitlichkeit 16, 46 f., 75, 157, 166, 168
Zeugnis 5, 73, 199, 213
Zirkel 121
Zweifel 5, 6, 43, 53, 64 f., 110, 162, 175,
    185, 206 (s. Skepsis)

# Perspektiven der Ethik

herausgegeben von
Reiner Anselm, Thomas Gutmann
und Corinna Mieth

Ethik, ob allgemein oder angewandt, fragt nach dem Verhältnis von Möglichem und Nötigem und danach, wie wir uns über die Grundlagen unserer Entscheidungen, die wir täglich fällen oder unterlassen, verständigen. Die Schriftenreihe *Perspektiven der Ethik* versammelt innovative Beiträge zur allgemeinen und angewandten Ethik, die sich der Klärung ethischer Grundbegriffe oder der Behandlung konkreter Entscheidungsfragen für bestimmte Anwendungsfelder widmen. Auch die Verküpfung theoretischer und praktischer Aspekte ist erwünscht. Im Mittelpunkt stehen die „Handlungswissenschaften" Philosophie, Theologie, Jura und Ökonomie. Die Schriftenreihe bietet eine fächerübergreifende Plattform für ethische Fragestellungen und möchte diese im Verlagsprogramm vertretenen Disziplinen miteinander verbinden: Die jeweils in ihrem Fach verankerten Arbeiten zu ethischen Themen treten so in ein transdisziplinäres Gespräch ein, ohne die Konzentration auf das eigene Fach aufzugeben. Die Schriftenreihe ist keiner bestimmten Schule oder Denkrichtung zuzuordnen, sondern möchte den wissenschaftlichen Diskurs zu Ethik befördern.

Die Reihe wird von den drei Herausgebern gemeinsam verantwortet. Alle veröffentlichten Bände wurden eingehend begutachtet und einstimmig in die Reihe aufgenommen.

ISSN: 2198-3933
Zitiervorschlag: PE

Alle lieferbaren Bände finden Sie unter *www.mohrsiebeck.com/pe*

Mohr Siebeck
www.mohrsiebeck.com